SERMÕES

VI

Antonio Vieira

SERMÕES

VI

de acordo com as regras do novo *acordo ortográfico*
da língua portuguesa

Edições Loyola

Direção: † Pe. Gabriel C. Galache, SJ
Ryad Adib Bonduki
Editor: Joaquim Pereira
Assistente: Eliane da Costa Nunes Brito
Revisão: Iranildo B. Lopes
Capa e Projeto gráfico: Maurélio Barbosa

Edições Loyola Jesuítas
Rua 1822, 341 – Ipiranga
04216-000 São Paulo, SP
T 55 11 3385 8500
F 55 11 2063 4275
editorial@loyola.com.br
vendas@loyola.com.br
www.loyola.com.br

Todos os direitos reservados. Nenhuma parte desta obra pode ser reproduzida ou transmitida por qualquer forma e/ou quaisquer meios (eletrônico ou mecânico, incluindo fotocópia e gravação) ou arquivada em qualquer sistema ou banco de dados sem permissão escrita da Editora.

ISBN 978-85-15-03956-2

© EDIÇÕES LOYOLA, São Paulo, Brasil, 2012

SUMÁRIO

Apresentação 7

Sermão XVI 11

Sermão XVII 33

Sermão XVIII 51

Sermão XIX 73

Sermão XX 97

Sermão XXI 117

Sermão XXII 135

Sermão XXIII 153

Sermão XXIV 171

Sermão XXV 195

Sermão XXVI 215

Sermão XXVII 235

Sermão XXVIII 257

Sermão XXIX 273

Sermão XXX 289

Notas 307

Censuras 319

Licenças 323

APRESENTAÇÃO

Maria Rosa Mística

*Excelências, poderes e maravilhas
do seu Rosário,
compendiadas em trinta sermões ascéticos
e panegíricos sobre os dois Evangelhos desta solenidade:
Novo e Antigo,
oferecidas
à soberana Majestade da mesma
Senhora
pelo P. Antônio Vieira,
da Companhia de Jesus da Província do Brasil,*
**em cumprimento de um voto feito,
e repetido em grandes perigos da vida,
de que, por sua imensa benignidade
e poderosíssima intercessão,
sempre saiu livre.**

"Se houve devoção em cujo apostolado se empregasse com ardor o zelo de Vieira, a devoção à Sra. do Rosário foi, sem dúvida, a mais evidente. Com oitenta anos, ao concluir os Sermões do Rosário, parecia não poder decidir-se a pôr o último remate aos louvores à mãe do céu". "O que resta, diz Vieira, é que todos nós, servindo com verdadeira devoção à mesma senhora, procuremos merecer e alcançar o patrocínio e amparo de sua poderosíssima graça. Ó quem me dera nesta última despedida poder persuadir e meter n'alma a todos esta resolução!"

"Depois de lhe fraquear a vista, como ficasse impossibilitado para a reza do breviário, cada dia gastava duas horas em meditar o Rosário, que, entre todas as práticas de piedade, foi sempre a que teve mais a peito" (P. Luís Gonzaga Cabral, SJ, *Vieira — Pregador*, Braga, Portugal, Livraria Cruz, 1936, vol. I, p. 312).

Somam-se 46 os Sermões de Nossa Senhora espalhados pelos doze volumes da série propriamente dita dos sermões de Vieira:

Vol. I (2) — Nossa Senhora de Penha de França (1652) e Nascimento da Virgem Maria (1657)

Vol. II (2) — Glória de Maria, Mãe de Deus (1644) e Nossa Senhora da Graça (1651)

Vol. III (1) — Nossa Senhora do Carmo (1659)

Vol. IV (1) — Nossa Senhora do Ó (1640)

Vol. V (15) — 15 Sermões da Rosa Mística (sendo o 15º: Nossa Senhora do Rosário)

Vol. VI (15) — 15 Sermões

Vol. VII (2) — Nossa Senhora da Conceição (s/data) e Nossa Senhora da Graça (na Cidade do Pará, no dia da Assunção)

Vol. VIII (4) — Santíssimo Nome de Maria (no ano da instituição da festa); Nossa Senhora da Conceição (1639); Visitação de Nossa Senhora (ano da chegada do vice-rei Marquês de Montalvano); e Exortação Doméstica sobre a Visitação — Noviços (s/data)

Vol. IX (2) — Nascimento da Mãe de Deus (s/data) e Visitação de Nossa Senhora a Santa Isabel (1638)

Vol. XI (1) — Nossa Senhora das Dores (1642)

Vol. XII (1) — Conceição da Virgem Maria (1635) — antes de ser ordenado

Neste volume estão os sermões de XVI a XXX. Somente um deles está claramente datado: "Neste mesmo maio de mil seiscentos e oitenta e seis, em que escrevo esta regra, e não sei se chegarei a acabá-la…" (Sermão XXX, § VII).

Dois sermões, o de número XX, pregado a uma confraria do Rosário, e o XXVII, retomam, em particular, o tema dos direitos e da dignidade humana dos escravos.

E quatro sermões referem-se explicitamente ao Santíssimo Sacramento exposto: Sermões XIX, XXIII, XXVII e XXX.

Edições Loyola

MARIA ROSA MÍSTICA

segunda parte

SERMÃO

XVI

❧

"Bem-aventurado
o ventre que te trouxe."
(Lc 11,27)

Cristo estava lançando um demônio mudo de um endemoninhado quando respondeu ao pedido dos Apóstolos sobre a oração, ensinando o Pai-Nosso. Aí está a força do Rosário: não nos deixar emudecer pelo demônio. Cristo nasceu, morreu e ressuscitou e subiu ao céu; garantiu-nos que, percorrendo os seus mistérios no Rosário, alcançaremos tudo o que pedirmos ao Pai em seu nome. Para melhor desenvolver o tema, Vieira escolhe São Domingos, fundador e propagador do Rosário, como o sujeito e o pregador do sermão. São Domingos fará três perguntas aos demônios: 1) Quantos eram e qual tinha sido a causa por que entraram naquele homem (os quinze mil demônios!). 2) Quais eram, entre todos os cristãos, os que mais se condenavam. 3) Se tudo o que ele pregava do Rosário era verdade e qual era no céu o santo a quem eles mais temiam. Os milagres e os demônios que atravessam toda a trama do sermão são muito frequentes na Rosa Mística. Têm objetivo moralizador e estão sempre ligados à Sagrada Escritura. Neste caso: 1) A devoção ao Rosário não admite neutralidade. 2) Cristo não chamou bem-aventurados os grandes, senão os pequenos. 3) A excelência de Maria.

§ I

Com razão comparou o seu evangelho a divina sabedoria de Cristo a um tesouro escondido no campo. Uma coisa é a que todos veem na superfície, outra a que se oculta no interior da terra; e onde menos se imaginam as riquezas, ali estão depositadas e escondidas. Não as descobre quem mais cava; só as achou quem teve maior ventura, e isto é o que me aconteceu — de que dou as graças à Virgem Santíssima — com o presente Evangelho hoje. A ocasião por que foram ditas as palavras que propus foi aquele famoso milagre, vulgarmente chamado do demônio mudo; e neste caso, ao parecer tão diverso, nos deixou escrita o evangelista toda a história do Rosário e seus progressos, e não por alegorias ou metáforas, senão própria e literalmente. Ali temos literalmente a primeira origem deste soberano invento; ali a guerra obstinada, que logo lhe intentou fazer o demônio; ali as vitórias que por meio dele alcançamos contra o inferno; e ali, finalmente, o panegírico e louvores que devemos a Cristo e sua bendita Mãe como autora de tão grande obra: "Bem-aventurado o ventre que te trouxe" (Lc 11,27).

No princípio, pois, deste Evangelho — que é o capítulo onze de S. Lucas — pediram os discípulos a Cristo, Senhor nosso, que os ensinasse a orar: "Senhor, ensina-nos a orar" (Lc 11,1). E o modo de orar que o divino Mestre lhes ensinou foi a oração do Pai-Nosso: "E Jesus lhes disse: Quando orardes, dizei: Pai, santificado seja o teu nome, venha a nós o teu reino" etc. (Lc 11,2). Não é esta a primeira oração que dizemos quando rezamos o Rosário? Sim. Pois esta mesma, e neste mesmo dia em que Cristo a ensinou, foi a segunda e última com que se acabou de aperfeiçoar o Rosário. O Rosário começou na Ave-Maria, quando o anjo saudou a Virgem, dizendo: "Ave, cheia de graça: o Senhor é contigo" (Lc 1,28). E quando Cristo ensinou o Pai-Nosso, dizendo: "Pai, santificado seja o teu nome, venha a nós o teu reino", então acabou de se aperfeiçoar o mesmo Rosário, porque o Rosário não é outra coisa senão um modo de orar composto de Pai-Nossos e Ave-Marias. Lançados, pois, estes dois fundamentos do Rosário, e aperfeiçoada nestas duas orações a matéria a que a Rainha dos Anjos e Mãe do mesmo Cristo depois deu a forma, que é o que sucedeu no mesmo ponto? Caso verdadeiramente maravilhoso e mistério profundíssimo, mas não oculto, senão manifesto. No mesmo ponto em que o evangelista S. Lucas acabou de referir a oração que Cristo ensinara, sem interpor palavra alguma, continua dizendo que "estava Cristo lançando de um homem endemoninhado um demônio mudo" (Lc 11,14), o qual demônio se chama mudo porque tinha emudecido e tolhido a fala ao homem. Pois, quando Cristo acaba de ensinar o Pai-Nosso, quando Cristo acaba de fundar o Rosário, então — e só neste caso e em nenhum outro — então — e no mesmo ponto sem meter tempo em meio — então trata o demônio de emudecer o homem? Sim. Então. E com consequência não só misteriosa, senão literal. Porque então se viu o demônio perdido, reconhecendo os poderes da oração e devoção do Rosário. Por isso quando Cristo acaba de nos ensinar a orar, começa ele a se empenhar em nos emudecer: Cristo ensinando-nos a rezar o Rosário, e o demônio tolhendo-nos a fala para que o não rezemos.

Por que cuidais, senhores, que há no mundo tantos homens com nome de cristãos que não rezam o Rosário? Porque assim como o demônio emudeceu aquele homem, assim os emudece a eles: "É mudo aquele que não sabe abrir os lábios para louvar a Deus" — diz aqui Eusébio Emisseno[1]. Todas as nossas orações teme muito e aborrece o demônio, mas nenhuma persegue com tanto ódio como o Rosário. Lede as Histórias Eclesiásticas, e não só vereis quanto o demônio perseguiu sempre o Rosário e o procurou tirar do mundo por meio dos hereges de todo o gênero, antigos e modernos; mas entre os mesmos católicos achareis estupendos e temerosos exemplos das traças, dos empenhos, das promessas e da aplicação de todo seu saber e poder, com que o demônio tem apartado a muitos deste celestial exercício. A quantos, desesperados pela pobreza, ofereceu e descobriu tesouros, mas com condição de que não haviam de rezar o Rosário? A quantos, cegos do apetite sensual, prometeu o fim de seus desonestos amores, mas com condição de que as contas do Rosário, que levavam ocultamente consigo, as haviam de lançar fora? A quantos assegurou a vingança de seus inimigos, e que nos perigos da guerra e das batalhas saíram com vida e sem ferida, mas com condição que primeiro se haviam de deixar desarmar daquela mesma insígnia, que é o balteu da milícia do céu? Há autor grave[2], o qual afirma que para o demônio servir a quem dele se quer valer, o pacto tácito ou expresso de que usa são aquelas palavras de Sara: "Lança fora a escrava e a seu filho" (Gl 4,30), entendendo por ancila a Virgem na Ave-Maria e por seu Filho a Cristo no Pai-Nosso. Até aos mesmos devotos da Senhora, quando os não pode apartar da sua devoção, ao menos procura que deixem o Rosário e o troquem por outras orações, ou mais novas, ou menos vulgares, como muitos fazem. Finalmente — este é o maior ardil e tentação de todas — faz que os que rezam o Rosário o rezem divertidos e sem atenção, que é outro modo de emudecer mais injurioso a Deus, como diz Santo Agostinho, porque em vez de falarem com Deus, falam com seus vãos pensamentos[3].

E como os empenhos do demônio em emudecer os homens, mais neste gênero de oração que em nenhuma outra, se armam de todas suas artes, de todas suas astúcias e de todos seus poderes, essa é a razão e o mistério porque Cristo, no mesmo tempo em que acabava de lançar os primeiros fundamentos ao Rosário, não se diz que lançou fora o demônio mudo, senão que "Estava lançando um demônio, e ele era mudo" (Lc 11,14). Notai a oposição de um "estava" contra outro "era": "Estava lançando, e era mudo". Tanta era a rebeldia, tanta a resistência, tanta a obstinação do demônio em se não querer render à onipotência de Cristo e teimar em não desimpedir a língua do homem que tinha emudecido. E se o mesmo Cristo, multiplicando uns impulsos sobre outros, se deteve tanto em obrar este milagre, não é muito que nós também multipliquemos sermões e discursos, pois impugnamos o mesmo demônio e tratamos de sarar os mesmos mudos. O mudo do Evangelho finalmente falou, com grande admiração dos circunstantes: "Falou o mudo e se admiraram as gentes" (Lc 11,14), e eu espero que neste sermão se ouvirá também falar o mudo, não só com igual admiração, mas com assombro e pasmo. Aquele mudo falou, mas não refere o evangelista o que disse: este há de falar e dizer o que nunca ouvistes. Ele é o que há de pregar, e não eu. E porque não é capaz de graça, não a peçamos para ele, senão para nós. *Ave Maria etc.*

§ II

Suspensos vos considero na expectativa do novo pregador que haveis de ouvir hoje, e agora acrescento que é o mais sábio, o mais experimentado e o mais eloquente que nunca ouvistes. Os pontos que há de tratar são três, sobre outras tantas questões, mas não levantadas por ele, senão por outro pregador, também grande, e pelo qual Deus nesta ocasião obrou outro milagre, também do demônio mudo, mas maior que o do mesmo Cristo.

Uma das mais notáveis promessas que Cristo fez aos que o seguiam e lhe haviam de suceder neste mundo foi que não só haviam de fazer obras tão grandes e tão maravilhosas como as suas, senão ainda maiores: "Fará também as obras que eu faço, e fará outras ainda maiores" (Jo 14,12). Tão generosa e tão confiada como isto é a verdadeira e soberana grandeza. Quem em tudo quer parecer maior não é grande. Assim o prometeu o Senhor e assim se cumpriu, porque, deixando outros exemplos, S. Pedro dava saúde aos enfermos só com a sombra, o que Cristo nunca fez, e convertendo Cristo em três anos só quinhentas almas, S. Pedro em um só sermão converteu cinco mil. Mas o que faz mais admirável esta disposição da providência de Cristo, é a razão dela, que o mesmo Senhor declarou: "Farão maiores obras que as minhas, porque eu vou para o Pai" (Jo 14,12). Cristo, Redentor nosso, tão poderoso era enquanto viveu na terra como depois de subir ao céu e estar assentado à destra do Pai, pois se havia de conceder este tão grande privilégio aos homens depois de se ausentar deles e estar no céu, por que lho não concedeu quando vivia neste mundo? A razão, em suma, é porque esta prerrogativa tão singular e relevante, de haverem de fazer os homens maiores obras que as do mesmo Cristo, havia-nos de ser concedida em virtude dos mistérios e orações do Rosário. E estas duas condições, nem da parte de Cristo nem da nossa se podiam cumprir nem ter efeito antes de o mesmo Senhor, por meio da morte e Ressurreição, ir deste mundo ao Pai: "E farão obras maiores, porque vou para o Pai".

Ouçamos ao Cardeal Caetano que, mais resumida e mais nervosamente que todos, declarou a energia deste porquê: "Se vos parece admirável a promessa, cessará a admiração ponderadas as seguintes condições acrescentadas"[4]. Se vos parece admirável uma tão grande e extraordinária promessa, ponderai as condições seguintes, que o mesmo Senhor ajuntou e logo cessará a admiração. E quais são estas condições? A primeira é a morte e glorificação de Cristo, significadas nas palavras: "Porque vou para Pai. Conclui-se a eficácia de sua morte, ao dizer: vou, pela morte ia para o Pai; e conclui-se também a sua glorificação, ao dizer: para o Pai. Passar Jesus deste mundo para o Pai significa que Jesus passa do humilde estado de mortalidade para o estado de imortalidade do reino glorioso. Daí que o mérito de sua morte e o tempo de sua glorificação são as causas pelas quais os que nele creem podem fazer as obras que fez e outras maiores". De sorte que, para os homens fazerem maiores obras que as de Cristo, a primeira condição que necessariamente havia de preceder era o merecimento de sua morte e o tempo da sua glorificação, e estas mesmas eram a segunda e terceira parte dos mistérios do Rosário, que ainda faltavam para complemento dele. Enquanto Cristo vivia neste mundo, não estava ainda cumprida e inteirada mais que a primeira parte dos mistérios do Rosário, que eram os Gozosos; faltavam os Dolorosos, que se cumpriram na morte, e faltavam os Gloriosos, que se cumpriram na Ascensão. E como Cristo havia de conceder este tão extraordinário privilégio aos homens por meio dos mistérios do Rosário, por isso o não podia conceder nesta vida e neste mundo senão depois que morresse e subisse ao Pai: "Fará maiores, porque vou para o Pai".

Esta é a primeira condição da parte de Cristo, que são os mistérios: a segunda qual é? É a outra, da nossa parte, que são as orações do mesmo Rosário. Assim continua e estende a sua razão o mesmo Cristo sobre o mesmo porquê: "porque eu subo ao Pai, e porque ele vos há de conceder tudo o que em meu nome pedirdes" (Jo 14,12). Excelentemente o já alegado Caetano: "Fica explicada a amplíssima faculdade de pedir, não apenas uma coisa mas tudo o que pedirem. Observe aí com atenção não só a conhecida conjunção, e a parte que se une à causa precedente. Assim o que estas palavras contêm sob aquela conjunção causal: porque. Fica significado claramente por isso que para que o que crê em Jesus faça essas obras e maiores, concorrem como causa não só que eu subo para o Pai, mas que vós pensais". Quer dizer que debaixo do mesmo guia e do mesmo porque, ajuntou Cristo a segunda parte da razão por que os homens haviam de fazer maiores coisas do que ele tinha obrado, e deste modo vem a concluir o Senhor que a dita razão ou causa se compõe de duas condições, uma da parte do mesmo Cristo, que são os mistérios do Rosário, para cujo complemento foi necessário que ele morresse e subisse ao Pai: "Porque subo ao Pai"; e outra da parte nossa, que são as orações do mesmo Rosário por meio das quais impetramos e alcançamos do Pai, debaixo do nome de seu Filho, tudo o que pedimos: "E tudo o que pedires ao Pai em meu nome, eu o farei". De maneira que os mistérios e as orações do Rosário são as duas partes de que se compõem o motivo e razão total porque Cristo concedeu aos homens o privilégio nunca imaginado de poderem fazer o que ele fez: conservando, porém, nisso mesmo a soberania própria e a diferença de Senhor a servos, porque Cristo, como Senhor, obrava mandando, e os homens, como servos, haviam de obrar pedindo: "E desta maneira se declara também o modo de fazer: ele fez mandando; aos que creem nele se promete que farão estas obras e outras maiores pedindo".

Suposto, pois, que aos mistérios e orações do Rosário foi particularmente concedida esta tão admirável prerrogativa, em que pessoa, ou em que matéria a podemos ver mais propriamente praticada que na pessoa do grande patriarca S. Domingos, e no caso de outro demônio também mudo. Na pessoa de S. Domingos, digo, que depois da Virgem Maria foi o primeiro fundador e o maior propagador do Rosário; e no caso de outro demônio mudo, o qual não só procurou de emudecer um homem, mas com efeito tinha posto perpétuo silêncio a muitos, para que não só não rezassem o Rosário, mas o desestimassem e blasfemassem. O milagre que obrou Cristo no demônio mudo foi muito grande, mas o que obrou S. Domingos, em cumprimento da sua mesma promessa, foi muito maior. "Lá falou o mudo", mas não falou o demônio; cá falou o mesmo demônio, e não só um demônio, mas muitos demônios. Lá não refere o evangelista o que disse o mudo, sem dúvida porque falando não disse coisa de importância: cá disseram os demônios coisas tão importantes e de tanto peso, que nenhum homem as podia saber nem dizer semelhantes. Lá disse o mudo o que quis; cá disseram os demônios obrigados o que não queriam. Lá, saindo o demônio de um, entrou em muitos, que foram os escribas e fariseus que blasfemaram o milagre; cá, antes de saírem de um corpo, muitos homens os lançaram de suas almas. Lá, finalmente, admirados os circunstantes, só uma mulher exclamou: "Uma mulher, levantando a voz" (Lc 11,27); cá, não só admirados, mas atônitos e pasmados todos, foram muitos mil os que, com vozes que chegavam ao céu louvavam e engrandeciam a virtude e poderes da Mãe de Deus e de todo o coração se convertiam a ele. Mas vamos já ao caso, e ouçamos o novo pregador com a atenção que ele saberá merecer.

§ III

Pregando em Carcassona, cidade de França, o glorioso S. Domingos, e pregando, como sempre costumava, a devoção do Rosário, trouxeram-lhe um endemoninhado furiosíssimo, o qual se despedaçava a si mesmo, e, posto que vinha atado com cadeias de ferro, não havia quem o pudesse domar nem ter mão. Mas o santo tinha outra cadeia mais forte e mais poderosa, que era o Rosário. Lançou o seu Rosário ao pescoço do miserável homem, e o demônio, com grandes repugnâncias e visagens, em que mostrava a nova força de que se sentia oprimir, ficou domado. Agora entenderão os doutos uma boa interpretação daquele anjo do Apocalipse, sobre que os expositores antigos e modernos se dividem em tantas opiniões. Diz S. João que viu descer do céu um anjo, o qual trazia na mão uma grande cadeia, e que com ela prendeu e atou àquela antiga serpente que enganou o gênero humano, o qual por um nome se chama demônio e por outro Satanás: "Vi descer do céu um anjo, que tinha... uma grande cadeia na sua mão. E ele tomou o dragão, a serpente antiga, que é o diabo, e Satanás, e o amarrou" (Ap 20,1s). As outras palavras que acrescenta o texto pode ser que nos sirvam e as expliquemos depois; o que só digo de presente é que este anjo descido do céu é o apóstolo da Virgem Maria, S. Domingos, varão por todas suas virtudes angélico, e que a grande cadeia que do mesmo céu trouxe na mão, e com que prendeu a Serpente e atou o demônio, é o Rosário. Das mesmas Crônicas de S. Domingos[5], que em semelhantes casos são os melhores expositores, o provo.

Em um povo da ilha de Evisa exorcizava um filho do mesmo santo uma mulher endemoninhada, e era o demônio tão protervo, tão rebelde e tão obstinado, que a nenhuns esconjuros nem orações se rendia; rendeu-se porém, finalmente, à invocação do Santíssimo nome de Maria e aos poderes insuperáveis do seu Rosário, mas com uma circunstância muito notável, a qual eu só pondero em prova do que digo. Quando lançaram o Rosário ao pescoço da aflita mulher, começou a gritar o demônio: "Tirem-me essa cadeia que me abrasa". Tirem-me essa cadeia que me abrasa." Já temos que o Rosário é cadeia que ata o demônio. Mas que seja cadeia que o abrasa, como pode ser? Assim como os anjos, quando estão na terra, trazem consigo a sua glória, assim os demônios trazem também consigo seu inferno. Os anjos trazem consigo a sua glória, porque em qualquer parte estão vendo a Deus, e os demônios trazem consigo o seu inferno, porque em qualquer parte estão ardendo naqueles incêndios eternos. Pois se este demônio estava ardendo em fogo, e em tal fogo qual é o do inferno, como diz que o abrasava a cadeia do Rosário? Pode haver fogo mais penetrante, mais forte e mais abrasador que o do inferno? Sim. E estas novas chamas e labaredas são para os demônios as orações dos cristãos. Assim o confessaram já antigamente os mesmos demônios, e o refere Minúcio Felix[6] naquela sua famosa apologia contra os gentios: "Estas coisas muitos sabem que os mesmos demônios confessam a respeito de si mesmos que seus corpos sofrem com os fogos muitas vezes graças às nossas palavras e às nossas orações". De sorte que mais queimam e mais abrasam aos demônios as orações do Rosário que o mesmo fogo do inferno. E a razão natural é porque do fogo do inferno vingam-se e aliviam-se com blasfemar de Deus; porém nas orações do Rosário cresce-lhes outro fogo maior, porque ouvem nelas os louvores de Deus. No inferno ouvem dizer: Maldito seja Cristo e sua Mãe; no Rosário ouvem pelo contrário: "Bendita sois vós entre as mulheres, e bendito o fruto do vosso ventre"; e este é o fogo sobre fogo e o incêndio sobre incêndio, que intoleravelmente os abrasa. Assim como S. Miguel lançou no inferno aos demônios, dizendo: "Quem como Deus?" — assim S. Gabriel acrescentou e acrescenta cada dia o inferno aos mesmos demônios, dizendo: "Ave cheia de graça". Estes são pois os fuzis de maior e mais penetrante fogo de que se forma a cadeia do Rosário, e esta é a cadeia que S. Domingos trouxe do céu, e esta a com que domou o demônio que lhe presentaram, que rompia e desfazia todas as outras.

§ IV

Sossegado, pois, o demônio, e reduzido a estado de responder com este primeiro império do Rosário, que foi como exórdio do sermão, começou S. Domingos a levantar as questões, e o demônio, ponto por ponto, a responder a elas. Era tal o ruído que dentro do endemoninhado se ouvia de várias línguas, e confusas e espantosas vozes, que bem mostravam não ser um só demônio o que ali residia. Perguntou-lhe, pois, o santo quantos eram e qual tinha sido a causa por que entraram naquele homem? Estou certo que ninguém espera nem imagina qual podia ser a resposta. Responderam que eles eram quinze mil demônios e que todos, por mandado de Deus, atormentavam aquele mau homem, por ser inimigo capital do Rosário de Maria, e desprezar e desacreditar os sermões em que o pregava Frei Domingos, e com seu exemplo e falsas exortações persuadir o mesmo desprezo a muitos e impedir com isso sua conversão. Instou o santo e perguntou por que eram quinze mil precisamente, nem mais, nem menos? Responderam que em reverência dos quinze mistérios do Rosário e em vingança e castigo da grande injúria e afronta de Deus, com que aquele homem os blasfemava, acrescentando os mesmos demônios que tinham entrado nele muito contra sua vontade e conveniência, por ser um dos maiores ministros do inferno e que mais favorecia suas partes e os ajudava, sendo já muitas as almas que, por seu meio, se tinham condenado. Este foi o primeiro ponto do sermão, atônitos, assombrados e temerosamente compungidos dentro em si mesmos todos os que tais coisas ouviam.

Não é maravilha que tanta multidão de demônios coubesse em tão estreita morada como a de um corpo humano, porque são espíritos e não ocupam lugar; mas para atormentar um só homem quinze mil demônios? Se os homens foram quinze mil, um demônio sobejava, não só para os maltratar, mas para os matar a todos. Não tinha maiores forças naturais o que no exército de Senaqueribe matou em uma noite cento e oitenta e cinco mil homens (4Rs 19, 35). A que fim, logo, tanto estrondo, tanto aparato, tantas levas de espíritos infernais? Jó, que bem lhe tinha tomado o pulso aos braços, diz que "não há poder no mundo que se lhe possa comparar" (Jó 41,24). Um só demônio era o que teve licença, não absoluta, mas limitada, para provar com ele as forças; e, depois dos estragos que lhe fez nos gados, nos criados, nos filhos, na casa, olhai para o mesmo Jó e ouvi o que dizia. O corpo, desde o pé até a cabeça, era uma chaga viva, asquerosa, hedionda, e por fora e por dentro, sem entrar nele o demônio, eram tão agudas, tão insuportáveis e tão contínuas, de dia e de noite, as dores que obrigavam ao mesmo exemplar da paciência a chamar pela morte e amaldiçoar a hora em que nascera. Tempo virá — que ainda não está cumprido — em que se desatem aqueles quatro demônios que S. João viu no Apocalipse: "Aos quais fora dado o poder de fazer mal à terra e ao mar" (Ap 7,2). E se para revolver todo o globo do mar e da terra, e meter em confusão e ruína tudo quanto nele vive, bastam quatro demônios, que fariam em tão estreito anfiteatro quinze mil leões desatados, que assim lhes chama S. Pedro, mais fero cada um que todas as feras? Se era para vingar a injúria cometida contra os quinze mistérios do Rosário nos quinze Pai-Nossos não bastavam quinze demônios? Se para desafrontar as cento e cinquenta saudações angélicas, impugnadas e desprezadas nas cento e cinquenta Ave-Marias, não bastava que eles também fossem cento e cinquenta?

A nós parecer-nos-á que sim, mas não o julgou nem o sentenciou assim Deus. Quis que nos desagravos do Rosário fosse tão excessivo o número dos ministros de sua justiça para que na mesma multidão dos executores se manifestasse tanto a grandeza da ofensa como a dignidade do ofendido. Chegou Deus — vede o que digo — chegou Deus a fazer em defesa da honra do Rosário o que nunca fez nem faria para defender a sua. E atrevo-me a dizer o que não faria, porque o que Cristo faria no maior perigo da sua honra e vida, para defender, ele mesmo o declarou, e não é tanto. Quando S. Pedro quis defender a Cristo no Horto, mandou-lhe o Senhor que embainhasse a espada, e a razão com que o sossegou foi esta: "Não sabes que, se eu me quisesse defender, posso pedir socorro a meu Pai, e ele me mandaria logo mais de doze legiões de anjos?" (Mt 26,53) — Reparai neste número, que é muito digno de reparo. Assim como o Senhor disse doze legiões de anjos, assim pudera dizer doze mil legiões, porque os anjos são inumeráveis; pois, por que disse doze legiões determinadamente? Porque com este número de espíritos angélicos ficava largamente encarecido o grande empenho que o Pai faria para defender a honra e vida de seu Filho, e o mesmo Filho a sua. A corte de soldados romanos que vieram prender a Cristo constava de mil soldados; e que partido podiam ter, diz S. Crisóstomo, contra doze legiões de anjos mil homens? "O que fariam doze legiões de anjos contra mil soldados?"[7] Bastavam sobre todo o encarecimento doze anjos, quanto mais doze legiões. Computai-me agora o número das doze legiões dos anjos, naquele caso, com o dos quinze mil demônios no nosso. Cada legião romana constava de seis mil seiscentos e sessenta e seis soldados, com que doze legiões de anjos vêm a montar oitenta mil anjos, os quais, repartidos e contrapostos aos mil soldados que vieram prender a Cristo, vêm a caber oitenta anjos para cada homem. E quando, na mais encarecida suposição, tudo o que o Eterno Pai faria para defender a honra e vida de seu Filho, e Cristo para defender a sua, era opor a cada homem oitenta anjos, o que fez o mesmo Pai e o mesmo Filho para defender a honra e estabelecer a conservação do Rosário foi meter dentro em um só homem quinze mil demônios.

As forças e poder natural dos demônios é igual ao dos anjos; mas por que foram neste caso não anjos senão demônios os que armou e mandou Deus em defesa do Rosário? Porque, assim como quis acreditar o Rosário no desagravo de suas injúrias, assim quis atemorizar os homens no castigo de suas ofensas. Quando Datã e Abiron fizeram cisma no povo e se rebelaram contra Moisés pela instituição e publicação do sumo sacerdócio, falou o mesmo Moisés ao povo desta maneira: — Se o castigo com que Deus castigar estes rebeldes for algum dos castigos com que ordinariamente costuma castigar os homens, não me deis crédito: "Porém, se o Senhor fizer algo diferente, de sorte que se abra a terra e os trague...e eles desçam vivos ao inferno, então ficai sabendo que estes blasfemaram contra o Senhor" (Nm 16,30). Porém, se Deus executar neles um castigo extraordinário e tão prodigioso que a terra os trague e desçam vivos ao inferno, então entendereis sem dúvida que blasfemaram a Deus no que disseram. — O mesmo sucedeu no nosso caso. Rebelou-se contra a pregação de S. Domingos aquele herege, disse muitas blasfêmias contra a devoção do Rosário, fez cisma no povo, levou após de si grande parte dele, e esta foi a culpa porque Deus o castigou com um tão extraordinário e temeroso castigo, não o entregando a um só demônio, mas, com prodígio nunca visto, a quinze mil. Tendo cometido um cristão da primitiva Igreja um pecado enorme, consultou S. Paulo a congregação dos coríntios, de onde ele era, sobre o modo com que devia ser castigado exemplarmente para terror dos demais. E qual vos parece que seria o castigo? Não o condenou à morte, como S. Pedro a Ananias e Safira, mas, com a autoridade suprema que tinha de Cristo, julgou que fosse entregue a um demônio, para que vivo o atormentasse: "Congregados vós e o meu espírito, com o poder de nosso Senhor Jesus, julguei entregar o tal a Satanás" (1Cor 5,3ss). E se para atemorizar toda a Igreja com o castigo mais exemplar e tremendo não se achou outro algoz mais cruel, nem se inventou outro tormento mais temeroso que entregar um homem a um demônio, que temor e horror causaria agora este, entregue por sentença do mesmo Cristo a quinze mil demônios? A circunstância mais prodigiosa no castigo de Datã e Abiron foi que a ordem do inferno se trocasse neles e que descessem ao inferno vivos, onde os outros homens não vão senão depois de mortos. E a mesma circunstância de rigor, por outro modo não menos temeroso, executou a justiça divina neste inimigo e perseguidor do Rosário, porque o não mandou a ele ao inferno, senão que todo o inferno entrasse nele. Que coisa era um homem com quinze mil demônios dentro em si, senão um inferno vivo, não oculto e invisível no centro, senão público e manifesto sobre a face da terra? É provável que no inferno a cada condenado atormenta somente o seu demônio tentador, a quem obedeceu e serviu na vida. Um homem, porém, condenado a que o atormentassem quinze mil demônios, vede que inferno seria o seu? Se os demônios, que não estavam ociosos, repartiram entre si aquele corpo, quais seriam os tormentos que padeceria em cada mínima parte? E se todos o atormentavam todo, quem poderá conceber nem imaginar a imensidade de um tormento diabólico e infernal quinze mil vezes reduplicado? Mas assim castiga Deus à vista de todo o mundo um inimigo do Rosário, para que conheçam o seu estado e tremam do seu perigo os que o não rezam, que são os mudos.

Estou vendo, porém, que o mesmo demônio mudo os anima e consola, e ainda desculpa; e que estão dizendo dentro em si:

Eu, posto que não seja devoto do Rosário, não o persigo, nem sou seu inimigo. Enganais-vos. A devoção do Rosário não admite neutralidades: se o rezais, sois amigo; se o não rezais, inimigo. É doutrina e sentença não menos que do mesmo Cristo neste mesmo Evangelho: "Todo o que não está comigo é contra mim" (Lc 11,23). — Como pode ser amigo de Cristo, quem não quer meditar seus mistérios? E como pode ser devoto de sua Mãe quem a não quer saudar muitas vezes? Mas passemos ao segundo ponto.

§ V

A segunda questão que levantou S. Domingos e a outra pergunta que fez aos demônios, foi esta: Quais eram, entre todos os cristãos, os que mais se condenavam? E se dos seus companheiros, e dos de seu irmão Francisco, havia também alguns no inferno? Quanto à primeira parte responderam a multidão dos demônios na voz de um, que falava por todos, desta maneira: Dos nobres, dos poderosos, dos ricos e regalados, assim homens como mulheres, temos grande número, porque a soberba, a ambição, a inveja, a vaidade, o luxo, os deleites da carne e os outros vícios que com estes se acompanham, em que continuam sem arrependimento nem emenda até à morte, e os danos que fazem com seu poder aos pequenos, que raramente ou nunca restituem, os levam quase todos ao inferno. Porém da gente popular, humilde e dos rústicos do campo em respeito deste grande número, são muito poucos os que se condenam, porque, ainda que não sejam santos, a sua pobreza e o trabalho de suas mãos, com que sustentam a vida e lhes leva todo o cuidado, os livram de muitos pecados e dos mais graves, em que é fácil a penitência. E quanto aos teus companheiros, e de teu irmão Francisco, confessamos que até agora nenhum temos conosco, mas esperamos, por meio de nossas indústrias, que pouco a pouco se irão esquecendo de suas obrigações alguns deles, e virão, como os demais, a nossas mãos. — Com esta clareza falaram os demônios para grande confusão minha e de outros que sobem a este lugar, a quem também tenta e engana o demônio mudo, pois calamos — não sei por que — o que só devêramos dizer e bradar: "Ai de mim, porque me calei, porque eu sou um homem de lábios impuros" (Is 6,5).

Em suma, senhores cristãos, que os grandes, os nobres, os ricos, os poderosos, não entre os gentios, senão entre nós, são os que mais se condenam. Já nos não podemos queixar, como o rico avarento, de que não viesse a este mundo um pregador do inferno que referisse o que lá se passa, pois Deus mandou nesta ocasião quinze mil pregadores do inferno, em confirmação do que pregava um pregador da terra. Oh! cegueira! Oh! miséria! Oh! frieza e esquecimento da fé! De sorte que as grandezas, as nobrezas, as riquezas, que tanto procuram os que são ou desejam ser poderosos, e o fim porque desejam os mesmos poderes, estes são os meios certos por onde negociam e solicitam sua condenação os que neste mundo se têm por maiores e melhores que os demais. Os outros requerem diante deles, e eles são perpétuos requerentes do seu próprio inferno; e quanto mais bem despachados, tanto mais mofinos. Tão cegos, porém, com o fumo desta vaidade, e tão saboreados deste enganoso veneno, que não só vivem alegres e contentes na sua miséria e dão graças à sua fortuna, mas desprezam e têm por vil a dos que eles, com a falsa voz do mundo, chamam gente de baixa condição, sendo estes aqueles verdadeiramente bem-aventurados a quem

Cristo prometeu o reino do céu. Isto mesmo que aqui pregaram os demônios é o que pregou e ensinou Jesus Cristo. Não chamou bem-aventurados os grandes, senão os pequenos; não os ricos, senão os pobres; não os que riem, senão os que choram; não os abundantes e fartos, senão os famintos; não os que passam a vida em prazeres e delícias, senão os que padecem; não os estimados e adorados, senão os desprezados e perseguidos. Que muito, logo, que dos que em tudo seguem, amam, estimam, professam e idolatram o contrário, esteja cheio o inferno, e sejam muito poucos os que se salvam? Já que não somos cristãos pela fé de Cristo, por que o não seremos ao menos pelos desenganos do demônio?

Ouçamos a S. Paulo e, se queremos entender bem este ponto, entendamos que fala conosco: "Vede, irmãos, a vossa vocação, porque chamados não foram muitos sábios segundo a carne, não muitos poderosos, não muitos nobres" (1Cor 1,26). Escrevia S. Paulo aos coríntios, cuja república na ciência política, na grandeza, na nobreza, no luxo e fausto dos poderosos competia com Roma e se chamava a Roma da Grécia; e para que esta pompa exterior da fortuna os não enganasse e desvanecesse, como costuma, manda-lhes o Apóstolo que abram os olhos e que os ponham em quê? Não na contumácia e pouca duração de tudo o que resplandece e parece grande no mundo, senão na sua vocação: "Vede a vossa vocação" (1Cor 1,26). A vocação dos coríntios era a da fé e do cristianismo, a que Deus os tinha chamado e eles tinham recebido. E nesta vocação, que é o que haviam de advertir e notar? Coisa admirável! Que não chamara Deus a ela, "nem a muitos sábios segundo a carne, que são os políticos, nem a muitos poderosos, nem a muitos nobres" (Ibid.). Gloriem-se agora lá os poderosos e os nobres, e desprezem os que o não são. De todos os homens são muitos os chamados e poucos os escolhidos; dos nobres e poderosos não só são poucos os escolhidos, senão poucos os chamados. "Vede a vossa vocação, não muitos poderosos, não muitos nobres." Quereis saber quão poucos são? Cristo, Senhor nosso, como já dissemos, converteu neste mundo quinhentos discípulos, pouco mais: assim o diz e os conta nesta mesma epístola o mesmo S. Paulo: "Foi visto por mais de quinhentos irmãos" (1Cor 15,6); e destes quinhentos convertidos que seguiam a escola de Cristo, quantos eram os nobres e poderosos? Coisa mais admirável ainda. Apenas achareis um para cada cento: Um capitão, que era José; um senador, que era Nicodemos; um fidalgo, que era Lázaro; um régulo, que era o cafarnaíta; e para chegar a encher o número é necessário que entre também Zaqueu com o seu dinheiro, que ainda naquele tempo não era fidalguia. De maneira, que da nobreza tão desvanecida, de cada cento, um, e da plebe humilde e desprezada, de cada cento, noventa e nove.

E qual é a razão desta diferença? A primeira e mais visível é a que deram os demônios. Porque os grandes e poderosos têm muita matéria e muita liberdade para os vícios: os pequenos e que pouco podem, ou pouca ou nenhuma. Donde se segue que os grandes vão ao inferno porque podem, e os pequenos vão ao céu a mais não poder, porque se eles puderam também haviam de fazer como os demais. Poder fazer mal, e não o fazer, é milagre da graça, que ela faz poucas vezes: "Pôde transgredir a lei de Deus, e não a transgrediu, pôde fazer o mal, e não o fez" (Eclo 31,10). "Quem é este, e nós o louvaremos? Porque fez coisas maravilhosas em sua vida" (Eclo 31,9). Assim que, os grandes vão ao inferno pelas ações do que podem, e os pequenos ao céu pelas omissões do que não podem. Esta é a razão mais pública. A mais oculta e mais alta é porque esta mesma impotência dos pequenos e populares é efeito da sua predestinação.

Seguia todo o povo a Cristo e, para impedir estes concursos e aplausos mal sofridos de seus êmulos os príncipes dos sacerdotes, mandaram eles bom número de ministros que fossem prender ao Senhor. Foram, mas com sucesso tão encontrado que, ao invés de prenderem, ficaram presos. Tornando pois sem a desejada presa, perguntaram-lhes os pontífices e fariseus: "Por que o não prendestes?". Responderam os guardas: "Nunca alguém falou como este homem" (Jo 7,45s). Não o prendemos porque o ouvimos; e nunca houve homem que falasse como este. — Bendito seja Deus que já houve ministros que perdoassem a um pregador por falar bem! Mas eram ministros inferiores. Ouçamos agora o que instaram e replicaram os supremos: "Vós também ficastes seduzidos? Por acaso alguém dos chefes ou dos fariseus acreditou nele? Mas esta gente que não conhece a Lei" (Jo 7,47ss). Basta que também vós vos deixais enganar? Porventura a esse homem seguiu-o algum dos príncipes e dos grandes? Não. Os que o seguem e creem nele é a gente do povo, baixa e rude. — Logo esse homem não é o messias. Assim argumentavam e inferiam contra Cristo, como êmulos e inimigos, devendo inferir contra si e desenganar-se, como prudentes. Em semelhante caso de uns, que repudiaram a Cristo, e outros, que abraçaram a sua fé, diz S. Lucas: "E creram nele todos os que eram predestinados para a vida eterna" (At 13,48). — Esta é a verdadeira consequência que deviam inferir os príncipes e grandes da Sinagoga. Nós, os príncipes e grandes, não aceitamos a doutrina de Cristo, nem o seguimos, e o povo sim; logo o povo é o predestinado, e nós não.

Esta teologia não será muito agradável aos ouvidos costumados às lisonjas alheias e também à própria; mas é o mero espírito do Evangelho e a suma de toda a doutrina de Cristo. Não porque sempre necessariamente haja de ser assim, mas porque as mais vezes, e pelo comum da Providência Divina, é efeito e sinal da predestinação fazer Deus pequenos e de humilde condição, e não grandes e poderosos aos que quer salvar. E se quereis ver com os olhos a razão fundamental e divina desta providência, olhai para a vida de Cristo. Cristo é a causa exemplar de todos os predestinados: "Os que ele conheceu na sua presciência, também os predestinou para serem conformes à imagem de seu Filho" (Rm 8,29). E qual foi o estado que Cristo escolheu neste mundo? O de pobre, o de humilde, o da condição ínfima e plebeia, querendo o Filho de Deus ser reputado por "filho de um oficial" (Mt 13,55), e ajudando a ganhar o pão com o trabalho de suas mãos e o suor do seu rosto. Logo o que veste a samarra no monte, o que rompe a terra com o arado no campo, o que maneja a serra ou outro instrumento mecânico no povoado, esta gente humilde e popular são os que Deus comumente predestinou para no céu lhe trocar a fortuna. Vede-o nas ações ou afetos deste mesmo Evangelho. Houve quem admirou, houve quem louvou, houve quem blasfemou o milagre; mas quais foram uns e outros? Os que blasfemaram foram só os grandes e poderosos, os escribas e fariseus; os que admiraram e louvaram todos foram do povo. Os que admiraram, "do povo"; os que louvaram, ou a que louvou, do povo: "Levantando a voz uma mulher do povo".

Oh! quanto se enganou no que esperou ou presumiu de nós S. João Batista. Não estranheis a palavra. Os profetas eram profetas e pregadores juntamente: como profetas diziam o que havia de ser, como pregadores diziam o que era bom que fosse, e no sucesso disto se podiam enganar. Assim se enganou conosco o Batista. Cuidou que tanto que os homens vissem ao Deus feito pequeno não havia de haver quem quisesse ser grande, e que haviam de contender a quem havia de ser menor que todos, assim como hoje contendem a qual há de ser maior: "Todo vale será cheio, e todo monte e colina será arrasado" (Lc 3,5). Tanto que Deus apareceu no mundo tão pequeno como um cordeiro, como eu o hei de mostrar com o dedo, os montes e os outeiros se hão de abater e derrubar por si mesmos, e encher os vales, e não há de haver altos e baixos na terra: tudo há de ser igual. E que montes e outeiros são estes? Os montes são os da primeira nobreza e do primeiro poder; os outeiros são os da segunda. E posto que na cristandade temos exemplos de alguns que voluntariamente se abateram, os demais estão tão fora disso e os mesmos vales também, que os vales aspiram a ser outeiros, os outeiros a ser montes, os montes a ser Olimpos e exceder as nuvens. Mas nem por isso estão mais perto do céu, senão muito mais longe. O Batista disse: "Todo monte e colina", falando de todos, e por isso se enganou nas suas esperanças.

§ VI

A terceira e última questão que excitou S. Domingos foi perguntar e mandar aos demônios que dissessem publicamente se tudo o que ele pregava da devoção do Rosário era verdade, e qual era no céu o santo a quem eles mais temessem e a quem os homens mais se deviam encomendar, glorificar, amar e honrar. Ouvindo esta pergunta, todos os quinze mil demônios levantaram tais clamores e fizeram tais alaridos, que muitos dos circunstantes, assombrados, caíram em terra de pavor e espanto. Mas não foi esta só a demonstração da sua grande repugnância e sentimento. Lançam-se aos pés do santo, e rogam-lhe que se contente de que lhes descubram aquelas coisas à parte, e só a ele em segredo, mas de nenhum modo em público e em presença de tanta multidão de gente. Venceu, porém, esta grande resistência a oração de S. Domingos, e por império da mesma Mãe de Deus foram constrangidos os demônios a responder e confessar a verdade publicamente e em altas vozes, que fossem ouvidas de todos.

Primeiramente, raivando e mordendo muitas vezes a língua do endemoninhado, disseram que a maior e mais poderosa inimiga que tinham no céu era Maria, a Mãe de Deus, que de lá os lançara. Ela é — dizem — a que, como luz, desfaz as trevas de nossos enganos; ela a que destrói e converte em nada todas as nossas máquinas e intentos; e se não fora pela proteção, vigilância e domínio com que reprime nossa potência e desbarata nossas traças, já tivéramos destruído a cristandade e enganado e pervertido a maior parte dos Estados da Igreja. Vale mais um suspiro, um aceno e qualquer significação da sua vontade diante do trono de Deus que as orações e petições de todas as hierarquias dos anjos e todos os santos juntos. E como somos forçados, muito a nosso pesar, a vos descobrir este segredo, sabei, cristãos, que nenhum dos que perseveram fielmente na devoção e serviço desta Senhora se condena porque, ou antes da morte lhe alcança verdadeira contribuição e arrependimento de seus pecados, ou ainda depois de mortos, e quando já os temos em nossas mãos, podendo mais a sua valia que o nosso direito, os livra, por vários modos, de irem ao inferno. Assim que tudo o que vos prega e ensina frei Domingos é verdade; e pela experiência que já temos, vos seja notório a todos que nenhum devoto do Rosário que continuar e perseverar firmemente nesta devoção da Mãe de Deus se condenará.

Isto é o que disse a uma voz toda aquela multidão de demônios, os quais, posto que sejam pais da mentira, e não mereçam crédito, quando, porém, falam mandados e obrigados por Deus — como neste caso — não dizem o que voluntária e maliciosamente fingiriam, senão o que certa e verdadeiramente é, como instrumentos, posto que forçados, da verdade divina. Quanto mais que tudo o que aqui afirmaram ou pregaram os demônios é conforme a Sagrada Escritura e doutrina dos santos. Disseram que a maior inimiga que tinham é a Virgem Maria, e esta verdade é parte da mesma sentença que ouviram da boca de Deus, quando por boca da serpente enganaram os primeiros homens: "Porei inimizades entre ti e a mulher" (Gn 3,15). — Para a sentença ser mais rigorosa, e a execução dela mais temida, parece que não havia de dizer entre ti e a mulher, senão, entre ti e o homem. Por que não diz logo Deus que porá as inimizades entre a serpente e o homem, senão entre a serpente e a mulher: "Entre ti e a mulher?". Porque esta mulher era e havia de ser Maria; e Maria, a Mãe de Deus, é a maior e mais poderosa inimiga que têm e temem os demônios, como eles mesmo confessam. Se a mulher de que falava fora outra, então diria Deus: porei as inimizades entre ti e o homem — porque os homens são os que matam as serpentes, e as mulheres fogem delas. Mas esta mulher mais que homem era tão diferente das outras, e havia de ser tão temida das serpentes e dos demônios como na segunda parte da sentença lhe notificou o mesmo Deus: "Tu armarás traições ao seu calcanhar. Ela te pisará a cabeça" (Gn 3,15). Será tão grande o medo que terá desta mulher, que jamais te atreverás contra ela de rosto a rosto. Isso quer dizer: "Armarás traições ao seu calcanhar". À traição e por cilada abrirás, quando muito, contra ela a boca, como fazes pelas dos hereges, mas nunca a poderás morder. Tuas serão as traições, mas suas as vitórias; tu maquinarás na cabeça astuta como serpente, mas ela te meterá a cabeça debaixo dos pés: "E ela te pisará a cabeça". Vede se falaram verdade, e verdade canônica, os demônios?

Disseram mais, que basta qualquer significação da vontade de Maria para que Deus faça prontamente quanto ela quer. Não fora Deus seu Filho, se assim o não fizera. Por isso a pôs como Rainha do céu, da terra e do inferno à sua mão direita: "Apresentou-se a rainha à tua destra" (Sl 44,10). Entrou em palácio Bersabé, mãe de el-rei Salomão, e diz o texto sagrado que "descendo o rei do seu trono, a saiu a receber com grande reverência, e mandou pôr outro trono à mão direita, em que ela se assentasse" (3Rs 2,19). Toda esta, nem mais nem menos, é a história da Mãe de Deus no majestoso recebimento com que entrou no céu e no trono e supremo lugar que lá tem à mão direita de seu Filho. E como Bersabé dissesse a Salomão que tinha uma petição que lhe fazer, que responderia o sapientíssimo rei? "Pedi, mãe minha, porque não é lícito que eu vos negue coisa alguma que me pedirdes" (3Rs 2, 20). — Não é lícito, disse o rei mais sábio e maior jurisconsulto do mundo, porque negar um filho a sua mãe o que lhe pedisse seria contra a lei natural, da qual não estão isentas as maiores majestades. E, depois que Deus teve Mãe, tem também lugar esta regra em Deus? Também, diz S. Gregório Nicomediense, falando com a mesma Senhora: "O criador considera a tua glória como própria e como filho a exalta e como se pagasse uma dívida atende os seus pedidos"[8]. Não se isenta a suprema soberania do Criador de pagar este tributo de obséquio à sua Mãe, antes se preza e gloria tanto de fazer quanto lhe pede como Filho, que não despacha as suas petições como graça, senão como dívida: "Como se pagasse uma dívida atende os seus pedidos". Alta e verdadeiramente dito! Quando Deus despacha as petições dos outros santos, é graça, porque faz o que pode, porque quer, quando despacha as de sua Mãe é justiça, porque faz o que não pode deixar de querer, porque paga o que deve. E daqui infere o mesmo santo que os rogos de Maria para com Deus são impérios, as petições são decretos, as execuções obediências: "Nada resiste ao teu poder, nada se opõe à tua força, tudo cede às tuas ordens, tudo obedece ao teu império, todos te servem". Isto é o que dizem os santos, e isto o que confessaram os demônios.

Só uma coisa das que disseram parece dificultosa, e é afirmarem com tanta asseveração que nenhum devoto da Virgem Maria, se persevera na sua devoção, se condena. Se nos quereriam os demônios enganar com esta grande confiança? É certo e certíssimo, segundo o insaciável desejo que têm de nossa perdição que assim o fariam, se pudessem; mas como falavam obrigados e constrangidos por Deus, disseram, muito a seu pesar, o que não puderam negar. Ouçamos, purificado pela boca dos santos, o mesmo que as venenosas dos demônios vomitaram forçadas. Santo Anselmo, tão devoto da Senhora como alumiado do céu, diz esta sentença notável, mas recebida e aprovada de todos os teólogos: "Assim como todo aquele que se aparta de vós, ó Beatíssima Virgem, e por isso se faz indigno de vossa proteção e amparo, necessariamente se condena, assim todo aquele que se converte a vós, e se faz digno de que ponhais nele os olhos de vossa misericórdia e piedade, impossível é que se perca"[9]. — O mesmo dizem, falando pelos mesmos termos de salvação e condenação, entre os Padres gregos, S. Germano, S. Efrém, S. Epifânio, e entre os latinos, S. Pedro Damião, S. Boaventura, S. Bernardo, o qual declara o modo destes dois impossíveis com uma não só comparação, mas figura da mesma Senhora, tão elegante como evidente: "A Arca de Noé significou a excelência de Maria. Noé a fabricou para se livrar do dilúvio. Cristo preparou a nova arca para remir o gênero humano. Por aquela apenas oito almas se salvaram; por esta todos são chamados à vida eterna"[10]. Na arca de Noé foi significada a excelência de Maria — diz S. Bernardo. Aquela fabricada por Noé, esta por Cristo; aquela para se salvarem então os poucos que conservaram a vida temporal, esta para se salvarem depois todos os que alcançaram a vida eterna. — Notai agora a propriedade da semelhança, que não pode ser maior nem mais adequada. — No dilúvio de Noé todos os que estiveram dentro na arca se salvaram, e todos os que ficaram fora se perderam; e com tal necessidade de se salvar ou perder no meio de dois impossíveis, que nem os de fora podiam deixar de se perder, nem os de dentro podiam deixar de se salvar, porque para que uns não pudessem entrar, nem outros sair, tinha Deus por si mesmo fechado a arca. Do mesmo modo nesta tempestade universal da vida e do mundo, em que todos flutuamos e tantos naufragam. Os que estão dentro na arca, isto é, debaixo da proteção de Maria, todos se salvam; os que estão fora dela todos se perdem, e uma ou outra coisa tão infalivelmente, debaixo desta suposição — a qual depende de nós — que os que se perdem, "necessariamente se perdem" — e os que se salvam, "impossível é que se não salvem".

Mas quais e quantos foram os que se salvaram na arca? Bendita seja e infinitamente bendita a misericórdia de Deus e de sua Mãe! "Tu, Senhor, salvarás os homens e as bestas, segundo tens multiplicado a tua misericórdia" (Sl 35,7s). Os que se salvaram na arca, ou eram homens racionais, como Noé e sua família, em que são significados os justos, que vivem conforme a razão e obedecem e servem a Deus, ou eram os animais brutos de todas as espécies, uns feros, outros venenosos, outros de rapina, em que são significados os pecadores em todo o gênero de vícios, que vivem sem freio de razão, levados só do ímpeto dos apetites. E todos estes se salvaram na arca, porque debaixo da proteção de Maria — se foram tão venturosos ou tão diligentes que a souberam procurar — não só os justos senão também os pecadores, por mais e maiores pecadores que sejam, todos se salvam. Isto é o que confessaram e pregaram os demônios. E se acrescentaram confirmando a doutrina de S. Domingos, que entre todos os devotos da Senhora, os que rezam o seu Rosário são os que gozam esta soberana prerrogativa, com especial assistência do céu e respeito à mesma devoção. Na mesma arca e no mesmo dilúvio temos conta por conta as do Rosário. O dilúvio, diz o texto sagrado que durou cento e cinquenta dias: "E as águas tiveram a terra coberta cento e cinquenta dias" (Gn 7,24); e a arca, diz o mesmo texto que nadou por cima dos mais altos montes quinze côvados: "Elevou-se ainda a água por cima dos montes quinze côvados: a arca, porém, era levada sobre as águas" (Gn 7,20.18). De sorte que a providência da salvação e os números do Rosário se ajustaram de tal forma, que o dilúvio durou cento e cinquenta dias, e as águas cresceram sobre os montes quinze côvados, para que a arca não tocasse em algum deles, e se perdesse, e todos os que iam nela se salvassem. E deste modo pereceram todos, e só os que estavam na arca se salvaram: "Tudo o que tem vida e respira sobre a terra, tudo morreu. Ficaram somente Noé e os que estavam com ele na arca" (Gn 7,22s).

§ VII

Depois que os demônios falaram e satisfizeram a todas as perguntas, e pregaram aqueles três grandes desenganos a todo o concurso dos ouvintes, que no princípio eram mais de dois mil e sempre foi crescendo, chega-se S. Domingos ao herege endemoninhado, manda-lhe imperialmente que o siga em virtude do santo Rosário. Parece-me que estou vendo, não fabulosa, mas verdadeiramente a história de Hércules, quando tirou por força do inferno e trouxe atado após si o cão Cérbero de três cabeças. O Hércules dos católicos era Domingos; o cão Cérbero, o herege, propriamente trifauce, que por três bocas e com três línguas, todas blasfemas, ladrava contra o santo, contra a Santíssima Virgem e contra a devoção do seu Rosário. E assim como se diz de Hércules: "Prendeu o Cérbero com três cadeias", assim levava o santo preso após si aquele cão infernal, e a cadeia era o Rosário, que são três cadeias em uma, ou uma cadeia de três ramais: "Três cadeias". Posto o endemoninhado no meio do auditório, diz o Santo e pede a todos que, para que Deus livre aquele miserável homem da multidão de demônios que o atormentavam, se ponham todos de joelhos e em alta voz rezem o Rosário. Oh! prodígio! Oh! caso inaudito! Oh! maravilha própria, não só da Onipotência, mas da sabedoria divina, com que tudo dispõe e executa eficaz e ordenadamente! Tanto que se rezou a primeira Ave-Maria, em figura de carvões acesos saíram da boca do endemoninhado cem demônios. Rezou-se a segunda, e saíram outros cento, outros cento à terceira, outros cento à quarta, e saindo desta maneira cento a cento a cada Ave-Maria, no ponto em que se acabaram de rezar as cento e cinquenta Ave-Marias das quinze décadas, ficou totalmente livre o homem dos quinze mil demônios, e não só livre no corpo, senão na alma, já desenganado, já convertido, já alumiado e reconhecido de seus erros, já devoto e devotíssimo — como todos os que se acharam presentes ao milagre — da puríssima e poderosíssima Mãe de Deus e do seu Rosário. Oh! benditíssimo Filho de Maria, quanto honrastes e honrais a vossa Santíssima Mãe, e com quantos excessos de glória quisestes se cumprisse nesta ação a verdade daquela vossa grande promessa: "Fará outras ainda maiores"? (Jo 14,12). Vós detivestes-vos, e gastastes tempo em lançar um só demônio: "Estava Jesus lançando um demônio" (Lc 11,14); e o nome de vossa Mãe, no mesmo momento em que pronunciava, lançava cem demônios; dez vezes pronunciado, mil; cento e cinquenta vezes pronunciado, quinze mil. E se o Rosário se pronunciara no inferno, ainda que sejam tantos milhares os demônios que o habitam, cedo ficaria despovoado.

§ VIII

Tenho dito o que basta para a admiração. E que posso dizer de novo para a doutrina? A primeira coisa que digo é o que tantas vezes dizia e pregava S. Paulo. Como os demônios são espíritos invisíveis, e não os vemos, parece que não acabamos de persuadir que há demônios e que perpetuamente andamos cercados deles, sendo assim que, porque são invisíveis, por isso mesmo os devemos temer muito mais. Se um soldado tivesse arte de se fazer invisível, entrar, sair e obrar o que quisesse sem ser visto, este se devera temer mais que os grandes exércitos; e os demônios, pelo contrário, não são um só contra muitos homens, senão muitos contra cada um, e todos invisíveis. Isto é o que sobretudo ponderava S. Paulo: "Porque nós não temos que lutar contra a carne e o sangue, mas sim contra os principados e potestades, contra os governadores desta terra, contra os espíritos de malícia espalhados por esses ares" (Ef 6,12). Três coisas nota o Apóstolo nestas palavras, todas muito para temer. A primeira, que lutamos com quem não tem corpo, e por isso com partido muito desigual, porque eles têm por onde nos pegar, e nós não: "Não temos que lutar contra a carne e o sangue". A segunda, que nós pelejamos às escuras, e eles com luz, porque eles veem-nos a nós, e veem-nos por fora e por dentro, e nós não os vemos a eles: "Contra os governadores das trevas deste mundo". A terceira, que nós temos os pés na terra, e eles não têm pés, senão asas velocíssimas, com que voam pelo ar, o qual ocupam desde a terra até o céu: "Contra os espíritos de malícia espalhados por esses ares". E se perguntarmos a razão por que aquela parte dos demônios, que não estão presos e aferrolhados no inferno e permitiu Deus que ficassem cá em cima para nos tentarem, o sítio que ocupam é todo o elemento do ar, quanto se estende desde a terra até o céu, a razão é — diz S. Bernardo — porque deste modo nos quiseram cercar e sitiar totalmente, assim da parte donde só nos podem vir e entrar os socorros, que é o céu, como da parte donde nós os podemos procurar com nossas orações, que é a terra: "Alegram-se em estar nos ares, para impedirem que os dons de Deus desçam até nós ou que nossas orações subam até Deus".

Que faremos nós, logo, estando assim sitiados de tantos e tão poderosos inimigos? Defender-nos só, é pouco. O que devemos fazer é fortificar-nos e armar-nos de tal sorte que não só os demônios desesperem a vitória, mas que nos temam e fujam de nós; e isto só o podemos conseguir pondo-nos à sombra da torre de Davi de que pendem milhares de escudos, que é a Virgem Maria, e só dentro do recinto do seu Rosário. "Elevei-me como o plátano nas praças junto da água" (Eclo 24,19), diz a mesma Senhora falando de si. Compara-se ao plátano alto, fresco, copado e sombrio, não plantado só para amenidade e delícia dentro dos jardins, senão fora e no meio das estradas ou ruas largas: "nas praças". Esta distinção das ruas largas às estreitas é da alma santa, quando buscava o Esposo: "Buscá-lo-ei pelas ruas e praças públicas" (Ct 3,2); e a significação de umas e outras é do mesmo Esposo, Cristo: "Estreito é o caminho que guia para a vida, e espaçoso o caminho que guia para a perdição" (Mt 7,13s). As ruas largas são aquelas por onde os maus caminham ao inferno, e as estreitas, por onde os bons vão ao céu. E porque as ruas e estradas largas são os lugares onde os demônios principalmente nos tentam, onde nos fazem a maior guerra, e por onde nos levam à perdição, esse é o motivo e o mistério porque a Virgem Maria assiste e se levanta como plátano nas mesmas estradas, para ali nos defender dos demônios e os pôr em fugida. Pois, como plátano para nos defender e como plátano para pôr em fugida os demônios? Sim. Que essas são as virtudes e propriedades do plátano: "O plátano — diz Hugo — tantos escudos tem quantas folhas"[11] porque esta é a forma que a natureza deu às folhas do plátano, podendo-se dizer daquela árvore ou castelo verde o que se diz da torre de Davi: "Dela estão pendentes mil escudos" (Ct 4,4) — e por isso figura da Virgem Santíssima enquanto nos defende dos demônios. E enquanto os faz fugir, também plátano, porque, como diz Piério: "As mesmas folhas do plátano têm virtude de afugentar os morcegos"[12], filhos das trevas e inimigos da luz, e por isso feios e funestos, símbolos dos mesmos demônios, dos quais afirma por experiência S. Bernardino, que com tal extremo temem a Rainha dos Anjos e fogem de sua presença, que a nenhum lugar onde esta Senhora assista se atrevem eles a chegar nem de muito longe: "Os demônios não ousam se aproximar dela, nem de muito longe"[13].

A prova da Escritura nos dará o príncipe dos mesmos demônios, e só ele a poderá inventar, quanto é encarecida. Cristo, Senhor nosso, até a idade de trinta anos assistiu sempre com sua Santíssima Mãe, obedecendo-a e servindo-a e, depois da morte de S. José, sustentando-a, como bom Filho, com o trabalho de suas mãos e suor de seu rosto. Houve enfim, de sair o divino Sol a alumiar o mundo, e para começar pelo primeiro e mais necessário documento, ensinando-nos com seu exemplo a vencer o demônio e suas tentações, diz o texto sagrado que se retirou a um deserto para ali ser tentado: "Foi levado Jesus ao deserto, para ser tentado pelo diabo" (Mt 4,1). Parece que nem da parte de Cristo para o exemplo, nem da parte do demônio para a tentação, se havia ela de guardar para tão tarde. A idade mais sujeita e ainda inclinada às tentações, e a menos forte e mais bisonha para as resistências é muito antes dos trinta anos. Pois, por que não tentou o demônio a Cristo, nem Cristo o buscou ou desafiou para ser tentado nos primeiros ou últimos verdores da adolescência, idade que nos outros homens é a mais ardente, a menos desenganada e a mais aparelhada e pronta para ser vencida? Respondem douta e devotamente graves autores que naquela idade, e em todos os anos seguintes, até aos trinta, assistia sempre o Senhor e morava com sua Santíssima Mãe, e debaixo da sua sujeição e obediência, como consta dos evangelistas, e por isso o demônio em todo este tempo não teve ousadia para o tentar nem esperança de o vencer, porque onde assiste ou é assistida Maria, não só não se atrevem a chegar os demônios, mas fogem daí muito longe: "Não ousam se aproximar, nem de muito longe". De muito longe, digo com S. Bernardino e o provo do mesmo texto. Se o demônio se não atreveu a acometer a Cristo enquanto estava em casa de sua Mãe, porque o não acometeu fora dela, na cidade de Nazaré, ou em outra vizinha, nem Cristo o buscou para ser tentado senão no deserto de além do Jordão, em tantas léguas de distância? Porque conhecia o Senhor o grande medo que os demônios têm ao sagrado fortíssimo de Maria, e quanto fogem, não só à presença, senão a qualquer vizinhança daquela soberana Majestade, para eles tremenda. Prevendo, pois, que assim como o demônio em tantos anos se não atreveu a o tentar em sua casa, também agora não teria ousadia para o acometer, ainda em lugar apartado e distante, se não fosse muito longe dela; por isso se retirou àquele deserto, onde, desacompanhado de sua Mãe e muito longe de sua presença, desse ânimo e confiança ao demônio de o acometer, e lá pudesse ser tentado como queria: "Levado Jesus ao deserto, para ser tentado pelo diabo" (Mt 4,1).

Ainda não está ponderado o maior encarecimento do caso. Tenta, finalmente, o demônio a Cristo, e as palavras por onde começou a primeira e segunda tentação foram: "Se és Filho de Deus" (Mt 4,3). — Não só do jejum de quarenta dias — porque também Moisés e Elias tinham jejuado outros quarenta — mas de todas as outras circunstâncias sobre-humanas que Cristo tinha obrado no deserto, julgou o demônio que aquele homem era mais que homem, e não podia ser menos que o Filho de Deus prometido nas Escrituras. A este princípio atribuem muitos a notícia que o demônio teve da divindade de Cristo; mas o certo e infalível fundamento foi a voz do Eterno Pai, quando disse sobre o Jordão: "Este é o meu Filho amado", que o demônio muito bem ouviu. Pois se o demônio tenta a Cristo uma, duas e três vezes, quando o reconhece Filho de Deus, como se não atreve a o tentar nem uma só vez debaixo da sujeição de sua Mãe, e em sua casa, quando só o considerava homem? Esta mesma pergunta ou admiração é o maior encarecimento que se pode dizer nem imaginar de quanto o demônio respeita, foge e teme, não só a pessoa e presença daquela mulher, a que foi sentenciado que lhe pisaria a cabeça, mas a assistência somente e proteção dos que vivem à sombra da mesma Senhora, e ela tem debaixo de sua sujeição e amparo. De sorte que o mesmo Cristo, considerado só como homem, não se atreve o demônio a o tentar, porque o vê acompanhado e assistido de Maria; e depois que o reconhece por Filho de Deus, porque o vê só e desacompanhado dela, não teme de o acometer, nem receia de o tentar uma e muitas vezes, como se fora mais formidável ao demônio a companhia e assistência só daquela prodigiosa mulher que a união e presença da mesma divindade. Basta, demônio, que ao Filho de Deus, conhecido por tal, esperas tu e presumes vencer, e ao Filho de Maria, supondo só que é homem, enquanto está com ela, não te atreves a tentar? Mas permitiu Deus que tu o entendesses assim, para que nós entendamos que, debaixo da sua proteção e amparo, nunca tu nem todo o inferno nos poderá ofender. Infinitas são as coisas que se puderam dizer, e altíssimos os pensamentos que sobre este grande paralelo se puderam levantar; mas para mim, sem nenhuma outra consideração, basta só a simples verdade e certeza do sucedido. E qual é? É certo que enquanto Cristo esteve com sua Mãe não o tentou o demônio, e é certo que depois que se apartou dela, logo o tentou.

§ IX

O que, pois, devemos fazer para nos defender do demônio e suas tentações, ou para que ele e elas fujam de nós e nos temam é, como dizia, recolhermo-nos à sombra da Torre de Davi, a Virgem Senhora nossa e dentro do recinto do seu Rosário, porque assim fortificados, nenhum demônio haverá nas três jerarquias do inferno, nem todos juntos que, se chegarem a nos tentar, nos possam vencer. Disse nas três jerarquias porque esta é a forma em que se repartem, como em três terços, todos os demônios, e dividem entre si o dia natural, para que em nenhuma hora dele cesse a bateria com que nos combatem. Os primeiros chamam-se demônios matutinos, e a estes pertencem as horas da madrugada e da manhã; os segundos chamam-se demônios meridianos, e a estes pertencem as horas do meio-dia e de todo ele; os terceiros chamam-se demônios vespertinos, e a estes pertencem as horas da tarde e o resto da noite. Vede agora a singular energia e propriedade com que a estes três terços do inferno contrapôs a Senhora os três terços do seu Rosário, dividindo na mesma forma o dia e respondendo horas a horas. Aos demônios vespertinos respondem os mistérios da Encarnação, que foi obrada na última hora da tarde; aos demônios meridianos respondem os mistérios da Paixão, que foi obrada nas horas do meio-dia; e aos demônios matutinos respondem os mistérios da Ressurreição, que foi obrada na primeira hora da manhã. E para que nos não falte a prova da Escritura, com as mesmas três diferenças de demônios no mesmo dia, ouçamos o parafraste caldeu sobre aquelas palavras dos Cânticos: "Até que sopre o dia e declinem as sombras" (Ct 4,6).

"Em todo o tempo em que o povo fiel da casa de Israel trazia nas mãos a arte de seus pais, fugiam dele todos os maus espíritos." E que maus espíritos eram estes? "Eram os demônios vespertinos, os demônios matutinos e os demônios meridianos." E para que ninguém duvide qual era o poder de que temiam e a virtude que os fazia fugir, continua assim o mesmo parafraste: "E a razão era porque a Arca do Testamento residia na casa do santuário, edificada no monte Mória, e todos os maus espíritos e demônios fugiam do cheiro do incenso aromático, que se oferecia e queimava diante dela". Todos sabem que a Arca do Testamento significa a Virgem, Senhora nossa, e também sabem que o incenso significa a oração, e os aromas de que era composto, os mistérios que a acompanham; logo, toda aquela representação no Templo antigo, que também significava a Igreja, era uma figura profética ou uma profecia em figuras, de que a mesma Senhora, por meio da devoção e orações do seu Rosário, havia de atemorizar, dissipar e pôr em fugida os demônios, para que se não atrevam a tentar a seus devotos, ou quando os tentem, os não possam vencer. Aos quais devotos só digo e aconselho que, repartindo o dia na mesma forma em que os demônios o têm repartido, e aplicando os mistérios às mesmas horas em que foram obrados, os da Encarnação os meditam à noite, os da Paixão ao meio-dia, e os da Ressurreição pela manhã. Assim o fazia com o mesmo espírito e nas mesmas horas Davi: "Eu orarei, e Deus me ouvirá, à tarde, pela manhã e ao meio-dia" (Sl 54,18); "à tarde", contra os demônios vespertinos; "pela manhã", contra os matutinos; "e ao meio-dia", contra os demônios meridianos.

Repartindo nesta forma o Rosário, não só triunfaremos dos mesmos demônios, mas confundiremos os baldões e blasfêmias com que eles caluniam a Deus, lançando-lhe em rosto o fazer-se homem, pela má paga que lhe dão os homens. Este é o sentido daquele verso tão encarecido e repetido do profeta: "Com que nos têm insultado, Senhor, os teus inimigos, com que nos têm insultado em recompensa do teu cristo" (Sl 88,52). Como se disseram os demônios — discorre S. Cipriano —: Porque nós, ó Deus, não aprovamos o decreto de vos fazerdes homem, nos lançastes no inferno; mas agora mostra bem a experiência quanto mais acertado foi nosso parecer. E se não, olhai para as comutações do vosso Cristo e vede o que ele deu e o que recebe; o que fez e como lhe pagam. E para que esta diferença seja mais manifesta, comparai os poucos que o servem a ele e os muitos que nos servem a nós, dizem os demônios. Ele padeceu pobrezas, injúrias, afrontas, bofetadas, açoites e a mesma morte pelos homens; nós nenhuma coisa padecemos por eles. Ele fez-lhes infinitos benefícios; nós fazemos-lhes todo o mal que podemos. Ele promete-lhes logo, e de contado, o céu para a alma e, para depois da ressurreição, também lhes assegura a glória do corpo; nós assim para a alma como para o corpo, o que lhes prometemos e asseguramos é o fogo e tormentos eternos, e, contudo, a sua doutrina é desprezada e a nossa abraçada e seguida. Ele, crido, mas não amado; nós não amados, mas obedecidos; ele servido de poucos, e como forçados; nós livre e voluntariamente de quase todos; ele enfim tão mal pago e tão desigualmente correspondido, que o seu amor se paga com desamor, as suas finezas com ofensas, os seus benefícios com ingratidões; e nós, triunfando e zombando de quanto fez pelos homens, os quais antes querem o inferno conosco que o céu com ele. Isto é o que dizem os demônios. E conclui S. Cipriano o seu discurso perguntando-nos a nós, os cristãos, que é o que respondemos a isto? "O que responderemos a isso, Irmãos caríssimos?"

Não há dúvida que muitos são obrigados a confessar que, posto que os demônios no que arguem contra Deus, mentem ímpia e blasfemamente; no que dizem de nossas ingratidões e da má paga que damos ao amor, aos benefícios, ao sangue e morte de Cristo, falam muita verdade, com grande confusão da fé e afronta do nome cristão. Desta, porém, nos desafrontam gloriosamente e os desmentem com infinitos euges todos os devotos do Rosário em todo o mundo, porque tudo o que meditam em seus mistérios e tudo o que repetem em suas orações são reconhecimentos, admirações, louvores e graças pelo que o Filho de Deus feito homem nos amou em sua Encarnação, pelo que padeceu por nós em sua Paixão, e pelo que nos promete e assegura em sua Ressurreição, pagando-lhe desta maneira nossos entendimentos, nossos corações e nossas línguas, não o que devem, mas contudo o que podem. Confundam-se pois e emudeçam as calúnias e blasfêmias do demônio. E, assim como a oradora do Evangelho pelo demônio mudo que falou, levantou a voz, assim nós pelos demônios, que tão insolentemente falam, emudecidos, ajuntemos as nossas vozes com a sua, e digamos ao Filho de Deus, em perpétuo louvor seu e da benditíssima Mãe de quem nasceu homem: "Bem-aventurado o ventre que te trouxe".

FIM

SERMÃO

XVII

~

"Uma mulher, levantando a voz do meio do povo, lhe disse:
'Bem-aventurado o ventre que te trouxe, e os seios que te amamentaram'."
(Lc 11,27)

*O tema do sermão é bem atual: é mais útil a nossas almas e mais agradável à
Senhora do Rosário rezá-lo cada um retiradamente consigo ou publicamente com muitos?*

*Defendem a oração de muitos não só doutores como também as Escrituras e o mesmo
Cristo, no Horto das Oliveiras. E várias são as razões aduzidas pelos Santos Padres.*

*E a oração solitária? Vieira funda-se no conselho de Cristo em Mt 6,5:
"...ora em secreto a teu Pai". Deus jamais comunicou a alguma comunidade
os seus secretos e as suas revelações. E revela as razões dessa preferência.*

Em conclusão, os homens rezem na Igreja ou em sua casa.

As mulheres, em sua casa e de nenhum modo fora dela.

*E a razão é de conveniência e decência. E como comprovação,
são citados alguns exemplos e o de Maria na manhã de Páscoa.*

§ I

Como não há comunidade tão boa em que se não ache algum mau, de que foi o maior escândalo Judas, assim não há comunidade tão má em que se não ache algum bom, de que é o melhor exemplo esta boa mulher que do meio da turba levantou a voz em louvor de Cristo: "Uma mulher, levantando a voz do meio do povo" (Lc 11,27). A mulher louvou o Filho pela Mãe, e a Mãe pelo Filho; porém, a turba nem louvou o Filho nem louvou a Mãe. Assim se dividiram em partes contrárias a mulher e a turba, e assim havia de ser para que o louvor ficasse inteiro. Antes digo que tanto louvou a turba em não louvar como a mulher louvando, porque se a turba também louvara, ficava o louvor desautorizado e suspeitoso. Os louvores da turba não só são turbados, mas turbulentos, que tal é o seu juízo. Quereis saber — diz Sêneca — o que é, não só pior, mas péssimo neste mundo? Vede o que segue, e ouvi o que diz a turba, e daí fazei argumento: "A multidão é exemplo do pior"[1]. Esta é a razão por que, levantando a voz a mulher discreta, não houve uma só língua que a seguisse. Ou foi porque reprovaram o que dizia, ou porque temeram de o aprovar. Se porque o reprovaram, foi erro; se porque temeram, covardia; e tudo isso é ser turba, multidão sem juízo e sem valor.

Mas que tem isto com o meu Rosário? Muito. Porque o Rosário ou se pode rezar com a turba, isto é, juntamente com muitos, ou se pode rezar como a mulher, isto é, cada um consigo e por si só. No caso do Evangelho ninguém houve naquele confuso ajuntamento que seguisse o exemplo e voz da devota oradora, que publicamente a levantou sobre todos em louvor de Cristo e sua Mãe; porém, hoje, em todas as quatro partes do mundo vemos tão refutado aquele erro, tão condenada aquela covardia e tão emendada aquela impiedade, que em toda a monarquia de Portugal e suas conquistas, apenas há paróquia, convento ou qualquer outro menor lugar dedicado ao culto divino, em que todos os dias, em públicas e altas vozes, se não cantem os louvores do mesmo Filho e da mesma Mãe na devoção do seu Rosário. Assim sucederam àquela turba indevota e ímpia tantas outras turbas ou ajuntamentos cristãos, devotos e pios; e àquele silêncio e murmuração infernal tantos outros Coros celestiais e divinos, em que, juntamente com a propagação universal da fé, se repete no mesmo Rosário a confissão dos principais mistérios dela, não encontrados já e discordes entre si a mulher e a turba, senão concordes na mesma devoção as turbas com a mulher e a mulher com as turbas.

Contudo, porque a devoção bem entendida e bem intencionada, não só deve pôr os olhos exteriores na glória de Deus, senão os interiores na sua maior glória, ou sobre as palavras: "Uma certa mulher do meio do povo" — determino hoje distinguir e apartar, não a turba e a mulher, senão o "uma certa" e o "povo". Porei de uma parte o "certa", que é uma pessoa rezando só, e da outra o "povo", que são muitos rezando juntos, e nesta diferença — que parecendo só do modo, pertence muito à substância da oração — disputarei em problema, por uma e outra parte, se é mais útil a nossas almas, e mais agradável à Senhora do Rosário, rezá-lo cada um retiradamente consigo ou publicamente com muitos? A resolução será a que Deus e a mesma Senhora nos inspirarem com sua graça. *Ave Maria etc.*

§ II

"Uma mulher no meio do povo."
A mesma questão que eu propus para disputar hoje altercou já antigamente,

em presença do imperador Constantino, o Grande Doutor da Igreja Santo Atanásio: "O que julgas mais reto: Que o povo faça as reuniões em particular ou separadamente, ou antes que se reúna em um só lugar e aí se fale uma só e a mesma voz sem dissonância?"[2]. E que resolveu Atanásio? Resolveu que a oração de muitos juntamente é a que mais convém aos homens e a que mais agrada a Deus; e assim o afirma, não como conclusão mais provável, senão totalmente certa: "Certamente é isso o mais reto". Antes dele tinha seguido esta mesma sentença Tertuliano, e antes de Tertuliano, Santo Inácio Mártir, e pelo mesmo tempo de Atanásio, S. João Crisóstomo e Santo Ambrósio, e depois destes muitos outros santos e doutores, e, entre todos, o grande Lume da Igreja, Santo Tomás, o qual não duvidou dizer que "a oração de muitos é impossível que não alcance de Deus tudo o que se pode impetrar"[3].

Passando dos doutores às Escrituras Sagradas, e fazendo a comparação expressamente de um a muitos, S. Paulo na Epístola aos Filipenses se encomenda nas suas orações, e diz que sabe de certo que por elas lhe concederá Deus tudo o que mais conveniente for à sua saúde, assim temporal como espiritual: "Porque sei que isto se me converterá em salvação, pela vossa oração" (Fl 1,19). E na Epístola segunda aos Coríntios lhes dá as graças, e pede que eles as deem a Deus pelos grandes perigos de que o têm livrado por suas orações, acrescentando que por elas o livrará também de outros muitos que ainda o aguardam: "O qual nos livrou de tão grandes perigos, e livra ainda; em quem esperamos que ainda igualmente nos livrará, se vós nos ajudardes também, orando por nós" (2Cor 1,10s). E na Epístola aos Romanos os roga instantissimamente, e protesta que, por amor de Jesus Cristo e pela caridade do Espírito Santo, o ajudem diante de Deus com suas orações: "Rogo-vos, pois, irmãos, por nosso Senhor, Jesus Cristo, e pelo amor do Espírito Santo, que me ajudeis com as vossas orações por mim a Deus" (Rm 15,30). Estes três textos tão notáveis, quando não houvera outros na Escritura Sagrada, bastavam, não só para fé e crédito, mas para um singularíssimo encarecimento de quanto valem diante do acatamento divino, e quanto importam, não só a quaisquer homens, senão ainda aos maiores santos e às mais altas e firmes colunas da Igreja, as orações de muitos, pois o mesmo vaso da eleição, o mesmo apóstolo do terceiro céu e o mesmo Paulo, por amor do qual desceu o Filho de Deus segunda vez do céu à terra, não se fiando só das suas orações, as pede tão repetidamente a tantos, e a eles confessa dever quanto tem alcançado e espera alcançar de Deus. Isto só bastava, como digo, para encarecimento de quanto podem com Deus as orações de muitos; mas ainda no mesmo Apóstolo temos outro encarecimento maior.

Pediu S. Paulo a Deus que o livrasse de certas moléstias do demônio, que ainda não está averiguado quais fossem, e não só pediu, mas rogou, que é mais; nem só rezou uma vez, senão muitas: "Por cuja causa roguei ao Senhor três vezes" (2Cor 12,8); e, contudo, nem as suas petições, nem os seus rogos, nem as suas instâncias alcançaram de Deus o que pretendia. Pois, se Paulo não alcança de Deus por suas orações o que pede, por que espera de o alcançar pelas orações dos romanos, dos coríntios e dos filipenses, que eram uns homens seus discípulos, que ele pouco antes tinha convertido à fé? E se S. Paulo se fundava na experiência das mercês que tinha alcançado por meio das suas orações, como ele mesmo confessa e lhes agradece, aqui se reforça muito mais a dúvida. É possível que ouve Deus aos discípulos e não ouve ao Mestre? Defere as orações dos que ontem eram gentios, e não defere as orações do doutor dos gentios? Sim. E por quê? Porque esses mesmos discípulos, quando oravam em Roma, em Filipos e em Corinto, oravam muitos juntos; e Paulo, quando fazia aquela sua oração, orava só. E é tanto mais poderosa diante de Deus a oração de muitos que a oração de um só, que ainda que a oração do que ora só seja um S. Paulo, e a oração dos que oram juntos seja dos que ontem eram gentios e hoje começam a ser cristãos, a oração destes alcançará o que pede, porque são muitos, e a oração de Paulo não, porque é só um. O mesmo S. Paulo o declarou assim aos coríntios, acrescentando ao texto que já referi que ele era uma só pessoa, mas eles muitas: "Para que o dom que alcançamos pela intercessão de muitas pessoas, seja objeto do agradecimento de muitas" (2Cor 1,11).

E por que esta razão de diferença não pareça dificultosa, vejamo-la em outro amor e merecimento, que só pode competir com o de S. Paulo. Na manhã da Ressurreição, quando a Madalena, debaixo dos disfarces em que lhe tinha aparecido, reconheceu o seu divino Mestre, quis-se lançar aos pés, onde também ela tinha ressuscitado, e o Senhor lhe impediu este afeto, posto que tão devido dizendo: "Não me toques, porque ainda não subi a meu Pai" (Jo 20,17). — As exposições que deram a estas palavras os santos Padres e intérpretes são quase tantas como os mesmos autores, mas todas elas padecem uma manifesta instância, porque dali a poucas horas, vindo a mesma Madalena juntamente com as outras Marias, o mesmo Senhor lhes consentiu que se lançassem a seus sagrados pés e os abraçassem apertadamente: "E elas chegaram a ele, e abraçaram os seus pés" (Mt 28,9). Pois, se agora permite Cristo, e concede a Madalena e às outras Marias que se lancem a seus pés e lhos abracem, por que proibiu tão severamente à mesma Madalena que lhos tocasse: "Não me toques"? A razão que o Senhor lhe tinha dado desta proibição: "Porque ainda não subi a meu Pai" (Jo 20,17) — ainda era e subsistia a mesma, porque Cristo nem tinha subido, nem havia de subir ao Pai senão dali a quarenta dias. Pois se à Madalena se negou este favor, e por esta causa, por que razão agora, subsistindo a mesma causa, lhe concede o mesmo favor a ela e às demais, tão fácil e tão liberalmente? Porque agora as devotas mulheres eram muitas, e dantes a Madalena, ainda que devotíssima, era uma só. A Madalena quando só, nem era menos amante, nem menos amada de Cristo — como também S. Paulo — mas para o mesmo Cristo conceder o que dele se espera, não importa tanto o amar ou merecer muito quanto o serem muitos os que o procuram. Por isso a mesma razão que bastou para se negar o favor a uma, depois que, junta com as demais, foram muitas, nem bastou, nem foi razão, nem o Senhor se valeu dela. E isto que à Madalena sucedeu com os seus afetos é o mesmo que S. Paulo experimentou e confessou das suas orações.

Mas o caso que agora ponderarei é sobre todos admirável, e não em outrem, senão no mesmo Cristo. Quando este Senhor se retirou ao Horto para orar a seu eterno Pai, encomendou muito aos três mais amados discípulos que daquela pouca distância em que se apartava deles o acompanhassem: "Demorai-vos aqui, e vigiai comigo" (Mt 26,38). E por que quis e ordenou Cristo que, indo orar ao Pai, o assistissem e acompanhassem estes discípulos? Sem dúvida porque quis o Senhor confirmar com o exemplo o que tinha ensinado com a doutrina, quando nos prometeu que, se dois ou três se unissem a pedir a Deus alguma coisa, seu Pai lha concederia infalivelmente. De maneira que até o mesmo Filho de Deus, para impetrar de seu Pai o que pedia, não quis que fosse a sua oração só sua, senão acompanhada de outras. Com esta prevenção começou o Senhor a orar: "Se é possível, Pai meu, passe de mim este cálice" (Mt 26,39). — E por que disse: se é possível? Agora nos devemos lembrar do que referimos de Santo Tomás, que é impossível não impetrar de Deus a oração de muitos tudo o que é possível. E como a oração de Cristo, naquele caso, era sua e mais dos discípulos, a quem encomendou o acompanhassem nela, por isso alegou a condição do possível: "se é possível", porque, sendo a sua oração de muitos, não lhe podia o Pai negar tudo o que fosse possível: "a oração de muitos é impossível que não alcance de Deus tudo o que se pode impetrar".

Até aqui bem fundadas esperanças tinha o Senhor de impetrar o que pedia. Porém, como experimentasse que orando uma, duas e três vezes, o Pai não deferia à sua petição, quantas vezes orou e não foi ouvido outras tantas se levantou da Oração e veio ver se o acompanhavam e assistiam nela os discípulos, como lhes tinha encarregado. E por quê? Porque inferiu o mesmo Senhor, segundo a verdade da sua promessa que, suposto não deferir o Pai à sua oração, era sinal que o não acompanhavam nela os que tinha escolhido por companheiros. E assim foi, porque sempre os achou, não orando, senão dormindo: "Encontrou-os dormindo" (Mt 26,43). Reparai agora em duas grandes considerações, uma da parte de Cristo e a outra da parte do Pai. Da parte de Cristo, que achando os discípulos dormindo, os exortou a que vigiassem e orassem com ele: "Visto isso, não pudestes uma hora vigiar comigo? Vigiai e orai" (Mt 26,40s). Da parte do Pai que, não obstante estas recomendações, e serem os discípulos os que mais obrigados eram e mais amavam a seu Mestre, permitisse, contudo, que todos dormissem e não orassem. Por que razão, pois, faz Cristo tantas diligências para que vigiem e orem os que tinha escolhido por companheiros de sua oração, e por que razão o Pai, pelo contrário, lhes infunde um tal letargo: "Porque estavam carregados os olhos deles" (Mt 26,43). — para que não vigiem nem orem? Assim Cristo, como o Pai, ambos obravam direitamente ao fim cada um de seus intentos. Cristo obrou como quem desejava e pedia, e o Pai como quem tinha decretado de não conceder. Cristo, como quem desejava e pedia, procurava que os discípulos orassem juntamente com ele, tendo por certo que, se a sua oração fosse de muitos, não podia o Pai negar o que se pedisse; e, pelo contrário, o Pai, como quem tinha decretado de não conceder, impedia que eles orassem, porque sendo a Oração não de muitos, senão de um só, ainda que fosse seu próprio Filho, lhe ficava livre o negar, como com efeito negou.

Parecia-me a mim, que este era o maior encarecimento de quanto pode com Deus a oração de muitos; mas ainda, em certo modo, nos resta por ver outro maior. Tendo Deus concedido tantas licenças ao demônio contra Jó, disse ao mesmo Jó que já não havia de conceder ao demônio coisa alguma que lhe pedisse, por mais bem compostas e eficazes que fossem as palavras com que lho propusesse: "Não o respeitarei, nem às suas palavras eficazes e compostas para rogar" (Jó 41,3). Passemos agora ao Evangelho, e acharemos que pedindo os demônios a Cristo duas coisas, ambas lhes concedeu. Lançando-os do corpo de um endemoninhado, rogaram-lhe que os não mandasse para o inferno: "E estes lhe pediram que não os mandasse ir para o abismo" (Lc 8,31) — e o Senhor lhes concedeu que ficassem embora neste mundo. Rogaram-lhe mais que lhes permitisse entrar em grande multidão de animais imundos que pastavam por aqueles campos: "E lhe rogavam que lhes permitisse entrar neles" — e "também lhos concedeu". Pois, se Deus tinha prometido a Jó que não havia de conceder ao demônio coisa alguma que lhe pedisse, como agora, fazendo-lhe duas petições, lhe concede ambas? Leiamos bem todo o texto e acharemos a razão da diferença. Perguntou Cristo ao demônio que atormentava este endemoninhado, como se chamava? E ele respondeu: "Chamo-me legião, porque não sou um só demônio, mas somos muitos" (Mc 5,9). E como estes demônios eram muitos, e o de Jó era um só, por isso ao de Jó prometeu o mesmo Senhor que lhe não havia de conceder coisa alguma que lhe pedisse, e a estes concedeu o que pediam. Tanto podem com Deus os rogos de muitos, que ainda aos mesmos demônios não nega Cristo o que lhe pedem: "Os mesmos demônios quando suplicam ao Senhor não são rejeitados em seu pedido", disse excelentemente Santo Antíoco[4]. E se lermos atentamente a consequência de ambos os textos, assim de S. Marcos como de S. Lucas, acharemos que a confiança que os demônios tiveram para esperar que o Senhor lhes havia de conceder o que pediam foi fundada em serem muitos. S. Marcos: "Legião é o meu nome, porque somos muitos. E pedia-lhe instantemente" (Mc 5,9s). S. Lucas: "Eram em grande número os demônios que tinham entrado nele. E estes lhe pediram" (Lc 8,30s). E se até aos demônios, quando são muitos os que o rogam, lhes concede Deus suas petições, como as não concederá aos devotos do Rosário, que juntos e com tanto exemplo e piedade o rezam nas nossas igrejas?

§ III

Mas, antes que deixemos esta primeira parte do nosso problema e a demos por bastantemente provada, vamos às razões dela. Qual é a razão ou razões por que tem tanto valor e poder com Deus a oração de muitos? Muitas e várias são as que deram os Santos Padres, e todas por suas e por si mesmas dignas de se não passarem em silêncio. S. João Crisóstomo funda esta diferença na mesma qualidade natural da voz e das vozes[5]. Ainda que as vozes sejam igualmente intensas, se a voz é uma só ouve-se pouco; se são muitas, ouvem-se muito; e por isso ainda naturalmente ouve Deus mais as vozes e orações de muitos que a voz de um só: "É conveniente que tenha muito mais valor aquela oração que provém da boca de muitos, uma vez que ela tem mais vigor e maior audiência". Desta razão, que parece vulgar, passa o mesmo Santo a outra, muito mais alta e encarecida, e diz assim: "Deus respeita a multidão unânime e que sente igual no orar: como se estivesse vencido pelo pudor, não ousa negar-lhes". Sabeis por que pode tanto com Deus a oração de muitos? É porque à multidão dos que oram se deve tão grande respeito que até a mesma Majestade divina a reverencia: "Deus respeita a multidão unânime e que sente igual no orar". E é tal a força desta reverência em Deus, que por isso não ousa nem se atreve a negar coisa alguma, quando são muitos os que lha pedem: tanto assim — notai, ou não noteis a palavra — tanto assim que, quando Deus o não fizera por vontade, o faria por vergonha: "como se estivesse vencido pelo pudor, não ousa negar-lhes".

Santo Atanásio[6], nas palavras que já citamos: "em particular e separadamente", diz que a razão é porque a oração que cada um faz em particular vai desacompanhada, e a que faz juntamente com muitos leva consigo o acompanhamento de todos. Cá nas cortes da terra, se o requerente é só, e vai só, acha grandes dificuldades em ser admitido; mas se vai com grande acompanhamento, todas as entradas tem muito francas. E quase este mesmo é o estilo do céu. Se a oração vai acompanhada de muitos, sempre tem as portas abertas; mas se vai só e desacompanhada, não acha a entrada tão fácil. A isto aludia cortesãmente Davi, quando dizia a Deus uma vez: "Entre à tua presença a minha oração" (Sl 87,3); e outra vez: "Entre a minha petição até o teu acatamento"(Sl 118,170). Como se dissera: a oração, Senhor, que vos faço, é só minha: "A minha oração", e a petição também só minha: "A minha petição" e, como seja de um só, e não de muitos, o favor particular que espero de vossa piedade e grandeza é que, sem embargo de ir só e desacompanhada, se lhe não negue a entrada a vosso conspecto: "Entre a minha oração". "Entre a minha petição até o teu acatamento". E isto é o que chama Santo Atanásio "em particular e separadamente".

Tertuliano, à africana, vai por outro rumo. Responde aos gentios, que estranhavam aos cristãos orarem juntos nas suas congregações, e diz assim pomposamente: "Reunimo-nos em grupos e assembleias em oração para, armados com as súplicas, cercarmos Deus. Esta violência é agradável a Deus"[7]. Concorremos os cristãos e congregamo-nos a orar todos juntos como de mão armada e, deste modo, sitiamos e pomos de cerco a Deus com nossas orações, para que apertado de todas as partes, não tenha, nem lhe fique lugar de resistir a elas e, como obrigado por força, nos conceda quanto lhe pedimos. E sabei que esta mesma que parece força e violência é muito aceita e agradável ao nosso Deus: "Esta violência é agradável a Deus".

Santo Tomás, como tão singular no engenho e na doutrina, dá outra razão, também singular: "Muitos, embora sejam pequenos, quando oram unidos, tornam-se grandes"[8]. Pode tanto com Deus a Oração de muitos porque, ainda que cada um dos que oram por si mesmo, e por si só, seja pequeno, quando se ajunta com os demais, faz-se grande. Se não dera esta razão um tão grande teólogo e filósofo como Santo Tomás, não me admirara tanto quanto parece dificultosa de se entender. A união de muitos juntamente congregados faz número e multidão, mas não faz grandeza. Como diz logo o Doutor Angélico, que juntos em oração os pequenos, ainda que sejam mínimos, se fazem grandes? Para se fazerem grandes os pequenos, é necessário que cresçam; e como podem crescer, só porque eles se ajuntam aos demais ou os demais a eles? Entendo que entendeu Santo Tomás, que crescem "por justaposição"[9]. Os homens, os brutos, as árvores crescem, porque têm vida vegetativa; as pedras não têm vida vegetativa, e também crescem: mas como? Dizem os filósofos que "por justaposição", convertendo cada uma em si e acrescentando a si o que tem junto de si. E isto mesmo é o que faz a união recíproca dos que oram, quando oram muitos juntos: "Muitos, embora sejam pequenos, quando oram unidos, tornam-se grandes".

Em um facho composto de muitas canas, quando arde se vê o mesmo, porque cada uma arde com o seu fogo e com o das outras. E esta é a razão que dá S. Vicente Ferrer para ser mais forte e mais poderosa a oração de muitos e levantar ao céu e a Deus mais fervorosa e maior labareda: "Por isso se reúnem em assembleia, para que se inflamem e a oração suba até Deus"[10]. Finalmente a grande misericórdia de Deus é uma multidão de misericórdias: e para a multidão das misericórdias se render às nossas orações, necessário é que também as orações sejam da multidão. Quanto mais do que do mesmo Deus diz Isaías: "Porque ele é de muita bondade para perdoar" (Is 55,7). E se Deus, para perdoar e fazer mercês, é muitos ou muito: "Porque é de muita bondade" — bem se deixa ver que só os muitos podem ter proporção com o muito, e quanto valerão para com ele as orações e deprecações dos muitos.

De tudo isto colhe por conclusão S. Crisóstomo[11] que concorrerem os fiéis à Igreja para ali orarem juntos, como se faz no Rosário, não só é o melhor e mais conveniente modo de orar, senão que o contrário é grande erro: "Ó fria desculpa, que ouço ser dita por muitos! Podemos orar em casa. Enganas-te, homem, e cometes um grande erro". Escusam-se muitos — diz o Santo — de vir orar à Igreja, dizendo que também podem orar em sua casa, e esta escusa é muito fria e muito errada, com que o homem se engana a si mesmo. — E por quê? "Porque se é possível orar também em casa, entretanto se orará melhor na Igreja, onde o clamor excitado pela comunidade feliz é levado até Deus". Porque, ainda que cada um possa orar em sua casa, é certo que nem orará tão bem nem com tanto merecimento e fruto, porque lhe falta a feliz companhia de muitos juntos, com que as vozes da oração de todos se excitam mais altamente e sobem mais prontamente a Deus. — E isto baste quanto à primeira parte da nossa questão.

§ IV

Entrando na segunda, seja o primeiro fundamento dela o conselho do Doutor de todos os doutores, e do Mestre de todos os mestres, Cristo, Senhor e Deus nosso: "Tu, quando quiseres orar, entra no aposento mais retirado de tua casa, e, com a porta cerrada, ora em secreto a teu Pai" (Mt 6,5). — "Tu, quando quiseres orar". Tu — diz — e não vós, porque o que ora há de ser um só, e não muitos. "Entra no aposento mais retirado de tua casa", porque, ainda que seja na própria casa, não há de ser em lugar público. "E com a porta cerrada", para não ver nem ser visto de quem o divirta. Finalmente: "Ora em secreto a teu Pai", porque ele ouve mais os corações que as vozes.

Isto é o que Cristo nos ensinou de palavra, e parece que o não podia ensinar por obra, porque desde o dia em que entrou neste mundo não teve casa, e muito menos apartamento retirado nela onde se recolher a orar. Contudo são, não só muitos, mas contínuos os exemplos que o mesmo Senhor nos deixou deste retiro e desta soledade, orando sempre retirado e sempre só. Os retiros de quem não tem casa são os desertos. Não professava Cristo vida eremítica, mas, contudo, se nas cidades vivia, nos desertos orava; nas cidades tratava com os homens, nos desertos com Deus. Depois de obrar em Cafarnaum infinitos milagres, para que não bastou o dia, senão parte da noite: "Saiu" — diz S. Marcos — "e foi a um lugar deserto, e fazia ali oração" (Mc 1,35). Depois de dar de comer com cinco pães aos cinco mil que o seguiam: "E logo que despediu a turba" — diz S. Mateus — "subiu só a um monte a orar" (Mt 14,23). Antes de perguntar aos discípulos qual fosse a opinião que dele tinham os homens: "E aconteceu" — diz S. Lucas — "que estando só orando" (Lc 9,18). E antes da Transfiguração, diz o mesmo Evangelista: "Subiu a um monte a orar" (Lc 9,28). Em suma, que quando não era alguma oração breve, em caso público e forçoso, sempre Cristo orava só, e sempre em lugar secreto e retirado.

Mas isto mesmo, mais interiormente considerado, não carece de dificuldade. Porque assim o retiro do lugar como a soledade da Pessoa, ainda enquanto homem, parece que encontra muito as soberanas perfeições de Cristo. Quando Moisés orava no monte, Josué pelejava na campanha; quando Maria contemplava aos pés de Cristo, Marta ministrava o que era necessário para a mesa; e por quê? Porque, segundo a limitação da natureza humana, as ações da vida ativa encontram muito as atenções da contemplativa, e porque no mesmo sujeito e no mesmo tempo mui dificultosamente se compadecem e concordam estas duas obras, ou estes dois cuidados juntos; por isso a oração e as armas se dividem entre Josué e Moisés, e a contemplação e ação entre Marta e Maria. Porém, em Cristo não era assim. Tanto podia contemplar no meio dos maiores concursos de Jerusalém como no retiro dos montes e na soledade dos desertos. E não só podia, mas com efeito assim obrava. Dos nossos anjos da guarda diz o mesmo Cristo que "Incessantemente estão vendo a face do Pai" (Mt 18,10). Pois, se os anjos sempre estão vendo e contemplando a Deus, e no mesmo tempo assistindo a todas as ações dos homens, quanto mais a alma de Cristo, a qual, posto que era da mesma espécie que as nossas, nos dotes e perfeições excedia com superioridade quase infinita as de todos os espíritos angélicos. Quando pregava, quando obrava os milagres e quando padecia os trabalhos e os tormentos, sempre e no mesmo tempo contemplava o Senhor e orava juntamente, sem que as ações exteriores impedissem a oração, nem a oração as ações exteriores. Mas, se isto era assim, por que se retirava aos montes e aos desertos, e não só deixava, mas fugia da companhia dos homens, para orar só: "Fugiu... para o monte ele só" (Jo 6,15)? Porque ainda que o seu retiro não era necessário à sua oração, a sua oração e o seu retiro era necessário ao nosso exemplo. Obrava assim para nos ensinar a obrar assim. Orava para que orássemos, e retirava-se, para que nos retiremos, e orava retirado e só para que entendamos que o orar só, e não juntamente com muitos, é o mais agradável a Deus e o mais conveniente aos homens.

Nem cuide alguém que por ser um só o que ora por isso serão menos poderosas com Deus as suas orações. Se as orações de muitos, por serem muitos, cercam e apertam a Deus, e quase o obrigam por força a que conceda quanto lhe pedem, como dizia Tertuliano: "Reunidos em oração para, armados com as súplicas, cercarmos Deus", vede quanto mais apertam e mais fortemente prendem ao mesmo Deus as orações de um só. Voltando Jacó para a pátria com tão numerosa família, que se dividia "em duas grandes tropas" (Gn 32,10), diz o texto sagrado que "mandou passar diante todos os que levava consigo, e ele se deixou ficar só no deserto". Dá a razão Oleastro[12] e diz com a sentença de todos os Padres que foi para tratar só por só com Deus, e orar sem impedimento: "Porque a oração requer um lugar secreto, e quem ora deve procurar os lugares mais secretos, onde ninguém possa incomodá-lo". Este foi o fim por que Jacó se deixou ficar só, que é tudo o que até agora temos dito. Mas qual foi o efeito? Qual nunca jamais se viu nem se podia imaginar: "E eis que um homem lutava com ele" (Gn 32,24). No mesmo ponto — diz o texto — apareceu Deus ali em forma humana e começou a lutar com Jacó. Pois, por que Jacó se retira de toda a sua família, e se deixa ficar em um deserto para orar sem impedimento e tratar só por só com Deus, Deus, como se fora provocado a desafio, em vez de lhe lançar os braços por agradecimento da fineza, se põe a lutar com ele? Sim, e por isso mesmo. Porque a oração é uma batalha de abraços em que o homem por uma parte se abraça com Deus e por outra luta com ele para o render a que lhe conceda quanto deseja e pede. E neste caso foi Deus o autor ou agressor da luta, sendo ele o que lhe deu o princípio, para mostrar quanto pode com a Majestade divina a oração de um homem quando se retira de todos e de tudo, para orar sem estorvo e tratar só por só com Deus.

Mas, que foi o que fez Jacó e o que pôde nesta luta? Agora se segue o que nem imaginar se podia. Pôde tanto, que arcando Deus com ele, ele também arcou com Deus: "Lutava com ele"; pôde tanto, que o não pôde Deus derrubar, nem cansar, nem enfraquecer em uma noite inteira: "Até pela manhã"; pôde tanto, que obrigou ao mesmo Deus a que, desenganado de o não poder render, lhe pedisse partido: "Larga-me"; pôde tanto, que ele, Jacó, como superior na batalha, foi o que pôs a Deus as condições da trégua: "Não te largarei se não me abençoares"; pôde tanto que, efetivamente, conseguiu de Deus, e logo e no mesmo lugar, quanto dele pretendeu: "E abençoou-o no mesmo lugar". Finalmente, pôde tanto que, com vitória e triunfo nunca imaginado, o mesmo Deus se confessou por vencido e a Jacó por invencível: "Se contra Deus foste forte, quanto mais o serás contra os homens?". Que dirão agora os que tanto encarecem a oração de muitos juntos? Tudo isto, que não poderiam conseguir todos os homens do mundo, pôde um homem só, e só porque soube orar só e retirado dos homens: "Passado tudo o que lhe pertencia, ficou só".

E quanto a serem melhor ouvidas as vozes de muitos, a que S. Crisóstomo chamou "audiência maior", a mesma palavra audiência nos abre as portas à evidente razão e diferença por que a oração de um só é melhor ouvida de Deus. Os príncipes dão dois gêneros de audiência uma geral e pública, outra particular e secreta. A geral e pública pertence à majestade e à justiça; a particular e secreta à própria da familiaridade e do favor. A geral e pública é para todos; a particular e secreta é só para os privados e validos, que gozam os privilégios da graça, e são participantes dos arcanos do príncipe. E tal é a grata e interior audiência em que Deus ouve e se comunica aos que na oração secreta e retirada tratam só por só com ele. Que valido há que não possa mais com o rei em uma hora do gabinete que todos os vassalos da monarquia, ainda juntos em cortes? José só podia mais com Faraó que todos os conselheiros e ministros do Egito; Daniel só podia mais com Dario que todos os sátrapas dos persas e medos; Amanso, e depois Mardoqueu só, podiam mais com Assuero que todas as cento e dezessete províncias de que era monarca. E não é menor o poder e valia que tem com a Majestade divina todo aquele que a portas cerradas trata só por só com Deus, não no gabinete do mesmo Deus, senão no próprio: "Entra no aposento mais retirado de tua casa, e ora".

Vede, vede se comunicou Deus jamais a alguma comunidade e congresso de muitos os secretos de sua providência e as revelações de seus decretos, como os fiou sempre de um só, e de um só, excluídos os muitos. Com muitos estava Daniel, e nota ele que, depois que os muitos foram excluídos e ele deixado só, então lhe comunicou Deus a famosa revelação das Hebdômadas e de quanto no preciso termo delas havia de suceder:

"Tendo eu ficado sozinho, vi esta grande visão" (Dn 10,8). Também S. Paulo caminhava para Damasco acompanhado de muitos, quando Cristo lhe apareceu a ele só, e a ele só lhe disse o que dele pretendia, em modo que nenhum dos companheiros ouviu a voz nem viu quem fosse o que falava: "E os que estavam comigo viram sim a luz, mas não ouviram a voz daquele que falava comigo" (At 22,9). Assim Abraão, estando só, viu no vale de Mambré os três anjos que representavam a Trindade. Assim Jacó, estando só, viu no caminho de Mesopotâmia a escada que chegava da terra ao céu. Assim Moisés, estando só, viu no deserto de Madiã a sarça que ardia e não se queimava. Assim S. Pedro, estando só, viu no terrado de Jope o mapa de todas as feras que havia de matar e comer. E assim, finalmente, S. João, estando só, viu no seu desterro e ilha de Patmos os mistérios do Apocalipse, e neles toda a história do futuro até o fim do mundo.

§ V

E se perguntarmos também nesta segunda parte do nosso problema a razão por que Deus sempre evita a frequência e ajuntamento de muitos, e só se comunica e manifesta aos que estão sós, a razão, em que não há opiniões nem pode haver dúvida, é porque Deus não se comunica familiarmente senão aos que perfeitamente oram, e a alma da perfeita oração é a atenção, a qual se não pode conservar entre muitos. A multidão por isso se chama turba, porque perturba, inquieta, diverte; e a atenção divertida, inquieta e perturbada, como pode ser capaz de Deus, nem de ouvir e receber seus secretos? S. Bernardino, falando da oração vocal, divide a atenção em três partes ou "em três atenções: a primeira às palavras, a segunda ao sentido, a terceira ao objeto"[13]. Todas estas atenções requer oração, e muito particularmente a nossa do Rosário. Atenção às palavras que na Ave-Maria são angélicas, e no Pai-Nosso divinas; atenção ao sentido delas, para que o coração responda com os afetos ao que soa e pronuncia a língua; atenção ao objeto, porque o objeto que se representa em cada década são os mistérios da Vida, Morte e Ressurreição do Filho de Deus, em que a atenção deve ser mais firme, mais aplicada e mais atenta. Por isso acrescenta o mesmo S. Bernardino: "que a primeira atenção é boa, a segunda melhor, e a terceira, em grau superlativo, ótima". Se todas estas atenções concorrem e se ajuntam na nossa oração, então será ela perfeita e digna de que Deus, muito interior e muito familiarmente, se comunique à alma; mas se faltar qualquer delas e, muito mais, se faltarem todas, nem será atenção, nem oração, senão quê? Uma grave injúria que fazemos a Deus, com quem falamos.

Ouvi a S. Bernardo: "Quando oro sem a devida atenção faço uma grande injúria a Deus. E por quê? Porque lhe peço que me ouça a mim quando eu mesmo não me ouço, e porque lhe rogo que atenda ao que digo, quando eu nem ao que digo, nem a mim, nem a ele atendo"[14]. — Isto é orar ou zombar de Deus? Não só é zombar, mas desprezá-lo, diz Santo Efrém: "Quando te puseres a orar não tenhas a mente divagando distraidamente, para que não te descubras como um desprezador"[15]. — Quis dizer que quando orais, orai com a devida atenção, e não divertido e distraído em outros pensamentos, por que não sejais compreendido no maior crime de lesa-Majestade divina, como desprezador do mesmo Deus: "Para que não te descubras como um desprezador". Deus diz que está com os que oram: "Aí estou eu no meio deles" (Mt 18,20).

Mas vede como argui Eusébio Emisseno aos que orando, por divertidos e desatentos, nem estão com Deus nem consigo: "Como há de estar Deus convosco, se vós não estais em vós? E se o que roga está ausente, como há de estar presente o que é rogado?"[16]. — Tão contrária é do que pretende e tanto desfaz o que faz a desatenção de quem ora. E como a alma, que na oração devia estar toda recolhida e dentro em si, abertas as portas dos sentidos, sai fora e se derrama e distrai com outros cuidados, e a companhia dos homens e ajuntamento de muitos são outras tantas ocasiões de divertimento e distração, e o maior impedimento que tem a atenção dos que oram, por isso Cristo os manda encerrar no retiro mais secreto de sua casa, e ele, que a não tinha, não só ia orar aos montes e aos desertos, mas escolhia para a oração o silêncio mais secreto das noites: "Passou toda a noite em oração a Deus" (Lc 6,12) — para que com a soledade do tempo, com a soledade do lugar e com a soledade da pessoa nos ensinasse a orar sós.

Que dirão agora a isto os santos e doutores que tanto nos encareciam a oração de muitos juntos? S. Crisóstomo, que foi o primeiro e o último, e o que mais empenhada mostrou sua eloquência pelo acompanhamento da oração, não retratando aquelas suas razões, mas obrigado das evidências desta, nos aconselha que "no tempo e no lugar busquemos as comodidades da oração mais quieta", acrescentando que "o ermo é a mãe da tranquilidade, o porto quieto e seguro de toda a perturbação"[17]. E S. Jerônimo, falando de si mesmo na Epístola a Eustóquio: "Se em alguma parte via o áspero dos montes, o côncavo dos vales, o talhado dos rochedos, ali me metia e ali era o lugar da minha oração"[18]. — De sorte que não só busca Jerônimo os ermos, os desertos, as soledades, senão no ermo o mais oculto, no deserto o mais escondido e na soledade o mais só. Isto mesmo dizem S. Dionísio Areopagita, S. Basílio, Santo Agostinho, Santo Ambrósio, Beda e todos os Padres, entre os quais S. Gregório Nazianzeno com particular reparo entre as ações e orações de Cristo pondera que, para as ações, buscava os homens, e para as orações, se retirava deles: "O mesmo Jesus, assim como para as ações estava com a multidão e o concurso dos homens, assim para as orações procurava o repouso e os lugares afastados dos homens"[19].

Mas porque a autoridade da Sagrada Escritura, como divina, excede sem comparação a de todos os santos e doutores, vejamos o que nos diz e ensina o mesmo texto sagrado acerca desta soledade, assim de Deus para com os homens como dos homens para com Deus, no trato e comércio da oração, sempre só por só. No capítulo terceiro dos Cânticos, declarando a soledade do lugar, nota o retiro do deserto: "Quem é esta que sobe pelo deserto, como uma coluna de fumaça e de incenso?" (Ct 3,6). No capítulo dezoito da Sapiência, declarando a soledade no tempo, nota o silêncio da meia-noite: "Quando tudo repousava em profundo silêncio, e a noite estava no meio do seu curso, a tua palavra onipotente, baixando do teu trono real, saltou para a terra" (Sb 18,14s). No capítulo terceiro dos Trenos, declarando a soledade da pessoa, nota a quietação elevada e elevação quieta do solitário: "Assentar-se-á solitário, e ficará em silêncio, porque levou este jugo sobre si" (Lm 3,28)[20]. Só no lugar, só no tempo, só na pessoa, e sempre só por só o homem com Deus. Finalmente, o mesmo Deus, querendo se comunicar muito e interior e familiarmente com uma alma, diz que a retirará e apartará consigo, e a levará a uma soledade, para lá lhe falar ao coração:

"Eis aqui estou eu que a atrairei docemente a mim, e a levarei à soledade, e lhe falarei ao coração" (Os 2,14). E, sendo Moisés vice-Deus na terra, quando Faraó lhe pediu que fizesse oração, para que cessasse a praga dos trovões e tempestade que destruía todo o Egito, respondeu que, depois que saísse da cidade, então oraria a Deus e cessaria aquele castigo: "Depois que eu tiver saído da cidade, estenderei as minhas palmas para o Senhor e cessarão os trovões, e não choverá mais pedra" (Ex 9,29). E por que não orou Moisés logo e na cidade, senão depois que saiu dela? Porque sendo vice-Deus, como dizia, não teve confiança para esperar que o mesmo Deus, que lhe dera as suas vezes, ouviria a sua oração, senão quando orasse só. Tanto importa ainda aos mais validos de Deus a soledade do lugar e da pessoa quando lhe hão de fazer oração.

De tudo o dito se colhe por última conclusão, com S. Lourenço Justiniano, que a oração de um só é mais eficaz e mais segura que a oração de muitos juntos; porque, se a frequência e companhia de muitos lhe acrescenta o valor, a mesma companhia e frequência lhe diminui a atenção: "Aquele que ora, onde não há concurso de pessoas, é menos estimulado a vãos pensamentos, enquanto o espírito que está misturado com as gentes não se ocupa somente com Deus"[21].

§ VI

Temos disputado o nosso problema por uma e outra parte. E como cada uma delas se defende e tem por si grandes textos, muitos doutores e eficazes razões, ambas são prováveis. O que agora resta, como no princípio propus, é fazer juízo de uma e outra, e resolver qual se deve seguir na reza do Rosário como mais proveitosa a nossas almas e mais aceita a Deus e a sua Santíssima Mãe. Não falo nos casos de necessidade, porque então devemos orar em qualquer tempo, em qualquer lugar e em qualquer estado que nos acharmos. Moisés orou na campanha, Jó orou no muladar, Ezequias orou na cama, S. Paulo orou no cárcere, Daniel orou no lago dos leões, Jonas orou no ventre da baleia, o Bom Ladrão orou na cruz, e todos estes oraram, ou sós, ou entre muitos, conforme o caso o permitia. Havendo pois de orar, não por necessidade, senão por eleição, e havendo de ser a oração, não outra, senão a do Rosário de que particularmente tratamos, sendo muito provável o modo de orar só, e também muito provável o modo de orar juntamente com muitos, o que se pergunta agora por última conclusão é: Qual destas partes deve seguir o devoto do Rosário? Será melhor rezar em público e juntamente com muitos na igreja, ou rezar só e retirado em sua casa? Respondo com distinção. Aos homens digo que rezem ou na igreja ou em sua casa, onde experimentarem maior devoção e onde tiverem maior comodidade. Às mulheres porém absolutamente digo que cada uma deve rezar em sua casa, e de nenhum modo fora dela; os homens sejam embora muitos, a mulher sempre uma só. E isto é o que diz o nosso texto: "A mulher? Uma mulher". E onde houver turba, não com ela, mas separada dela: "Uma mulher do meio do povo".

O fundamento desta distinção não é de grande louvor para as mulheres, mas de grande conveniência e decência, sim. Por quê? Porque muitas vezes quando a mulher sai a rezar o Rosário, ou como se diz vulgarmente, o terço, mais sai a sair que a rezar. Quando Deus criou o homem e a mulher, foi com grande diferença, ainda nos termos com que o refere a Escritura. Do homem diz que o formou Deus; da mulher, que a edificou: "Edificou… costela… na mulher" (Gn 2,22). Não quis o autor da natureza que a mulher se contasse entre os bens móveis. O edifício não se move do lugar onde o puseram; e assim deve ser a mulher: tão amiga de estar em casa como se a casa e a mulher foram a mesma coisa. Mas a sua inclinação correspondeu tão pouco ao mistério ou documento com que fora criada que, como se viu edifício sem alicerces, o maior apetite da mulher é andar e sair. Na mesma criação de Eva, e no mesmo momento em que foi criado, temos o exemplo. Formou Deus a Eva da costa de Adão, e depois de formada não diz o texto sagrado que o Senhor lha mostrou ou que lha entregou, senão quê? Coisa verdadeiramente digna de grande admiração e reparo. Diz que a trouxe Deus a Adão: "E da costela que tinha tirado de Adão edificou a mulher, e a trouxe a Adão" (Gn 2,22). Se a trouxe, sinal é que estava noutro lugar e não ali. Pois se ali tirou Deus a costa a Adão, e ali formou a Eva, por que não estava Eva ali, senão em outra parte onde Deus a foi buscar e a trouxe? Porque a primeira coisa que fez Eva no mesmo instante em que teve ser foi não parar no mesmo lugar um só momento, senão sair e andar. Para não sair dali tinha Eva as duas mais fortes razões que se podem imaginar, porque ali estava Deus, que acabava de a criar, e ali estava o esposo, de cujo lado fora criada. Mas é tal a inclinação e tão impaciente na mulher o apetite de sair e andar, que por sair e andar deixou Eva o esposo, e por sair e andar deixou a Deus. Oh! quantas vezes, por este mesmo apetite, vemos deixado a Deus, e os esposos pior que deixados?

Mas ainda Eva depois de trazida não aquietou. Perdeu-se Eva a si, a seu marido e a seus filhos e a todo o mundo, porque falou com a serpente e a ouviu. Mas como podia Eva falar com a serpente? Esta dúvida excitou Ruperto Abade, tão bem fundada como sutilmente arguida. Dentro da cerca do Paraíso Terreal, que depois defendeu o querubim com a espada de fogo, não podiam entrar as serpentes porque, se as serpentes entrassem, também entrariam os lobos, os tigres e todos os outros animais, o que era contra a dignidade, limpeza e asseio do mesmo Paraíso, plantado pelas mãos de Deus como um céu na terra. Quanto mais que ao mesmo Adão tinha Deus mandado que o guardasse, e naquele tempo não havia de quem o guardar, senão dos mesmos animais, os quais também se não se pode dizer que furtivamente entrassem no Paraíso, porque eram obedientes ao homem. Pois, se a serpente não entrou nem podia entrar no Paraíso, como lhe falou Eva, e onde? Excelentemente o mesmo Ruperto: "É-nos dado o poder de falar livremente que a serpente não estaria no Paraíso; mas que à mulher, divagando com os olhos do corpo, enquanto passeava incontinente, talvez buscando saber que mundo haveria fora do paraíso, à mulher lhe foi dado o lugar e a ocasião de ser tentada pela serpente"[22]. Sabeis — diz Ruperto — por que teve ocasião Eva de falar com a serpente, e onde lhe falou? Não foi dentro no Paraíso, senão fora. Dentro não, porque a serpente não podia entrar lá; mas fora da cerca do Paraíso sim, porque a mulher, tão vagabunda nos olhos como nos passos, teve apetite de ver qual era o mundo cá por fora, e este foi o lugar em que se encontrou com a serpente, e a serpente a tentou e fez cair: "Enquanto passeava incontinente, talvez buscando saber que mundo haveria fora do paraíso". Se Eva se contivera dentro do Paraíso que Deus lhe tinha dado por morada, e não quisera ver mais mundo, ela se livrara dos encontros em que viu e ouviu o que lhe não convinha; mas porque quis sair e andar por fora, por amor do mundo que fora melhor não ver, não só perdeu o mesmo mundo, senão também o Paraíso, e a si e a nós. E isto é o que sucede cada dia às filhas de Eva.

§ VII

Não quero dizer com isto que quando saem as que saem seja sempre com má tenção; mas é certo que muitas vezes começa com boa tenção o que acaba em tentação. Peregrinando Jacó com toda a sua família, fez assento em um lugar — que então se chamou Socot, e depois Citópolis — e ali, diz a História que Dina, filha do mesmo Jacó, "saiu um dia de casa para ver as mulheres daquela terra" (Gn 34,1). Esta foi a tenção com que saiu da casa de seu pai aquela donzela; e qual foi o sucesso? O sucesso foi que Siquém, príncipe da mesma terra, vendo a Dina e agradando-se dela, a tomou ou roubou por força, e Simeão e Levi, irmãos de Dina, vendo-se afrontados, tiveram traça com que matar por traição ao mesmo príncipe Siquém e a todos os siquemitas; e se Deus com especial providência não guardara a Jacó, também ele pereceria e acabaria ali com todos seus doze filhos, de que nasceram as doze tribos de Israel. Pois se a tenção com que Dina saiu da casa de seu pai não foi mais que de ver as mulheres daquela terra: "saiu um dia de casa para ver as mulheres daquela terra" — como veio a parar esta honesta tenção em tamanhas desgraças, a que só por milagre do céu se não seguiram outras maiores? Porque uma mulher que sai a ver mulheres também sai a ser vista de homens. E se no ver não há perigo nem indecência, no ser vista periga a honra, periga a pessoa, periga a família, e periga talvez toda a república, e não só uma, senão muitas, como neste caso. A tenção de Dina em querer somente ver mulheres podia ser inocente; mas no risco e ocasião de ser vista de homens também foi culpada, porque, como gravemente disse Tertuliano: "Há tanta luxúria em ver como em ser visto"[23]. Por isso S. Jerônimo, com o exemplo da mesma Dina, exortava à virgem Eustóquio a nunca sair de casa: "Atenção, não saias de casa e não queiras ver as mulheres de outra região: tendo saído Dina se corrompeu"[24]. Até o poeta gentio, notando discretamente semelhantes saídas, disse que "saíam Penélopes e tornavam Helenas"[25]. E isto é o que sucedeu à filha de Jacó, que saiu Dina e tornou Indiana.

Nem se evitam estes inconvenientes com irem sobredourados com o nome de devoção, porque muitas vezes as que se chamam devoções são verdadeiramente devassidões. As contas do Rosário também podem ter seus descontos, e as rosas suas espinhas, e assim sucede quando o rezar é somente pretexto de sair, de ver e de falar, e do que se não pode falar nem ver. Não falo por boca do vulgo malicioso e maldizente, porque o que digo não é murmuração nem malícia sua, senão provérbio de Salomão expresso. Descreve ele uma mulher inquieta e vã, da qual diz, primeiro que tudo, que é tão amiga de sair, ou tão impaciente de não sair, que não pode ter os pés dentro em casa: "Impaciente com o repouso, e não podendo ter os pés em casa" (Pr 7,11). Enfim, saiu de casa esta mulher, e que fez ou que disse? O que verdadeiramente era, posto que parecia outra coisa. Parecia devoção, e era — como dizia — devassidão. Encontrou-se com quem a trazia inquieta e tão fora de si como de casa, e o que lhe disse foram estas formais palavras: "Pela tua saúde ofereci vítimas, hoje dei cumprimento aos meus votos. Por isso saí ao teu encontro, desejando ver-te" (Pr 7,14s). Fui hoje à Igreja a oferecer sacrifício e dar cumprimento a um voto que tinha feito a Deus; por isso saí a me encontrar convosco, tendo grandes saudades e desejo de vos ver. — Notai muito aquele "por isso". De maneira que o pretexto de sair à igreja era dar cumprimento ao voto, e o verdadeiro fim e intento era ver a quem buscava. O voto era pretexto de ir à igreja: "Pela tua saúde ofereci vítimas, hoje dei cumprimento aos meus votos", e o devoto, e o desejo de o ver era a verdadeira causa de sair de casa: "Por isso saí ao teu encontro, desejando ver-te".

Oh! quantas vezes sucede isso mesmo na nossa terra, sendo o Rosário o pretexto das hipocrisias, e o terço o terceiro destes sacrilégios! E porque não parece que falo de longe, em que as conjecturas são incertas, quero fechar este discurso com o parecer e sentença de um grande autor, não de outra nação, senão Português; nem de outra profissão, senão dos pregadores do Rosário; nem de outro convento, senão do de Lisboa; nem de outra igreja, senão da antiquíssima e famosa de S. Domingos, onde o terço do Rosário se reza todos os dias com tão particulares concursos, e donde esta tão louvável devoção se propagou por todo o reino e reinos de Portugal. O autor é Frei Jerônimo de Azambuja, mais conhecido no mundo pelo nome de Oleastro, tão pio como douto e doutíssimo comentador do Pentateuco. E para que se veja o fundamento da sua sentença, no capítulo trinta e quatro do Êxodo mandava Deus que três vezes no ano fossem todos ao Templo — que naquele tempo era um só — e aparecessem em sua presença. Mas nota a mesma lei que este preceito falava só com as pessoas do gênero masculino: "Tudo o que do gênero masculino é teu será apresentado três vezes no ano diante do onipotente Senhor, Deus de Israel" (Ex 34,23). Repara pois nesta limitação Oleastro, e dando a razão por que a lei obrigava os do gênero masculino, e não do feminino, os homens e não as mulheres, diz assim: "O gênero feminino ensina não discorrer daqui e dali, mesmo com o pretexto da piedade e da religião. Esse gênero ama sair, ama discorrer daqui e dali, mas porque muitas vezes são contidas por seus homens mentem com o pretexto da religião e da piedade. Para que o gênero licencioso cumpra o dever, fecham-se as ocasiões de vagar"[26]. Quer dizer o douto religioso e experimentado comentador que na limitação desta lei quis Deus ensinar a todos aqueles a quem pertence, que as mulheres não devem sair de casa, ainda com pretexto de piedade e religião. Porque a gente deste gênero — diz ele como testemunha ocular — é muito amiga de sair e de andar por fora. E porque talvez lho proíbem os que têm o mando da casa, fingem devoções falsas e mentirosas: "Mentem com o pretexto da religião e da piedade". Assim que desobrigou Deus as mulheres desta lei do Templo, para lhes tirar a ocasião, não de orar, mas de sair, estimando mais o seu recolhimento que as suas romarias.

§ VIII

E para que saibamos sem dúvida que este recolhimento é o que mais aprova e o que mais lhe agrada à mesma Senhora do Rosário, ponhamo-nos entre os mistérios Dolorosos e Gloriosos, e vejamos o que então fez ou não fez a mais qualificada piedade. Na manhã da Ressurreição foram as Marias com grande devoção e diligência ao sepulcro, para ungir o Sagrado Corpo. Agora pergunto: E foi também com as outras Marias a Virgem Maria, Senhora Nossa? Não. Pois por que não foi também a Senhora? Era menos devota? Amava menos a Cristo? Considerava com menor dor os tormentos de sua paixão e as ausências da sua morte? Claro está que o amor de Salomé, de Jacó e da Madalena, em comparação dos ardentíssimos afetos da Virgem, eram tibiezas. Pois, por que não foi também a Senhora com as outras Marias? Porque teve por melhor e mais decente o seu recolhimento, e porque sabia que era mais agradável ao próprio Filho o contemplar seus mistérios entre quatro paredes que i-lo buscar ao sepulcro. As Marias no sepulcro tiveram grandes visões de anjos; e se é melhor devoção a de não ir onde só se veem anjos, quanto mais onde não são anjos os que se veem?

Em conclusão: A mulher? Só. "Uma mulher? Uma". Só e apartada da multidão e dos concursos: "do meio da multidão". Assim o faz o mesmo Cristo quando quer converter mulheres. Primeiro aparta a multidão e as turbas, e quando ficam separadas e sós, então as converte. Levaram a Cristo aquela mulher criminosa para que a condenasse, e o Senhor, que a não quis condenar, senão absolvê-la e reduzi-la de pecadora a santa, que fez? Pôs-se a escrever na terra os pecados dos acusadores, e depois que todos se foram: "E ficou só Jesus, e a mulher, que estava no meio em pé" (Jo 8,9) — diz o Evangelista. Ficou Cristo só, e a mulher só com Cristo, e agora que estava só, lhe falou o Senhor, e não só, lhe perdoou os pecados passados mas, com suas divinas palavras, lhe deu alentos para não cometer outros: "Vai, e não queiras mais pecar" (Jo 8,11). Chegando Cristo ao poço de Sicar, fatigado do caminho, a horas do meio-dia, despediu de si a todos os apóstolos, e mandou-os que fossem buscar de comer à cidade. Para ir buscar de comer bastava um. E por que mandou o Senhor todos? Porque havia de vir ali a Samaritana, a quem o Divino Mestre havia de converter e revelar grandes mistérios. E posto que a multidão dos apóstolos era de homens santos, bastava ser multidão para estorvar, e que somente estando só pois só podia uma mulher ter confiança para perguntar, liberdade para ouvir, e capacidade e sossego para entender. Por isso a Madalena em sua casa se retirou até de uma irmã tão santa como Marta; e se recolheu, também só, aos pés de Cristo. E por isso, antes de Cristo vir ao mundo, lemos da famosa Judite que no alto do seu palácio fez um aposento secreto, em que dentro da própria casa, e longe das inquietações dela, se retirava com Deus e consigo: "No andar superior da casa tinha feito para si um quarto retirado" (Jt 8,5).

Isto é o que nos prega o Evangelho nas palavras "uma mulher". E se esta unidade e solidão de uma e só, foi necessária às que não eram santas, para que o fossem, e, depois de serem santas, para se conservarem na perfeição e pureza da vida, nenhuma mulher haverá em qualquer estado da sua, que o não tenha por errado se seguir o modo ou apetite de querer orar entre muitos. Finalmente, para que todos entendam e se persuadam que a devoção e oração do Rosário de si mesmo e por si mesmo as obriga a este retiro, saibam que assim nasceu e começou o Rosário, e que assim se deve continuar. O princípio e o nascimento do Rosário foi o mistério da Encarnação. E como nasceu e começou por este mistério, senão no retiro e soledade da mesma Senhora dele? "Sozinha em seu quarto, sozinha sem companheiro, sozinha sem testemunha", diz Santo Ambrósio[27]. Assim começou o Rosário na bendita entre todas as mulheres e assim deve continuar em todas e em cada uma: "Uma mulher".

FIM

SERMÃO

XVIII

~

"Maria, da qual nasceu Jesus,
que se chama o Cristo."
(Mt 1,16)

A devoção de Vieira a Maria o leva a ousar uma novidade: é Maria Rainha e também Pontífice? A imagem de Maria como intercessora, a quem o Rosário conduz, é uma preocupação de Vieira nestes sermões, assim como a catequese ética. Vieira, seguindo C. A Lápide: 1) Reconhece três propriedades do perfeito Pontífice: que a pessoa seja escolhida entre todas e a mais digna; que seja mediadora pública entre Deus e os homens; e que aplaque a Deus ofendido pelos pecados e o reconcilie por meio de oblações. Todas as três se acham com eminência em Maria. 2) Desfaz, em seguida, que o impedimento de sexo se oponha à dignidade pontifical, com a autoridade dos Santos, das Escrituras e da razão. 3) Afirma que compete à Senhora do Rosário a tiara pontifícia, que espiritualmente é a suprema e a suma e se compõe com outras três. E a potestade das chaves? Cristo não deu à Senhora do Rosário apenas as chaves do céu, dadas a Pedro, mas também as chaves da morte e do inferno. E dá, por exemplo, o caso de Alexandra de Aragão. Entremos, pois, sem temor e com grande confiança por esta firmíssima ponte do Rosário.

§ I

Esta é a última cláusula do Evangelho, e esta havia de ser para concordar o fim com o princípio. No princípio tinha dito o Evangelista que escrevia o "*Livro da Geração de Jesus Cristo*"; e depois de contar quarenta e um ascendentes, todos sucessivamente continuados de pai a filho, chegando, finalmente, à Virgem Maria, Senhora nossa, conclui que de Maria nasceu Jesus, que se chama Cristo: "Maria, da qual nasceu Jesus, que se chama o Cristo" (Mt 1,16).

Entre o nome de Jesus e o de Cristo há esta diferença: Jesus, que quer dizer Salvador, é o nome da pessoa; Cristo, que quer dizer o Ungido, é o título da dignidade. E porque desta dignidade do Filho havemos de tirar a da Mãe, em cuja solenidade estamos, será bem que saibam, os que o ignoram, por que se declara a dignidade do Filho de Deus e da Virgem com o nome de Ungido. A razão brevemente é porque na pessoa de Cristo, Senhor nosso, enquanto homem, estiveram juntas as duas supremas dignidades de Rei e de Sumo Pontífice; e era cerimônia sagrada daqueles tempos, em parte observada também nos nossos, que os reis e os pontífices fossem ungidos. Saul, que foi o primeiro rei, foi ungido por Samuel; e Arão, que foi o primeiro pontífice, foi ungido por Moisés; porém Cristo, Senhor nosso, Rei sobre todos os reis, e Pontífice sobre todos os pontífices, não foi ungido por mão ou ministério de homens, senão imediatamente por Deus, como diz o profeta: "Por isso te ungiu Deus, o teu Deus, com óleo de alegria sobre teus companheiros" (Sl 44,8).

Esta é a propriedade e correspondência maravilhosa com que a arquitetura desta primeira página de todos os Evangelhos, assim como as fachadas dos grandes edifícios se ornam e enobrecem de famosas estátuas, assim ela se compõe dos varões mais ilustres da prosápia de Cristo, e as personagens entre eles de maior vulto, ou são reis de que o primeiro foi Davi, ou pontífices, de que o primeiro foi Zorobabel. E porque o ordenou assim Deus, de quem mais que dos pais depende a sucessão dos filhos, e sendo Filho seu, o que nesta geração se deduzia? Para que se visse claramente, diz Santo Agostinho, na mesma descendência natural de seus primogenitores, que assim a unção da coroa como a da tiara, assim a dignidade de rei como a de pontífice, e toda a propriedade e significação de ungido, porque se chama Cristo, não só lhe competia direitamente por Filho de seu Pai, senão também pelo nascimento de sua Mãe: "Da qual nasceu Jesus, que se chama o Cristo" (Mt 1,16).

Isto posto, em que não há dúvida, entram agora duas questões, uma antiga e já tratada, outra nova e tão nova, que hoje é a primeira vez em que será ouvida. Pergunta a primeira questão: se por Cristo, Filho da Virgem Maria ser Rei, e Rei universal do mundo, pertence também à Senhora o mesmo título e dignidade real? E posto que alguns, demasiadamente espirituais, duvidaram antigamente de ajuntar na Virgem Santíssima o real com o Santo, a sentença afirmativa é hoje comum de Teólogos e Padres, dos quais só quero alegar dois. Ruperto[1], falando da mesma Senhora: "Ela no céu é a Rainha dos santos e na terra a Rainha dos reinos; às vezes é a Mãe do rei coroado a quem o Senhor constituiu sobre todas as obras de suas mãos, por isso a Rainha constituída possui todo o reino do Filho". E S. Bernardino[2], com a mesma clareza, e sobre o mesmo fundamento: "A Virgem Santíssima mereceu todo o principado e reino deste mundo, porque o seu Filho no primeiro momento de sua concepção mereceu e obteve a monarquia de todo o universo, como atesta o profeta, dizendo: A terra é do Senhor e a sua plenitude do orbe da terra, e todos os que habitam nele". De maneira que a Virgem Maria, assim no céu como na terra, é Senhora e Rainha universal de todos os anjos, de todos os homens e de todas as criaturas quantas contém e abraça o mundo universo. E a razão por que lhe compete este direito, e tem o domínio, posse e exercício dele, é por ser Mãe de um Filho, Rei e Monarca universal do mesmo mundo, que é Cristo: "Da qual nasceu Jesus, que se chama o Cristo". E isto baste quanto à primeira questão

Agora se segue a segunda, que é muito não entrasse ao menos em pensamento depois da resolução da primeira. Cristo, segundo as duas unções que vimos, não só é Cristo e Rei Supremo senão Cristo e Pontífice Sumo. Logo, se enquanto Rei supremo, por ser Filho de Maria, comunicou a sua Mãe a dignidade real, poderemos dizer também que, enquanto Pontífice Sumo, por ser Filho da mesma Senhora, comunicou à mesma Mãe a dignidade pontifical. Esta é a nova questão que trago hoje, não para disputar, senão para decidir. E para que me ajudeis a pedir eficazmente a muita graça que me é necessária para uma decisão tão dificultosa, digo resolutamente, que antes de a Virgem Maria ser Senhora do Rosário, não se podia provar com efeito que Cristo seu Filho lhe tivesse comunicado a dignidade pontifical mas, depois de ser Senhora do Rosário, sim. Isto é o que haveis de ouvir. *Ave Maria* etc.

§ II

O apóstolo S. Paulo, definindo as obrigações da dignidade pontifical, em ordem a declarar a soberana perfeição do pontificado de Cristo, diz assim: "Todo pontífice tomado dentre os homens é constituído a favor dos homens naquelas coisas que tocam a Deus, para que ofereça dons e sacrifícios pelos pecados" (Hb 5,1). Sobre as quais palavras o doutíssimo Cornélio A Lápide — o qual na exposição de S. Paulo, por não dizer que excedeu a todos os comentadores, digo que se venceu a si mesmo — dividindo esta definição do apóstolo em suas partes essenciais, diz que nela se contêm três propriedades, ou excelências, que constituem o perfeito pontífice. A primeira pertence à eleição da pessoa, as outras duas à execução do ofício, e todas três, digo eu, se acham com eminência na Virgem Santíssima, Senhora nossa.

"A primeira é que o pontífice seja tomado dentre os homens, escolhido o mais digno entre os demais". A primeira propriedade é que a pessoa que houver de ser assunta à dignidade pontifical seja escolhida entre todas, e a mais digna; isso quer dizer "tomado dentre os homens". E que pessoa há, ou pode haver, ainda que a eleição se fizesse, não só entre os homens, senão entre os anjos, tão merecedora de ser unicamente a escolhida, e tão infinitamente digna sobre todas as criaturas, como a que mereceu ser Mãe do mesmo Criador? Por isso o Espírito Santo lhe chama: "Uma e escolhida" (Ct 6,8) — porque na sua eleição foi única sem controvérsia, única sem oposição, sem parelha, sem semelhança. "Uma e escolhida" — diz Ruperto — "porque nem entre os anjos tem uma semelhante que se coloque como primeira ou como segunda"[3]. Não sei se reparais bem na energia desta eleição e na excelência dela. A excelência da eleição da Senhora não está em ser escolhida, senão em ser escolhida como uma: "Uma e escolhida". A eleição ou escolha comumente diz unidade e supõe multidão, porque de muitos se escolhe um;

porém, quando o escolhido é tão singular e único que não tem oposição, a glória da eleição é a unidade: é ser escolhido, não como um de muitos, senão como um e só. Se no céu entre os astros se houvera de fazer eleição, como havia de ser escolhido o sol? Não havia de ser escolhido como comparado, senão como único. Pois assim foi escolhida Maria: "Escolhida como o sol: Uma e escolhida" (Ct 6,8s). E como a Senhora no céu e na terra não só é a mais digna, que isso seria ter comparação, mas única e incomparavelmente digníssima sobre todas as criaturas, vede se pelo merecimento da pessoa lhe compete a dignidade pontifical? Assim o entenderam e disseram todos os que ouviram este único e incomparável elogio, porque tanto que o Espírito Santo lhe deu o nome de "única e escolhida", logo imediatamente foi aclamada de todos por beatíssima, que é o título pontifical: "As filhas a viram, e a proclamaram a mais bem-aventurada" (Ct 6,8). A Senhora tinha dito de si: "Por isso me chamarão bem-aventurada todas as gerações" (Lc 1,48), mas os que do merecimento da pessoa passaram à consideração da dignidade que lhe era devida não só lhe chamaram "bem-aventurada", senão "a mais bem-aventurada".

"A segunda é que defenda os homens junto de Deus, como mediadora deles, por eles ore e interpele". A segunda propriedade, e primeira obrigação do ofício pontifical, é ser o pontífice mediador ou medianeiro público entre Deus e os homens e, diante da Divina Majestade, orar e advogar por suas causas. — Isso quer dizer: "É constituído a favor dos homens, naquelas coisas que tocam a Deus" (Hb 5,1). E que mediação se pode desejar nem imaginar entre Deus e os homens, nem mais íntima, nem mais eficaz, nem mais poderosa, que a daquela mesma Senhora que, dentro em suas entranhas, uniu a natureza divina com a humana, e do homem e de Deus fez uma só pessoa? Ouvi a S. Bernardo: "A nossa peregrinação na terra tem uma advogada que como Mãe do Juiz e Mãe de misericórdia trata de maneira súplice e eficaz as causas de nossa salvação"[4]. Somos peregrinos na terra — diz Bernardo — mas nem por isso as nossas causas estão desamparadas no céu, porque no céu temos por advogada delas quem as há de tratar com tanta eficácia e poder como a que é Mãe do Juiz, e com tanto amor e piedade, como a que é Mãe da misericórdia. — Grande razão e singular prerrogativa que só no pontificado de Cristo se acha semelhante. Cristo foi pontífice sobre todos os pontífices: por quê? Porque os outros pontífices são somente homens, e Cristo é Homem e Filho de Deus juntamente. Como Homem, intercede pelos homens; como Filho de Deus, pode tudo com Deus. Assim o pondera S. Paulo, sinalando a diferença que há de pontífice a pontífice entre Cristo e os outros. Aos outros fá-los Deus pontífices como Deus; a Cristo fê-lo Deus pontífice como Pai. Aos outros como Deus: "E nenhum usurpa para si esta honra, senão o que é chamado por Deus, como Arão" (Hb 5,4). A Cristo como Pai: "Cristo não se glorificou a si mesmo para se fazer pontífice, mas aquele que lhe disse: Tu és meu Filho" (Hb 5,5). E desta diferença que se segue? Segue-se — acrescenta logo o mesmo S. Paulo — que as suas orações e intercessões não são só ouvidas pelo benefício da causa ou pela autoridade do ofício, senão pela reverência da pessoa: "Ele é que, nos dias da sua vida na terra, ofereceu preces e súplicas... foi ouvido por causa da sua piedade" (Hb 5,7). Esta é a prerrogativa singular de Cristo enquanto Pontífice. E que a mesma concorra na Virgem Mãe sua, quem

o pode duvidar? Porque, se Cristo como Homem intercede pelos homens, e como Filho de Deus pode tudo com Deus, também a Senhora, pelo que tem de humana, intercede pelos homens, e porque é verdadeira Mãe de Deus poderá e pode tudo com ele. E se as orações e intercessões de Cristo são ouvidas de Deus pela reverência de Filho, não menos serão ouvidas as da Senhora, antes em certo modo mais, pela reverência de Mãe. Assim o conclui noutra parte o mesmo S. Bernardo[5]: "Se quereis ter advogada diante do Supremo Juiz, recorrei a Maria confiadamente, porque, assim como o Pai ouve a Cristo por reverência de Filho, assim Cristo ouve a Senhora por reverência de Mãe".
— Com tanta eminência resplandece em Maria Santíssima a segunda condição que se requer para a dignidade pontifical.

"A terceira é que aplaque a Deus irado pelos pecados e pelos pecadores, e reconcilie por meio de dons e sacrifícios." A terceira propriedade e último ofício do pontífice é aplacar a Deus ofendido dos pecados, e reconciliá-lo com os pecadores por meio das oblações e dos sacrifícios. Isso quer dizer: "Para que ofereça dons e sacrifícios pelos pecados" (Hb 5,1). E que ministro sagrado houve jamais, nem haverá no mundo, tão apto e apropriado para este soberano ministério de aplacar a Deus ofendido pelos pecados como aquela puríssima criatura em que nunca houve pecado? Os outros pontífices e sumos sacerdotes, diz o Apóstolo, primeiro oferecem os sacrifícios pelos seus pecados, e depois pelos do povo; porém, Cristo, em quem nunca houve pecado, não tem essa necessidade: "Que não tem necessidade,… como os outros sacerdotes, de oferecer sacrifícios primeiramente pelos seus pecados, depois pelos do povo" (Hb 7,27). E assim como Cristo só oferecia sacrifícios a Deus pelos pecados do povo, e não pelos seus, porque os não tinha, e por isso eram mais gratos e mais aceitos a Deus os sacrifícios de seu Filho, o mesmo devemos nós não só entender e dizer dos de sua Mãe, mas, deste altíssimo princípio inferir quão decentemente assentaria na pessoa da Virgem puríssima a dignidade pontifical. Assim o inferiu o mesmo S. Paulo: "Porque tal pontífice convinha que nós tivéssemos, santo, inocente, imaculado, segregado dos pecadores e mais elevado que os céus" (Hb 7,26). As quais palavras ou excelências todas, assim como se dizem do Filho, se podem e devem afirmar igualmente da Mãe: santa, inocente, pura, imaculada, separada e excetuada do número dos pecadores, e levantada sobre todos os céus. Logo, "Porque tal pontífice convinha que nós tivéssemos". E "para as ofertas e sacrifícios": quem jamais presentou tal oferta a Deus como a que a Senhora lhe ofereceu no Templo, quando lhe presentou seu próprio Filho nascido de quarenta dias? E quem jamais lhe fez tal sacrifício, como o do mesmo Filho no monte Calvário, mais crucificado na alma e no coração da Mãe que na mesma cruz? Não chegou Abraão a ver morrer Isac, e contudo diz S. Pedro Crisólogo que de tal sorte "se sacrificou nele a si mesmo, que ele era o sacrifício e o sacerdote, ele a vítima e o pontífice"[6]. E se isto bastou em Abraão, porque era pai, para ser sacerdote e pontífice, aquela Mãe, cuja obediência e caridade foi infinitamente maior que a de Abraão, e cujo Filho e sacrifício era infinitamente maior que Isac, quem se atreverá a lhe negar ou a duvidar a dignidade pontifical?

§ III

Vejo, porém, que da mesma cruz, e das palavras do mesmo Filho crucificado, se tira o argumento com que sobre tantas prerrogativas de merecimento se nega à Santíssima Mãe esta dignidade. As palavras do Filho foram: "Mulher, eis teu filho" (Jo 19,26); e este nome de mulher é o que se opõe totalmente à dignidade pontifical. Mas não é de tanto peso esta instância, que não tenha fácil solução na Escritura, nos Santos e na razão.

No capítulo onze do profeta Zacarias, diz Deus que *matou três pastores do seu povo em um mês* (Zc 11,8). E, posto que o profeta não declare ali quem foram estes três pastores, S. Jerônimo, S. Remígio, Alberto Magno, Hugo Cardeal, e todos os que entenderam este lugar mais própria e literalmente, dizem que foram Moisés, Arão, e Maria Profetisa, irmã de ambos. Chamam-se três pastores, porque por meio de todos três livrou Deus o seu povo do cativeiro do Egito, e o governou e guiou pelo deserto até à Terra de Promissão, como depois lhe fez cargo pelo profeta Miqueias, nomeando todos três na mesma forma: "Será porque eu te tirei da terra do Egito e te enviei diante de ti a Moisés, e a Arão, e a Maria?" (Mq 6,4). E dizer Deus que os matou a todos "em um mês" é maior e mais clara confirmação de serem estes, porque, como consta do Livro dos Números (Nm 20,1), Maria morreu em março do ano quarenta da peregrinação do deserto, e neste mesmo mês sucedeu a incredulidade e desobediência de Moisés e Arão (Nm 20,12), em pena da qual os sentenciou Deus no mesmo ato à morte, e que não entrassem na Terra de Promissão, de que já estavam tão perto. E essa é a propriedade da palavra "matei", porque lhes cortou a vida e mais os passos.

Mas, se neste número entrava Maria, como lhes chama Deus três pastores? Arão era pastor no espiritual, e eclesiástico, porque era sumo pontífice; Moisés era pastor no temporal e civil, porque era governador supremo com autoridade real; porém Maria que, por ser mulher, nem tinha, nem parece que era capaz tanto de uma como de outra dignidade, como lhe atribui Deus igualmente o mesmo nome ou título? E sendo os ofícios pastorais só dois, como eram os pastores três: "Matei três pastores"? Eram os pastores três, sendo os ofícios dois respondem os mesmos autores porque assim Arão como Moisés, ambos governavam juntamente com Maria, e cada um a tinha por companheira e fazia participante da sua dignidade. Maria, sobre ser profetisa muito alumiada de Deus, era também de maior idade que Moisés e Arão, como consta uma e outra coisa da História Sagrada, e por estas duas razões, posto que Moisés e Arão fossem somente irmãos de Maria, o respeito e veneração com que a tratavam era de mãe, e como tal, nem Arão no eclesiástico nem Moisés no civil obravam coisa alguma em que Maria não tivesse parte. E porque esta dobrada autoridade comum com ambos lha tinha dado Deus, por isso, sendo dois os ofícios pastorais, diz o mesmo Deus que eram três os pastores: "Matei três pastores"; e por isso fez cargo aos hebreus de lhes ter dado a liberdade do cativeiro do Egito, não só a Moisés e Arão, senão igualmente a Maria: "Coloquei diante de ti Moisés, Arão e Maria?".

Ao nosso ponto agora: Maria, irmã de Moisés e Arão, como lemos em S. Jerônimo e Santo Ambrósio, foi figura da Virgem Maria; e não só pela semelhança do nome, único em todo o Testamento Velho, nem só pela graça de profetisa, nem só pelo triunfo de corredentora do povo, mas singularmente pela prerrogativa da virgindade, em testemunho da qual se não lê na Escritura matrimônio nem sucessão da mesma Maria; e

Santo Ambrósio expressamente lhe dá o título de Virgem: "No Antigo Testamento conduziu o povo hebreu pelos pés de Maria; no Evangelho a Virgem gerou o autor do mundo e o redentor"[7]. Sendo logo aquela Maria virgem, vede se era expressa figura da Virgem Maria! Do mesmo modo Moisés e Arão em duas pessoas foram uma só figura de Cristo, no qual se uniram as duas dignidades: a real, como em Moisés, e a pontifical, como em Arão. E se estes dois irmãos cada um comunicou a sua dignidade a Maria, por ser irmã e maior, por que não comunicaria também ambas as dignidades Cristo a Maria, de quem aquela só foi figura, sendo ele Filho e ela Mãe? E se lá o ordenou assim, aprovou e afirmou Deus, cá, por que se há de negar ou duvidar?

Da dignidade real ninguém duvida que Cristo, como Rei, a comunicasse a sua Mãe; e daqui infiro eu, com a mesma e muito maior razão, que também o mesmo Cristo como Pontífice lhe comunicou a pontifical. E provo, porque a dignidade real não a teve Cristo por sua Mãe, e a pontifical sim. Não é menos bem fundada esta ilação, que na teologia de S. Paulo no segundo capítulo da Epístola aos Hebreus: "Como os filhos têm em comum a carne e sangue, o próprio Jesus também participou desta condição, para destruir pela sua morte ao que tinha o império da morte — isto é, ao diabo — e para livrar aqueles que, pelo temor da morte, estavam em escravidão toda a vida. Porque ele em nenhum lugar tomou aos anjos, mas tomou a descendência de Abraão. Portanto, devia ser solidário em tudo com seus irmãos, para tornar-se um sumo sacerdote misericordioso e fiel para com Deus" (Hb 2,14ss). Dá a razão S. Paulo, porque o Filho de Deus se fez homem, e não anjo, e diz que foi para que, sendo homem, pudesse ser verdadeiro e perfeito pontífice o que não podia ser sendo anjo. E por que não podia ser Pontífice, sendo anjo? Porque os anjos não têm carne nem sangue: são imortais e não têm pecado. E para Cristo fazer o ofício de perfeito Pontífice, havia de sacrificar sua vida e morrer pelos homens, e para isso era necessário ter carne e sangue e ser mortal. E havia de interceder eficazmente com Deus pelos pecadores, e para isso era necessário ser semelhante a eles, não no pecado, senão na natureza e nas misérias que dele se seguiram; e essa carne, esse sangue, essa mortalidade, essa natureza sujeita e capaz das penalidades humanas, que era todo o cabedal e aparato necessário para ser perfeito Pontífice: "Para tornar-se um sumo sacerdote misericordioso e fiel para com Deus", de quem a recebeu o Filho de Deus, senão de sua Mãe? De sorte que a dignidade real não a teve Cristo só de sua Mãe, porque, já sendo Deus, era Rei: "Tu és o meu rei e o meu Deus" (Sl 43,5); porém a dignidade pontifical sim, porque, se não fora seu Filho, não seria Pontífice. Excelentemente S. Dionísio Alexandrino: "Habitou no seu santo tabernáculo, que é Maria, Mãe de Deus; ali, em Maria, o nosso Rei, o Rei da glória, foi feito pontífice"[8]. Habitou Deus no tabernáculo virginal do ventre santíssimo de Maria, e sendo já Rei da glória, e Rei nosso, ali, onde o Verbo se fez carne, ali foi feito Pontífice: "Ali, nela, foi feito pontífice". Logo, se Cristo, porque foi Rei — o que não recebeu de sua Mãe — lhe comunicou a dignidade real, com muito maior razão, por que foi pontífice — o que recebeu da mesma Mãe — lhe devia comunicar a dignidade pontifical.

Nem vale finalmente em contrário a objeção de ser mulher a bendita entre todas as mulheres e exceção de todas, não só porque foi Mãe e Virgem, e por isso com dobrada autoridade de Mãe e de Pai juntamente em respeito de seu Filho — por onde, em sentença de grandes teólogos, é chamada Matripater — mas porque, se esta diferença do sexo em Maria, irmã de Moisés, não foi impedimento para participar com Arão a dignidade pontifical, muito menos o deve ser em Maria, Mãe de Jesus, que por isso se chamou Cristo: "Da qual nasceu Jesus, que se chama o Cristo". E para que não fique só a força desta ilação no argumento da paridade, assim o disse expressa e milagrosamente ao intento S. João Damasceno: "Tu és a Suma Pontífice dos cristãos, por isso te veneramos com grande vigor dos louvores"⁹. Veneramos-vos, Senhora, e louvamos-vos com toda a intenção de nossos afetos — diz Damasceno — porque vós sois "a Suma Pontífice dos cristãos". "Pontífice" pela dignidade pontifical, "suma", e não sumo, pela diferença do sexo. E Santo Arnesto, Arcebispo Praguense, unindo e distinguindo na mesma Senhora ambas as dignidades, real e pontifical, nos exorta a que recorramos a um e outro tribunal de Maria, seguros de que a sentença que der em nosso favor não poderá ser revogada, porque, ou como real, ou como papal, levará, por ser sua, a cláusula "não obstante", em respeito de qualquer outro juízo. "Invoca Maria, recorre a Maria" — diz o Santo — "e, em toda sentença que por ti dará, acrescentará aquela cláusula gloriosa, imperial e papal: 'não obstante.'"¹⁰

§ IV

*R*emovido, pois, o impedimento aparente do sexo, com a autoridade dos Santos, com o exemplo da Escritura e com a eficácia da razão, e demonstrado o merecimento sobreeminente da pessoa por todas as qualidades que requer a definição de S. Paulo para o perfeito pontífice, como fizemos no primeiro discurso, segue-se que do direito passemos ao fato, e que vejamos praticado na Senhora do Rosário, ou no Rosário da Senhora, o título, poder e exercício da dignidade pontifical. Isto é o que agora farei; e para que a prova e demonstração proceda com toda a clareza, a divido em três partes. Em cada uma delas veremos a Santíssima e Beatíssima Mãe, pelas prerrogativas do seu Rosário, não só própria, mas singularmente pontífice. Pontífice na etimologia do nome; pontífice nas insígnias da dignidade; pontífice na potestade das chaves.

Marco Varro, mais antigo que Marco Túlio, e o maior e mais erudito mestre da língua latina, declarando no livro quarto a etimologia donde foi tomado e teve sua origem este nome *pontifex*, diz que pontífice é o mesmo que "o que faz ponte"¹¹, e que a ocasião de chamarem assim aos sumos pontífices, instituídos em Roma por Numa Pompílio, foi a Ponte Sublícia, edificada pelo sumo pontífice Anco Márcio, obra tão celebrada naquele século ainda rude que a ele lhe deu o nome, e depois se perpetuou em seus sucessores. Donde também o tomou, com a língua, depois da vinda de Cristo, a Igreja Romana. Teodoro Estudita chamou à Virgem, Senhora nossa: "Ponte segura dos cristãos". Venâncio Fortunato: "Ponte que chega e alcança de polo a polo". S. Proclo: "Ponte pela qual Deus desceu aos homens"¹². — E bastam estas autoridades, tão graves e tão justamente aplicadas à Senhora com o nome expresso de ponte e tantas vezes repetido, para prova do meu intento? Não bastam, porque nenhum destes autores chega a dizer o que eu digo. Para ser pontífice não basta ser ponte; é necessário fazer ponte: "o que faz ponte"; e esta é a que a Senhora fez quando instituiu o seu Rosário, e não só disse que a fizera, senão que a mostrou feita.

    O primeiro a quem a mesma Senhora comunicou a ideia desta sua obra foi o grande patriarca S. Domingos, encarregando-lhe que a publicasse e pregasse, como logo começou a pregar em França, com espírito e eloquência mais que humana, de que se seguiram dois efeitos, ambos notáveis mas muito encontrados. Convertiam-se os homens a milhares, assim os hereges à fé católica como os maus católicos à virtude e vida cristã, e não poucos a deixar o mundo e seguir a perfeição evangélica; e este era geralmente o primeiro efeito da pregação e devoção do Rosário. O segundo, e contrário, foi que, vendo o inimigo do gênero humano as muitas almas que por meio da mesma devoção se livraram da sua tirania, tratou de desacreditar e desautorizar o Rosário por tal arte, que todos os que o rezavam o desestimassem primeiro, e depois o deixassem. Para isto tomou o demônio por instrumento, quem vos parece? Porventura algum daqueles hereges mais obstinados? Porventura algum leigo dos de consciência mais livre e mais estragada? Porventura algum sacerdote ou religioso ordinário, êmulo de S. Domingos? Ainda subiu mais alto, ainda fortificou mais a indústria, ainda enfeitou mais a tentação. Havia naquela província um bispo muito presumido de seu saber, mas de muito pouco zelo e espírito. Este, em lugar de agradecer ao santo o pasto tão divino que dava a suas ovelhas, e o ajudar na pregação e propagação daquelas novas do céu a que podemos chamar o Evangelho da Virgem Maria, começou em público e em particular a desfazer e desacreditar os sermões do grande Apóstolo, dizendo que, em vez de pregar pontos mui subidos do Evangelho, pregava aquelas vulgaridades; em vez de levar ao púlpito estudos e pensamentos novos, que ninguém tivesse ouvido, ia ensinar o Pai-Nosso e Ave-Maria, que os meninos sabiam. Vede quanto a paixão é cega e a presunção ignorante! Como se houvera pontos mais subidos que os mistérios da Encarnação do Verbo eterno e da redenção do gênero humano! Como se houvera meditações mais divinas que as da vida e morte do Filho de Deus! Como se houvera orações mais excelentes que o Pai-Nosso, ditado por Cristo, e a Ave-Maria, por um arcanjo! Como, finalmente, se houvera doutrina mais evangélica que a memória das graças e benefícios altíssimos que Deus em Pessoa nos veio trazer e fazer ao mundo, a qual memória ele no fim de sua vida nos encomendou e encarregou sobre tudo! Nada disto via nem considerava o cego e ignorante prelado; e como a natureza dos homens é mais inclinada ao mal que ao bem, e mais à vaidade que à verdade, se S. Domingos por uma parte fazia grande fruto, o bispo por outra parte o desfazia, sendo muitos, principalmente dos mais prezados de entendidos — que praza a Deus não tenham imitadores — os quais o deixavam totalmente, ou, para o dizer com nome mais próprio, apostatavam da devoção do Rosário.

    Triunfante sobre esta infernal vitória, estava uma noite dormindo o que tão pouco vigilante pastor era do seu rebanho, quando arrebatado em visão se achou subitamente no meio de um rio largo, profundo, escuro e furioso, cuja corrente a espaços por penhascos e rochas talhadas se despenhava estrondosa e medonhamente. Aqui andavam nadando, ou mais verdadeiramente naufragando grande multidão de homens e mulheres de todos os estados: uns que soçobrados das ondas se afogavam, e iam logo a pique; outros que mortos já de muitos dias, saíam acima aboiados em horrendas figuras; outros que arrebatados da corrente, eram arremessados com fúria nos penhascos, onde se espedaçavam; outros que lutavam com toda a força e grandes ânsias com o peso do ímpeto das águas; e outros que ao som delas, onde mais mansamente corriam, se deixavam levar brandamente; e este era o estado mais perigoso, porque quase sem se sentir se achavam perdidos, sendo finalmente muito raros os que com grandíssimo trabalho chegavam à outra banda da ribeira, e todos despidos. No meio desta aflição, já desmaiado, levantou o bispo os olhos ao céu, e viu que à mão direita havia uma formosa ponte, que atravessava o rio de parte a parte, pela qual caminhavam seguros outro grande concurso de gente, homens, mulheres, meninos, todos alegres e cantando. E como advertisse que diante os ia guiando uma pessoa venerável, e pelo hábito branco e manto preto, reconhecesse o mesmo pregador que ele perseguia: — Valei-me, santo, que já vos confesso por tal, disse a grandes brados. — Valei-me que me afogo! — Pois afoga-te, e chama agora pelos teus pensamentos subidos, que te subam à ponte. — Assim lhe pudera dizer, e com muita razão, o pregador das vulgaridades. Mas como os santos se vingam fazendo bem a quem lhes faz mal, ele foi o que subiu milagrosamente, e o introduziu na ponte com os demais.

Era a formosa ponte larga e bem defendida por ambos os lados, donde se viam com lástima, mas sem temor, os perigos e naufrágios dos que se fiavam do rio. Estava fundada sobre três grandes arcos de mármore, cada um dos quais se rematava em cinco torres muito altas, e entre elas, repartidas de dez em dez, outras cinquenta menores, que por todas faziam número as mais altas de quinze, as menores de cento e cinquenta. No fim se levantava um palácio de admirável arquitetura, por cuja portada, igual na largura à da ponte, eram admitidos todos os que tinham passado por ela, e dali levados a uma grande sala interior, onde em trono de pedras preciosas cercado de resplendores, assistia assentada uma rainha de celestial majestade e formosura, a qual todos adoravam. Aqui recebia cada um da soberana mão uma coroa de rosas, e este era o sinal, ou passaporte real com que só se podia entrar no jardim do mesmo palácio, chamado o Paraíso das delícias, mais ameno e deleitoso que o que Deus tinha plantado no princípio do mundo. Chegou-se finalmente o bispo, quando se seguia por ordem o seu lugar, para também receber a coroa; mas trocada a majestade da rainha em severidade, lhe disse com aspecto irado: Que atrevimento é este? Se tu és o maior inimigo e perseguidor do meu Rosário, como tens ousadia para pretender à coroa que só aos devotos dele se concede? Aparta-te logo de minha presença e de todo este lugar, e agradece à minha piedade não te mandar dar o castigo que tuas culpas merecem. Estas palavras e muito mais o semblante com que foram ditas, causaram tal perturbação e horror ao pobre bispo que, tremendo e assombrado, espertou no mesmo ponto e tornou em si. Em si tornou, mas tão outro do que dantes era, e tão reconhecido do seu erro e ignorância, que daquele dia em diante foi o mais zeloso pregador do Rosário, e o maior apregoador de suas grandezas.

Esta é, pois, a ponte que traçou e fabricou a Virgem Santíssima. Os três grandes arcos de mármore são as três diferenças de mistérios em que se funda o Rosário — Gozosos, Dolorosos, Gloriosos — os quais, se se não consideram nem meditam, ainda que se rezem as orações, é Rosário sem fundamento sólido. As quinze torres mais altas são os quinze Pai-Nossos, e as cento e cinquenta menores, divididas de dez em dez entre uma e outra, são as cento e cinquenta Ave-Marias; e todas elas são torres, porque todas, espiritual e temporalmente, nos defendem de nossos inimigos. O rio arrebatado é o curso da vida presente, que nunca para, cheio de tantos perigos e precipícios; e as duas ribeiras, a que a ponte se estende e, sendo tão distantes, abraça e une, são este e o outro mundo, são os dois horizontes do nascer e morrer, são o tempo e a eternidade. Vede se merece o nome de pontífice quem fez esta ponte? A Igreja grega em dois hinos, falando com a Senhora, lhe diz: "Ponte que passa a todos da morte à vida"; "Ponte que passa os homens da terra ao céu". — E esta é a ponte do seu Rosário.

Desta passagem da terra ao céu foi figura a passagem do deserto à Terra de Promissão, e o rio Jordão que se passou, figura também do rio que nós passamos. E quem fez esta milagrosa passagem, senão a Virgem, Senhora nossa, figurada na Arca do Testamento, a qual de tal sorte secou o rio, o qual se não podia vadear, que homens, mulheres e meninos, sendo tantos mil, o passaram a pé enxuto. E não faltou nesta passagem o mistério e propriedade do Rosário, porque diz o texto sagrado que, quando os filhos de Israel passaram o Jordão, levavam os olhos em Jericó, que lhes ficava da outra banda: "E o povo caminhava em direção a Jericó; e os sacerdotes que levavam a Arca se conservaram quedos e prestes sobre a terra seca no meio do Jordão" (Js 3,17). No meio do rio estava a Virgem Maria, como verdadeira Arca do Testamento, que teve dentro em si a Deus, fazendo das areias do fundo uma nova ponte e imóvel, por onde, sem impedimento das águas, o passassem a pé e seguramente.

E da outra banda da ponte, como no nosso caso, estava em Jericó a mesma Virgem como Senhora propriamente do Rosário, que por isso a compara o Espírito Santo à planta da rosa, não em outra parte ou terra, senão na de Jericó: "Como as plantações das rosas de Jericó" (Eclo 24,18). E por que mais no terreno de Jericó, que em outro fértil de rosas? Porque as rosas de Jericó, entre todas as do mundo, são compostas de cento e cinquenta folhas, quantas são as saudações angélicas, com que veneramos e invocamos a Virgem no seu Rosário. Assim comenta o mesmo texto Ricardo de Sancto Laurentio: "Chama-se Maria, Rosa, não qualquer uma, mas a de Jericó, porque em Jericó crescem rosas belíssimas, que têm cento e cinquenta folhas"[13].

§ V

Provada na Virgem Santíssima a significação de pontífice pela etimologia do nome, vejamos a substância da mesma significação ou o significado do mesmo nome pelas insígnias da dignidade. A insígnia que, entre todos os que se chamam pontífices, distingue deles e sobre eles o sumo pontificado, é a tiara. Coroa a tiara uma só cabeça, mas compõe-se de três coroas. E por que de três? Para significar que é coroa sobre coroas, e que todas as do mundo lhe estão sujeitas. Assim o confessam e protestam com humilde adoração todos os reis católicos, beijando o pé ao Sumo Pontífice. E esta é uma diferença muito notável e muito digna de se saber entre o Pontificado de Cristo e o de Arão. Ouçamos a Moisés e a S. Pedro. Moisés, falando do reino e sacerdócio da lei velha, chama-lhe "reino sacerdotal": "Vós sereis o meu reino sacerdotal" (Ex 19,6).

S. Pedro, pelo contrário, falando do reino e sacerdócio da lei da graça, troca as mesmas palavras de Moisés e chama-lhe "sacerdócio real": "Vós sois a geração escolhida, o sacerdócio real" (1Pd 2,9). Pois, se na lei velha havia pontífices e reis, e na lei da graça há reis e pontífices, por que aquela se chama reino sacerdotal, e esta, não reino sacerdotal senão sacerdócio real? Porque na lei velha a dignidade real era superior aos pontífices, e na lei da graça a dignidade pontifical é superior aos reis: "Porque na sinagoga dos judeus o reino era superior ao sacerdócio; na Igreja, porém, o sacerdócio de Cristo é superior ao reino", diz, com Ascânio Martinengo, Cornélio A Lápide[14].

Dentro na mesma cristandade temos mais expressa esta semelhança e significação da tiara e a razão das suas três coroas. Os imperadores coroam-se três vezes com três coroas diferentes; e assim como a dignidade imperial, por ser temporalmente a suprema do mundo, se recebe por três coroas, assim a pontifical, que espiritualmente é a suprema e a suma, se compõe e representa com outras três. E tal é a tiara pontifícia, que à Virgem, Senhora nossa, lhe compete por Senhora do Rosário. As três coroas dos imperadores, uma é de ferro, outra de prata, outra de ouro; e as da Senhora do Rosário também poderão ser formadas dos mesmos metais. A primeira de prata, nos mistérios Gozosos; a segunda de ferro, nos Dolorosos; e a terceira de ouro, nos Gloriosos. Por esta mesma ordem as conta e distingue S. Bernardino[15] na cabeça humana do divino Autor dos mesmos mistérios, sendo tanto do soberano Filho, que os obrou, como da soberana Mãe, que o acompanhou em todos: "A primeira coroa é de carne, formada no útero pelo sangue puríssimo da Virgem". A primeira coroa — diz o Santo — é a da Encarnação, e esta foi formada das puríssimas entranhas da Virgem Maria, com que a mesma Mãe Santíssima coroou ao Filho de Deus e seu. "A segunda é de espinhos, com a qual foi coroado pela madrasta sinagoga; e foi tecida com os espinhos dos nossos pecados." A segunda coroa é da Paixão, e esta foi tecida de espinhos, com que cruelmente o coroou sua madrasta, a Sinagoga. "A terceira foi de pedras preciosas, com a qual foi coroado no triunfo da ressurreição; e ela foi tecida com os dotes preciosíssimos do seu corpo glorioso." A terceira coroa é da Ressurreição, e essa foi lavrada de pedras preciosas pelos dotes celestiais do Corpo glorioso, com que o coroou seu Eterno Pai. — E quem não vê que estas três coroas, uma de gosto, outra de dor, outra de glória, não são outras, senão as mesmas três de que se compõe a tiara pontifical da Senhora do Rosário.

Cada uma destas coroas primeiro foi do Filho, porque o Filho obrou os mistérios; mas depois, ou logo, foi também da Mãe, porque a Mãe os obrou juntamente com ele, não havendo algum em todo o Rosário em que a Senhora não tivesse parte e lhe fizesse companhia, e por isso participante da mesma coroa. Conta Cesário no Livro sétimo uma visão admirável. Estava em um altar uma imagem da Virgem Maria com seu bendito Filho nos braços, e tanto que o sacerdote começava a cantar o Evangelho, o Menino tirava a coroa da cabeça da Senhora e punha-a na sua. Vede qual seria a admiração dos que isto viam, e ainda o sentimento dos devotos da Virgem? Mas tanto que o Credo chegava àquelas palavras: "E nasceu de Maria Virgem, e se fez homem", logo o Menino tornava a tirar a coroa de sua cabeça, e punha-a na de sua Mãe[16]. De sorte que a coroa, que era de Cristo, era também da Senhora; primeiro do Filho e depois da Mãe, mas de ambos, não diversa, senão a mesma. E isto é o que se verifica em cada uma das comumente os Santos Padres e Doutores sagrados, é porque desde a Ascensão de Cristo até a Assunção da Senhora — que foi o tempo dos terceiros mistérios — ficou a Soberana Mãe neste mundo substituindo a ausência de seu Filho, como Mestra dos Apóstolos e de toda a Igreja, alumiada sobre todos do Espírito Santo, magistério que também pertence ao caráter e ofício próprio de pontífice. Em suma, que dos três mistérios do Rosário se formaram as três coroas, não unidas, senão distintas, nem juntas, senão sucessivas, uma sobre a outra: "Vinde, vinde, vinde, sereis coroada"; e destas três coroas pela mesma ordem se compôs, ornou e aperfeiçoou a tiara pontifical da Senhora do Rosário. Assim o tinha eu imaginado sem autor, quando achei que muito antes o tinha escrito o doutíssimo Del Rio[17], comentando literalmente este mesmo texto dos Cantares. As suas palavras são estas: "Foram prometidas três coroas colhidas de três Colinas de um único monte, para que correspondessem a três virtudes. Por isso talvez foi aceito ornar com a tiara de três coroas o romano pontífice, cabeça visível da Igreja". Prometem-se à Esposa três coroas, colhidas dos três outeiros do mesmo monte, que respondem às três virtudes dos mistérios referidos. E daqui parece, diz este eruditíssimo autor, se tomou na Igreja Romana o uso da tiara do Sumo Pontífice, composta de três coroas. De sorte que, quando os Pontífices de Roma puseram sobre a cabeça a tiara de três coroas, já havia mil anos que a mesma tiara pontifical, e com a mesma forma, estava profetizada, traçada e destinada para a Virgem Santíssima do Rosário.

§ VI

Segue-se agora o que só falta para complemento do nosso discurso, que é a potestade das chaves. O que contém esta potestade dos Sumos Pontífices é o que declarou Cristo, Senhor nosso, ao primeiro de todos, S. Pedro, quando lhe prometeu: "Dar-te-ei as chaves do reino do céu na terra, com potestade tão plena e absoluta, que tudo o que as tuas chaves abrirem ou fecharem na terra, infalível e irrefragavelmente, será aberto ou fechado no céu" (Mt 16,19). — Toda esta delegação — se bem com poder ordinário — é fundada na primeira e suprema potestade de Cristo, a qual o mesmo Senhor intimou ao mesmo S. Pedro e aos outros Apóstolos, quando os mandou pregar a sua nova lei a todo mundo: "Foi-me dado todo o poder no céu e na terra" (Mt 28,18). E como estas palavras declaratórias da potestade de Cristo são tão parecidas com as das chaves que deu a S. Pedro, perguntam aqui os teólogos se deu Cristo e deixou aos Sumos Pontífices todos seus poderes? E resolvem concordemente que não. Alegam-se em prova desta limitação muitos exemplos e casos em que os pontífices não podem o que pode Cristo; mas a melhor e mais relevante exceção de todas é a que o mesmo Cristo publicou em voz no Apocalipse, e mandou a S. João, como seu secretário, que a escrevesse autenticamente: "Eu sou o primeiro e o último, e o que vivo e fui morto, mas eis aqui estou eu vivo por séculos dos séculos, e tenho as chaves da morte e do inferno. Escreve pois" (Ap 1,17ss). Contrapõe o Senhor em próprios termos chaves a chaves, e declara que ele não tem só as chaves do céu, como Pedro e seus sucessores, senão também as chaves da morte e do inferno, em que eles não têm poder ou jurisdição alguma.

Isto posto, pergunto eu agora: A potestade das chaves da Senhora do Rosário, qual destas é? É como a das chaves de S. Pedro ou como a das chaves de Cristo? Se é somente como a das chaves de S. Pedro, pouco deu o Filho de Deus a sua Mãe. Esses poderes três coroas dos mistérios do Rosário. A coroa da Encarnação primeiro foi de Cristo concebido, e depois da Virgem que o concebeu em suas puríssimas entranhas e criou a seus seios: e estes são os mistérios Gozosos. A coroa da Paixão primeiro foi de Cristo crucificado e morto, e depois da afligida e piedosa Mãe, que o assistiu ao pé da cruz: e estes são os mistérios Dolorosos. A coroa da Ressurreição primeiro foi de Cristo, que, ressuscitado, subiu ao céu, e depois da Senhora, também ressuscitada, que triunfante o seguiu na mesma subida: e estes são os mistérios Gloriosos. E destas três Coroas, finalmente, se compôs a tiara pontifical do Rosário, transformadas ou transfiguradas todas três em coroas de Rosas.

Não me detenho em referir ou estender exemplos desta transformação — como fiz na matéria do discurso passado, e pode ser faça no seguinte — por ser coisa vulgar em toda a História Eclesiástica as muitas vezes que da boca dos devotos do Rosário, a cada Ave-Maria que rezavam, foram vistas sair Rosas, as quais a Mãe de Deus, com soberano agrado, recolhia e, enfiadas em ouro, tecia delas coroas. Destas coroas, pois, que nem são mais nem menos de três, conforme as três partes do Rosário, se compõe e aperfeiçoa a tiara pontifical da Senhora dele. A primeira coroa é de rosas encarnadas, pertencente aos mistérios da Encarnação, pela cor do Verbo feito carne; a segunda é de rosas vermelhas, pertencente aos mistérios da Paixão, pela cor do sangue derramado na cruz; a terceira é de rosas brancas, pertencente aos mistérios da Ressurreição, pela cor própria da imortalidade, de que apareceram vestidos os anjos naquele dia. Mas ouçamos a Salomão, que viu as coroas, a matéria, o número, e a mesma tiara: "Vinde do Líbano, Esposa minha, vinde do Líbano, vinde, e sereis coroada" (Ct 4,8). — Duas coisas são as sabidas nestas palavras, e dua[s] não. A Esposa todos sabem que é a Virgen[m] Maria, e quem lhe chama "Esposa sua[", também se não ignora que é Deus. Mas, s[e] Deus chama a Senhora para a coroa, "serei[s] coroada", por que a chama, não uma, ne[m] duas, senão três vezes: "Vinde, vinde, vin[de]"? E se o Monte Líbano não é rico de m[i]nas de ouro ou pedras preciosas, mas fért[il] somente de flores e cultivado dos jardi[ns] famosos de Salomão, por que se diz que d[o] Líbano hão de sair as coroas: "Do Líbano s[e] reis coroada"? Assim constroem o texto [os] que melhor o concordam. E tudo é o q[ue] queremos dizer.

Chama Deus a Senhora três vezes, qua[n]do a chama para ser coroada, porque a me[s]ma Senhora foi coroada três vezes, e c[om] três coroas. E porque estas coroas não fora[m] de ouro, ou pedraria, senão de rosas, por i[sso] não saíram das minas de outros mont[es] senão dos jardins do Líbano. Mais diz o t[ex]to. Não só diz que saíram estas três coroas [do] Líbano, senão de três outeiros ou cabe[ças] do mesmo monte: "Do alto de Amaná, [do] cume de Sanir e de Hermon" (Ct 4,8). E c[om] que mistério? Com todos os três do Ro[sá]rio e sua distinção. Todo o Monte Líba[no] insigne por sua altura e pela singular car[ni]dez que lhe deu o nome, significa toda a v[ida] de Cristo, sublime, celestial, puríssima[;] três outeiros distintos e mais eminente[s do] mesmo monte, denotam os passos e m[isté]rios da mesma vida de Cristo mais n[otá]veis, de que a Virgem compôs e dividi[u em] três partes o seu Rosário, e dos quais, tr[ans]formados em rosas, se teceram as trê[s co]roas. Uma coroa, como lauréola de Vir[gem] pelos mistérios da Encarnação; outra, [como] lauréola de Mártir, pelos mistérios da [Pai]xão; e a terceira, como lauréola de Dou[tor] pelos mistérios da Ressurreição. E o fu[nda]mento desta terceira lauréola, como afir[ma] são para o anel do pescador, mas não para o anel da Esposa, em cujo nome se lhe deram as três coroas da tiara: "Vinde, Esposa minha, vinde, vinde: sereis coroada". Quando Cristo deu a tiara a S. Pedro, exprimindo também as três coroas nas três vezes que lhe encomendou as suas ovelhas, sucessivamente lhe perguntou primeiro outras três vezes se o amava mais que os outros apóstolos que estavam presentes: "Amas-me mais do que estes?" (Jo 21,15). E se a potestade das chaves e a diferença dos poderes se há de medir com o excesso do amor, injúria seria do amor de Mãe se se houvesse de remunerar como o amor de Pedro. Entrem no exame do amor de Maria, não só os apóstolos, senão os santos de todas as três leis, e os anjos de todas as três jerarquias; entre na lei da natureza Adão, com novecentos anos de rigorosa penitência; entre Abel, com todos os inocentes; entre Enos, entre Set, entre e apareça o extático e arrebatado Enoc; entre Noé, o mais justo de todo o mundo no seu tempo, e por isso reparador do mesmo mundo; entrem Abraão, Isac e Jacó, dos quais Deus se chamou singularmente Deus. E não fiquem de fora Melchisedec, nem Jó, que é tudo o que produziu grande a lei da natureza. Na lei escrita, entre Moisés com as tábuas da mesma lei, depois de ver como Deus ama e como se deve amar nas labaredas da sarça; entre Josué, entre Gedeão, entre Samuel, entre o homem cortado pelo coração de Deus, o devotíssimo Davi; entrem Josias e Ezequias, exceção de reis; entre Elias, com todo o fogo do seu carro; entrem Isaías e Jeremias, com todos os profetas; entrem Judas e Eleazaro, com todos os Macabeus; entre tudo o que teve heroico e notou com letras grandes a lei escrita. Na lei da graça, enfim, entre João, o Precursor, e João, o Amado; entre o mesmo S. Pedro com os demais Apóstolos; entre, ou desça do terceiro céu o grande Paulo; entre com toda a aljava do amor a Madalena; entrem os Basílios, os Agostinhos, os Bernardos; saiam dos desertos os Arsênios, os Antônios, e das cartuxas os Brunos; venham com todos seus esquadrões os Bentos, os Domingos, os Franciscos, e com o nome de Jesus, ambos os Inácios; venha Inês, venha Cecília, venham as duas Catarinas; venha Teresa, nome e coração singular; e venham finalmente todos os que com a vida nos rigores, ou com a morte nos tormentos, provaram a Cristo a fé e a verdade de seu amor: "Amas-me mais do que estes?".

Não digo tal, Virgem Santíssima, que não sou tão descomedido. Com o imenso de vosso amor, nenhum humano se pode comparar, ainda que entrassem nesta conta Ana, Joaquim e o mesmo esposo José, toda a soberana Trindade do vosso sangue. Mas subamos ao céu, onde todos são espíritos. Amam muito, na primeira jerarquia, os anjos, os arcanjos, as virtudes; amam mais, na segunda jerarquia, as potestades, os principados, as dominações; amam sobre todos, na terceira e suprema, os tronos, os querubins, os serafins, chamados por antonomásia os fogosos, os abrasados, os ardentes. Mas que comparação ou semelhança tem todo esse amor com o amor de Maria? O céu, onde eles veem a Divina Essência, chama-se Empíreo, que quer dizer céu de fogo, porque tudo lá são incêndios, tudo é arder em fogo de amor de Deus; mas comparado o amor dos servos com o amor da Mãe, todo esse arder é frieza, todo esse fogo é neve. Mais ama Maria em um só ato a Deus do que todos os espíritos angélicos juntos o amam e amarão por toda a eternidade. E se a potestade das chaves se mede pelo excesso do amor, claro está, que a potestade pontifical de Maria há de ser maior que a das chaves de Pedro. Quando Cristo deu as chaves a S. Pedro, chamou-lhe Barjona, filho de João; e se ao filho de João se deu tão grande potestade, qual é a que se deve dar à Mãe do Filho de Deus?

Respondendo, pois, à nossa questão, digo que a potestade pontifical da Senhora do Rosário não é como a de S. Pedro, senão como a de Cristo. Porque não só lhe deu o mesmo Cristo as chaves do céu, como a S. Pedro, senão também as chaves da morte e do inferno, que ele reservou para si, e são somente suas: "Tenho as chaves da morte e do inferno" (Ap 1,18). E para que se veja que lhe foram dadas à Senhora, como Senhora particularmente do Rosário, e em razão e respeito dos seus mistérios, notai o que diz imediatamente antes o mesmo Cristo, como Autor deles: Eu, que tenho as chaves da morte e do inferno, "fui vivo, e depois fui morto, e agora sou outra vez vivo para toda eternidade" (Ap 1,18). — Não sei se caís já na consequência, que não pode ser mais própria. Que coisa são os mistérios do Rosário, senão uma morte de Cristo entre duas vidas? A primeira vida mortal, em que nasceu e viveu, que são os mistérios Gozosos; a segunda vida imortal, em que ressuscitou e subiu ao céu, e vive eternamente, que são os mistérios Gloriosos; e no meio destas duas vidas, a morte de cruz, em que padeceu por nós, que são os mistérios Dolorosos. Os primeiros: "Fui vivo"; os segundos: "e fui morto"; os terceiros: "e agora sou outra vez vivo para toda eternidade". E depois de referir o Senhor estes três mistérios no mesmo número e pela mesma ordem, e todos obrados em si mesmo, então diz que tem as chaves da morte e do inferno. E se estas chaves e esta potestade lhe foi dada a Cristo enquanto homem, porque obrou estes mistérios, a sua Santíssima Mãe, que tanta parte teve neles como Senhora do Rosário, por que se lhe não daria a mesma potestade e as mesmas chaves: "As chaves da morte e do inferno"? E para que ninguém o duvide, vamos ao fato.

§ VII

Houve no reino de Aragão uma mulher moça e nobre, por nome Alexandra[18], a qual pelas pregações de S. Domingos tomou por devoção rezar todos os dias o Rosário. Estes foram os bons propósitos, mas não foi este inteiramente o efeito porque, se muitas vezes rezava, muitas vezes também deixava de o fazer, sendo a principal virtude da oração a perseverança. Não deixava de rezar Alexandra porque a pobreza a obrigasse a trabalhar todo o dia e parte da noite, porque era rica; nem porque lhe levasse todo o tempo o governo da casa e o cuidado dos filhos e da família, porque não era casada. Pois por que não rezava? Ainda o porquê era pior que o não rezar. Era muito prezada da gentileza, e o espelho e a janela eram as duas peças da casa que lhe ocupavam todas as horas do dia. O espelho para se ver e enfeitar, a janela para aparecer e ser vista. Se ela entendera bem a devoção do Rosário, soubera que em cada um de seus mistérios nos deixou Cristo um espelho. "Fizestes, Senhor, de vosso corpo o espelho de minha alma" — dizia aquele grande Bispo de Óstia, o devotíssimo Drogo[19]. De seu sacratíssimo Corpo fez Cristo este espelho, não para o corpo, senão para a alma, no qual ela se vê tão desfigurada quantas são as figuras diversas em que o mesmo Senhor se nos representa em cada mistério do Rosário. Nos mistérios Gozosos se olha a alma para Cristo em um presépio: naquela pobreza está vendo a sua cobiça, naquela humildade a sua soberba, naquele desabrigo e desamparo a sua comodidade e o seu regalo. Nos mistérios Dolorosos se olha a alma para Cristo atado a uma coluna: naquela coluna está vendo a sua inconstância, naquelas cordas as suas liberdades, naquela desnudez as suas galas, naqueles cinco mil e tantos açoites, os milhares de seus pecados. Nos mistérios Gloriosos se olha a alma para Cristo subindo ao céu: naquela formosura está vendo a fealdade de seus vícios, naqueles resplendores as trevas da sua cegueira, naquela agilidade o peso de suas paixões e naquele entrar no céu o perigo de o perder para sempre. Se as vezes que Alexandra tomava o Rosário nas mãos se vira nestes espelhos, eu vos prometo que ela tratara mais de parecer bem a Deus que aos homens.

 Como esta louca mulher aparecia tanto, não faltaram homens tão loucos como ela que a passeavam e pretendiam. Foram os príncipes pretendentes dois mancebos nobres dos melhores da cidade, entre os quais cresceu a competência, e se atearam os ciúmes com tal fúria que determinaram resolver a contenda pelas armas; e assim se foram um dia desafiados ao campo. Tiram pelas espadas sós por sós, e depois de se baterem e ferirem, não como homens, mas como duas feras assanhadas, cansados já, e envoltos em sangue, retiraram-se ambos atrás, para se investirem com maior ímpeto; parte um para o outro, metem as espadas pelos mesmos fios, alcançam-se no mesmo tempo pelo peito esquerdo e caem ambos mortos. Sabido o caso e a causa, juntam-se os parentes para verem o que se devia fazer, e aconselhando-se mais com a dor que com a lei de Deus e com a razão, vão-se de tropel à casa de Alexandra, resolutos a vingarem na sua vida as mortes dos que por amor dela a tinham perdido. Lança-se a triste mulher a seus pés, pedindo-lhes que ao menos a deixem confessar; mas um deles, em que a cólera foi mais cruel e menos cristã, pega-lhe pelos cabelos, e bradando Alexandra: Virgem do Rosário, valei-me — com o mesmo golpe lhe cortou a cabeça e as palavras que ia pronunciando. Havia no pátio da casa um poço e, lançada nele a cabeça, se saíram os matadores, tomando cada um o caminho que melhor lhe pareceu para escapar à justiça. Nós, que faremos?

 Paremos um pouco à vista deste lastimoso espetáculo, e consideremos quão cego, quão precipitado e quão horrendo vício é o da sensualidade, e quão grandes danos são os que causa em uma república uma mulher pouco honesta. Se se pegasse o fogo àquela cidade, raro podia ser o incêndio que levasse tantas casas como este levou. Levou a casa da mesma Alexandra, levou as casas dos dois competidores, que morreram no desafio, levou as casas de todos os parentes, que por vingar sua morte se desterraram para sempre das suas. A tantos levou este raio, não do céu, mas do inferno. E se bem advertirmos, acharemos que a que menos mal livrou foi a mesma Alexandra. Os seus matadores, ainda que escaparam as vidas, perderam a pátria, perderam o descanso de suas casas, e, sobretudo, perderam a graça de Deus, que é o maior de todos os bens, cometendo aquele grande pecado. Os dois competidores perderam a vida, porque se mataram; perderam a alma, porque morreram subitamente em pecado atual, e ainda os miseráveis corpos incorrendo as penas do duelo, perderam a sepultura eclesiástica e, como excomungados, foram sepultados no campo, entre os brutos. Alexandra, ainda que perdeu a vida, porque a degolaram, só ela naquele fracasso não cometeu pecado algum, que é o que mais importa, antes pediu confissão para eles, posto que a não alcançou, que é assaz grande mal.

    Estava ausente S. Domingos nesta ocasião, mas de lá viu toda aquela tragédia, porque Deus lha revelou com todas suas circunstâncias. Daí a alguns tempos veio à mesma cidade, perguntou pela casa de Alexandra, e a novidade da pergunta e a memória do caso passado fez que fosse após o santo muito mais gente da que por toda a parte o acompanhava e seguia. Entra no pátio da casa, chega ao poço e, inclinando-se para baixo, começa a bradar: Alexandra? Alexandra? Acudiram todos os que puderam a ver o eco que faziam na profundidade do poço aquelas vozes e a resposta que de lá lhe davam, quando veem subir pelo ar uma cabeça com os cabelos estendidos, os olhos abertos, a cor do rosto muito viva, e chegando mais perto reconheceram todos ser a cabeça de Alexandra. Nesta prodigiosa forma, posta sobre o bocal do poço, começou a falar, e a primeira coisa que disse foi: — Pai Frei Domingos, ouça-me vossa reverência de confissão, que a isso venho. — Não se pôs de joelhos, nem bateu nos peitos a penitente, porque não tinha mãos nem pés; mas como tinha olhos, chorava muitas lágrimas, e como tinha língua, confessou muito miúda e muito declaradamente todos os pecados de sua vida. Acabada a confissão geral e recebida a absolvição, mandou recado S. Domingos à paróquia, que trouxessem o Santíssimo Sacramento; e veio ao poço de Alexandra aquele Senhor que no poço de Sicar tinha convertido a Samaritana, para matar em ambas a sede que tem de nossas almas. Não morreu logo Alexandra — se assim se pode chamar a que da garganta para baixo estava convertida em cinzas — porque quis Deus que, para admiração de sua onipotência e exemplo daquele povo, estivesse assim dois dias, vendo-a e ouvindo-a todos.

    Perguntada o que lhe sucedera quando a degolaram, respondeu que a Virgem Santíssima, em prêmio dos Rosários que rezava, posto que tão imperfeitamente e não continuados, lhe fizera dois estranhos e milagrosos favores: o primeiro, que para não ir ao inferno, como por seus pecados merecia, lhe alcançara um ato de contrição; o segundo que, apartando-se a alma do corpo, não morresse de todo, e se conservasse na cabeça e na língua, para se poder confessar. Finalmente, que pela vaidade e incontinência de sua má vida, e pelos escândalos e males que com ela tinha causado, estava condenada a duzentos anos de Purgatório; porém, que pela graça dos sacramentos que tinha recebido, e pelos sufrágios que pedia, principalmente aos confrades do Rosário, esperava que aquela sentença da Divina Justiça se moderasse, e as penas lhe fossem diminuídas. Ditas estas coisas, e outras de grande edificação e espanto, cerrou os olhos, emudeceu a língua, perdeu as cores e acabou de morrer a venturosa Alexandra. Dali foi levada a prodigiosa cabeça com extraordinária pompa, e mais como em triunfo que como enterro, a ajuntar-se com o corpo no mesmo lugar onde trágica e lastimosamente fora sepultado. Fizeram-se muitos sufrágios em toda a cidade, e ao cabo de quinze dias — número sagrado nos mistérios do Rosário — apareceu a alma de Alexandra vestida de glória a S. Domingos, dando-lhe as graças de lhe haver ensinado aquele soberano meio que na vida, na morte, e depois da morte tinha sido a causa de todas as suas felicidades, e agora o era da eterna, para onde, tomando-a pela mão, a levou consigo a mesma Virgem Santíssima.

    Assim exercitou a Senhora do Rosário neste caso — como em outros — a potestade das suas chaves sobre a morte e sobre o inferno: "As chaves da morte e do inferno". Sobre a morte, fazendo que Alexandra degolada, e com o corpo já sepultado, se conservasse viva; sobre o inferno, impedindo com a mesma vida, e com a graça da contrição e dos sacramentos, que não fosse condenada ao inferno, como seus pecados mereciam. Esta potestade pontifical, e estas chaves sim, que não são como as de Pedro, senão como as de Cristo. As chaves de Pedro só têm jurisdição sobre a terra: "Tudo o que desatares sobre a terra; tudo o que ligares sobre a terra" (Mt 16,19); porém as da Senhora do Rosário, não só sobre a terra, senão debaixo da terra. Debaixo da terra, nas partes vizinhas a nós, onde se abrem e cerram as sepulturas, que são os cárceres da morte: "as chaves da morte"; e debaixo da terra, nas partes mais inferiores e remotas do centro dela, onde penam eternamente os condenados, que são os cárceres do inferno: "as chaves do inferno".

A potestade que Deus deu ao sol: "O sol para presidir ao dia" (Sl 135,8), tem duas jurisdições: a da luz e a do calor; mas a do calor muito maior que a da luz, porque a da luz para na superfície da terra, onde alumia os homens; a do calor penetra as entranhas e centro da mesma terra, onde gera, purifica e enriquece os metais. Essa é a energia com que disse elegantemente Davi, falando do mesmo sol: "Não há quem se esconda do seu calor" (Sl 18,7). — Parece que não havia de ser do seu calor, senão da sua luz, porque a luz é a que descobre tudo. Mas diz nomeadamente do seu calor, distinguindo-o da luz, porque tudo o que está debaixo da terra esconde-se à luz do sol, porém ao seu calor nenhuma coisa se pode esconder, por mais que a esconda e cubra a terra. Lá se estende a sua eficácia, lá penetra, lá obra maravilhosos efeitos. Tais, diz S. Bernardo, são os poderes da Virgem Santíssima: "Seus raios iluminam todo o universo, e o seu esplendor brilha nas Alturas e penetra nos infernos, e não há quem se esconda de seu calor"[20]. Não há, nem sobre a terra, nem debaixo da terra, quem se possa esconder a este soberano sol, porque, se com os raios de sua luz alumia todas as partes superiores da terra, com a eficácia de seu calor penetra até os infernos: "Brilha nas Alturas e penetra nos infernos". É verdade que o profeta, quando disse: "E não há quem se esconda de seu calor", falou literalmente de Cristo; mas por isso mesmo pertencem os mesmos efeitos e os mesmos poderes à Mãe, de quem é Filho. Porque se Cristo, por ser ungido em supremo Rei, lhe comunicou a dignidade real, também por ser ungido em Pontífice Sumo, lhe havia de comunicar a pontifical. Pontifical no nome, pontifical nas insígnias, pontifical nos poderes, como deixamos provado; e não por outra razão nem por outro título, senão por nascer da mesma Senhora o mesmo Jesus, que se chama Cristo: "Da qual nasceu Jesus, que se chama o Cristo".

§ VIII

De tudo o que fica dito neste largo discurso, só tiro dois documentos contrários aos que se costumam tirar de todos os sermões. Nos outros sermões exortam os pregadores a imitação dos exemplos que têm pregado. Eu, o que vos peço, é que de nenhum modo os imiteis. Pode ser que esteja neste auditório e me ouvisse alguma alma de tão pouco juízo, ou algum juízo de tão pouca alma, que com o exemplo de Alexandra diante dos olhos fizesse uma resolução. Ora, eu de hoje por diante quero rezar o Rosário, ao menos algumas vezes, e sobre esta carta de seguro viver muito a meu gosto e a meus gostos, como ela vivia; porque quando o mal seja muito, aí está a Virgem do Rosário, que na hora da morte me não faltará com um ato de contrição. Deus nos livre de tal discurso e de tal exemplo, porque assim como o do Bom Ladrão tem levado muitos ao inferno, assim o fará o de Alexandra. O fruto que devemos tirar da sua vida e da sua felicidade são dois conhecimentos, um de temor, outro de estimação: conhecer e temer o vício da sensualidade, conhecer e estimar a devoção do Rosário. É tão grande mal o vício da sensualidade que todos os bens tirou a Alexandra, e é tão grande bem a devoção do Rosário que todos os bens lhe tornou a restituir e todos os males lhe remediou. Tirou-lhe todos os bens a sensualidade porque lhe tirou a honra, infamando-a em toda a cidade; tirou-lhe a vida, sendo causa de que lhe cortassem a cabeça; tirou-lhe a consciência, porque a trouxe enredada e perdida em tantos vícios; e quase lhe tirou e condenou a alma, porque a teve pendente de um fio tão delgado como é um ato de contrição no instante da morte, e esse por milagre. Isto fez a sensualidade. E a devoção do Rosário, que fez? De todos estes males a livrou e todos estes bens lhe restituiu. Restituiu-lhe a honra, porque de infame a fez famosa em todo o mundo; restituiu-lhe a vida, porque com a cabeça cortada lhe conservou a alma naquela tão pequena parte do corpo; restituiu-lhe a consciência, porque naquele último instante, em que é tão dificultoso, lhe deu a graça pela contrição e, depois de morta, pelos Sacramentos; e, finalmente, restituiu-lhe a alma porque, caminhando direita ao inferno por seus pecados, por meios tão extraordinários e milagrosos a levou à bem-aventurança, que está gozando e gozará por toda a eternidade. Mas porque uma felicidade destas mais é para admirar que para esperar, rezar o Rosário sim, e melhor do que Alexandra o rezava, mas guardar de viver como ela.

O segundo exemplo é o bispo presumido, que perseguia a S. Domingos e desprezava os sermões do Rosário. Se o mesmo fizerdes a estes meus, eu vos perdoo; e se algum deles vos persuadir a ser devotos do Rosário, que é o fim para que os escrevo, a Deus e a vós darei muitas graças, e haverei o trabalho por bem empregado. O documento que só tiro deste exemplo, é que vos guardeis de que o vosso entendimento ou a vossa presunção vos lance no rio, e que vos pergunteis a vós mesmos, se é melhor ir pelo rio ou pela ponte. Aquele rio largo, escuro, profundo e furioso é o mundo; os que se vão logo a pique, são os que morrem de morte súbita; os que andam aboiados em figuras disformes, são os que morreram em tempos passados, de que temos tão lastimosos exemplos; os que vão arrebatados da corrente dar nos penhascos, são os que morrem de mortes violentas e desastradas; os que se deixam levar das águas, são os que vivem neste mundo sem consideração do outro, e no fim da vida se acham perdidos; os que, finalmente, chegam à ribeira vivos, são poucos, e todos despidos: poucos, porque são raros destes os que se salvam; e despidos porque de tudo quanto cá se adquiriu com tanto trabalho, com tanto desvelo e com tantos perigos da alma, tudo cá fica, e nenhuma coisa se leva, senão os encargos. Vede agora se é melhor nadar forcejando sempre, quando não seja naufragar neste rio, ou caminhar descansado por cima da ponte com toda a segurança que nos promete o ser obra daquela poderosíssima e riquíssima Senhora que, para Deus remir e salvar o mundo, lhe deu todo o preço e cabedal, tirando-o das mesmas piedosíssimas entranhas com que sumamente deseja nos salvemos todos. Só por ser obra da Virgem Maria e lhe dar gosto devêramos ser muito devotos do seu Rosário, quanto mais que não só devemos esta contínua memória aos mistérios que nele se representam, sob pena de sermos ingratíssimos a Deus e a sua Mãe, mas pondo somente os olhos na nossa necessidade e no nosso perigo, nenhum outro meio podemos tomar mais seguro em uma passagem forçosa e tão incerta, como desta para a outra vida. Entremos, pois, sem temor e com grande confiança por esta firmíssima ponte do Rosário: sem temor, porque as torres de que está fortificada, nos defenderão de todos nossos inimigos; e com grande confiança, porque no fim dela está com as portas abertas o formosíssimo palácio da Rainha da Glória, de cuja soberana mão, se perseverarmos, receberemos a coroa de rosas, que é o caráter, o penhor e o salvoconduto com que, sem dúvida, seremos admitidos ao paraíso interior das delícias, onde Deus se deixa ver e gozar, e nós o veremos e gozaremos por toda a eternidade.

FIM

SERMÃO

XIX

Com o Santíssimo Sacramento exposto.

∾

"Bem-aventurado o ventre
que te trouxe."
(Lc 11,27)

Vieira parte da definição de Sacramento como sinal visível da graça invisível para reunir, sob esse conceito, três realidades presentes na celebração: a Eucaristia exposta (Sacramento do altar), o ventre virginal de Maria (Sacramento do evangelho) e o tema de fundo desses sermões (Sacramento do Rosário). Ele os combinará e comparará entre si. Primeiro, o Sacramento do altar com o Sacramento do ventre virginal, em maior louvor do Sacramento do altar. O ventre da Virgem compreendeu mediatamente toda a divindade porque o corpo de Cristo compreende imediatamente toda a divindade. No entanto, as diferenças e as vantagens do Sacramento do altar são muitas: ele não só está todo em todo, e todo em qualquer parte, mas em qualquer parte todo e totalmente. E ainda no altar, adorado e ofendido, e no ventre da Mãe, sempre beatificado. Segundo, o Sacramento do Rosário com o Sacramento do altar, em maior louvor do Sacramento do Rosário. Começa pelas semelhanças, encarecendo as orações do Pai-Nosso e da Ave-Maria, e acaba pelas diferenças, donde se podem coligir as vantagens. Bem-aventurada no Sacramento do Rosário, pois o instituiu com tal forma, que ele é a reformação do mundo.

§ I

Encerrado e desencerrado temos hoje a Cristo, Senhor e Redentor nosso, no altar e no Evangelho. Desencerrado no altar, porque naquele trono de majestade o temos exposto a nossos olhos; e encerrado no Evangelho, porque ali se nos representa encerrado dentro do sacrário virginal do ventre beatíssimo: "Bem-aventurado o ventre que te trouxe" (Lc 11,27). E bastam estes dois Sacramentos para declarar os mistérios e desfazer os encontros de toda a presente solenidade? Não bastam. Antes, os mesmos dois Sacramentos se ordenam hoje a outro terceiro Sacramento, que é o Rosário santíssimo da Virgem Senhora nossa, primeiro e principal argumento de toda a presente ação, e tão grande como dificultoso assunto dela. De maneira que três são os Sacramentos que concorrem neste dia, e em todos três a mesma divindade e humanidade de Cristo diversamente sacramentada. O Sacramento do altar, o Sacramento do Evangelho, o Sacramento do Rosário. E porque não faça dúvida nestes dois últimos o nome que lhes dou de Sacramento, não sendo algum dos sete, vede com quanta propriedade lhe quadra a definição de Sacramento?

O Sacramento em comum — com mais declarada definição do que o tinha definido Santo Agostinho, e o definiu depois dele Santo Tomás — é "um sinal visível da graça invisível"[1], ou um sinal que se vê da graça que se não vê. Daqui se segue que, assim o Sacramento do Evangelho como o do Rosário, não só tem grande semelhança com qualquer outro Sacramento, senão maior ainda com o maior de todos, que é o Santíssimo Sacramento do altar. Sendo todos os Sacramentos santos, qual é a razão por que o Sacramento do altar se chama santíssimo? A razão é porque os outros Sacramentos, debaixo, da matéria visível, só significam a graça santificante, que causam invisivelmente; porém o Sacramento do altar não só significa a graça santificante que causa, senão também o mesmo Santificador e Autor da graça, que é Cristo, o qual este Sacramento encerra dentro em si oculto e invisível debaixo dos acidentes que vemos. E tudo isto é o que causam e contêm — cada um por seu modo — assim o Sacramento do Evangelho como o Sacramento do Rosário.

Qual é o Sacramento do Evangelho? "Bem-aventurado o ventre que te trouxe." É o ventre puríssimo da Virgem Maria, enquanto trouxe dentro em si o Verbo Eterno encarnado. Que este sinal fosse visível, bem o demonstraram as dúvidas ou admirações de S. José. E que além da graça santificante da Senhora significasse invisivelmente o mesmo Filho de Deus, Cristo, concedido por virtude do Espírito Santo e trazido em suas entranhas, bem o ensinou o anjo ao mesmo S. José, quando depois lhe revelou e declarou o mistério: "Porque o que nela se gerou é obra do Espírito Santo" (Mt 1,20). Eis aqui como o Sacramento do Evangelho em tudo é parecido ao Sacramento do altar.

E o Sacramento do Rosário? Também, e pelo mesmo modo. O Rosário que trazeis nas mãos — vede quão puras devem ser — é o sinal visível deste Sacramento. O efeito invisível é a graça santificante que, por meio do mesmo Rosário, alcançam os que digna e devotamente o rezam. E encerra mais alguma coisa dentro em si o mesmo Rosário? Encerra tudo o que encerra o Sacramento do altar, e encerra tudo o que encerrou o ventre da Virgem, e ainda encerra mais: porque não só encerra, como o ventre virginal, a Cristo enquanto encarnado, nem só, como o Sacramento do altar, a Cristo enquanto morto, senão ao mesmo Cristo enquanto encarnado, enquanto morto, enquanto ressuscitado, e em todos os outros mistérios Gozosos, Dolorosos e Gloriosos do mesmo Cristo.

Assentados, pois, assim estes três Sacramentos, o que farei em dois discursos será combinar e comparar entre si os mesmos Sacramentos. No primeiro, compararei o Sacramento do altar com o Sacramento do ventre virginal, em maior louvor do Sacramento do altar. No segundo, compararei o Sacramento do Rosário com o Sacramento do altar, em maior louvor do Sacramento do Rosário. Como em todos três é interessada a Senhora, não em parte, mas em tudo, não nos pode faltar com sua graça. *Ave Maria etc.*

§ II

"Bem-aventurado o ventre que te trouxe." Com razão reparou nestas palavras o Cardeal Hugo, na púrpura e na pena igualmente eminentíssimo, e pergunta assim: "Esta mulher do Evangelho, por cuja boca falou o Espírito Santo, por que não disse bem-aventurada a Mãe, senão bem-aventurado o ventre?"[2]. — Isaías, quando profetizou este mistério inaudito, atribuiu a novidade e maravilha dele à conceição e ao parto da Virgem: "Eis que uma virgem conceberá, e dará à luz um filho" (Is 7,14). O anjo, quando trouxe a embaixada à Senhora, falou pelos mesmos termos: "Eis que conceberás, e darás a luz" (Lc 1,31). Pois, se esta oradora humilde, que tão alto levantou a voz, queria louvar o Filho pela Mãe, e o ser Mãe consiste em gerar, conceber e parir o Filho, por que cala a conceição e o parto, e o mesmo nome da maternidade, e só louva, aprega e canoniza por "bem-aventurado o ventre que o trouxe em si"? Não fora esta mulher figura da Igreja Católica, como bem notou o Venerável Beda: "Desempenhou a figura da Igreja Católica"[3] — se não falara assim. O que muito e muitas vezes pondera a Igreja no altíssimo mistério da Encarnação do Verbo, é a capacidade imensa do ventre sacratíssimo de Maria. Tão capaz, que "coube nele o que não cabe no céu"; tão capaz, "que coube nele o que não cabe em todo o mundo"; tão capaz, que coube nele o mesmo Filho de Deus, tão imenso e infinito como seu próprio Pai: "Bem-aventurada as entranhas de Maria, que trouxeram o Filho do Pai Eterno". Fazer-se Deus homem foi o maior invento do seu amor; nascer de uma Virgem foi o maior decoro de sua soberania; caber no ventre de uma mulher foi o maior portento de sua imensidade: "Bem-aventurado o ventre que te trouxe".

Aquela palavra "bem-aventurado" é a que só penetrou o profundo e encareceu o sublime, e pôde dar o justo peso às outras. Três mulheres chamaram bem-aventurada à Senhora neste mesmo mistério, e por ele. A mulher do nosso Evangelho: "Bem-aventurado o ventre que te trouxe"; Santa Isabel, alumiada com espírito de profecia: "Bem-aventurada tu, que creste" (Lc 1,45); e a mesma Virgem Santíssima no seu Cântico: "Todas as gerações me chamarão bem-aventurada" (Lc 1,48). E sendo uma destas três mulheres a mesma bendita entre todas as mulheres, a que mais encareceu o mistério é a autora do nosso texto. Vede se tenho razão? O que noto nestas três bem-aventuranças, com que a Senhora foi chamada e se chamou bem-aventurada, é que nenhuma delas se parece com a bem-aventurança do céu. Santa Isabel chamou bem-aventurada à Virgem Maria pela fé com que creu o que lhe disse o anjo: "Bem-aventurada tu, que creste"; e no céu não há fé. A mesma Virgem chama-se bem-aventurada, porque Deus pôs nela os olhos: "Porque olhou a pequenez de sua serva, por isso de hoje em diante me chamarão bem-aventurada" (Lc 1,48): e a bem-aventurança do céu não consiste em Deus ver o bem-aventurado, senão em o bem-aventurado ver a Deus. Finalmente, a mulher do Evangelho chamou bem-aventurado o ventre da Senhora, porque foi capaz de ter e trazer a Deus dentro em si: "Bem-aventurado o ventre que te trouxe"; e esta bem-aventurança também se não acha no céu, ainda que no número dos bem-aventurados entre a mesma Mãe de Deus. E por quê? Porque Deus, por sua infinita essência, é incompreensível a todo o entendimento e conhecimento criado. E posto que o entendimento da Senhora, ilustrado com lume da glória, excessivamente maior que o de todos os bem-aventurados, veja mais em Deus que todos os anjos e santos, não só divididos, mas juntos, contudo, não compreende nem pode compreender a Deus. E daqui se segue que o ventre da Virgem, no seu gênero, é mais bem-aventurado que o entendimento da mesma Virgem: "Bem-aventurado o ventre que te trouxe", porque o seu entendimento não compreende a Deus, e o seu ventre sim.

Entre agora a autoridade, e a maior autoridade, sem a qual todo este discurso ficaria duvidoso e vacilante. Santo Epifânio, com apóstrofe ao ventre virginal, exclama assim: "Ó ventre puríssimo de Maria, maior e mais capaz que o céu, pois a Deus, que é incompreensível, verdadeiramente o compreendeste e trouxestes dentro em ti!"[4]. — Note-se muito aquela grande palavra: "Verdadeiramente o compreendeste". E Santo Atanásio, insigne coluna da fé e doutor da Igreja, falando com a Senhora: "Ave cheia de graça, esplêndido céu, que contens o Deus incompreensível dentro de ti mesma, num lugar tão estreito"[5]. Deus vos salve cheia de graça, novo céu e mais resplandecente, que contendes e abreviais a Deus incompreensível dentro em vós mesma; e o que é mais, em um lugar tão estreito como o de vosso sacratíssimo ventre. — E S. Metódio, ainda mais antigo que ambos, encarecendo a capacidade imensa do mesmo ventre: "Vós sois, ó ventre puríssimo, o que só pudestes limitar o que não tem limite; vós sois a compreensão do que tudo compreende"[6]. — Finalmente, para que a tão grandes autoridades ajuntemos e ponhamos o selo com outra maior, o mesmo diz, e com a mesma e maior admiração, o Concílio Efesino: "Quem viu, ou quem ouviu jamais tal coisa?". — "Deus que não tem limites habita o útero e aquele que os céus não abarcam o ventre da Virgem o abraçou."[7] Deus, que não cabe nos céus, cabe no ventre de uma Virgem; e o que é imenso e incompreensível, o mesmo ventre o abraça e compreende. — E como o ventre virginal de Maria compreendeu a Deus, cuja infinita grandeza não pode compreender entendimento algum criado, nem ainda o da mesma Virgem, com razão a oradora do Evangelho, como oráculo do Espírito Santo, e voz de toda a Igreja Católica, o que louva, o que apregoa, o que canoniza como singularmente bem-aventurado, não é o entendimento com que a Senhora vê a Deus, senão o ventre, em que o compreendeu e trouxe dentro em si: "Bem-aventurado o ventre que te trouxe".

Um só entendimento há que compreenda o que compreendeu o ventre de Maria. E qual é? Porventura o de Cristo enquanto homem? Nem esse. Oh! grande grandeza também incompreensível do sacrário virginal deste segundo Sacramento! Por isso os Padres e concílios — se bem advertistes — todos se declaram por exclamações de admiração, de assombro, de pasmo. O entendimento que só compreende o que compreendeu o ventre de Maria é o entendimento do Eterno

Pai. A maior grandeza da Virgem, em seu gênero infinita, é que o Eterno Pai e Maria sejam Pai e Mãe do mesmo Filho. E, assim como a mente do Pai gerando o Eterno Verbo, e comunicando-lhe o ser divino, compreende a todo Deus, assim o ventre da Mãe, gerando temporalmente a Cristo, e dando-lhe o ser humano, compreendeu dentro em si a mesma divindade toda. Mas, se o Pai deu ao Filho o ser divino, e a Mãe o ser humano, diga-se que a mente do Pai compreendeu a divindade, e o ventre da Mãe a humanidade e a divindade não? Antes por isso mesmo. Que se assim não fora, não fora a Senhora Mãe de Deus. A Virgem Maria não gerou a humanidade de Cristo com subsistência humana, como as outras mães geram os outros homens; mas, com subsistência divina, unida hipostaticamente à mesma humanidade, por meio da qual união o Filho, no instante em que foi concebido, ficou verdadeiro Deus e verdadeiro homem, e a Mãe, que deu o ser a tal homem, verdadeira Mãe de Deus. Pois assim como a mente do Pai, gerando o Verbo, compreendeu toda a divindade sua e do Filho, assim o ventre da Mãe, gerando o mesmo Filho, compreendeu toda a divindade, não sua, mas do Verbo.

Declare-nos esta altíssima teologia S. Paulo por termos que a possam entender bem ainda os que não são teólogos. Falando S. Paulo da divindade do Filho de Deus feito homem, diz que toda a enchente da divindade habita o corpo de Cristo: "Nele habita toda a plenitude da divindade corporalmente" (Cl 2,9). Habitar quer dizer estar com permanência, e deste modo esteve desde o instante da Encarnação, e está e há de estar para sempre a divindade em Cristo por virtude da união hipostática, que é de sua natureza união indissolúvel. E usou também o apóstolo da palavra habitar, porque como o que habita a casa está todo dentro na casa, e a casa o cerca e contém todo dentro em si, assim a divindade está toda dentro do corpo de Cristo, e o corpo de Cristo a cerca e compreende, não só toda, mas totalmente, que é outro e maior mistério que encerram as mesmas palavras. Para significar que toda a divindade está no corpo de Cristo, bastava dizer: "Nele habita toda a plenitude da divindade", porque "plenitude" quer dizer toda. Pois, por que não diz o apóstolo só "plenitude", senão "toda a plenitude", que vem a ser como se dissera: Toda a divindade toda, ou todo o todo da divindade? — Porque, para compreender a Deus, como definem os teólogos, não só basta conhecer ou conter a todo o Deus, senão todo e totalmente. E isto é o que quis significar o apóstolo, não só dizendo toda a divindade, senão todo o todo dela: "toda a plenitude", para mostrar que o corpo de Cristo contém e abraça dentro em si a divindade, não de qualquer modo, senão compreensivamente e por inteira compreensão: toda uma vez enquanto "plenitude", e toda outra vez enquanto "toda", e, por isso, toda e totalmente. Donde se seguem, em última conclusão dos nosso discurso, as duas consequências e semelhanças dele. A primeira, que o ventre da Virgem compreendeu toda a divindade, porque, se o corpo de Cristo compreende imediatamente toda a divindade, porque toda a divindade está no corpo de Cristo, também o ventre de Maria compreende mediatamente toda a divindade, porque todo o corpo de Cristo está no ventre de Maria. E assim como — que é a segunda consequência e paridade — assim como a mente do Pai compreende toda a divindade, porque na mente do Pai está todo Deus em espírito, assim o ventre de Maria compreende toda a divindade, porque no ventre de Maria está todo Deus em corpo. "Deus Verbo estava todo no corpo, todo no Deus Pai" disse, como eu o pudera ditar, S. Basílio de Selêucia[8]. E este é o grande mistério com que a voz do nosso texto não chama bem-aventurada a Mãe, senão bem-aventurado o ventre: "Bem-aventurado o ventre que te trouxe".

§ III

E se tudo — para que do Sacramento do Evangelho passemos ao Sacramento do Altar — se tudo o que compreende a mente do Pai compreendeu o ventre de Maria, porque teve dentro em si todo o corpo de Cristo: "Todo no corpo, todo no Pai", que menos podemos nós dizer do mesmo corpo de Cristo no Santíssimo Sacramento, instituído pelo amor e obrado pela onipotência, não só para o adorarmos no altar, mas para o recebermos dentro em nós mesmos? Que disse Cristo quando instituiu aquele diviníssimo mistério? "Recebei, e comei: este é o meu corpo" (Mt 26,36). — Todo na mente do Pai, todo no ventre da Virgem, e todo no peito dos que o recebem, e tão inteiramente "todo em todos como todo em cada um". Grande maravilha é que o Verbo Eterno, ao qual só compreende a mente do Pai, o compreendesse o ventre de uma Virgem; mas não é menor, antes igual maravilha, que esse mesmo Verbo, que está todo na mente do Pai e todo no ventre da Virgem, se receba e caiba também todo no peito do homem. Na mente do Pai todo o Verbo gerado, no ventre da Virgem todo o Verbo encarnado, no peito do homem todo o Verbo sacramentado. Mas isso mesmo é ser Verbo, disse excelentemente, declarando e estendendo o seu pensamento, o mesmo S. Basílio: "Como o Verbo descrito numa folha de papel está todo no papel e todo na mente que o concebe, e todo naqueles que leem ou ouvem isso, assim Deus Verbo, e muito mais perfeitamente, todo estava no corpo, todo em Deus Pai, todo no céu, todo na terra, todo em toda a criatura". Que é o Verbo Eterno? É a palavra divina. Pois assim como a mesma palavra está toda na mente de quem a concebe e gera, e toda no papel onde se escreve, e toda naqueles que a leem ou ouvem, assim o mesmo Verbo Divino está todo na mente do Pai, que o gerou, todo no ventre da Mãe, que o concebeu, todo naqueles acidentes brancos, onde se imprimiu, e todo no peito do homem, que o ouve pela fé e o recebe pelo Sacramento.

A proporção e a paridade não pode ser mais própria nem mais igual. Mas porque eu prometi de tal maneira comparar o Sacramento do Altar com o Sacramento do Evangelho, que seja em maior louvor do Sacramento do Altar, ouçamos agora as diferenças ou vantagens deste segundo Sacramento sobre o primeiro. E não peço licença à Virgem Santíssima para esta vantajosa comparação, pois tudo o que se disser do Santíssimo Sacramento do corpo e sangue de Cristo, é em dobrado louvor da mesma Senhora, da qual Cristo recebeu o mesmo corpo e sangue. Começando, pois, este segundo discurso por onde acabamos o primeiro, a primeira diferença ou vantagem do Sacramento do Altar sobre o Sacramento do Evangelho, é que no ventre sacratíssimo da Virgem de tal modo esteve todo o corpo de Cristo, que só estava todo em todo, mas não todo, senão parte em cada parte; porém no Sacramento do Altar não só está todo em todo, e todo em qualquer parte, como muitas vezes ouvistes, mas em qualquer parte está todo e todo totalmente, o que porventura não tendes ouvido.

Nenhum corpo há no mundo, ainda que seja tão grande como a terra e o céu, ou tão pequeno e tão mínimo como um átomo, que esteja todo em todo e todo em qualquer parte do mesmo todo. E a razão não é outra, senão porque é corpo. Estar todo em todo, e todo em qualquer parte, é propriedade só dos espíritos: e assim está em nós a nossa alma. Toda em todo o corpo, toda em um braço, toda em uma mão, toda em um dedo e toda na menor parte dele. Com esta semelhança se costuma explicar o modo com que o corpo de Cristo está na hóstia. E posto que seja um dos grandes milagres deste mistério, que sendo corpo esteja ali com propriedades de espírito, ainda a semelhança da alma diz muito menos do que na realidade é. A alma, ainda que está toda no braço, toda na mão e toda no dedo, se ao corpo lhe cortarem um dedo, não fica no dedo; se lhe cortarem a mão ou o braço, não fica na mão nem no braço. Pelo contrário, o corpo de Cristo de tal modo está todo na hóstia, que se a hóstia se partir pelo meio, ou em quatro partes, ou em cento, ou em mil, em qualquer parte, ou maior, ou menor, ou mínima, está todo o corpo de Cristo. E qual é a razão de tamanha diferença e maravilha? A razão é — como filosofa esquisitamente Teófilo — porque o corpo de Cristo em qualquer parte da hóstia está todo e totalmente, e a alma em qualquer parte do corpo, ainda que está toda, não está totalmente[9]. Mais claro. A alma está toda em qualquer parte do corpo, mas não por modo total, senão parcial, porque, se estivera em qualquer parte por modo total, estivera reduplicada e não uma só vez, senão muitas vezes no mesmo corpo; porém o corpo de Cristo, em qualquer parte da hóstia está todo, não por modo parcial, senão por modo total, e por isso está o mesmo corpo tantas vezes reduplicado na mesma hóstia quantas são as partes quase infinitas em que ela se pode dividir, e não só nas partes sensíveis, em que só se pode consagrar, mas também, depois de consagrada, até nas partes insensíveis. A alma de tal maneira está toda em qualquer parte do corpo que ou há de estar toda ou não há de estar; o corpo de Cristo de tal maneira está todo em qualquer parte da hóstia, que não pode deixar de estar nem de estar todo. Todo em toda, todo em qualquer parte e, dividida essa parte em mil partes, em todas todo.

Oh! milagre! Oh! prodígio! não sei, se maior da onipotência ou do amor! A maior inclinação do amor é dar ou dar-se todo, e a maior mortificação do mesmo amor é dar somente parte. Ponhamos três mesas à vista, para que se veja a soberania daquela. Assentado à mesa Elcana com toda a sua família, quando veio a repartir a porção que lhe coube do sacrifício que tinha oferecido no Templo, diz o texto sagrado que deu uma parte a Ana, mas desconsolado e triste, porque, amando-a muito, lhe dava uma só parte: "Deu uma só parte a Ana, triste, porque amava Ana" (1Rs 1,5). Assim se entristece e mortifica o amor quando dá parte a quem quisera dar tudo. Mas desta mortificação nenhum amor pode livrar, ainda quando o maior amor se ajunta com o maior poder. José era todo poderoso no Egito, e quando deu o banquete a seus irmãos, depois de reconhecidos, posto que amava mais que a todos a Benjamin, que fez com todo esse amor e com todo esse poder? Nota o mesmo texto sagrado que na repartição dos pratos, que ele fazia por sua própria mão, "a maior parte era a de Benjamin, e tanto maior que excedia a dos outros em cinco partes" (Gn 43,34). De sorte que podendo tudo José, e fazendo seu amor tudo o que podia nesta repartição, o que pôde dar a quem mais amava foi uma parte maior, mas a maioria e excesso dessa maior parte também foram partes: "A maior parte, em cinco partes". Não assim o divino amor e verdadeira onipotência de Cristo naquela sagrada mesa. Estando a ela o Senhor com seus discípulos, disse-lhes que tomassem o cálice, em que lhes deixava seu sangue, e o repartissem entre si: "Tomai-o, e distribuí-o entre vós" (Lc 22,17). E entre o "tomai" e o "distribuí", entre o tomar e repartir o cálice, e o mesmo é do pão depois de consagrado, houve alguma diferença? Muito grande e nunca vista, ainda na Teologia mais estreita. Quando tomaram o pão da mão de Cristo, estava o corpo de Cristo todo em todo; tanto que o repartiram entre si, estava todo em qualquer parte. O pão partia-se em partes, e o que estava debaixo do pão partia-se em todos ou em um só todo, porque todo o corpo de Cristo, e o mesmo, estava na parte que coube a cada um. Nem a parte de João — que era o Benjamin — foi maior parte, nem a dos outros menor, porque o todo estava tão inteiramente nas partes como no todo.

Esta foi a razão e proporção admirável por que na substância e acidentes do Sacramento uniu Cristo inseparavelmente o maior mistério sobrenatural com o maior mistério da natureza. É a composição do contínuo ou da quantidade em que toda a Filosofia até hoje mais soube pasmar que definir. Porque sendo próprio da quantidade o ser divisível, ou poder se dividir, de tal modo se compõe de partes qualquer quantidade que, por mais que se divida em infinito, em nenhuma parte se pode dividir tão pequena que essa mesma parte não seja divisível e se possa dividir em partes. E porque a propriedade da quantidade é poder-se sempre dividir, e a propriedade do amor é querer-se sempre dar todo, por isso mediu e proporcionou o Senhor o todo do seu corpo com as partes da quantidade da hóstia, para que assim como as partes se podem sempre dividir, assim o seu corpo se pudesse sempre multiplicar. A hóstia em qualquer parte sempre divisível em partes, e o corpo debaixo de qualquer parte sempre multiplicável em todo. Tanta é a diferença nesta só consideração com que o Sacramento do Altar, que foi a última obra do amor e onipotência divina, se exalta sobre a primeira, que foi o Sacramento do Evangelho. O mesmo corpo de Cristo que está naquela hóstia consagrada é o que esteve no sagrado ventre da Virgem Maria. Mas no ventre da Virgem esteve todo o corpo em todo, e parte em parte; porém na hóstia, não só está todo em todo, e todo em qualquer parte, mas em qualquer parte todo e totalmente. Todo e totalmente porque assim como qualquer parte da hóstia se pode dividir em infinito, assim o mesmo corpo do Senhor, quantas forem mais e mais as partes divididas, tanto estará mais e mais todo em todas. E todo, e totalmente, por modo ainda mais sublime e admirável, porque ainda que as partes se não dividam, basta somente serem divisíveis em si para que em todas, por mais que sejam infinitas, esteja todo.

§ IV

Infinito seria também o nosso discurso, se houvéssemos de ponderar uma por uma as outras diferenças gloriosas de um a outro Sacramento. Mas, porque nem a brevidade do tempo permite a ponderação, nem a necessidade da matéria se satisfaz com o silêncio, contentar-me-ei somente com as apontar. No ventre da Virgem entrou Cristo uma só vez; no Sacramento entra em nós todos os dias: "Todas as vezes que fizerdes isto"[10]. No ventre da Virgem esteve só nove meses; no Sacramento há mil e seiscentos anos que está conosco, e há de estar até o fim do mundo: "E eu estou convosco, até a consumação dos séculos" (Mt 28,20). No ventre da virgem esteve em Nazaré nas montanhas, e poucas horas em Belém; no Sacramento está em todas as partes do mundo, sem exceção de lugar: "Onde quer que estiver o corpo" (Lc 17,37). No ventre da Virgem crescia o corpo de Cristo, mas até aquele limite somente em que tão pequeno ou tão pequenino nasceu: no Sacramento não cresce, nem pode crescer, porque está ali na idade, na grandeza e na estatura de varão perfeito: "Segundo a medida da idade da plenitude de Cristo" (Ef 4,13). No ventre da Virgem estava o Filho na Mãe, mas a Mãe não estava no Filho; no Sacramento o mesmo Cristo está em nós e nós nele: "Permanece em mim, e eu nele" (Jo 6,57). No ventre da Virgem alimentava-se o Filho dos comeres naturais de que se sustentava a Senhora; no Sacramento o mesmo Senhor é o nosso alimento e o nosso sustento: "O que come a minha carne e bebe o meu sangue" (Jo 6,57). No ventre da Virgem esteve Cristo em carne mortal: no Sacramento, e em nós, está em corpo imortal e glorioso: "Este é o pão que desceu do céu" (Jo 6,59). No ventre da Virgem recebeu Cristo de sua Mãe a vida temporal; no Sacramento recebemos nós dele a vida eterna: "O que come deste pão viverá eternamente" (Jo 6,59).

Em cada uma destas diferenças havia muito que dizer, muito que encarecer, muito que admirar; mas como ainda não chegamos à maior e mais estupenda de todas, nela só me deterei mais um pouco. E que diferença é esta, digna de tão particular admiração e reparo? É que no ventre da Virgem esteve o Filho de Deus onde nunca entrou pecado, e no Santíssimo Sacramento, quando entra no peito dos homens, não só está em pecadores, mas muitas vezes entre os mesmos pecados. Só quem compreender as delícias sobre-humanas que o segundo Adão gozava no Paraíso sempre inocente do grêmio virginal, poderá de algum modo conjeturar, ou desta diferença as distâncias, ou de tal fineza os extremos. Ponhamo-nos no Paraíso terreal, e reparemos no que não vi reparar até agora. Depois de dizer a Escritura que "Deus tinha plantado por sua mão um Paraíso de delícias, no qual pôs o homem" (Gn 2,8), diz que "do lugar das delícias saía um rio para regar o paraíso" (Gn 2,10). Logo, se do lugar das delícias saía um rio para regar o Paraíso, segue-se que o paraíso chamado das delícias não tinha as delícias — ao menos as maiores — em toda a parte, senão em um só lugar, o qual própria e particularmente se chamava "o lugar das delícias". Suposta, pois, esta distinção e diferença tão expressa no texto, saibamos agora que lugar das delícias era este, o qual dava o nome a todo o Paraíso, e do qual saía o rio que o regava. S. Pedro Damião, alegorizando o passo, diz que o lugar das delícias do Paraíso da terra é o ventre puríssimo da Virgem Maria, na qual Deus não só depositou, mas acumulou todas as suas delícias, e o prova com outro texto da boca do mesmo Deus: "Entendo o lugar de delícias como o ventre de Maria, no qual o Senhor cumulou todas as delícias das delícias, sobre essas delícias o Espírito Santo exclamou com admiração nos Cantares: Quem é esta que sobe do deserto com abundância de delícias?"[11]. O paraíso das delícias do homem era o paraíso de Adão, que pecou; mas as delícias das delícias de Deus, e o "lugar delas", era o ventre de Maria, em que nunca houve pecado.

Já temos qual é o lugar das delícias. E o rio que dele saía: "Saía um rio para regar o paraíso" — qual é? Esta segunda dúvida nos obriga a sair da terra ao céu, e de um paraíso a outro paraíso, e de um ventre sacratíssimo a outro mais alto e mais divino. Ouvi ao mesmo Santo: "Este rio é o meu Senhor Jesus, que sai de dois lugares de delícias, do seio do Pai e do ventre da virgem". O rio que saía do lugar das delícias é o Filho de Deus e de Maria, Cristo Jesus, Senhor e Redentor nosso, o qual não uma só vez, senão duas, saiu do lugar das suas delícias, no paraíso do céu, quando "saiu do seio do Pai", no paraíso da terra, quando saiu do "ventre da Virgem". De sorte que o Verbo Eterno, quando saiu do seio do Pai, saiu do lugar das suas delícias no céu, e quando entrou no ventre da Virgem, entrou no lugar das suas delícias na terra, e a fineza que fez por nós não esteve no entrar, esteve no sair: "O rio saía do lugar de delícias". Como na Virgem Maria não havia nem houve nunca pecado, antes a suma perfeição de todas as virtudes, enquanto Cristo esteve no ventre de sua Mãe, ali tinha e gozava todas as suas delícias; tanto assim que, se não fora por agradar e obedecer a seu Pai, nunca dali saíra, como ele mesmo disse pelo profeta: "Vós, Pai meu, sois o que só me pudestes extrair do ventre de minha Mãe" (Sl 21,10) e me tirastes dele quase por força, que isso quer dizer "extraístes", ou, como tresladaTertuliano: "arrancastes". Assim que o maior sacrifício que Cristo fez a seu Eterno Pai nascendo, foi o mesmo nascer, porque foi sair do centro do seu amor, do seu desejo, do seu descanso, das suas delícias.

Destas delícias, que Cristo gozava no ventre santíssimo de sua Mãe, se vê bem a diferença da fineza com que no Santíssimo Sacramento do altar se sujeita a entrar no peito dos homens. Lá estava a fineza no sair, cá está no entrar. O fim porque Cristo se deixou no Sacramento foi para regar e fecundar nossas almas com os influxos de seu Corpo e sangue, como rio nascido da fonte de toda a graça, que é a divindade: "E o rio saía para irrigar o paraíso" (Gn 2,10). As almas puras e santas, que não só vivem em fé, mas em perfeita caridade, tão raras na corrupção e abusos da vida, que se costuma, essas são as plantas do paraíso, que ele rega e santifica com tanto fruto como gosto. Mas não para aí. "Daí se divide em quatro partes" (Gn 2,10) — acrescenta o mesmo Texto — e dali se divide, como em cruz, para as quatro partes do mundo, onde sucede àquele sagrado pão o que ao do semeador do Evangelho, que um cai nas pedras, onde se seca, outro nas espinhas, onde se afoga, outro nas estradas, onde o pisam, e pouco em terra boa, onde frutifique. Por isso com grande mistério sai e se divide em cruz, porque sai, como diz S. Paulo, para ser outra vez crucificado e afrontado: "Crucificam de novo ao Filho de Deus em si mesmos, e o expõem ao ludíbrio" (Hb 6,6).

Isto é o que padece Cristo sacramentado — posto que glorioso e impassível — nas consciências de todos os que o recebem, ou totalmente impenitentes em pecados manifestos, ou com falsa contrição e fingido ou corado arrependimento, que são os que mais ordinariamente se enganam ou querem enganar a si mesmos, mas não enganam a Deus. E nestas almas sem alma — como a de Judas — não duvidaram a dizer Santo Anselmo, S. Pascásio, S. Cipriano e Santo Agostinho que padece mais Cristo no Sacramento do que padeceu na cruz. "Mais pecam" — diz Santo Agostinho[12] — "aqueles que entregam Cristo aos membros pecadores, do que aqueles que o entregaram aos judeus crucificadores." E a razão é porque os judeus crucificaram a Cristo em um madeiro inocente, e os que o recebem em pecado crucificam-no em si mesmos, como notou o apóstolo: "Crucificam em si mesmos o Filho de Deus". Aquela cruz, porque era cruz sem pecado, era muito mais leve para Cristo; mas esta, junta com os pecados dos que o crucificam em si mesmos, é muito mais pesada, muito mais cruel, muito mais insuportável. Assim o ponderou o mesmo Cristo na mesma hora em que deu os primeiros passos para a cruz: "É chegada a hora em que o Filho do homem será entregue nas mãos dos pecadores" (Mt 26,45). — Dos pecadores, disse, e não dos algozes nem dos tiranos, porque maior horror lhe fazia nas mãos dos que o crucificaram a circunstância dos pecados que a tolerância dos tormentos. Deixo as injúrias e blasfêmias com que a fé do diviníssimo Sacramento é negada dos hereges; nem falo nas violências e desacatos atrozes das mãos ímpias e sacrílegas com que aquele *Sancta Sanctorum* [Santo dos Santos] da Divindade tem sido tantas vezes profanado, porque, para prova da vantagem que buscamos, basta a diferença de dizer com pecados ou sem pecado. Assim, como uma alma em pecado é o inferno do inferno, assim o ventre virginal, onde nunca houve pecado, era o paraíso do paraíso. Logo, não só foi maior fineza sujeitar-se Cristo no Sacramento a entrar no peito dos pecadores, mas essa só foi a fineza, porque encerrar-se no ventre da Mãe sempre santíssima não foi fineza, senão delícia. No Sacramento do Altar, adorado, mas ofendido: no Sacramento do ventre da Mãe, ele e o mesmo ventre sempre beatificado: "Bem-aventurado o ventre que te trouxe".

§ V

Comparado com tanta vantagem o Sacramento do Altar com o Sacramento do Evangelho, resta comparar o Sacramento do Rosário com o Sacramento do Altar, comparação em que a vantagem parece dificultosa. Mas como é obra em que o Filho de Deus pôs a matéria, e a Mãe de Deus deu a forma, não será impossível. Comecemos pela semelhança, que é o fundamento da comparação, e acabaremos pelas diferenças, donde se poderá coligir a vantagem. É muito parecido o Sacramento do Rosário com o Sacramento do Altar, ambos santíssimos. Em quê? Não em outra proporção — porque não havemos de mudar a ideia — senão na mesma que ponderamos entre o Sacramento do Altar e o Sacramento do Evangelho. Se naquele sagrado mistério está todo Cristo em toda a Hóstia, e todo em qualquer parte, no Rosário passa o mesmo, e não invisível, senão visivelmente. O Rosário, como todos sabem, consta de duas partes: uma mental e outra vocal: na mental, que são os mistérios, em qualquer parte está todo Cristo; na vocal, que são as orações, em qualquer parte está todo o Rosário.

Estar todo Cristo em qualquer parte do Rosário mental é coisa tão manifesta que a veem os olhos. O que medita o Rosário na parte mental são os mistérios da Vida, Morte e Ressurreição de Cristo; e nenhum mistério há de todos quinze em que Cristo não esteja todo: todo na substância, posto que dividido e diverso nos acidentes. Dividi em partes os tempos, os lugares e os mesmos períodos da vida de Cristo, e não me dareis parte alguma em que não esteja todo. Todo no mistério da Encarnação — e só ele todo, porque desde o primeiro instante foi inteiro e perfeito homem, o que não acontece aos demais —; todo na Visitação, santificando o Batista; todo no Presépio, aclamado de anjos e adorado de reis, posto que nascido entre animais; todo uma vez no Templo, presentado a Deus nos braços de Simeão, e todo outra vez, depois de perdido, achado entre os doutores. E porque nesta vida, ainda que seja do mesmo Deus, não há gostos sem pesares, se destes mistérios, que foram os Gozosos, passarmos aos Dolorosos, todo no Horto suando sangue, todo no Pretório atado à coluna, todo coroado de espinhos, todo com a cruz às costas e todo pregado e morto nela. Estes são os dois acidentes de que se compõe toda a vida humana, que por isso S. Paulo os dividiu somente em Gozosos e Dolorosos: "Alegrai-vos com os que se alegram, chorai com os que choram" (Rm 12,15). Mas, porque o mesmo Cristo com sua morte nos mereceu outra segunda vida, que é a imortal, também esta tem outros acidentes, que são os Gloriosos, de que se compõe a terceira parte do Rosário, e em todos e qualquer parte deles temos igualmente a Cristo todo. Todo ressuscitado, todo subindo ao céu, todo mandando de lá o Espírito Santo, todo recebendo em triunfo a sua gloriosíssima Mãe, e todo com toda a Santíssima Trindade coroando-a em trono de suprema majestade por Rainha do céu e da terra e Senhora universal de homens e anjos.

Ouçamos agora a Salomão que, no curso e círculo que faz o sol, reconheceu todos estes mistérios e sua variedade, como nós também fazemos na volta que imos dando ao círculo do Rosário: "O sol nasce e se põe, e torna ao lugar donde partiu, e aí renasce" (Ecl 1,5s): Nasce o sol no oriente e morre no ocidente; mas depois de morto e estar debaixo da terra, torna outra vez a renascer e continuar seu curso. — E que sol é este senão aquele primeiro planeta, fonte de toda a luz, "que ilumina a todo o homem que vem a este mundo" (Jo 1,9) — o qual, debaixo dos acidentes do sol que vemos, consagrou, como em um *sacramento natural*, o curso, os movimentos e os mistérios de sua primeira e segunda vida, já nascido, já morto,

já ressuscitado, que são as três partes ou terços de que se compõe o Rosário: "Nasce o sol", a primeira; "e morre", a segunda; "e torna ao lugar donde partiu, e aí renasce" (Ecl 1,5s), a terceira. Não é pensamento meu, senão comento e aplicação de Olimpiodoro: "Cristo, no nascimento, é como o sol que nasce, morre na paixão, e de novo nasce, renascido na ressurreição"[13]. Nos mistérios da Encarnação e nascimento esteve Cristo como sol coberto de nuvens, porque a nuvem da humanidade encobria os raios da divindade; nos mistérios da Paixão e da cruz esteve como sol eclipsado com as sombras funestas da morte e total escuridade da sepultura; nos mistérios da Ressurreição e da subida ao céu esteve como sol claro e resplandecente no meio-dia, desfeitas totalmente as nuvens, e sumidas e aniquiladas as sombras; mas o Rosário e seus devotos — como a milagrosa flor do Heliotrópio — que fazem? Vão seguindo sempre e acompanhando ao divino Sol em todos estes passos, e revestidos — sempre que é mais — dos mesmos acidentes. Nos Gozosos gozando-se, nos Dolorosos doendo-se, nos Gloriosos gloriando-se, e semelhantes em tudo a quem em todos se lhes deu todo.

Duvidam aqui e disputam os Padres e expositores se fala Salomão neste texto do círculo que faz o sol cada dia saindo e tornando ao Oriente, ou do curso que faz cada ano dentro dos trópicos, visitando e detendo-se em todos os signos do zodíaco. Os dois Gregórios, Taumaturgo e Niceno, entendem o lugar do círculo de cada dia; S. Jerônimo e Teofilato, do curso de cada ano; e uma e outra sentença têm por si grandes matemáticos. Outros autores, porém, conciliam e abraçam ambos estes sentidos do texto, entendendo-se de um e outro curso do sol. E o mesmo fazem melhor, e com mais certeza que todos, os devotos do Rosário. Os devotos do Rosário? Pois como? Que tem que ver o Rosário com o sol, ou no círculo de cada dia, ou no curso de cada ano? Muito, e por modo muito admirável. Não dissemos que debaixo dos acidentes deste sol natural e visível representou e sacramentou Cristo todo o curso, movimentos e mistérios de sua vida mortal e gloriosa? Sim. Pois, assim como o zodíaco do sol natural se compõe de doze signos, assim o sol divino tem outro zodíaco mais alto e mais dilatado, que se compõe e reparte em quinze signos, que são os quinze mistérios do Rosário. E assim como o sol corre e visita o seu zodíaco nos doze meses do ano, assim Cristo correu e aperfeiçoou o seu dando luz e calor ao mundo, não menos que em espaço de cinquenta e oito anos, que tantos se contaram desde o dia de sua Encarnação, que foi o primeiro mistério, até o dia da Coroação de sua gloriosa Mãe, que foi o último. E os devotos do Rosário, com maravilha que se não vê no céu, conciliam, como dizia, todo este curso do divino sol e todos os passos e espaços deste tão dilatado zodíaco dentro do círculo natural de um só dia, porque o círculo do Rosário, que cada dia rezam, os inclui, abraça e compreende a todos. E basta isto? Não basta. Porque ainda lhe falta a maior propriedade, que é estar Cristo neste seu zodíaco, não só todo em todos os signos, que são todos os quinze mistérios, senão todo em qualquer parte de cada um.

Os signos do zodíaco, no nosso entendimento, são umas apreensões de figuras várias, que só consideramos mentalmente; e no céu são certo ajuntamento de estrelas, de que se compõem os mesmos signos, e por isso se chamam constelações. E as estrelas, que são? São uns espelhos do sol, em que o sol, não em parte, senão todo, nem outro senão o mesmo, de tal sorte se divide e multiplica, que em toda a constelação está todo, e em qualquer parte ou estrela dela todo, e todo em cada uma alumia, e todo em cada uma influi, obrando diferentes efeitos no mundo, segundo a diversa natureza de suas próprias qualidades. Tais são no zodíaco do Rosário os mistérios de que se compõe. Considera-os mentalmente o nosso entendimento, apreendendo e representando ao mesmo Cristo em diversos tempos, lugares, idades e ações, como em diferentes figuras, tão várias como são as de sua infância, paixão e glória; e não só está Cristo todo em todos os mistérios, senão todo em cada um, e todo em cada parte dele, e todo alumiando, e todo influindo, porque, segundo os diversos motivos de gosto, de dor e de glória, primeiro, com os raios de sua luz, alumia os entendimentos, e depois, com a eficácia de suas influências, move e afeiçoa as vontades. Assim o sol todo em todo, e todo em qualquer parte no seu zodíaco; assim Cristo todo em todo, e todo em qualquer parte no Sacramento do Altar; e assim todo em todo, e todo em qualquer parte no Sacramento do Rosário.

§ VI

E se na parte mental do Rosário, que são os mistérios, em qualquer parte está todo Cristo, vejamos agora como na parte vocal, que são as orações, também em qualquer parte está todo o Rosário. Primeiramente, assim como no Sacramento do Altar, da Hóstia, em que está o corpo, e do cálix, em que está o sangue de Cristo, se compõe um só Sacramento, assim no Rosário Vocal, da oração do Pai-Nosso, em que oramos a Deus, e da oração da Ave-Maria, em que invocamos a sua Santíssima Mãe, se compõe um só Rosário, e pela mesma razão. Qual é a razão por que a Hóstia e o cálix, não compõem dois sacramentos, senão um só? Porque ainda que nos acidentes e no que mostram, são diversos, na substância e no que significam, são o mesmo. Quando el-rei Faraó do Egito teve em sonhos aquelas duas visões tão sabidas, uma das vacas, primeiro grossas e depois macilentas, outra das espigas, primeiro gradas e depois falidas, chamado José para interpretar estas visões ou sonhos, que verdadeiramente foram proféticos, respondeu que "o sonho do rei era um só" (Gn 41,25). Mas, se os sonhos tinham sido dois, e as coisas ou figuras que o rei vira em cada um deles eram tão diversas, como diz José que era um só sonho? Porque, ainda que eram dois nos acidentes, era um só na substância; ainda que eram dois no que se vira, era um só no que significavam. Do mesmo modo no Sacramento, e também no Rosário. No Sacramento, o que se vê na Hóstia e no cálix são acidentes e sinais diversos; mas o que esses acidentes cobrem e esses sinais significam são o mesmo corpo e sangue de Cristo na Hóstia, e o mesmo sangue e corpo de Cristo no cálix; e por isso não dois, senão um só e o mesmo Sacramento. No Rosário o que ouvimos em uma oração é o Pai-Nosso, o que ouvimos na outra é a Ave-Maria e, tomadas pelo que soam, são duas orações diferentes, mas, entendidas pelo que significam, são uma só e a mesma. E assim como na Hóstia "por força das palavras" está o corpo e não está o sangue, e no cálix "por força das palavras" está o sangue e não está o corpo, mas o sangue leva consigo o corpo, e o corpo o sangue, assim na primeira oração do Rosário "por força das palavras" está o Pai-Nosso, e na segunda "por força das palavras" está a Ave-Maria, mas o Pai-Nosso também leva consigo a Ave-Maria, e a Ave-Maria o Pai-Nosso.

Se assim é, bem dito está. Mas parece que não é assim, e com evidência. No Pai-Nosso não há uma palavra que se pareça com a Ave-Maria, na Ave-Maria não há uma palavra que se pareça com o Pai-Nosso; logo, como pode ser que o Pai-Nosso e a Ave-Maria sejam a mesma oração, e o Rosário nestas duas orações também um só e o mesmo? Respondo que sim. Não "por força das palavras", como já disse, mas por força e por razão do que nelas se pede. O orar propriamente é pedir. E quando o que se pede é o mesmo, ainda que as palavras sejam diversas, a oração é a mesma. No Pai-Nosso fazemos sete petições a Deus; na Ave-Maria, se bem advertis, não pedimos à Senhora coisa alguma em particular, senão somente em comum, que rogue por nós: "Rogai por nós, pecadores", e como a Senhora não pode pedir ou querer para nós outra coisa, nem melhor, nem mais necessária, nem mais conveniente, nem mais útil, senão o mesmo que Cristo nos ensinou que pedíssemos a Deus, o que só vimos a pedir na Ave-Maria é que a Mãe do mesmo Deus interceda com seu Filho para que nos conceda o mesmo que nós lhe pedimos. Logo, o mesmo que se pede no Pai-Nosso é também o que se pede na Ave-Maria, com que uma e outra oração vêm a ser a mesma. E nem a intercessão que se acrescenta na Ave-Maria, nem as diversas palavras de que ela consta bastam para que a oração seja diferente, porque quando quem pede e quem intercede procuram e solicitam a mesma coisa, posto que o façam por diferentes termos, sempre a petição é a mesma.

Não pode haver melhor prova nem exemplo mais próprio desta verdade que o sucesso do centurião. Como o centurião fosse gentio e romano, e não hebreu como Cristo, para alcançar dele a saúde do moço, que alguns querem fosse seu filho, tomou por intercessores os sacerdotes da cidade em que vivia e outros seus amigos, também hebreus, confiando que pelo parentesco nacional que tinham com o Senhor o obrigariam mais facilmente a lhe conceder o que tanto desejava. E esta é a mesma razão por que nós na Ave-Maria, para que a Senhora interceda eficaz e poderosamente por nós diante de Deus, o fundamos também no parentesco tão estreito que tem com ele, dizendo: Santa Maria, Mãe de Deus, roga por nós. Mas ouçamos as palavras com que o centurião orou a Cristo e com que os intercessores fizeram a mesma petição. O centurião disse: "Senhor, eu não sou digno de que entreis em minha casa; mas basta que, deste mesmo lugar, com uma só palavra vossa, deis saúde ao meu enfermo" (Mt 8,8). — E os intercessores, que disseram? "Rogaram ao Senhor com grande instância que concedesse ao centurião o que lhe pedia, alegando que era muito digno daquele favor, porquanto, sendo romano, amava muito a gente hebreia e, sendo gentio, lhes tinha edificado uma sinagoga" (Lc 7,4), que era o mesmo que uma Igreja. — Pode haver palavras mais diversas em tudo que estas dos intercessores e aquelas do centurião? Não pode. E contudo a petição do centurião e a dos que por ele intercediam era a mesma petição, porque ele para si e os outros para ele, todos pediam a mesma coisa. A petição dos filhos do Zebedeu e a da mãe não era a mesma? A mesma era, porque assim lho disse Cristo a eles: "Não sabeis o que pedis" (Mt 20,22). Pois isso é o que nós fazemos sem diferença, tanto no Pai-Nosso como na Ave-Maria. No Pai-Nosso pedimos como filhos dizendo: "Pai nosso"; na Ave-Maria intercede a Senhora como Mãe, e por isso lhe dizemos: "Mãe de Deus, rogai por nós"; mas assim nós como a soberana Intercessora, todos fazemos uma só oração e a mesma, porque nós pedimos à Senhora que peça, e a Senhora pede a Deus o que nós pedimos. E, finalmente, desta oração dividida em duas partes se compõe um só e o mesmo Rosário, como da Hóstia e do cálix no altar se compõe um só e o mesmo Sacramento.

§ VII

Só resta, para última propriedade da semelhança, que assim a oração do Pai-Nosso como a Ave-Maria, esteja também cada uma toda em toda, e toda em qualquer parte, o que não parece dificultoso de persuadir, sendo uma e outra oração palavras divinas. Porque, se as palavras da consagração, por serem de Cristo, têm virtude para fazer que seu corpo esteja todo em todo, e todo em qualquer parte, as outras palavras divinas, por que não terão igual eficácia para obrar em si mesmas a mesma maravilha? Davi, falando da oração de cada dia, qual é a do Rosário: "Em qualquer dia que eu te invocar, eis que conheço que tu és o meu Deus" (Sl 55,10), — diz assim: "Em Deus louvarei a palavra; no Senhor louvarei as palavras" (Sl 55,11). Quer dizer: que em Deus tanto louva a palavra como as palavras, tanto as poucas como as muitas, tanto as simples como as compostas, porque essa é a diferença de "palavra" a "palavras". É verdade que na língua grega, em que S. João escreveu o seu Evangelho, a mesma palavra com que disse: "No princípio era o Verbo" (Jo 1,1), igualmente significa "palavra" e "palavras", e assim o interpretou o maior teólogo da Igreja grega, S. Gregório Nazianzeno, dizendo:

"Saído dele a Palavra, que livre do tempo,
Exprime em si, por toda parte, a imagem do Pai
E lhe é igual por natureza"[14].

Porém, os teólogos latinos, posto que não neguem nem possam negar esta propriedade, atribuem com maior distinção a "Palavra" ao Filho de Deus antes da Encarnação, e o "Palavras" ao mesmo Filho depois de encarnado, porque "Palavras" rigorosamente dizem composição, a qual não houve senão depois da Encarnação, no composto inefável de Cristo. Suposta, pois, esta distinção de "Palavra" a "Palavras", por que diz Davi falando da oração de cada dia, que tanto louva a Deus pela palavra como pelas palavras, tanto pelas poucas como pelas muitas, tanto pelas simples como pelas compostas: "Louvarei a Deus pela palavra, Louvarei a Deus pelas palavras"? Porque nas orações compostas por Deus, tanto se contém nas muitas palavras como nas poucas, tanto em todas como em algumas, tanto em toda a oração como em qualquer parte dela.

Vede-o na oração do Pai-Nosso, composta de sete petições, nas quais todas sete se contêm em cada uma e cada uma contém todas sete. Seja exemplo a primeira. Na primeira petição: "Santificado seja o teu nome" (Mt 6,9), pedimos a Deus, como entendem Santo Agostinho, S. Jerônimo, S. Crisóstomo, S. Cipriano, e todos os Padres, que seja Deus santificado em nós. E se Deus é santificado em mim, já o reino de Deus veio a mim: "Venha a nós o teu reino" (Mt 6,10), porque "O reino de Deus está dentro de vós" (Lc 17,21); se Deus é santificado em mim, já eu faço a vontade de Deus na terra como no céu: "O que faz a vontade de meu Pai que está nos céus" (Mt 7,21); se Deus é santificado em mim, já lhe posso pedir o pão nosso como meu, porque é pão dos filhos: "Pão dos filhos, que não deve ser dado aos cães"; se Deus é santificado em mim, eu perdoo e Deus me perdoa: "Perdoai, e sereis perdoados" (Lc 6,37); se Deus é santificado em mim, a tentação não me vence a mim, senão eu a ela: "Antes fará que tireis ainda vantagem da mesma tentação" (1Cor 10,13); finalmente, se Deus é santificado em mim, nenhum mal me pode acontecer, porque de todo estou livre: "Não se chegará a ti mal" (Sl 90,10). E se dermos agora outra volta do fim do Pai-Nosso para o princípio, o mesmo corre por outro modo. Se estou livre de todo o mal, não posso cair em tentação; se não posso cair em tentação, não posso deixar de perdoar e ser perdoado; se perdoo e sou perdoado, não se me pode negar o pão do céu; se converto em substância o pão do céu, assim como a vontade de Deus se faz no céu, assim a faço eu na terra; se faço a vontade de Deus na terra, já o reino de Deus me pertence a mim; e se a mim me pertence o reino de Deus, também Deus está santificado em mim: "Não se chegará a ti mal" (Sl 90,10). De sorte que, de qualquer parte que tomemos o Pai-Nosso e entrarmos nele como em um artificioso labirinto da ideia e mão divina, acharemos que todas as sete petições se contêm em cada uma, e cada uma em todas sete: todo em todo e todo em qualquer parte.

Dos sete preceitos da segunda tábua, notou e ensinou S. Paulo que todos se contêm em um só e um só em todos: "Porque estes mandamentos de Deus: Não cometerás adultério, não matarás, não furtarás, não dirás falso testemunho, não cobiçarás, e, se há algum outro mandamento, todos eles vêm a resumir-se nesta palavra: Amarás a teu próximo como a ti mesmo" (Rm 13,9). E a razão é porque a mesma lei que manda em sete preceitos não matar, não adulterar, não roubar etc., manda também em um só preceito que cada um ame a seu próximo como a si mesmo. E quem guardar este só preceito não pode deixar de guardar todos sete, porque ele se inclui em todos e todos nele, e por isso não é oitavo preceito, senão os mesmos sete encerrados em um só. Do mesmo modo as sete petições ao Pai-Nosso. Todas pede quem pede uma, se a pede com verdadeiro afeto; e quem assim pede e alcança uma, pede e alcança todas, porque de tal sorte se inclui cada uma em todas e todas em cada uma, que não pode estar a oração toda em toda, sem que igualmente esteja em qualquer parte.

A mesma maravilha encerra também em si a Ave-Maria. E porque a Virgem Senhora nossa tomou por sua conta provar este ponto, são as provas tão milagrosas como suas. Quão milagrosa seja a virtude de toda a Ave-Maria, ou da Ave-Maria toda, não tem necessidade de repetição, pois todos sabem as muitas e grandiosas mercês que a soberana Rainha dos anjos tem feito, ainda àqueles devotos seus tão escassos, que uma só Ave-Maria lhe rezavam todos os dias. Mas que essa virtude da Ave-Maria toda esteja toda em qualquer parte da mesma Ave-Maria, porque parece coisa mais dificultosa por isso é a que está mais provada. Havia em Hungria — diz S. Pedro Celestino[15] — uma donzela muito devota da Virgem, Senhora nossa, mas tão rude e de tão fraca memória, que nunca pôde aprender mais que as primeiras três cláusulas da Ave-Maria: Ave-Maria, cheia de graça, o Senhor é contigo. — Isto só repetia muitas vezes, porém com tal espírito de devoção e com tamanha luz do céu, que as palavras se lhe convertiam em resplendores, de que todos lhe viam cercado e alumiado o rosto em qualquer lugar onde rezava. Admirado de tão manifesto milagre o bispo, e desejoso de que a santa donzela se adiantasse em maior perfeição, fez grandes diligências para que ao menos aprendesse toda a Ave-Maria; e assim se conseguiu com grande trabalho. Mas qual foi o sucesso? Caso prodigioso! Tanto que rezou toda a Ave-Maria, nunca mais lhe resplandeceu o rosto. Pois se aquela só parte da Ave-Maria era causa de tão milagrosos resplendores, a Ave-Maria toda por que não causava ou maiores ou ao menos os mesmos efeitos? Porventura na mesma Ave-Maria tem maior virtude a parte que o todo? Não. Antes quis mostrar Deus que, se é grande virtude a que tem no todo, não é menor a que tem em qualquer parte. O bispo imaginou que se aquela devota rezasse toda a Ave-Maria receberia maiores favores do céu do que rezando numa parte somente, e este pensamento quis emendar Deus e sua Santíssima Mãe, fazendo cessar o milagre, para que entendesse ele e todos que na Ave-Maria, como no divino Sacramento, "não só está o todo em todo, senão todo em qualquer parte". Assim o mostrou o efeito, porque, tornando a mandar o bispo que rezasse a devota como dantes rezava, tornou a resplandecer como dantes resplandecia.

Não parou aqui a Senhora na prova e confirmação desta maravilhosa verdade, e quis que soubéssemos, com a mesma evidência, que não há parte alguma na Ave-Maria, ou grande, ou pequena, ou menor, ou mínima, em que a Ave-Maria não esteja toda. Mas como faremos nós esta demonstração? Vamos partindo a mesma Ave-Maria sempre em partes menores, e comecemos pelo meio ou a metade dela. O venerável Tomás de Quempis, acometido fortemente pelo demônio, que o queria afogar, valeu-se da Ave-Maria, dizendo: Ave-Maria, cheia de graça, o Senhor é contigo. Benta és tu entre as mulheres, e bento é o fruto do teu ventre. — Mas o demônio era tão rebelde, que não só resistiu à primeira e segunda cláusula, senão também às duas seguintes. Só faltava da última o nome de Jesus; e quando Tomás chegou a o pronunciar, aqui perdeu de todo as forças o inimigo, e, fugindo, desapareceu. Isto obrou meia Ave-Maria. Vamos à outra parte menor. Santa Benevenuta rogava sempre à Virgem Maria, de quem era devotíssima, lhe quisesse mostrar seu bendito Filho, não depois deste desterro, como todos pedimos, mas enquanto gemia e suspirava nele. Um dia depois em que mais cresceram estes afetos, veio pedir um menino à Santa que lhe ensinasse a rezar a Ave-Maria. Era ele de estranha beleza, e como fossem rezando ambos: Ave-Maria, cheia de graça, o Senhor é contigo. Benta és tu entre as mulheres — quando chegaram àquelas palavras: Bento é o fruto do teu ventre. Eu sou esse — disse o Menino. — E, abraçando a santa a deixou cheia de tanta consolação e saudades, quais merecia tal visita. Mas ainda esta parte da Ave-Maria foi grande. Partamos mais. Santa Gertrudes, estando muito enferma, não podia rezar o Rosário, e só pronunciava as primeiras palavras da Ave-Maria: — Ave-Maria, cheia de graça, o Senhor é contigo. — O demais supria com lágrimas, as quais, porém enxugou e pagou mui bem aos mesmos olhos o soberano objeto delas. Apareceu-lhe a Rainha dos Anjos com toda a majestade que tem no céu, vestida de glória, e a bordadura das roupas toda era recamada daquelas mesmas palavras, que só podia rezar, para que Gertrudes as lesse mais ricamente gravadas que nas estrelas, e para que entendesse que na estimação da Mãe de Deus não tinha menos valor aquela pequena parte da Ave-Maria que toda. E esta parte tão pequena poder-se-á ainda partir? Ainda. Entrou na Ordem de Cister um velho, o qual tinha estudado tão pouco em sua vida que não sabia o Pai-Nosso nem a Ave-Maria. Ensinaram-no na Religião, mas, em todo o ano de noviciado somente chegou a saber dizer: — Ave-Maria, cheia de graça, — sem poder jamais passar adiante. Estes eram os seus salmos quando os monges estavam no coro, e quando não estavam também, porque tendo tão pouca memória para aprender, era tanta a memória que tinha da Virgem Santíssima, que em todo o tempo e lugar se não esquecia de a saudar e louvar com o que sabia e podia, que não era pouco, pois era tudo. Morreu, enfim, o bom velho, e para eterna memória de quão aceita tinha sido à Senhora aquela pequena parte da Ave-Maria, nasceu da sua sepultura uma árvore, em cujas folhas estava escrito com letras de ouro: Ave-Maria, cheia de graça. — Já aqui parece que pudéramos parar, mas como aquelas folhas se podiam partir, partamo-las nós também, e cheguemos até à última e mínima parte da Ave-Maria, que é Ave-Maria somente. Havia uma devota mulher, devota mas ilusa, como muitas vezes acontece. Transfigurava-se o demônio em anjo de luz, aparecia-lhe em diferentes visões e revelava-lhe mistérios altíssimos, com que ela tanto se tinha por mais santa quanto ele a levava mais perdida. Pediu-lhe uma vez, tendo-o por verdadeiro anjo, que lhe quisesse mostrar uma imagem da Virgem, Senhora nossa, que a representasse ao vivo, porque nenhuma das que via satisfaziam ao conceito que tinha de sua extremada formosura. Fê-lo assim o demônio, como tão grande pintor. E que sucedeu? Vendo a simples mulher a imagem, que era formosíssima, prostra-se de joelhos diante dela, começa a saudar a Senhora com a Ave-Maria, e tanto que pronunciou estas duas palavras somente, no mesmo ponto a imagem se desfez em fumo, o anjo se converteu em um demônio feiíssimo, as visões e revelações mostraram que eram engano, e a mulher, sobretudo, se conheceu a si mesma e deu as graças à Mãe de misericórdia. Tanto pode só aquela parte mínima de uma Ave-Maria.

Assim que não há parte, ou maior ou menor da Ave-Maria, em que, para favor dos que a rezam, não esteja toda. Donde eu venho a inferir que, assim como Cristo, partindo-se deste mundo, nos deixou seu corpo no Sacramento, assim a Senhora, subindo ao céu, se deixou como sacramentada conosco na Ave-Maria; e por isso toda a sua assistência em toda e toda em qualquer parte. Sentença é muito comum dos teólogos que no Santíssimo Sacramento do altar se adoram relíquias da Virgem Maria, e que estas são aquelas mesmas partes de carne e sangue que o Filho de Deus encarnado recebeu de suas puríssimas entranhas e as conservou sempre em honra e reverência sua. E assim como aquelas relíquias estão todas em todo, e todas em qualquer parte do Sacramento, assim estas — que o são do seu amor — estão todas em toda a Ave-Maria e todas em qualquer parte dela com o mesmo privilégio indivisível, que é próprio das relíquias, cujas almas estão no céu. Pensamento notável foi o do rico avarento em pedir que Lázaro o socorresse só com um dedo ou com a parte extrema dele: "Para que molhe em água a ponta do seu dedo" (Lc 16,24). Muitos dizem que até nisto se mostrou avarento; mas não foi avareza, senão veneração e respeito e um reconhecimento certo do privilégio que Lázaro já gozava como santo. Os santos depois da morte tanta virtude têm em seus corpos todos e inteiros como em qualquer parte deles; e como o avarento viu a Lázaro no seio de Abrão entre os santos, entendeu que tanto o podia socorrer todo Lázaro como qualquer parte dele, e por isso pediu só a parte mínima de um dedo. É o que disse em semelhante caso Teodoreto, dando a razão por que muitas cidades repartiram entre si o corpo de um mártir e o tomaram por padroeiro, entendendo — como na verdade era — que "tanta virtude tinha o santo em qualquer parte ou relíquia de seu corpo, por mínima que fosse, como em todo"[16]. E se esta prerrogativa tão maravilhosa se experimenta nas relíquias dos santos, quanto mais nas da Santa dos santos?

Nem obsta que as relíquias que a Senhora tem no Sacramento sejam da mesma carne e sangue de Cristo, e as que nos deixou na Ave-Maria sejam somente palavras, porque também as do Pai-Nosso são palavras, e o mesmo Cristo, falando delas, as equipara não menos que à sua carne e sangue no Sacramento. Assim como Cristo diz da sua carne e sangue: "Permanece em mim, e eu nele" (Jo 6,57), assim diz das suas palavras: "Se vós permanecerdes em mim e as minhas palavras permanecerem em vós" (Jo 15,7). E que palavras são estas? São as palavras do Pai-Nosso, diz Santo Agostinho, e o provo das que logo se seguem, com que o mesmo Senhor concluiu a sua sentença: "Se vós permanecerdes em mim e as minhas palavras permanecerem em vós, tudo quanto quiserdes e pedirdes por elas vos será concedido" (Jo 15,7). — "A oração que nos ensinou é parte de suas palavras" — diz o santo — "nas nossas preces não nos afastemos dessas palavras e sentidos, e tudo o que pedirmos nos será concedido"[17]. E se as palavras do Pai-Nosso e Ave-Maria — que são as partes de que se compõe o Rosário vocal são tão parecidas à carne e sangue de Cristo no Sacramento, e às relíquias da mesma carne e sangue, que a

Senhora tem no mesmo Sacramento, que muito é que na prerrogativa de estarem todas em todas, e todas em qualquer parte, se pareça também o Sacramento do Rosário com o Sacramento do Altar?

§ VIII

Até aqui as semelhanças. Para declarar as vantagens, seria necessário outro mais largo discurso. Mas pois não temos lugar de discorrer nelas, como convinha, corramos por elas. Supondo pois — como todos devem entender — que as vantagens só podem ser em respeito de nós e das nossas conveniências, primeiramente Cristo no Sacramento é "morte para os maus e vida para os bons"; porém no Rosário, para os bons, para os maus, para todos é vida. Os bons pela devoção do Rosário se fazem santos, e os maus, por grandes pecadores que sejam, rezando e meditando o Rosário se convertem e se emendam e ficam justos. Digamnos os ladrões, os homicidas, os adúlteros, os blasfemos, os sacrílegos, e até os hereges sem-número, reduzidos à fé e reconciliados à graça por meio do Rosário. Notável diferença é a com que Cristo nesta vida aceitava a mesa dos homens, e agora nos admite à sua. Perguntaram uma vez os escribas e fariseus aos discípulos de Cristo por que razão seu Mestre, professando tanta santidade, comia com publicanos e pecadores? E respondeu o Senhor aquela divina e discretíssima sentença: "Dizei-lhes que os enfermos são os que hão mister o médico, e não os sãos" (Mt 9,12). — O Sacramento também se chama: "medicamento da imortalidade"; mas é medicamento que, se imortaliza os sãos, mata os enfermos. Pois, se Cristo antes de sacramentado os sarava, como agora no Sacramento, e com o mesmo Sacramento, os mata? A razão desta diferença, e da que tem o Sacramento com o Rosário, deu S. Paulo naquelas palavras: "Come e bebe para si a condenação" (1Cor 11,29). No Sacramento está Cristo como há de vir, no Rosário está como veio; no Sacramento está como juiz, no Rosário está como Médico. Por isso no Sacramento, como juiz, dá vida aos bons e morte aos maus; e no Rosário, como médico, livra da morte aos maus e conserva a vida aos bons. Este foi o altíssimo conselho com que todos os mistérios, de que a Virgem Senhora nossa compôs o seu Rosário, foram da primeira vinda de seu Filho, e nenhum da segunda. Os mistérios do Rosário só compreendem o que Cristo obrou, desde que saiu do céu e do seio do Pai até que se assentou à sua destra. E que faz o mesmo Senhor à destra do Pai, donde há de vir a julgar, enquanto não vem? "Havendo feito a purificação dos pecados, está sentado à direita da majestade nas Alturas" (Hb 1,3), diz S. Paulo. Tudo o que faz Cristo à destra do Pai aplicando a eficácia de seus merecimentos e mistérios — que são os que se contêm neste extrato de rosas — é purgar como protomédico divino a todos os pecadores e purificá-los de seus vícios, por mais enormes que sejam. Ah! Judas, que se depois de haver vendido a seu Mestre te lançaras aos pés da cruz, dizendo: "perdoai-nos", como é certo que o benigníssimo Redentor, o qual, pelos mesmos que o pregaram nela, disse: "Pai, perdoai-lhes" (Lc 23,34), te perdoaria também a ti? E se, não tendo rosto para aparecer em sua presença, recorreras à de sua Mãe, dizendo: "Rogai por nós, pecadores", igualmente não há dúvida que alcançarias perdão, e te restituirias à sua graça. E se isto obrariam uma só cláusula do Pai-Nosso e outra da Ave-Maria no maior pecador, que fará em todos os outros o Rosário inteiro?

A esta vantagem de conveniências — que já lhe não chamo só nossas — se acrescenta a segunda, não menos certa. E qual é? Que muito mais damos a Cristo no Rosário do que ele nos pediu no Sacramento. Quando Cristo se despediu de nós, e nos deixou no Sacramento a si mesmo, o que somente nos pediu foi a memória: "Todas as vezes que fizerdes isso, o fareis em minha memória"[18]. Grande coisa deve de ser a memória do homem, pois, empenhando-se todo Deus na dádiva, só nos pediu a memória por desempenho. Dimas pediu a Cristo a memória e deu lhe o Paraíso; Cristo pediu-nos a nós a memória e damos-lhe o Rosário; mas é muito maior memória a que lhe damos que a que nos pediu. E se não, saibamos que memória foi a que Cristo nos pediu e desejou de nós no Sacramento. S. Paulo o disse expressamente: "Fazei isto em memória de mim. Porque todas as vezes que comerdes este pão e beberdes deste cálix, anunciareis a morte do Senhor" (1Cor 11,25s). De sorte que a memória que Cristo desejou de nós no Sacramento foi só a memória de sua morte. E a memória que lhe damos no Rosário qual é? É a memória da morte e mais da vida, e não só memória da morte e da vida, senão da vida, da morte e da ressurreição e glória do mesmo Cristo. Logo, muito maior memória é a que damos a Cristo no Rosário, do que ele nos pediu no Sacramento. No Sacramento pediu-nos a memória de um só mistério no Rosário damos-lhe a de todos. Tanto vai de memória a memória; mas ainda não está ponderada. Posto que a morte de Cristo fosse mistério de um só dia, era merecedora de que nos lembrássemos dele, não só todos os dias, senão todas as horas. E é coisa digna de grande admiração que nos não pedisse o Senhor esta memória de sua morte para todos os dias, senão para aquele somente em que comungássemos: "Todas as vezes que fizerdes isso, o fareis em minha memória" — disse o mesmo Cristo. E S. Paulo: "Todas as vezes que comerdes este pão e beberdes deste cálix, anunciareis a morte do Senhor". Pois, se Cristo tanto desejava a nossa memória, por que a limitou somente aos dias em que comungássemos? Seria por que supôs que havíamos de comungar todos os dias, como faziam os cristãos da primitiva Igreja? Assim parece. Mas depois que a ingratidão e esquecimento dos homens foi tal, que chegou a mesma Igreja a lhe pôr preceito de comungar uma vez no ano, como ficaria o Sacramento, se o não socorresse o Rosário? Bem parece socorro de sua Mãe. No Rosário tem Cristo a satisfação da memória com que desejou ser lembrado, e no Rosário o reparo do esquecimento com que, fiando-se de nós, se expôs a ser esquecido. E desta maneira não só igualou a memória do Rosário, mas excedeu o memorial do mesmo Cristo, pois sendo o Sacramento memorial seu de um só dia, e um só mistério, o Rosário é memória de todos os seus mistérios e de todos os seus dias. Deixo, porque imos correndo, a vantagem de o Sacramento nos pedir só a memória, e o Rosário lhe dar a memória e mais o entendimento: a memória na apreensão dos mistérios e o entendimento na meditação deles.

Daqui, porém, se segue outra grande vantagem ou maravilha, e é que, estando Cristo no Sacramento encoberto e invisível, tivesse poder e arte o Rosário para romper aquelas paredes dos acidentes, e o descobrir e fazer visível. Assim o via a esposa, posto que detrás das mesmas paredes, quando disse: "Ei-lo aí está, posto por detrás da nossa parede, olhando pelas janelas" (Ct 2,9). Cristo no Sacramento vê-nos a nós, ainda que nós o não vejamos a ele; mas de que modo nos vê? Segundo a mais filosófica teologia, não nos vê com os olhos do corpo, porque o corpo sacratíssimo está ali por modo espiritual e indivisível, em que as ações, que requerem extensão, não podem ter exercício. Mas, a divindade e a alma do mesmo Senhor têm naquelas mesmas paredes abertas três janelas, pelas quais nos veem muito melhor que com os olhos. Uma é a ciência divina, com que tudo é presente e manifesto a Deus; outra é a ciência beatífica, com que Cristo, enquanto homem, vendo a Deus, vê nele tudo; a terceira é a ciência infusa, que pelas próprias espécies, sem dependência de outras, vê também quanto quer ver. E estas são as janelas pelas quais diz a esposa que, estando detrás da parede, a via o divino e humano Esposo: "Ei-lo aí está, posto por detrás da nossa parede, olhando pelas janelas". Desta maneira nos vê Cristo no sacramento, sem ser visto de nós, ou nós o vemos com os olhos do corpo, os quais, ainda que fossem de lince, não podiam penetrar aquelas paredes. Mas o poder e arte do Rosário é tal que nas mesmas paredes abriu, não três, senão três vezes cinco janelas, pelas quais, por mais que Cristo no Sacramento esteja invisível, o vemos; e estas são, diz S. Bernardo, a oração mental e vocal, com que meditando oramos, e orando o louvamos: "Se pela consideração da dignidade divina, é agradável descansar louvando e agradecendo, julgo-me abrindo a porta ao Esposo que se encontra atrás de uma grandíssima parede"[19]. Por este modo, pois, as meditações e orações do Rosário, segundo o número dos seus mistérios, abrem nas paredes do Sacramento outras tantas janelas, pelas quais vemos a Cristo e o louvamos, não só enquanto morto, senão enquanto vivo, morto e imortal, e em todas as idades e estados da mesma vida, morte e imortalidade, em que os olhos da Virgem Maria o não viram, nem os do mesmo Cristo o puderam, ou se puderam ver juntamente e no mesmo tempo. Pelos mistérios Gozosos vemos o Cristo encarnado, peregrino, nascido, presentado, perdido e achado no Templo. Pelos mistérios Dolorosos vemo-lo suando sangue, coberto de açoites, coroado de espinhos, com a cruz aos ombros e pregado nela. Pelos mistérios Gloriosos vemo-lo ressuscitado, subindo ao céu, mandando o Espírito Santo, acompanhando o triunfo de sua Mãe e pondo-lhe a coroa. E tudo isto, que a mesma Senhora e o mesmo Cristo obraram em tantos anos e não puderam ver em menos tempo, vemos nós no breve espaço em que se reza o Rosário, com os olhos das suas meditações e com as vozes das suas orações o agradecemos e louvamos. E se Cristo, como amante tão ansioso, não só nos deseja ver, senão também ser visto de nós — como não podia deixar de ser visto de quem dizia: "Ei-lo aí está, posto por detrás da nossa parede" (Ct 2,9) —, esta satisfação do seu desejo, que impediam as paredes do Sacramento, lhe deu também nele o Rosário, rompendo e penetrando as mesmas paredes.

Finalmente, o Sacramento é o mistério da fé: e o Rosário é a fé, a confissão e o louvor de todos os mistérios que ela professa e ensina. No Sacramento, posto que se parta a hóstia, sempre está Cristo como pão inteiro: no Rosário está como pão partido, e por isso, ainda que no Sacramento se coma, no Rosário se gosta e se digere. O Sacramento chama-se Eucaristia, que quer dizer ação de graças, mas essas graças no mesmo Sacramento estão mudas e em silêncio: no Rosário não só as ouvem Deus e os anjos, senão também os homens, porque se cantam e publicam a vozes. O Sacramento, como diz Jeremias, é "escudo do coração" (Lm 3,65) — mas escudo que não podemos trazer conosco: o Rosário trazemo-lo nas mãos, no peito, no cinto, e basta que o tragamos conosco materialmente para que nos defenda dos demônios, das feras, das balas, dos raios, como muitas vezes se tem visto. O Sacramento não se pode comungar senão nos lugares sagrados, onde se consagra: o Rosário pode-se tomar na boca e meditar no coração, na Igreja e fora dela, na casa e no campo, no mar e na terra e em todo lugar, por menos santo e profano que seja. O Sacramento tem horas determinadas e certas em que só o podem receber os fiéis: o Rosário pode-se rezar e meditar pela manhã e à tarde, antes e depois de comer, de dia e de noite, e não há interdito, ou proibição dos ofícios divinos, que proíba seu exercício e nos prive dele. O Sacramento só se pode comungar uma vez em um dia: o Rosário pode-se multiplicar, repetir e rezar tantas vezes cada dia, como se verá neste exemplo, com que quero acabar.

Visitando os hospitais de Anvers um religioso de nossa Companhia, por nome Hermano Spruit[20], achou entre os incuráveis um soldado velho e ético, ao qual, depois de o ouvir de confissão, ou lhe deu em penitência ou lhe aconselhou que rezasse o Rosário. Ouvido o nome de Rosário, não o entendeu o soldado, porque era daqueles que, tirados do arado para as armas, sempre são rústicos. Instruído, porém, do que continha esta devoção da Virgem Maria, se lhe afeiçoou com tal extremo, que disse ao confessor que se desde menino tivera aquela notícia, nenhum dia de sua larga vida havia de ter passado em que não rezasse o Rosário. E que fez? Como aqueles a quem se lhes põe o sol antes de acabar a jornada, apressam e multiplicam os passos, assim ele se resolveu a rezar quantos mais Rosários lhe fosse possível enquanto lhe durasse a vida. Mas não parou aqui; antes a esta boa resolução acrescentou outra maior, acompanhada de uma nova esperança que, como desconfiado dos remédios humanos, ninguém podia ter dele. Esperou que, se a Virgem Senhora nossa, naquela sua debilidade lhe conservasse os alentos necessários, em espaço de dois anos podia rezar tantos Rosários que igualassem todos os dias de sua vida, em que os desejava ter rezado e não soubera. Com este notável pensamento perguntou a um aritmético quantos dias faziam sessenta anos, que eram os que tinha de idade? E sendo-lhe respondido que vinte e um mil e novecentos dias, perguntou mais quantos Rosários havia de rezar cada dia para igualar este número em espaço de dois anos? Respondeu o aritmético, com a mesma certeza, que pontualmente se repartiam em trinta Rosários cada dia. Que mancebo há tão forte e tão robusto que não desmaiasse ouvindo tais números? Mas o velho e, sobre velho, incuravelmente enfermo, arrimado da poderosa mão a quem servia, sem largar das suas o Rosário, rezando de dia e de noite, nenhum dia houve em que faltasse, nem às contas de cada Rosário, nem à conta de todos trinta. Chegou enfim — caso verdadeiramente admirável e de grande consolação para todos os devotos — chegou enfim o fim dos dois anos, e chegaram os Rosários ao número de vinte e um mil e novecentos; e tanto que se ajustou a conta dos Rosários com a conta dos dias, que aconteceu? Sem rezar mais uma Ave-Maria, nem viver mais um momento, no mesmo dia acabou os seus dias o venturoso soldado, e no mesmo dia foi receber o prêmio de seus milhares de Rosários nas eternidades da glória, onde mil anos são um dia.

Assim alcançou da Mãe de Deus os dois prazos que esperou de sua benignidade; assim lhe davam forças para rezar os mesmos

Rosários, que rezava e assim soube recuperar o que tinha perdido, e viver o que não tinha vivido em toda a vida. E quem haverá, à vista deste exemplo, que por ocupação, ou por descuido, ou por total esquecimento de Deus e de si, não reze o Rosário uma vez cada dia ou, quando menos, uma parte dele? Não permita Deus tal frieza de fé e de piedade em alma alguma cristã, que não poderá ser senão precita. Ninguém haja, pois, que não frequente este terceiro Sacramento do Rosário em todos os dias de sua vida, para que se não arrependa de o não ter rezado na hora da morte. E nós, acabando este largo discurso por onde o começamos, louvemos e chamemos bem-aventurada à Virgem Maria por todos os três Sacramentos, em que o dividimos: Bem-aventurada no Sacramento do Evangelho, pois trouxe encerrado em suas entranhas o Verbo Eterno; bem-aventurada no Sacramento do Altar, pois lhe deu a carne e sangue, matéria de que é composto; e bem-aventurada no Sacramento do Rosário, pois o instituiu com tal forma, que ele é a reformação do mundo. Levantando, pois, a voz com a que excitou o Espírito Santo entre as turbas, digamos uma, duas e três vezes: "Bem-aventurado o ventre, Bem-aventurado o ventre, Bem-aventurado o ventre, Bem-aventurado o ventre que te trouxe".

FIM

SERMÃO

XX

༄

"E Jacó gerou a Judas
e a seus irmãos."
(Mt 1,2)

"Este sermão e o XXVII revelam uma das facetas mais simpáticas do orador: seu zelo destemido em tutelar os direitos e a dignidade humana dos humildes"(*). O assunto é claro e polêmico: qual das irmandades é mais grata da Mãe de Deus: a dos pretos ou a dos brancos, a dos escravos ou a dos senhores? No Brasil, as confrarias estavam separadas, cada uma com sua igreja. Vieira aponta três causas dessa situação: 1) o nome (grande caso é que, cabendo a forma de Deus e a forma de escravo em uma só pessoa, um homem, com nome de Senhor, e outro, com nome de escravo, não caibam em uma grande congregação); 2) a cor preta (se a mesma Mãe de Deus mediu os seus louvores pelos da escrava Rasfa, desprezada pelo rosto e pela cor, bem se deixa ver se pela diferença das cores estimará mais os brancos e menos os pretos); 3) a fortuna (não há dúvida de que o senhorio e liberdade é mais aparelhada para os vícios, e a obediência e sujeição mais disposta para as virtudes). E conclui: os motivos por que os senhores desestimam o nome, a cor e a fortuna de seus escravos são os mesmos por que a Virgem Maria mais os estima, favorece e ama.

§ I

Quem negará que são os homens filhos de Adão? Quem negará que são filhos daquele primeiro soberbo, o qual não reconhecendo o que era, e querendo ser o que não podia, por uma presunção vã se perdeu a si e a eles? Fê-los Deus a todos de uma mesma massa, para que vivessem unidos, e eles se desunem; fê-los iguais, e eles se desigualam; fê-los irmãos, e eles se desprezam do parentesco; e para maior exageração deste esquecimento da própria natureza baste o exemplo que temos presente. O domingo passado, falando na linguagem da terra, celebraram os brancos a sua festa do Rosário, e hoje, em dia e ato apartado, festejam a sua os pretos, e só os pretos. Até nas coisas sagradas e que pertencem ao culto do mesmo Deus, que fez a todos iguais, primeiro buscam os homens a distinção que a piedade.

"E Jacó gerou a Judas e a seus irmãos." Jacó, diz o nosso tema, gerou a Judas e a seus irmãos; e que irmãos eram estes? Uns eram filhos de Lia e de Raquel, outros eram filhos de Bala, escrava de Raquel, e de Rasfa, escrava de Lia[1]. Pois, se entre as mães havia uma diferença tão grande e tão notável na estimação dos homens, quanto vai de senhoras a escravas, como não distingue o evangelista os filhos, e a todos, sem distinção nem diferença, chama igualmente irmãos: "e seus filhos"? Olhai para o livro de onde se tirou este texto: "Livro da geração de Jesus Cristo" (Mt 1). — O fim por que Jesus Cristo veio ao mundo foi para reformar os erros de Adão e seus filhos e para os restituir à igualdade em que os tinha criado, desfazendo, totalmente e reduzindo à primeva e natural união as distinções e diferenças que a sua soberba entre eles tinha introduzido. Tanto é de fé esta razão como o mesmo texto. Ouvi a S. Paulo: "Despi-vos" — diz o apóstolo — "do homem velho", que é Adão, "com todos os seus abusos, e vesti-vos do novo", que é Cristo, "o qual veio renovar e reformar em todos os homens a imagem a que Deus os tinha criado, na qual não há bárbaro ou cita, escravo ou livre, mas todos são iguais" (Cl 3,9-11). — Faz menção entre os Bárbaros nomeadamente dos citas, porque a Cítia era a Angola dos gregos, com quem falava. E porque na lei de Cristo, onde há um só Deus, uma só fé e um só batismo, como diz o mesmo S. Paulo, também não há nem deve haver distinção de escravo a senhor, nem de cativo a livre; por isso o evangelista aos filhos de Lia e Raquel, que eram as senhoras, e aos de Bala e Resfa, que eram as escravas, a todos, sem diferença de condição ou nascimento, igual e indistintamente chama irmãos: "a Judas e a seus irmãos".

Isto é o que diz e ensina o Evangelho, mas o que vemos na nossa república, não em alguns, senão em todos, é tudo o contrário. Consta esta grande república de três sortes ou três cores de gentes: brancos, pretos, pardos. E posto que todos se prezam e professam servir à Virgem Maria, Senhora nossa, e se puderam reduzir a uma só irmandade, como na casa de Jacó, da qual é descendente a mesma Senhora, seguindo, porém, todos mais a diferença das cores que a unidade da profissão, não só os não vemos unidos em uma irmandade ou divididos em duas, mas totalmente separados em três. Os em que acho menos razão são os pardos, porque não só separaram a irmandade, mas mudaram o apelido. Os brancos e os pretos, sendo cores extremas, conservaram o nome do Rosário; e os pardos, sendo cor meia entre as duas, por mais se estremarem de ambas, deixado o do Rosário, tomaram o de Guadalupe. Por certo que foram mal aconselhados, porque a Senhora do

Rosário igualmente abraça todos estas três cores: "Quem é esta que vai caminhando como a aurora quando se levanta, formosa como a Lua, escolhida como o Sol?" (Ct 6,9).

Compara-se a Senhora à aurora, à lua e ao sol. Por quê? Porque igualmente como Mãe, e como a filhos e irmãos, abraça com seu amor os brancos, os pretos e os pardos, e alumia com sua luz todas estas diferenças de cores: como sol aos brancos, que são o dia; como lua aos pretos, que são a noite, e como aurora aos pardos, que são os crepúsculos.

Bem puderam os pardos agregar-se aos pretos pela parte materna, segundo o texto geral: "o parto segue o ventre", mas eu não quero senão que se agregassem aos brancos, porque entre duas partes iguais, o nome e a preferência deve ser da mais nobre. Nas mesmas duas cores temos a prova. Fez Deus o dia e a noite com tal igualdade que, segundo diversos tempos do ano, nem em um minuto de tempo excede o dia à noite ou a noite ao dia. E a este espaço de vinte e quatro horas, que se compõe de dia e de noite, como lhe chamou Deus desde seu nascimento? Chamou-lhe dia: "E da tarde e da manhã se fez o primeiro dia" (Gn 1,5). Pois se no mesmo espaço de tempo, composto de duas ametades iguais, tanta parte tem a noite como o dia, por que se chama dia e não se chama noite? Excelentemente S. Basílio Magno: "Fez-se tarde, fez-se manhã, quer dizer dia e noite; entretanto não chamou dia e noite, mas atribuiu todo nome à parte mais nobre"[2]. Ainda que no círculo que faz o sol, do Oriente ao ocaso e do ocaso ao Oriente, tanta parte tenha a noite como o dia, e o dia seja claro e a noite escura, contudo, aquele espaço que se compõe destas duas partes iguais chama-lhe Deus dia, e não lhe chama noite, porque o nome e a preferência sempre deve seguir a parte mais nobre: "Mas atribuiu todo nome à parte mais nobre". Por esta regra, que não é menos que divina, ainda que a cor parda se componha igualmente da preta e da branca, se devia agregar, como digo, à branca e não à preta. Mas, pois os pardos se quiseram antes distinguir de ambas, e com tanta diferença que até o apelido da Senhora trocaram, e deixaram o do Rosário, contanto que o rezem, como os outros devotos dele, a Soberana Virgem, que invocada debaixo de qualquer nome é a mesma, se dará por satisfeita da sua devoção.

Excluídos assim, porque se quiseram excluir os pardos, ficam só os brancos e pretos, cujas cores, ainda que extremas, se poderão muito bem unir na mesma irmandade. Naquele contrato que Jacó fez com Labão, sobre as reses pretas e brancas, e as de cor misturada e vária, sempre estas ficaram separadas a uma parte, e as brancas e pretas a outra: "E separou os que eram vários e manchados, e entregou nas mãos de seus filhos todo o rebanho que era de uma só cor" (Gn 30,35). E por mais que este contrato se trocou dez vezes, é coisa muito notável que as reses brancas e pretas, ou passassem de Jacó a Labão, ou de Labão a Jacó, sempre andaram unidas. Logo, bem puderam também andar unidos, e debaixo da mesma irmandade, os brancos e os pretos. E se quisermos tornar à metáfora do dia e da noite, assim puseram uns e outros juntos no mesmo coro os cantores de Babilônia: "Noites e dias, bendizei o Senhor" (Dn 3,71). Respondiam-se alternadamente os dias às noites e as noites aos dias, e com uniformes vozes, posto que umas mais claras e outras menos, todos juntamente louvavam e bendiziam a Deus. Mas ainda que esta união fora muito própria da lei evangélica, em que a diferença das cores não dirime a irmandade, nem faz distinção entre senhores e servos, contudo Davi, como profeta, viu isto mesmo que nós temos diante dos olhos. Por isso fez dois coros diferentes e separados, de brancos e pretos, um em que pôs os dias, que não respondiam às noites, senão aos dias: "Um dia diz uma palavra a outro dia" (Sl 18,3), e outro em que pôs as noites, em que também não respondiam aos dias, senão às noites: "E uma noite mostra sabedoria a outra noite" (Sl 18,3).

Suposta, pois, esta distinção e separação de irmandades, uma dos brancos, outra dos pretos, uma dos senhores, outra dos escravos, o meu assunto, ou questão muito digna de se disputar, será hoje esta: qual destas duas irmandades é mais grata e mais favorecida da Mãe de Deus: se a dos pretos ou a dos brancos, a dos escravos ou a dos senhores? Uns e outros estão presentes, e a todos toca igualmente ajudarem-me a pedir a graça. *Ave Maria etc.*

§ II

"*E* Jacó gerou a Judas e a seus irmãos."
Três causas têm nesta nossa república os que se chamam Senhores para a grande distinção que fazem entre si e os seus escravos: o nome, a cor e a fortuna. O nome de escravos, a cor preta e a fortuna de cativos, mais negra que a mesma cor. Agora veremos se são bastantes estas três causas para que na estimação da Soberana Rainha dos Anjos tenham melhor lugar os senhores que os escravos, os brancos que os pretos e a humilde fortuna desta segunda irmandade que a nobreza da primeira.

Começando, pois, pela comparação dos escravos com seus senhores, no primeiro patriarca desta mesma genealogia do evangelho, que foi Abraão, têm os escravos um exemplo que, por todas suas circunstâncias, favorece pouco o seu partido. Havia naquela família dois escravos, uma mãe chamada Agar e um filho chamado Ismael, os quais representavam com grande propriedade as duas diferenças dos que temos presentes. Agar, que quer dizer peregrina, era trazida da África, porque, como diz o texto sagrado, era egípcia: "Uma escrava egiptana, chamada Agar" (Gn 16,1); e Ismael era nascido em casa do mesmo Abraão, como consta do mesmo texto: "Agar deu à luz um filho a Abrão" (Gn 16,15). Tais são uns e outros escravos os de que se compõe esta irmandade: uns chamados angolas, que são trazidos da África, outros que se chamam crioulos, e são nascidos e criados no Brasil, em casa de seus senhores. E o que tinha prometido Isaías à nova Igreja convertida da gentilidade, que uns filhos lhe viriam de longe e outros se levantariam do seu lado: "Teus filhos virão de longe, e tuas filhas se levantarão de todos os lados" (Is 60,4). Isto posto, vamos ao caso. Primeiramente, diz a Escritura que Sara, mulher de Abraão, tratava com tanto rigor a Agar, que a obrigou a fugir, e tornando outra vez para casa, não menos apadrinhada que por um anjo, finalmente disse a Abraão que "Lançasse de casa aquela escrava e a seu filho" (Gn 21,10) — e assim se fez. Saibamos agora: e esta Sara, quem era? Dizem as alegorias que era figura da Virgem Maria, Senhora nossa, e se confirma com o seu próprio nome, porque Sara quer dizer "a Senhora". Logo, pouco favor parece que podem esperar da Senhora, não só alguns escravos, senão todos, ou sejam os de longe, como Agar, ou os de perto, como Ismael.

Nunca vistes uma figura mal pintada? Pois assim é Sara, figura da Virgem Maria. As figuras bem pintadas mostram a semelhança: as mal pintadas encarecem a diferença. Quereis ver bem pintadas as nossas Senhoras no rigor e pouca piedade com que tratam os escravos? Olhai para Sara. E se quereis ver o encarecimento de piedade e amor com que a Senhora das senhoras os trata, ponde os olhos na Virgem Maria. Para prova de quanto a Virgem Maria ama e estima os escravos, e não despreza este nome, não tenho menos que três testemunhos, todos três divinos: o de Deus, o do Filho de Deus e o da Mãe de Deus. Comecemos por este último. E para que apareça melhor o encarecimento da diferença, não tiremos os olhos da figura de Sara.

Quando o anjo trouxe a embaixada à Senhora, depois de lhe chamar cheia de graça e bendita entre todas as mulheres, lhe disse que seria Mãe de um Filho tão grande que se chamaria Filho de Deus e herdaria o cetro de Davi, seu pai. E a Virgem que, sobre todos os títulos, estimava o de Virgem, depois de replicar o que podia fazer dúvida à sua pureza, as palavras com que aceitou a embaixada foram: "Eis aqui a escrava do Senhor" (Lc 1,38). — Pois agora, quando pela herança do Filho, como Filho de Davi, lhe pertencia o senhorio de Israel, e agora, quando pela herança do mesmo Filho, como Filho de Deus, lhe pertencia o senhorio do mundo, se chama a Virgem Maria escrava? Sim, agora. Quando se viu Senhora do reino e Senhora do mundo, então se chamou escrava, para que julguem os senhores e os escravos se estimará mais os escravos ou os senhores. Sara também mudou o nome, mas nunca deixou o de senhora, porque dantes chamava-se Sarai, que quer dizer senhora minha, e depois chamou-se Sara, que quer dizer senhora. E quem tão pegada estava ao nome e domínio de senhora, não é muito que fosse de tão dura condição e tão rigorosa com os escravos; porém, Maria, que levantada sobre os dois maiores domínios e senhorios da terra e do céu, troca o nome de senhora pelo de escrava, vede se amará e estimará muito aqueles de quem tanto lhe agrada o nome?

Esta é a consequência que naturalmente se infere de a Senhora tomar o nome de escrava; mas ainda não está declarada a causa por que o tomou. Para a Senhora aceitar o que o anjo lhe propunha, e para encarnar o Verbo Divino em suas entranhas bastava dizer: "Faça-se em mim segundo a tua palavra" (Lc 1,38).

E assim foi, porque, no mesmo ponto em que pronunciou estas últimas palavras, se obrou o mistério da Encarnação. Pois, se bastava dizer: "Faça-se em mim segundo a tua palavra", por que não só acrescentou, mas antecipou ao "faça-se" o "eis a escrava", e antes de ser mãe se chamou escrava? É reparo de Santo Tomás, arcebispo de Valença[3], ao qual com novo e esquisito pensamento satisfaz desta sorte: "Por um grande mistério e por altíssima inspiração da Divindade, a que havia de conceber a Deus lembrou-se de sua condição de escrava, para que transmitisse ao Filho que nasceria dela a condição de servo do mundo". Sabeis por que a Virgem Maria se reconheceu e confessou por escrava antes de conceber ao Filho de Deus? A razão e mistério altíssimo foi porque o parto, segundo as leis, não segue a condição do pai, senão a da mãe: "O parto segue o ventre" — e quis a Senhora por esta declaração antecipada que o Filho que havia de ser seu, como Filho de escrava, nascesse também escravo nosso. Enquanto Filho de seu Pai, é Senhor dos homens; mas enquanto Filho de sua Mãe, quis a mesma Mãe que fosse também escravo dos mesmos homens. Este foi o intento da Senhora no que disse, e no tempo e modo em que o disse; e isto é o que significa a palavra forense "transmitir", da qual se deriva "transmissão": "Para que transmitisse ao Filho que nasceria dela a condição de servo do mundo".

Quando a Senhora disse: "Eis a escrava do Senhor", acabava de ouvir ao anjo que o Filho que dela havia de nascer "reinaria na casa de Jacó" (Lc 1,32). E daqui se vê na matéria de escravos outra grande diferença entre uma senhora e outra senhora, entre Maria e Sara. Sara, porque Ismael é escravo, não quer que trate com seu filho sendo seu irmão; e Maria, porque seu Filho há de ser irmão dos homens, para que os trate e sirva melhor, quer que seja seu escravo. Sara, para estabelecer a casa de Abraão em Isac, lança a Mãe escrava e mais o filho escravo fora de casa, e Maria, para estabelecer a casa de Jacó em Cristo, mete a Mãe escrava e mais o Filho escravo dentro na mesma casa. Digo na mesma casa, porque a casa de Jacó era a mesma de Abraão. E daqui podemos entender, com novo pensamento, que os antigos rigores de Sara contra os escravos eram profecia dos favores com que neste tempo os havia de admitir e tratar a Virgem Maria. Notai as palavras: "Lançasse de casa aquela escrava e a seu filho". Não diz que deite fora de casa a escrava, senão "aquela escrava", porque havia de vir tempo em que houvesse outra "escrava" e outra escrava, a qual tivesse outro filho, também escravo, os quais se não haviam de lançar da casa de Abraão, senão conservar-se e venerar-se nela, para que por seu meio se conseguissem as bênçãos e felicidades que Deus ao mesmo Abraão tinha prometido. E isto baste quanto ao primeiro testemunho.

§ III

Ao testemunho da Mãe de Deus, segue-se o do Filho de Deus. Sendo o Filho de Deus igual a seu Eterno Pai em tudo, para mostrar que esta igualdade era própria, e não alheia, natural e não adquirida ou roubada, quis por amor de nós, não fazer, senão fazer-se o que não era. E para se fazer o que não era, que forma tomaria fora de si mesmo? De quanto Deus tinha criado na terra, tomou o melhor, que era a natureza humana, e de quanto os homens tinham inventado na mesma terra, tomou o pior, que era a condição de escravo: "O qual, tendo a natureza de Deus, não julgou que fosse nele uma usurpação o ser igual a Deus, mas ele aniquilou a si mesmo, tomando a natureza de servo, fazendo-se semelhante aos homens" (Fl 2,6s). São palavras do apóstolo S. Paulo nas quais, com razão, encarece tanto este fazer-se Deus escravo, que lhe não chama fazer-se, senão desfazer-se: "ele se aniquilou a si mesmo". Não porque Deus deixasse de ser o que era, mas porque uniu o que infinitamente era ao que não só infinitamente, mas mais ainda que infinitamente, distava do seu próprio ser. O ser do homem dista infinitamente do ser de Deus, e o ser ou não ser do escravo, de outra segunda distância pouco menos que infinita. E quando o Filho de Deus se não desprezou de ser escravo, quem haverá que se atreva a desprezar os escravos?

Tudo o que no escravo pode causar desprezo coube em Deus, porque quando "tomou a forma de escravo" não a tomou, como dizem, "por forma", senão com todas as formalidades. No Cenáculo, servindo como escravo a homens de baixa condição no exercício mais baixo: "Lançou água numa bacia, e começou a lavar os pés" (Jo 13,5); na prisão do Horto, sendo reputado por escravo fugitivo e ladrão: "Como se eu fora algum ladrão viestes a prender-me? Todos os dias estava eu convosco" (Mc 14,48s); na traição de Judas, vendido como escravo, e por vilíssimo preço: "Eles lhe assinaram trinta moedas de prata" (Mc 26,15); na remissão a Caifás, manietado como escravo, ou, como cá dizeis, amarrado: "Enviou-o manietado ao pontífice Caifás"

(Jo 18,24); no Pretório, açoitado como escravo, e crudelissimamente açoitado: "Depois de o fazer açoitar" (Mc 15,15); nas ruas publicas de Jerusalém, como escravo com a carga mais pesada e mais afrontosa às costas: "Levando a sua cruz às costas" (Jo 19,17); no Calvário, como escravo despido: "Tomaram as suas vestiduras" (Jo 19,23); e finalmente, como escravo e mau escravo, pregado e morto em uma cruz, que era o suplício próprio de escravos. E se estes são os maiores abatimentos a que pode chegar o estado da servidão, quem haverá, se tem fé, que se atreva a desprezar no seu escravo o que vê no seu Deus?

Para remir o gênero humano bastava que o Filho de Deus se fizesse homem; e como os homens, pervertendo a igualdade da natureza, a distinguiram com dois nomes tão opostos como são os de senhor e escravo, bem pudera o Filho de Deus contentar-se com se fazer homem do predicamento dos senhores. E por que não quis? Pela razão que deu S. Paulo: "Não julgou que fosse nele uma usurpação o ser igual a Deus, mas ele se aniquilou a si mesmo, tomando a natureza de servo" (Fl 2,6s). O apóstolo diz que, se o Verbo se não fizesse homem na forma de escravo, seria furto que faria à Divindade de seu Pai; e eu acrescento que também faria furto à vontade e exemplo de sua Mãe. Ora vede. Quem visse que o Filho de Deus recebia a natureza humana, e se recebia com ela na forma e condição de escrava, poderia bem cuidar que se casara a furto; mas nem foi a furto do Pai, nem a furto da Mãe. Não a furto do Pai, porque no mesmo entendimento — que era do Pai, e mais do Filho — saiu o arbítrio com que o Filho tomou a forma de escravo: "Não julgou que fosse nele uma usurpação, tomando a natureza de servo"; nem a furto da Mãe, porque assim o confirmou a Mãe, assinando o contrato com a firma de escrava: "Eis a escrava do Senhor". E se o Filho de Deus, por arbítrio de seu Pai, por eleição de sua Mãe e por inclinação e vontade própria, havendo de se fazer homem, se não fez do predicamento dos senhores, senão da condição dos escravos, vejam lá os que ainda no serviço da Mãe de Deus se separam dos escravos, se favorecerá mais a mesma Senhora àqueles com quem se quis parecer seu Filho, ou aos que se desprezam de se parecer com eles? Grande caso é que, cabendo a forma de Deus e a forma de escravo em uma só pessoa, e essa divina — "Como existisse na natureza de Deus, tomou a natureza de servo" —, um homem, com nome de Senhor, e outro, com nome de escravo, não caibam em uma grande congregação, e por isso se houvessem de separar em duas confrarias?

§ IV

Depois do testemunho da Mãe de Deus e do Filho de Deus, só resta o do mesmo Deus, isto é, de Deus Pai. Quis Deus Pai que assim como seu Filho tinha Pai, tivesse também Mãe, e para achar em todo o mundo e em todos os séculos pessoa digna de tão alta e soberana assunção, já sabemos que a não buscou nas cortes dos assírios, persas, gregos ou romanos, entre as princesas de sangue imperial, nem a achou na mesma Jerusalém, cabeça da verdadeira fé naquele tempo, senão em Nazaré, povo de poucas casas, e na mais humilde dele. Ali estava escondida aos olhos do mundo aquela donzela mais divina que humana, que só mereceu ser digna Mãe de Deus Homem. Mas, por que motivos? Nela tinha o mesmo Deus depositado e juntas todas as perfeições e graças que, divididas, fazem bem-aventuradas no céu e ilustres na terra ambas as naturezas, humana e angélica. Qual destas perfeições, pois, e qual destas graças foi a que mais encheu o entendimento e cativou a vontade divina, para que Maria unicamente fosse a bendita entre todas as mulheres, e entre todas a escolhesse Deus para Mãe de seu Filho? A mesma Senhora o disse: "Porque pôs Deus os olhos na humildade e baixeza de sua escrava" (Lc 1,48). — Vede que diferentes são os olhos de Deus dos nossos. Mas agora pergunto eu: e poderia a Mãe de Deus desprezar o que Deus estimou e reprovar o que Deus elegeu, e onde Deus pôs os olhos, deixar ela de pôr também os seus? Claro está que não. Logo, se Deus não pôs os olhos na majestade e grandeza das senhoras, senão na humildade e baixeza da escrava, seguro têm os escravos, ainda em comparação de seus senhores, o maior favor e o maior agrado dos olhos da Mãe de Deus.

E se vos não contentais com a razão desta consequência, que todos veem, eu vos hei de dar ainda outra, que ninguém imagina. A razão que todos veem é que não podem os olhos da Senhora deixar de imitar e seguir os olhos de Deus. E a que eu digo, que ninguém imagina, qual será? É que quando a Mãe de Deus põe os olhos, olha pelos olhos de seu Filho. É caso verdadeiramente admirável, e de grande consolação para todos os devotos da Virgem Maria, o que agora direi. Em Delfes, cidade de Holanda, no dia do nascimento da Senhora, cantavam a "Salve-Rainha" no coro certas religiosas, de que era uma Santa Gertrudes[4], e quando chegaram àquelas palavras: "A nós volvei os vossos olhos misericordiosos", em que pedimos à Mãe de Deus incline a nós seus misericordiosos olhos, viu a Santa que, tendo a imagem da Senhora seu bendito Filho no braço esquerdo, movia o direito e, aplicando os dedos aos olhos, que o Menino Jesus tinha levantados, os inclinava brandamente, para que os pusesse nas monjas que a invocavam. E por que não ficasse em dúvida o que significava a visão, disse a soberana Virgem a Gertrudes: "Estes são os misericordiosíssimos olhos, que eu posso inclinar e inclino sobre todos os que me invocam, para que por meio de sua saudável vista alcancem a vida eterna". — De sorte que, quando a Mãe de Deus põe os olhos em nós, não só imita e segue os movimentos e inclinações da sua vista, mas olha pelos olhos do mesmo Filho Deus. E se os olhos de Deus, como diz a mesma Senhora, não olharam para a nobreza e soberania das senhoras, senão para a humildade e baixeza da escrava: "Olhou para a humildade de sua Escrava" — ditosa a humildade e baixeza dos que sois escravos, pois não podem deixar de se inclinar piedosamente a ela os olhos de Deus e de sua Mãe.

Só pode ter esta verdade uma réplica, não para vós, senão para os que sabem mais que vós. Dirão que o "Olhou para a humildade de sua Escrava" se entende da virtude e excelência da humildade, e não da humildade e baixeza da condição. E, posto que a humildade e baixeza da condição se acha em todos os escravos, a virtude e excelência da humildade, que na Mãe de Deus foi sumamente perfeita, ainda nos que professam perfeição é muito rara. Logo, ainda que sejais escravos, como a Senhora se chamou escrava, não basta a humildade e baixeza da condição que traz consigo este nome para que os olhos de Deus e da Mãe de Deus se ponham mais benignamente em vós. Ora, não vos desconsoleis, que se esta réplica tem por si muitos e graves autores, o sentido em que eu vos expliquei as palavras da Senhora é fundado no mesmo texto, cuja autoridade prevalece a todas. Onde a Vulgata lê "humildade de sua escrava", o texto original tem "pequenez, insignificância", e como verte Vataclo[5], "aniquilidade". De maneira que a palavra "humildade" não significa humildade enquanto é virtude da pessoa, senão humildade enquanto é baixeza da condição pessoal e vileza dela. Assim o entendem, fundados na propriedade do texto, o mesmo Vatablo, Isidoro Clário, Jansênio, Caetano, e todos os expositores modernos mais literais, como já o tinha entendido Eutímio, conforme a significação natural da palavra e língua grega, em que escreveu o Evangelista S. Lucas, e a quem ditou o seu cântico a mesma Virgem Maria. E ser esta a verdadeira inteligência se confirma com a razão, porque o intento da Senhora, como sumamente humilde, não foi engrandecer a sua virtude senão abater a sua indignidade. Assim que a baixeza e vileza própria da condição dos escravos, essa é a que levou após si os olhos de Deus quando a Senhora se chamou escrava: "Porque olhou para a humildade de sua Escrava".

E para que se veja, finalmente, o lugar que têm na estimação da mesma Senhora os escravos, não obstante a baixeza de sua condição, ainda comparados com o nascimento e nome dos que se chamam seus senhores, nos irmãos do nosso tema o temos: "Judas e a seus irmãos". Vendo Raquel que a fecundidade de Lia lhe tinha dado quatro filhos, e que ela era estéril, para suprir este desar, que naquele tempo era afrontoso, pediu a Jacó que admitisse ao tálamo a sua escrava Bala, para que dela ao menos tivesse filhos. Assim como Raquel o traçou, assim sucedeu. E como desta substituição nascessem dois filhos a Bala, um chamado Dã, outro Neftali, a mesma Raquel, que a propósito do sucesso lhe tinha posto os nomes, disse estas notáveis palavras: Ora, graças sejam dadas a Deus, "que me igualou com minha irmã, e eu prevaleci" (Gn 30,8). — Quem não soubesse que Lia tinha já quatro filhos, e não adotivos, senão naturais e próprios, faria bem diferente conceito desta que Raquel chamou primeiro igualdade e depois vitória. Mas se os filhos de Lia eram quatro, e os de Bala só dois, como diz Raquel que igualou a sua irmã, e que a venceu? Para igualar, era necessário que fossem tantos os filhos de Bala como os de Lia; e para vencer era necessário que fossem mais, pois, se não eram mais, nem tantos, senão ametade menos, como diz Raquel, não só que igualou, senão que venceu: "Me igualou com minha irmã, e eu prevaleci" (Gn 30,8)? O pensamento com que isto disse Raquel ela o saberia: eu só sei que a mesma Raquel era figura da Virgem Maria, e que os filhos de Lia eram filhos de senhora, e os de Bala filhos de escrava; e era tal a conta e a diferença que Raquel fazia entre os filhos da escrava e os filhos da senhora que, sendo os da senhora quatro e os da escrava dois, estes dois para com ela no número eram outros tantos, e na estimação muitos mais: no número outros tantos, e por isso disse que Deus a igualara; e na estimação muitos mais, e por isso disse que ela prevalecera. Aplicai vós, que eu não quero fazer mais largo este primeiro ponto.

§ V

O segundo, e segunda causa da grande distinção que fazem entre si e os escravos os que se chamam senhores é, como dizíamos, a cor preta. Mas se a cor preta pusera pleito à branca, é certo que não havia de ser tão fácil de averiguar a preferência entre as cores, como a que se vê entre os homens. Entre os homens dominarem os brancos aos pretos é força, e não razão ou natureza. Bem se vê onde não tem lugar esta força, nem a cor é vencida dela. Quando os portugueses apareceram a primeira vez na Etiópia, admirando os etíopes neles a polícia europeia, diziam: Tudo o melhor deu Deus aos europeus, e a nós só a cor preta. — Tanto estimam mais que a branca a sua cor. Por isso, assim como nós pintamos aos anjos brancos e aos demônios negros, assim eles, por veneração, aos anjos pintam negros e aos demônios, por injúria e aborrecimento, brancos. Deixando, porém, os que podem parecer apaixonados, ninguém haverá que não reconheça e venere na cor preta duas prerrogativas muito notáveis. A primeira, que ela encobre melhor os defeitos, os quais a branca manifesta e faz mais feios; a segunda, que só ela não se deixa tingir de outra cor, admitindo a branca a variedade de todas; e bastavam só estas duas virtudes para a cor preta vencer e ainda envergonhar a branca. Mas das cores só os olhos podem ser juízes. Vejamos o que eles julgam ou experimentam. Os filósofos, buscando as propriedades radicais com que se distinguem estas cores extremas, dizem, que da cor preta é próprio unir a vista, e da branca disgregá-la e desuni-la. Por isso a brancura da neve ofende e cega os olhos. E não é isto mesmo o que com grande louvor dos pretos, e não menos afronta dos brancos, se acha em uns e outros? Dos pretos é tão própria e natural a união que a todos os que têm a mesma cor chamam parentes, a todos os que servem na mesma casa, chamam praceiros, e a todos os que se embarcaram no mesmo navio, chamam malungos. E os brancos? Não basta andarem nove meses juntos no mesmo ventre, como Jacó e Esaú, para se não aborrecerem; nem basta serem filhos do mesmo pai e da mesma mãe, como Caim e Abel, para se não matarem. Que muito, logo, que sendo tão disgregativa a cor branca, não caibam na mesma congregação os brancos com os pretos?

E para que vejamos quão diferentes é a distinção que a Virgem Senhora nossa faz entre uns e outros, ouçamos também neste ponto a Deus, ao Filho de Deus e à mesma Mãe de Deus. Havendo Deus criado o primeiro homem, pôs-lhe por nome Adão, que quer dizer "vermelho", por ser esta a cor do barro do Campo Damasceno, de que o formou. Tão importante é à altiveza humana a lembrança de seus humildes princípios. Mas, se o intento de Deus era formar-lhe o nome da mesma matéria de que o tinha formado, e a matéria era o barro vermelho, por que lhe não deu o nome do barro, senão o da cor, "vermelho"? Porque no barro não havia perigo de se desigualarem os homens; na cor sim. No barro não, porque todos os filhos de Adão se haviam de resolver na mesma terra; na cor sim, por que uns haviam de ser de uma cor e outros de outra. E não quis Deus que aquela cor fosse alguma das extremas, quais são a branca e a preta, senão outra cor meia e mista, que se compusesse de ambas, qual é a vermelha, para que na mesma mistura e união da cor se unissem também os homens de diversas cores, ainda que fossem tão diversas como a branca e a preta. Por isso no mesmo nome de Adão lhe distinguiu também Deus as terras em que, segundo a qualidade de cada uma, se lhe haviam de variar as cores. É advertência engenhosa de Santo Agostinho[6], o qual notou que as quatro letras de que se compõe o nome de Adão são as mesmas que no texto grego dão princípio às quatro partes do mundo, Oriente, Ocidente, Setentrião, Meio-dia. E, como os homens divididos pelas mesmas quatro partes do mundo, os da Europa, os da África, os da Ásia e os da América, conforme os diferentes climas, haviam de nascer de diferentes cores, traçou a sabedoria do Supremo Artífice que, assim como em todo o nome de Adão: *Ruber,* estava rubricada a memória do Pai e sangue comum de que descendiam, assim a cada letra do mesmo nome respondessem os diversos climas do mundo que lhes haviam de variar as cores, para que na variedade da cor se não perdesse a irmandade do sangue.

Por espaço de dois mil anos foram da mesma cor todos os homens, até que, habitando as duas Etiópias os descendentes do segundo filho de Noé, começaram muitos deles a ser pretos. Mas, acudindo Deus à diferença que podia causar nos ânimos esta diferença das cores, logo na lei escrita, e no mesmo legislador dela honrou com tal igualdade a ambas, que nem os pretos tivessem que invejar na branca, nem os brancos que desprezar na preta. Na lei mandava Deus que o cordeiro, ou cordeiros, que se lhe oferecessem, fossem inviolavelmente imaculados. Assim se prescreve em todos os ritos do Êxodo, do Levítico, dos Números. E em que consistia o ser imaculado o cordeiro? Cuidam muitos que consistia em ser extremamente branco, que nem sinal nem mancha alguma tivesse de preto. Mas não eram estas as manchas ou máculas que Deus proibia. Não estava a mancha na cor, senão no corpo da vítima. Se a inteireza natural do corpo do cordeiro não tinha defeito ou deformidade alguma, ainda que fosse em uma só unha, era imaculado. E quanto à cor, ou fosse todo branco, ou todo preto, ou branco com parte de preto, ou preto com parte de branco, igualmente era aceito a Deus e digno de seus altares: "Devia ser imaculado, isto é, íntegro e sem defeito de corpo; podia, porém, ser branco, negro, e ter manchas brancas ou negras"[7], comenta o douto A Lápide. De sorte que, por ser branco ou preto, ou em todo, ou em parte, não deixava o cordeiro de ser imaculado, sendo figura do mesmo Deus feito homem, para que os homens se não desonrassem ou tivessem por mancha em si, o que Deus não tinha por mancha no seu retrato. Isto quanto à lei.

Quanto ao legislador, ainda foi maior o exemplo, não só da providência, mas da severidade divina no rigor com que castigou o desprezo desta indiferença das cores. Não reparando nela Moisés, como homem de tão sublime juízo, casou-se com a filha de um rei da Etiópia, que ele tinha vencido em batalha, por isso chamada Etiopisa. Não levando, porém, a bem este casamento Maria, irmã do mesmo Moisés, e murmurando dele com Arão, que era o irmão maior, Deus, que costuma acudir pelos que não acodem por si, como vos parece que emendaria ou desfaria esta murmuração? É caso verdadeiramente notável! Não tinha bem acabado de murmurar Maria, quando apareceu de repente coberta de lepra e, como leprosa, conforme a lei, foi lançada fora dos arraiais. As palavras do texto são estas: "E subitamente Maria apareceu coberta de lepra branca como a neve" (Nm 12,10). — Reparai muito nesta brancura e nesta neve. Bem pudera Deus castigar a murmuração de Maria na língua, emudecendo-a, ou com outro castigo e enfermidade maior e mais perigosa que a lepra; mas por que quis que fosse lepra particularmente e tal lepra que a fizesse branca como a neve: "branca como a neve"? Para que respondesse a pena direitamente à culpa, e para que aprendesse Maria na sua brancura a não desprezar a pretidão da Etiopisa. Como se dissera Deus: já que nela desprezais a sua cor, olhai agora para a vossa; nela a sua pretidão é natureza, em vós a vossa brancura é lepra. Ó quantas brancuras se prezam de muito brancas, que são como a da irmã de Moisés! Quanto melhor lhes fora ser negras sem lepra, que brancas e leprosas! Assim castigou Deus naquela Maria os desprezos da Etiopisa, e assim nos ensinou, pelo contrário, quanto preza e quanto estima a todos os etíopes a outra soberana Maria, que como bendita entre todas as mulheres, nasceu para emendar os erros de todas.

§ VI

Dos exemplos de Deus passemos aos de seu Filho, e vejamos quanto estimou e estima Cristo os pretos. É observação em que porventura não tendes reparado a que agora direi. Digo que estima tanto o Filho de Deus os pretos que, mil anos antes de tomar o nosso sangue, deu aos pretos o seu. Vejamos primeiro a verdade do caso, e depois iremos ao cômputo dos tempos. O Filho de Deus tomou o nosso sangue quando encarnou e se fez homem, e deu o seu aos pretos quando lhes deu o sangue que ele havia de tomar, que era o de Davi. E foi desta maneira[8]. Reinando Salomão, filho de Davi, levada da fama de sua sabedoria, veio a vê-lo e ouvi-lo a Rainha Sabá, que o era da Etiópia. E como Salomão tivesse por mulheres setecentas rainhas, recebeu também no número delas, posto que de cor preta, a mesma rainha Sabá, de quem houve um filho, o qual nasceu depois, na Etiópia, e a mãe lhe pôs o nome de seu avô, e se chamou Davi. Sendo já de vinte e dois anos este príncipe, desejoso de ver e tomar a bênção a seu pai, veio a Jerusalém, onde Salomão não só o reconheceu por filho, mas, com todas as cerimônias e insígnias reais, o fez ungir no Templo por rei da Etiópia, sendo os ministros desta solenidade Sadoc e Joás, em quem estava o sumo sacerdócio naquele tempo. Esta é a origem dos imperadores da Etiópia, mil anos, como dizia, antes da Encarnação do Filho de Deus, porque o mistério altíssimo da Encarnação foi obrado no ano quarenta e um do império de Augusto César, quando se contavam quatro mil e cinquenta e um anos da criação do mundo, e a vinda da rainha Sabá a Jerusalém tinha sido no ano vinte e quatro do reinado de Salomão, quando o mesmo mundo, desde sua criação, contava somente três mil e cinquenta e três anos[9]. De sorte que quando o Filho de Deus, fazendo-se homem, tomou o Sangue da geração de Davi, já havia mil anos que tinha dado o mesmo sangue aos pretos da Etiópia no seu primeiro rei ou imperador — porque até então eram governados pelas rainhas — em memória desta descendência, por tradição antiquíssima e sempre continuada, se intitula hoje o mesmo imperador "Filho de Davi, filho de Salomão, filho da coluna de Sião, filho da descendência de Jacó, Grande Filho de Maria"[10].

Esta última cláusula de grande filho de Maria acrescentaram os imperadores da Etiópia depois do nascimento de Cristo, o qual tantos séculos antes tinha honrado os etíopes com os mesmos nomes ou títulos com que hoje se intitula no livro de sua geração. Que diz S. Mateus, ou que nome dá ao livro da geração de Cristo? "Livro da geração de Jesus Cristo, filho de Davi e filho de Abraão." E deste mesmo Davi, e deste mesmo Abraão, de que Cristo hoje se chama filho, por descender deles por quarenta e duas gerações, destes mesmos, e não de outros, se chamavam também os etíopes filhos de Davi e filhos de Abraão, não por quarenta e duas gerações, senão por quinze somente, que tantas conta o mesmo S. Mateus até Salomão. Filhos de Davi, porque todos os etíopes conservaram sempre o nome de Davi como hereditário em seus príncipes; e filhos de Abraão, porque todos tomaram dele a circuncisão.

E se buscarmos a razão, motivo ou merecimento destes tão antecipados favores do

Filho de Deus aos etíopes, o mesmo Davi o tinha já cantado, quando disse: "A Etiópia se adiantará para levantar as suas mãos a Deus" (Sl 67,32). Onde a palavra "se adiantará" é o mesmo que "adiante virá", porque a Etiópia e os etíopes seriam os primeiros, entre todos os gentios, que receberiam a fé do verdadeiro Deus. E declara o profeta com excelente propriedade e energia este reconhecimento e aceitação da fé, dizendo, como se lê no hebreu, que estenderiam a Deus as suas mãos, porque este é o estilo ou ação natural, como vemos, como que os mesmos etíopes, novamente trazidos das suas terras, reconhecem o domínio dos que têm por senhores, estendendo para eles as mãos e batendo-as. Grande prerrogativa, e singular, por certo, desta nação que, quando todas as outras adoravam muitos deuses — chegando esta multidão em todo o mundo a número de trinta mil, como refere Hesíodo[11] — ela só reconhece a unidade em Deus, sem a qual não pode haver divindade. E que direi da mesma divindade unida à humanidade em Cristo, em cuja notícia e pregação se anteciparam os etíopes aos mesmos apóstolos? Quando os apóstolos repartiram entre si o mundo, coube a S. Mateus a Etiópia; mas quando lá chegou S. Mateus, que foi no ano quarenta e quatro do nascimento de Cristo[12], já havia nove anos que o eunuco da rainha Candaces, guarda-mor do seu erário, convertido e batizado por S. Filipe, lhe tinha levado e mostrado os tesouros do Evangelho, sendo ele o primeiro apóstolo da sua pátria, da mesma nação, da mesma língua e da mesma cor que os outros etíopes.

Mas não foi esta ainda a primeira e mais antecipada diligência com que os pretos se adiantaram a pregar a fé e veneração de Cristo e sua Santíssima Mãe. Os três reis orientais, que vieram adorar o Filho de Deus recém-nascido em Belém, é tradição da Igreja que um era preto[13]. Mas de que terra ou nação fosse, andou em opiniões muitos séculos, até que no ano de mil quatrocentos e noventa e nove descobriram os nossos argonautas da Índia que tinha sido o rei de Cranganor. Este rei, pois, tão preto como o pintam, mudando o nome que dantes tinha, se chamou Queriperimale, que quer dizer terceiro, por ser ele o terceiro que, seguindo a estrela, se ajuntou aos dois naquela prodigiosa viagem. Chegaram, acharam o rei que buscavam, e como a rei, como a Deus e como a homem, lhe ofereceram, prostrados a seus pés, os misteriosos tributos. Voltando para suas terras e reinos, o que fez o de Cranganor foi edificar logo um templo, e, no meio dele, uma capela, a que se subia por muitos degraus, na qual colocou uma imagem da Virgem Maria com o Menino Deus nos braços, como refere S. Mateus que o acharam: "Acharam o menino com Maria, sua Mãe" (Mt 2,11). A este monumento de religião acrescentou por lei ou rito perpetuamente estabelecido que todas as vezes que se nomeasse o santíssimo nome de Maria, todos se prostrassem por terra; e assim o fizeram os sacerdotes do mesmo templo em presença do nosso Gama e de todos os que com ele desembarcaram na mesma cidade. Agora vede se tenho eu razão para dizer que no culto e veneração pública de Cristo e sua Santíssima Mãe, se adiantaram os pretos aos mesmos apóstolos. O primeiro templo que os apóstolos levantaram à Virgem Maria em sua vida foi o do Pilar de Saragoça, pelo apóstolo Santiago[14]. Mas quando? No ano vinte do império de Tibério, que era o ano trinta e seis do nascimento de Cristo. De maneira que quando o primeiro apóstolo, à instância da mesma Mãe de Deus, lhe edificou a primeira capela em Espanha, já o rei preto, com seus vassalos da mesma cor, lhe tinham edificado templo na Índia. Para que se veja se esta antecipada devoção dos pretos mereceu tão antecipados favores de Cristo, e se à vista deles, merecem ser desprezados dos que se chamam seus senhores. E senão, digam-me os mesmos portugueses qual era a sua religião naquele tempo e muitos anos depois? O que se acha em pedras e inscrições antigas é que dedicaram templo a Otaviano Augusto, templo a Trajano e a todos os deuses, templo a Ísis, templo e estátuas a Tibério e sua mãe Lívia, templo e estátuas a Nero e sua mãe Agripina[15]. E quando os portugueses, sem se lhes fazerem as faces vermelhas na sua brancura, reconheciam divindade nestes monstros da ambição e de todos os vícios, os pretos nos seus altares adoravam o verdadeiro Filho de Deus e a verdadeira Mãe do mesmo Filho.

§ VII

Mas ouçamos por fim a estimação que faz da cor preta, não só neles, mas em si, a mesma Mãe de Deus: "Eu sou negra, mas formosa, ó filhas de Jerusalém, assim como as tendas de Cedar, como as cortinas de Salomão" (Ct 1,4). Nestas palavras se defende a Pastora dos Cantares, respondendo às filhas de Jerusalém, as quais, como criadas na corte, e ela no campo, e como prezadas de muito brancas, a notavam de preta. Diz, pois, que ainda que preta nem por isso deixa de ser formosa, e o prova principalmente com as famosas tendas de Salomão, quando, saindo da corte, morava no campo: "como as cortinas de Salomão".

Assim como as peles que cobrem as tendas de Salomão são pretas e muito formosas, assim pode haver formosura, e grande formosura, em couros pretos. E se este dote da natureza, filhas de Jerusalém, não está vinculado à cor branca de que tanto vos prezais, notai-me embora de preta, mas não de feia, porque ainda que sou preta, sou formosa: "Negra sou, mas formosa". Até aqui a que em trajo pastoril representava a Virgem Senhora nossa, a qual com as mesmas palavras confessa ser a cor preta natural da sua pátria e sua, porque a Palestina, como vizinha ao Egito e à África, por razão do clima mais exposto aos ardores do sol, participa da cor com que ele costuma tostar e escurecer a brancura, como logo acrescentou a mesma pastora: "Não queirais reparar na minha tez escura, porque o sol me mudou a cor" (Ct 1,5). Assim lemos em Nicéforo, que aquele soberano rosto, em que Dionísio Areopagita reconheceu raios de divindade, entre as duas cores extremas propendia mais para a preta. O mesmo diz Santo Epifânio, e mais claramente o demonstra o retrato natural da mesma Virgem Maria, pintura da mão de S. Lucas, que hoje se vê e venera em Roma, na Basílica de Santa Maria Maior, como um dos mais preciosos tesouros daquele famosíssimo santuário.

Coisa é porém muito digna de reparo que neste epitalâmio, escrito pela sabedoria de Salomão, nunca a Senhora se chamasse formosa, senão depois de se chamar preta. Catorze vezes, por diversos modos e com diversos encarecimentos, celebra o esposo a sua formosura e lhe chama formosa; mas a Senhora não se atribuiu este louvor, de que tanto se gloriam ainda as que o não merecem, senão uma só vez, e quando juntamente disse que era preta: "Negra sou, mas formosa". Seria porventura para escurecer com estas sombras a mesma formosura? Não, diz Santo Ambrósio, senão para a engrandecer e realçar mais: "Disse antes negra, para realçar a beleza"[16]. E, se buscarmos a razão desta consequência, que não parece fácil, na semelhança das mesmas tendas de Salomão a temos excelentemente declarada. Porque, sendo por fora lavradas com todos os primores da arte na cor preta, e por isso muito formosas à vista, por dentro eram recamadas de ouro, pérolas e diamantes, cujos reflexos na oposição daquela cor brilhavam mais e faziam um admirável composto de maior graça e formosura. E, desta maneira, sendo o preto esmalte do branco e o escuro realce do claro, se pareciam muito vistosas no que mostravam por fora, muito mais formosas e preciosas eram no que cobriam por dentro: "Disse antes negra, para realçar a beleza".

Notem isto as pretas e os pretos, para que os não desconsole ou desanime a sua cor, e notem também o mesmo as brancas e os brancos, para sua confusão se, tendo a brancura só por fora, forem negros por dentro. Mandava Deus no Levítico que o cisne, como ave imunda, se lhe não sacrificasse, nem ainda se comesse (Lv 11,18). E em que defeito se fundava esta lei, se o cisne, cantor de suas próprias exéquias, é tão branco como a mesma neve? Porque por fora tem as penas brancas e por dentro a carne negra: "Embora suas penas sejam brancas e brandas, a carne entretanto é dura, nervosa e negra"[17]. Olhe para si a brancura, e veja se responde ao interior ou se é hipocrisia. O carvão coberto de neve, nem por isso deixa de ser carvão antes, junto dela é mais negro. Por isso Cristo, Senhor nosso, comparava os escribas e fariseus às sepulturas branqueadas: "Ai de vós, escribas e fariseus hipócritas, porque sois semelhantes aos sepulcros branqueados" (Mt 23,27). E em que consistia a hipocrisia daquelas sepulturas vivas? Em que a brancura de fora lhes dava aparências de formosura, e por dentro estavam cheias de corrupção e horrores: "Que parecem por fora formosos aos homens, e por dentro estão cheios de ossos de mortos, e de toda a asquerosidade" (Ibid.). Vede agora se a Mãe de Deus, para estimar mais os brancos que os pretos, se deixará enganar das aparências ou hipocrisias da cor?

Lá disse Deus a Samuel que ele não era como os homens, porque os homens olham para o rosto, e Deus para os corações: "Porque o homem vê o que está patente, mas o Senhor olha para o coração" (1Rs 16,7). Pois assim como nos olhos de Deus, assim também nos de sua Mãe cada um é da cor do seu coração. E para que vejamos quão pouco importa, para maior estimação da Senhora, a cor ou aparência do rosto, na história do nosso tema o temos. Vendo Lia que Raquel tinha filhos de sua escrava Bala, quis ela também ter filhos da sua escrava Rasfa, e parece que sem razão. Que Raquel, vendo-se estéril, busque esta consolação ou alívio à sua fecundidade, perdão merece a sua dor; mas que Lia, achando-se com quatro filhos legítimos de Jacó, os queira também ter da sua escrava Rasfa, apetite parece alheio de todo o bom juízo. Quanto mais que as cores e feições do rosto de Rasfa eram tão pouco para estimar, como significa o seu próprio nome, que quer dizer "desprezo do rosto"[18]. Pois, de uma escrava, que na cara e na cor trazia o próprio desprezo, quer Lia ter filhos? Sim. Porque entendeu e esperou que os filhos da escrava, posto que de tão desprezada cor, podiam fazer mais ditosa a sua casa que os da mesma senhora. E assim foi. Nasceu o primeiro filho a Rasfa, e pôs-lhe Lia "por nome Felicidade, chamando-o Dã"[19]. Nasceu o segundo filho à mesma Rasfa, e pôs-lhe a mesma Lia por nome Bem-aventurança, chamando-lhe Aser: "Isto é por minha bem-aventurança, porque as mulheres me chamarão bem-aventurada. Por isso o chamou Aser" (Gn 30,13). Comparai-me agora os quatro filhos de Lia senhora com os dois de Rasfa escrava, e escrava de cor e rosto tão desprezado. Os quatro filhos de Lia senhora eram Rúben, Simeão, Levi e Judas, e destes quatro os primeiros três foram amaldiçoados de seu pai, e privados do morgado: e os dois de Rasfa escrava nasceram com tão diferente estrela, que o primeiro a fez feliz, e o segundo bem-aventurada entre as mulheres: "Isto é por minha bem-aventurança, porque as mulheres me chamarão bem-aventurada". E parou aqui o encarecimento desta grande diferença? Não. O que depois dele se seguiu daí a muitos séculos é a mais forte e apertada conclusão com que se pode rematar este ponto. Porque, quando a Virgem, Senhora nossa, no seu cântico disse que pelo Filho, de que Deus a tinha feito mãe, lhe chamariam todas as gerações bem-aventurada, foi tomando da boca de Lia as mesmas palavras com que ela se chamou bem-aventurada pelos filhos da sua escrava Rasfa: "A isso aludiu a Bem-aventurada Virgem Mãe de Deus quando cantou: Todas as gerações me chamarão bem-aventurada" — diz o doutíssimo Cornélio[20]. E, se a mesma mãe de Deus mediu os seus louvores pelos da escrava Rasfa, desprezada pelo rosto e pela cor, bem claramente se deixa ver se pela diferença das cores estimará mais os brancos e menos os pretos.

§ VIII

Só resta a última razão, ou sem-razão, porque os senhores desprezam os escravos, que é a vileza e miséria da sua fortuna. Oh! Fortuna! E que mal considera a cegueira humana as voltas da tua roda? Virá tempo, e não tardará muito, em que esta roda dê volta, e então se verá qual é melhor fortuna, se a vil e desprezada dos escravos ou a nobre e honrada dos senhores. Muitas vezes tendes ouvido a história daquele rico sem nome e do pobre chamado Lázaro. O rico vivia em palácios dourados, e Lázaro ao sol e à chuva jazia na rua; o rico vestia púrpuras e holandas, e Lázaro, se estava coberto, era de chagas; o rico banqueteava-se esplendidamente todos os dias, e Lázaro, para matar a fome, não alcançava as migalhas que caíam da sua mesa. Pode haver maior diferença de fortunas? Todos os que passavam e viam as delícias do rico invejavam a sua felicidade, e todos os que não tinham asco de pôr os olhos em Lázaro tinham compaixão da sua miséria. Senão quando chegou ali de repente a morte, deu um pontapé na roda da fortuna, e foi tal a volta em um momento, que Lázaro se achou descansado no seio de Abraão e o rico ardendo no inferno. Clamava o triste por remédio quando já não era tempo de remédio, e pedia uma gota de água a quem não tinha dado uma migalha de pão. Mas que resposta tiveram os seus clamores? Respondeu-lhe Abraão com este último desengano, e tão justa como tremenda sentença: "Meu filho, lembra-te que recebeste os teus bens durante a vida e Lázaro recebeu os seus males. Agora ele encontra consolo aqui, enquanto tu padeces" (Lc 16,25). Lembra-te, filho, do outro tempo e do outro mundo, e não estranharás que na tua fortuna e na de Lázaro vejas uma tão grande mudança. Tu na tua vida gozaste os bens, e Lázaro padeceu os males; agora tu padeces os males, e ele logra os bens: "Meu filho, lembra-te". — Ó se os ricos e os Lázaros não esperaram pela outra vida para se lembrarem do que agora são e do que podem ser depois!

Digam-me os ricos quem foi este rico, e os pobres quem foi este Lázaro? O rico foi o que são hoje os que se chamam senhores, e Lázaro foi o que são hoje os pobres escravos. Não são os senhores os que vivem descansados e em delícias, e os escravos em perpétua aflição e trabalhos? Os senhores vestindo holandas e rasgando sedas, e os escravos nus e despidos? Os senhores em banquetes e regalos, e os escravos morrendo à fome? Que muito, logo, que acabada a comédia desta vida, a fortuna troque as mãos, e que os que neste mundo lograram os bens no outro padeçam os males, e os que agora padecem os males depois também eles vão lograr os bens? E se alguém me disser que os escravos, que nesta vida padecem os males, também têm pecados, e os senhores, que logram os bens, também têm boas obras, respondo que tais podem ser as boas obras de uns, e os muitos pecados dos outros, que uns e outros sejam a exceção desta regra. Mas geralmente falando, a sentença de Abraão é fundada no que ordinariamente sucede. Dá a razão muito adequada S. Gregório Papa: "Os pecados de Lázaro, purgou-os o fogo da pobreza, aos ricos, a felicidade da vida passageira os remunerou com os bens"[21]. Lázaro também teria alguns pecados, como têm os escravos, mas esses purgaram-se pela sua pobreza, pela sua miséria, pelos seus trabalhos; e o rico também teria algumas boas obras, como hoje têm os senhores, mas essas pagou-lhas Deus com os bens que logram nesta vida. — De sorte que os ricos e os senhores têm nesta vida o seu paraíso, e os Lázaros e os escravos o seu purgatório. Ensoberbeçam-se agora os senhores com a sua fortuna e desprezem a dos seus escravos.

Qual destas fortunas haja de ter mais de sua parte o favor e amparo da Virgem, Senhora nossa, a mesma Senhora o declarou canora e canonicamente quando disse: "Dispersou os homens de coração soberbo. Depôs do trono os poderosos e elevou os humildes. Encheu de bens os que tinham fome e despediu vazios os que eram ricos" (Lc 1,51ss).

A razão manifesta desta diferença, e que não tem réplica, é porque a Virgem Maria é Mãe de misericórdia, o objeto da misericórdia é a miséria logo, para a parte da miséria e dos que a padecem, há de propender a Mãe da misericórdia. Cada um dos outros dois pontos provamo-los com Deus, com o Filho de Deus e com a mesma Mãe de Deus, e também o faremos neste, mas brevíssimamente, pois não permite mais o tempo.

Pecou o anjo no céu e o homem no paraíso: e que resolveu Deus nestes dois casos tão semelhantes? Aos homens remiu, e aos anjos não: aos homens, como diz Zacarias, abriu as entranhas da sua misericórdia, e com os anjos executou toda a severidade de sua justiça. Pois, se os anjos são as mais nobres de todas as criaturas, e os homens formados de barro, os anjos de tão sublime entendimento, e os homens ignorantes, os anjos por natureza imortais, e os homens sujeitos a todas as misérias da mortalidade, por que se compadeceu Deus da caída dos homens e não reparou a ruína dos anjos? Por isso mesmo. Porque a vileza, a ignorância e a miséria estava só da parte dos homens, como cá da parte dos escravos, e para onde carregou o peso da miséria para ali inclinou a balança da misericórdia: "Pela miséria dos desvalidos e o gemido dos pobres, agora me levantarei, diz o Senhor" (Sl 11,6). Isto é o que fez Deus Pai, sem perdoar ao sangue de seu próprio Filho.

E o Filho do mesmo Deus, que fez? Ele — bendito — seja o escreveu com a pena do profeta Isaías: "Pela miséria dos desvalidos e o gemido dos pobres, agora me levantarei, diz o Senhor" (Sl 11,6). O Filho de Deus feito homem é Cristo, que quer dizer ungido, e diz que o ungiu o Espírito do mesmo Deus. E para quê? "Para remediar, para livrar, para consolar a todos os aflitos, a todos os cativos e a todos os que choram suas misérias". Bem está. Mas os que não têm misérias, nem trabalhos, nem cativeiros, nem aflições que chorar, não veio o Filho de Deus ao mundo também para eles? Sim, veio, mas como o seu espírito é de piedade, de compaixão e de misericórdia, os tristes, os aflitos, os cativos e os miseráveis são os que mais lhe movem e levam o coração, como se só para eles viera. E se esta é a inclinação e propensão do Filho de Deus, qual podemos considerar que será a da Mãe do mesmo Filho?

Gerson, aquele famoso cancelário de Paris, mais santo ainda que político, diz que a Mãe de Deus se chama Mãe de misericórdia porque é propriedade particular, que a Senhora tomou para si, favorecer os miseráveis: "Por isso Maria se chama Mãe de misericórdia, porque lhe é próprio de alguma maneira compadecer-se dos mais pobres"[22]. E acrescenta que a figura que a ele lhe parece mais própria desta misericórdia da Virgem Maria é a que pintou o poeta Estácio na descrição do templo que os atenienses dedicaram à mesma Misericórdia: "Tu mesma és o verdadeiro Templo de Misericórdia representado no templo da misericórdia do qual fala o poeta Estácio". E que diz Estácio? Diz que naquele templo pôs seu assento a clemência, e que os miseráveis são os que lho consagraram:

"A clemência pôs seu assento,
E os miseráveis o consagraram"[23].

Diz mais, que de dia, e de noite tem as portas abertas, e que as queixas e petições de todos os que a ele concorrem são ouvidas:

"São ouvidos todos os que pedem,
E de noite e de dia é possível ir para que a divindade aplaque as queixas".

Diz mais, que não se veem ali fumos de incenso, nem sangue de vítimas, porque os sacrifícios que se oferecem, são somente lágrimas e gemidos:

"Não há ali fumos de incenso
Nem se recebe o sangue das vítimas, os altares apenas suam com as lágrimas".

Finalmente, conclui que o templo da misericórdia está sempre cheio de pobres e miseráveis, todos tremendo, e que só os felizes e bem afortunados não conhecem aqueles altares:

"Estão ali sempre os fracos, sempre o lugar está cheio de grupos miseráveis
E aqueles altares são somente desconhecidos dos que são felizes".

Oh! se os que se têm por felizes e bem afortunados reparassem bem nesta última cláusula! Os miseráveis são os que consagraram o templo à misericórdia; os miseráveis os que têm nele sempre as portas abertas; os miseráveis os que ali oferecem seus gemidos e sacrificam suas lágrimas; os miseráveis são aqueles cujas queixas e deprecações sempre são ouvidas; e só os felizes e bem afortunados os que não são admitidos àqueles altares nem os conhecem: "Aqueles altares são somente desconhecidos dos que são felizes".

Tal é, senhores, os que assim vos chamais, a vossa fortuna, e tal a que desprezais nos vossos escravos; eles, por miseráveis, têm sempre abertas as portas de misericórdia da Mãe de Deus, e abertos e prontos a suas queixas seus piedosos ouvidos; e vós, com as vossas fortunas, pode ser que nem ouvidos nem conhecidos sejais em seus altares. E se me disserdes que isto são encarecimentos poéticos, praza a Deus que o experimenteis assim, quando a morte der a volta à roda da fortuna. Mas eu tenho outra figura mais verdadeira que a de Estácio e outra aplicação mais certa que a de Gerson, a qual tão admirável como temerosamente, concorda com ela. A passagem do Egito para a Terra de Promissão significa a deste mundo para o céu: os filhos de Israel todos eram escravos dos egípcios; Faraó e os egípcios eram os senhores destes escravos, e na passagem do Mar Vermelho, qual foi o sucesso? Os senhores, todos ficaram afogados; os escravos, todos passaram a salvamento; e quem celebrou este triunfo foi Maria, irmã de Moisés, figura da Virgem Maria. Eu confesso que não reconheço nos escravos geralmente tais virtudes, às quais se possa prometer uma segunda fortuna tão notável como esta; mas também sei que é tão poderosa a misericórdia da Mãe de Deus que, compadecida das misérias que eles padecem em toda a vida, lhes pode converter as mesmas misérias em virtudes. E para que também neste último ponto nos não falte a história do nosso tema, ouçamos o que ela nos diz.

O primeiro nos confirmaram os dois filhos de Bala, escrava de Raquel; o segundo, os dois filhos de Rasfa, escrava de Lia; e este último nos confirmarão todos quatro. Chegado à hora da morte, Jacó lançou a bênção a todos os seus filhos, a qual bênção juntamente foi profecia do que eles haviam de ser. E se bem notarmos a bênção e profecia de cada um, acharemos que nestes quatro filhos das escravas repartiu Deus aquelas quatro virtudes, a que os filósofos chamam morais, porque compõem os costumes, e os teólogos, cardeais, porque são os quatro polos de que depende toda a vida racional e felicidade humana. "Nessas quatro virtudes se levanta toda a vida de boas obras", diz S. Gregório Papa[24]. A primeira é a prudência, e esta coube a Neftali: "Neftali será qual veado despedido, e dará belas palavras" (Gn 49,21). A segunda é a justiça, e esta coube a Dã: "Dã julgará" (Ibid. 16). A terceira é a fortaleza, e esta coube a Gad: "Gad, exército armado pelejará" (Ibid. 19). A quarta e última é a temperança, e esta coube a Aser: "Aser, abundando em pão" (Ibid. 20). Comparai-me agora aqueles filhos das senhoras com estes das escravas, e naqueles achareis imprudências e ignorâncias, nestes a prudência; naqueles injustiças e tiranias, nestes a justiça; naqueles fraquezas e inconstâncias, nestes a fortaleza; naqueles intemperanças e graves excessos, nestes a temperança. Não há dúvida de que o senhorio e liberdade é mais aparelhada para os vícios, e a obediência e sujeição mais disposta para as virtudes. E se aquela é a condição e fortuna dos senhores, e esta a dos escravos, por certo que, se alguns irmãos se deviam desprezar da irmandade dos outros, antes haviam de ser os filhos de Bala e Rasfa, que os de Raquel e Lia. Por isso o Evangelista não só não distinguiu os irmãos por esta diferença, mas igualmente contou os da fortuna mais baixa, que eram os escravos, com os da mais nobre e mais alta, qual era a real de Judas: "Judas e os seus irmãos".

§ IX

Temos visto como os motivos ou sem-razões por que os senhores desestimam e desprezam o nome, a cor e a fortuna de seus escravos, são as mesmas razões por que a Virgem, Senhora nossa, mais os estima, favorece e ama. E pois o mesmo desprezo entre os desprezadores e desprezados foi causa da separação de uns e outros, dividindo-se brancos e pretos em duas irmandades do Rosário, muito temo que a mesma Senhora, em castigo deste agravo da natureza e seu, tenha aprovado a mesma separação, e que nela fiquem de pior partido os brancos, No capítulo quarto dos Cânticos, diz o autor deles, Salomão, que a Virgem Maria foi ao seu jardim e mandou ao vento áquilo que se apartasse dele, e ao vento austro que viesse, para que o mesmo jardim exalasse com maior abundância a fragrância e suavidade de seus aromas: "Levanta-te, Aquilão, e vem tu, vento do meio-dia, assopra de todos os lados no meu jardim, e corram os seus aromas" (Ct 4,16). O jardim da Virgem Maria já se sabe que é o seu Rosário, e também não é dificultoso entender quais sejam neste texto os dois ventos, áquilo e austro. Na Sagrada Escritura pelos quatro ventos principais se entendem as quatro partes do mundo, e pelas mesmas partes ou regiões do mundo os habitadores delas. Quem são pois os habitadores do áquilo e quem os do austro? Não há dúvida que os do áquilo, que é o norte, são os europeus, mais brancos de todos, e os do austro que, em respeito da Palestina, era a Etiópia, são os etíopes e os pretos, que por isso a Rainha Sabá no Evangelho se chama "A rainha do meio-dia" (Mt 12,42). Diremos, logo, que a mesma Senhora do Rosário manda separar dele os brancos, e admite e chama os pretos? E mais a fim de lhes comunicar com maior abundância os seus aromas, isto é, a suavidade de seus favores e graças? Verdadeiramente o sentido mais comum e literal do texto assim o significa. E não seria maravilha que a Mãe de misericórdia, que tanto favorece os miseráveis, fizesse esta justiça. Como se dissera: Já que vós — ó brancos tanto — desprezais o nome de escravos, tendo-me eu chamado escrava, e tanto abateis a cor preta, tendo-me eu honrado da mesma cor, e tão pouco vos compadeceis da fortuna dos miseráveis, sendo eu sua protetora, venham os miseráveis, venham os escravos, venham os pretos para o jardim do meu Rosário, e separem-se dele os brancos.

Isto é o que significa naturalmente e com grande propriedade o texto, no primeiro e mais comum sentir dos intérpretes. Mas porque Beda, Cassiodoro, Justo Urgelitano, Apônio, Ruperto, e outros dizem que nas palavras "Levanta-te, Aquilão, e vem tu, vento do meio-dia", igualmente se chama o austro, e se esperta o áquilo a que cada um, segundo suas qualidades, com o calor e movimento das rosas, excitem nelas maior fragrância, seguindo este segundo sentido, mais conforme à benignidade universal da Mãe de misericórdia, que a nenhum exclui, e a todos abraça, digo por última conclusão que, assim aos brancos, significados no áquilo, como aos pretos, no austro, a uns e outros convida e excita a Senhora a que venham ao seu jardim do Rosário, posto que de partes opostas, e que essa mesma oposição sirva só de contenderem entre si, a quem com maior afeto, devoção e fervor se há de esmerar em seu serviço. Lá disse S. Paulo, que dividiu Deus o gênero humano em dois povos, gentílico e judaico, para que o gentio, por emulação do hebreu, e o hebreu, por emulação do gentio, se animassem e provocassem reciprocamente, não só a receber e conservar a fé do verdadeiro Deus, mas a se vencer a porfia no exercício mais perfeito da religião e culto divino (Rm 10,19). Seja este, pois, o fim desta separação de irmandades entre brancos e pretos. Os brancos e senhores não se deixem vencer dos pretos, que seria grande afronta da sua devoção; os pretos e escravos procurem de tal maneira imitar os brancos e os senhores, que de nenhum modo consintam ser vencidos deles. E desta sorte, procedendo todos como filhos igualmente da Mãe de Deus, posto que diferentes na cor, não só conservarão a irmandade natural, em que Deus os criou, mas alcançarão a sobrenatural e adotiva de seu Filho, herdeiro, enquanto homem, do cetro de Judá: "Judas e seus irmãos".

FIM

SERMÃO

XXI

❦

"Bem-aventurado o ventre
que te trouxe."
(Lc 11,27)

    Vieira se propõe examinar os fundamentos do título mariano: Mãe admirável, e para isso ousa refletir sobre duas possibilidades ou dois impossíveis: mais admirável foi a Senhora em conceber o Rosário ou em conceber o Verbo? Começa explicando-se: Maria concebeu e deu à luz o Verbo por dois modos: um corporal, no ventre, e outro intelectual, na mente (este mais excelente que o outro), pelo qual concebeu e depois saiu à luz com o parto do Rosário. Depois, apresenta três excelências que fazem o segundo parto do Rosário exceder ao do Verbo: 1) por ser mental, e não corpóreo: não foi mãe como as outras mulheres, senão mãe como o Pai Eterno é pai; 2) por ser no céu e não na terra: na Encarnação concebeu a Virgem o Verbo na terra; no Rosário concebeu-o no céu; 3) por não ser de um só mistério, senão de todos: na Encarnação concebeu uma vez, e no Rosário quinze vezes. E acrescenta outras três diferenças: 1) para com Deus, pelo maior agrado, porque, estando juntos, os mistérios acrescentam muito; 2) para conosco, pela maior eficácia com que obram os efeitos para que foi instituído; 3) e para com nossos inimigos, pelo maior poder repartido e ordenado. Enfim, admirável por Mãe de Deus e admirável por mãe de pecadores!

§ I

O título de que mais se gloria e de que mais se deve gloriar a Virgem Maria, Senhora nossa, é o que lhe dá a Igreja, de "Mãe admirável". Assim o revelou já a mesma Senhora. E se examinarmos profundamente os fundamentos deste gloriosíssimo título, que maior admiração, uma vez, que ser uma mulher Mãe e Virgem? Que maior admiração, outra vez, que ser Filho desta mulher o mesmo Filho de Deus? E que maior admiração, outra e mil vezes, que o mesmo Filho, que eternamente é concebido e gerado na mente do Pai, seja também concebido temporalmente e gerado no ventre da Mãe? Isto é o que quer dizer "Bem-aventurado o ventre que te trouxe" (Lc 11,27). E quer dizer mais alguma coisa? Sim, quer, mas não pode. Descrevendo S. João Evangelista a geração eterna do Filho de Deus, é reparo digno de suma observação que ao Filho três vezes lhe chamou Verbo, e nunca lhe chamou Filho, e ao Pai três vezes lhe chamou Deus e nunca lhe chamou Pai. Contai bem umas e outras: "No princípio era o Verbo, e o Verbo estava com Deus, e o Verbo era Deus. Ele estava no princípio com Deus" (Jo 1,1s). Pois, se o Verbo é Filho de Deus Pai, e o Pai é Pai do Verbo, o Verbo por que se não chama Filho, e o Pai por que se não chama Pai? Aqui fica suspensa a admiração no princípio do Evangelho, mas no fim dele ainda se suspende mais: "E o Verbo se fez carne". Fez-se o Verbo Homem, "E vimos a sua glória como de Filho Unigênito do Pai" (Jo 1,14). Pois agora, depois que o Verbo se fez homem, já Deus se chama Pai, e já o Verbo se chama Filho: "Unigênito do Pai"? Assim o escreveu e dispôs o evangelista que voou mais alto que todos. De sorte que, antes de o Verbo ser Filho de Maria, nem o Verbo no Evangelho se chama Filho de Deus, nem Deus se chama Pai do Verbo; mas, tanto que Maria foi sua Mãe, logo o Filho se chamou Filho e o Pai se chamou Pai, como se a geração eterna e passiva do Filho esperara pela geração da Mãe para se denominar Filho, ou a geração eterna e ativa do Pai esperara pela correlação da Mãe para se denominar Pai. Isto, porém, nem é nem pode ser. E ninguém houve até hoje que alcançasse o mistério, nem achasse o fundo ao modo tão esquisito desta narração. O desvelo dos intérpretes, o estudo dos teólogos e a curiosa especulação dos mais agudos e tenazes engenhos, toda se cansa, toda se seca, toda se suspende, e não tira de quanto cuida ou discorre neste reparo mais que a suma admiração. Mas esta mesma admiração para comigo, se não é todo o mistério, ao menos é grande parte dele, para que assim se conheça com assombro quão altamente quadra à Maternidade da Virgem Maria o gloriosíssimo título de Mãe admirável: admirável em si, admirável no Filho, e, sobre todos os limites da admiração, até no mesmo Pai admirável, pois antes da Mãe de seu Filho ser Mãe, não quis ele que o evangelista lhe chamasse Pai. E já pode ser que essa foi a razão por que a oradora do Evangelho no seu breve panegírico não disse: Bem-aventurado o Pai de tal Filho, senão que todo o louvor do Filho referiu e aplicou à Mãe: "Bem-aventurado o ventre que te trouxe".

Isto é o que diz o Evangelho. Mas com dizer tanto parece que não diz com o que eu tenho obrigação de dizer. A minha obrigação hoje é pregar do Rosário, que foi o segundo parto da Virgem, Senhora nossa. E comparando um parto com outro parto, que posso eu dizer? Se posso, digo que, se a Mãe de Deus foi Mãe admirável porque concebeu o Verbo, não foi menos admirável porque concebeu o Rosário. Isto digo se posso dizer tanto. E se posso dizer mais, digo que mais admirável foi a Senhora em conceber o Rosário que em conceber o Verbo. Para examinar estas duas possibilidades, ou estes dois impossíveis, peçamos à mesma Senhora do Rosário nos alcance a graça. *Ave Maria etc.*

§ II

Duas coisas podem parecer estranhas e, quando menos, duvidosas no assunto que propus: uma como muito nova, e outra como totalmente impossível. A primeira e muito nova, chamar ao Rosário segundo parto da Virgem Senhora nossa. A segunda, e totalmente impossível, admitir ou pôr em questão que pode haver outro parto mais admirável que o do Verbo. Mas ambas estas suposições, não só as temos fundadas, senão provadas no nosso Evangelho.

Quando a mulher que levantou a voz disse: "Bem-aventurado o ventre que te trouxe", canonizando por Bem-aventurada a Mãe que trouxe em suas entranhas a Cristo, com quem falava, respondeu o mesmo Senhor: "Antes te digo que mais bem-aventurados são os que ouvem a palavra de Deus e a guardam" (Lc 11,28). — Mais bem-aventurados, diz Cristo, e mais bem-aventurados quando se fala da Mãe que o concebeu e trouxe dentro em suas entranhas: "Bem-aventurado o ventre que te trouxe"? Sim. Logo, tomada a maternidade da Virgem Santíssima precisamente, enquanto, como Mãe natural, concebeu em suas puríssimas entranhas o Verbo Eterno, bem pode haver outra prerrogativa na mesma Senhora que seja mais excelente e maior, e por isso, mais admirável. Assim o dizem comumente os Santos Padres, e o concedem e ensinam todos os teólogos, sem discrepância. De sorte que aquela suposição que parecia impossível, não só se colhe das palavras de Cristo com evidência teológica, mas é dogma infalível com certeza de fé.

Quanto à outra suposição de chamar ao Rosário segundo parto da mesma Virgem, que, pela novidade ou estranheza do nome, parecia dificultosa, examinando os mesmos teólogos a razão e fundamento das palavras de Cristo: "Antes te digo que mais bem-aventurados são os que ouvem a palavra de Deus", resolvem duas coisas: a primeira, que nelas não exclui o Senhor a sua Mãe; a segunda, que antes lhe acrescentou outro segundo e maior louvor, outra segunda e maior excelência, outra segunda e maior bem-aventurança. E qual é? É que não só concebeu a Senhora o Verbo Eterno no ventre, como disse a mulher do Evangelho, senão também na mente; "e conceber a Deus na mente foi muito maior felicidade e muito maior bem-aventurança que concebê-lo no ventre" — diz Santo Agostinho[1], e com ele toda a teologia. De maneira que a Virgem Maria concebeu e pariu o Verbo por dois modos de conceição e de parto, não só diversos, mas um mais excelente que outro: um corporal, no ventre, e outro intelectual, na mente; e este segundo foi o modo com que a mesma Senhora primeiro concebeu e depois saiu à luz com o parto do Rosário. Toda a matéria do Rosário não é outra que o mesmo Verbo Encarnado, não em uma só ação ou mistério, senão em todos os de sua vida, morte e ressurreição. A ideia com que a Virgem os concebeu e compreendeu todos, e os ordenou e dispôs na mente, foi a conceição, e a luz por tantos séculos escondida, com que finalmente os manifestou ao mundo, para tanto bem do mesmo mundo, foi o felicíssimo parto do Rosário.

Tirados, pois, estes dois escrúpulos, e sossegado o reparo ou admiração deles, com as duas suposições certas e literais do nosso mesmo Evangelho, passemos à comparação de um e outro parto, e vejamos em qual deles foi a Senhora mais admirável Mãe, se no parto com que concebeu o Verbo, ou no parto com que concebeu o Rosário.

§ III

E começando pela diferença de Santo Agostinho, ou pela justa preferência com que ele antepõe o parto da mente ao do ventre, não há dúvida que nesta consideração excede conhecidamente o parto do Rosário ao do Verbo quanto vai da alma ao corpo. E não só porque a conceição do Rosário foi intelectual na mente da Virgem, e a do Verbo corporal no ventre sacratíssimo, mas por que mais? Porque na conceição e parto do Verbo foi a Senhora semelhante às outras mães, e na conceição e parto do Rosário foi semelhante ao Eterno Pai. Quando "o anjo disse à Virgem que conceberia em suas entranhas e pariria um Filho ao qual chamaria Jesus" (Lc 1,31), foi em prova e confirmação do que o mesmo anjo acabava de dizer, que "a Senhora seria bendita entre as mulheres" (Lc 1,28). Mas, se esta bênção era tão singular e inaudita, tão infinitamente superior à de todas as mulheres, que o Filho havia de ser Deus e a Mãe Virgem, por que a não encarece o anjo com os excessos da alteza e maravilha que a matéria merecia, e somente diz que seria bendita "entre as mulheres"? Porque, ainda que aquela conceição e aquele parto foi milagroso, e o maior de todos os milagres, contudo, como foi parto do ventre, posto que virginal: "E conceberás no útero", sempre a Senhora ficou dentro da esfera das outras mulheres e das outras mães; e assim era necessário, para que fosse Mãe natural e verdadeira Mãe do Filho de Deus. E este foi o modo com que a Virgem foi Mãe no mistério da Encarnação do Verbo. Porém, no Rosário e seus mistérios, não foi Mãe como as outras mulheres são mães, senão Mãe como o Eterno Pai é Pai, porque concebeu o mesmo Verbo encarnado, não no ventre, senão na mente. O modo com que o Eterno Pai gera o Verbo, e a razão por que o Verbo é Filho e o Espírito Santo não, é porque o Pai concebe na mente, como imagem de sua própria substância. E assim como o Verbo, antes e depois de encarnar, sempre é parto do entendimento do Pai, assim, depois de encarnado, concebido no Rosário, é parto do entendimento da Mãe. Na Encarnação como parto das outras mães; no Rosário como parto do mesmo Pai.

Daqui se entenderá a razão e o conselho altíssimo por que o mesmo Pai antes da Encarnação do Verbo a mandou anunciar à Virgem com uma tão solene embaixada. Assim como Deus formou a Eva do lado de Adão, sem consentimento seu nem ainda sentimento, porque estava dormindo, pelo mesmo modo pudera tirar das puríssimas entranhas da Virgem Maria a nova tela da humanidade de que queria vestir a seu Filho, e sem fazer agravo, como supremo Senhor, à mesma Mãe, a qual quando a deu, se confessou por escrava. Pois, por que o não ordenou assim Deus, mas quis que primeiro fosse a Virgem informada, não só da substância da Encarnação do Verbo, senão de todas as circunstâncias dela, e que a mesma Senhora, antes de dar seu consentimento, as examinasse e inquirisse: "Como se fará isto" (Lc 1,34)? A razão altíssima foi porque quis Deus que a Mãe de seu Filho fosse semelhante a seu próprio Pai. E, assim como a geração e parto do Verbo se concebe na mente do Pai, assim a Mãe, antes de o conceber no ventre, o concebesse também na mente.

É advertência singular de S. Bernardino sobre as palavras: "Faça-se em mim segundo a tua palavra" da mesma Virgem: "O que foi feito no meu ouvido pela saudação angélica, foi feito na minha mente pela concepção da fé: faça-se em mim, isto é, no meu útero pela encarnação do Verbo Divino"². De sorte que, antes de se obrar a Encarnação do Verbo no sacrário Virginal do Ventre santíssimo, já a mesma Mãe, por modo semelhante ao Pai, o tinha concebido todo no interior da mente: "Na minha mente pela concepção da fé". Pois assim como a Virgem, antes da Encarnação do Verbo, concebeu na mente o mesmo Verbo, e havia de encarnar e nascer de suas entranhas, para se parecer com o Pai, assim depois da Encarnação o concebeu também na mente, já encarnado, nascido, morto e ressuscitado, para formar o Rosário.

Oh! Entendimento altíssimo, oh! mente soberana de Maria, que bem disse de vossas ideias com dourada eloquência Crisólogo: "Quão grande seja Deus, ignora aquele que não pasma diante da mente desta Virgem e não se admira diante de seu espírito"³. Quer dizer que quem não admira e pasma do entendimento e mente de Maria, não conhece bastantemente a Deus. Conhecê-lo-á como criador do mundo, como só era conhecido antigamente, mas não o conhece como Pai do Verbo, Filho igual a si mesmo em tudo, o qual na mente concebe e na mente gera. Porém, quem chegou a conhecer e admirar a mente de Maria, esse conheceu perfeitamente a Deus, não só como Criador do mundo, senão como Pai do Verbo, porque assim o Pai como a Mãe, ambos concebem na mente o mesmo Filho.

E pois falamos em Deus como Criador e como Pai, dois partos reconhece a fé em Deus um *ad intra* [interior], enquanto Pai, que é o Verbo, e outro *ad extra* [exterior], enquanto criador, que é o mundo. E a mesma diferença de partos, com verdadeira propriedade, podemos e devemos considerar na Virgem Santíssima. O parto *ad intra* foi o do Verbo Encarnado, que concebeu dentro em suas entranhas, e o parto *ad extra* foi o Rosário, com que, depois de concebido na mente, saiu em seu tempo à luz do mundo. E se este segundo parto, por ser concebido na mente, foi mais admirável que o primeiro, também considero eu, e não duvido dizer que foi mais admirável que o segundo parto de Deus na criação do Universo. E por quê? Porque na criação do Universo Deus foi o artífice, a matéria o nada, e a forma as criaturas, porém, na instituição do Rosário, o artífice foi a Virgem, a forma foi o Rosário, e a matéria Deus. A matéria Deus, torno a dizer, porque Deus, humanado em todas suas ações e mistérios, são a matéria de que se forma o Rosário. Não se pode dizer aqui: "A obra superava a matéria", mas pode-se afirmar do Rosário, o que S. Jerônimo disse da soberana Autora dele: "Se eu te chamar forma de Deus, existes dignamente", porque Deus é a matéria, e o Rosário a forma.

§ IV

A segunda razão, ou excelência, por que foi mais admirável o parto do Rosário que o do Verbo, é porque na Encarnação concebeu a Virgem o Verbo na terra, no Rosário concebeu-o no céu. O parto do Verbo na Encarnação foi parto de Maria cheia de graça; o parto do mesmo Verbo no Rosário foi parto de Maria cheia de glória. Muito diz esta grande proposição, mas ainda supõe mais do que diz. Supõe que a Virgem Senhora nossa, ainda no céu gera a seu Filho; mas isto — dirão os doutos e doutíssimos — como pode ser? Primeiro diremos que pode, e depois declararemos como. Santo Ildefonso, falando da Encarnação, disse uma sentença que todos os doutores admiram e confessam que não entendem. As palavras são estas: "No passado pura para Deus, no presente cheia do homem Deus e no futuro gerando ao mesmo homem e Deus"[4]. No passado, antes da Encarnação, estava Maria pura para Deus; no presente da Encarnação esteve cheia do Homem Deus; e no futuro, depois da Encarnação, está gerando ao mesmo Homem e Deus. O mesmo tinha já dito Santo Atanásio, cujas palavras logo citarei. Mas como pode isto ser? Pode ser e é na Mãe, como sempre foi e é e será no Pai. O Eterno Pai não só gerou ao Eterno Verbo, seu Filho, mas sempre o está gerando. Assim o diz ele mesmo: "Vós sois meu Filho, ao qual eu hoje desde toda a eternidade gerei" (Sl 2,7), e sempre e por toda a eternidade estarei gerando. — E isto que faz e fez sem princípio, e fará sem fim a mente do Pai, isto é o que também fez depois da Encarnação e faz hoje, e fará por toda a eternidade a mente da Mãe: "No futuro gerando Deus e o Homem". Agora entram em seu lugar as palavras, também dificultosas e não entendidas, do grande Atanásio, o qual, sobre as do anjo: "A virtude do Altíssimo te cobrirá com a sua sombra" (Lc 1,35), acrescenta assim: "Confia que ela possuiu por ocasião da concepção essa virtude em todos os tempos; e depois da concepção também a manteve; e assim opino que isso não aconteceu de maneira temporária na Virgem, mas que isso lhe foi dado em todos os tempos, assim no presente e até a eternidade a Virgem essas virtudes as tem"[5]. Não se pudera dizer nem mais clara, nem mais ilustremente. E como a mente da Virgem Mãe, com gloriosa emulação e imitação do Pai, depois de concebido e encarnado o Verbo na terra, sempre o está concebendo e gerando no céu, desta continuada geração foi segundo, e novo e mais admirável parto o do Rosário, com que, depois de estar no céu tantos séculos, finalmente saiu à luz[6].

Vamos agora à Escritura, e ela nos dirá como foi mais admirável este segundo parto: "Apareceu um grande sinal no céu: uma mulher vestida do sol" (Ap 12,1). Diz S. João, nas revelações do seu Apocalipse, que viu um grande sinal e um grande milagre no céu, o qual era uma mulher vestida do sol, com todo o outro aparato e ornato de luzes, que tantas vezes ouvistes. Vai por diante, e diz que esta mesma mulher, no céu, com grandes dores e clamores, parira um Filho, dominador do mundo: "Ela estava grávida e clamava com dores de parto, e sofria tormentos para dar à luz. E deu à luz um filho varão, que havia de reger todas as gentes" (Ap 12,2.5). Esta mulher vestida de sol é a Virgem Maria; o Filho dominador do mundo é Cristo, de que ninguém duvida. Mas se a Senhora concebeu e pariu este Filho na terra, como viu S. João tanto depois que o havia de parir e pariu no céu? Porque estes são os dois partos da Virgem Santíssima de que imos falando. Um parto na terra, que foi concebido em Nazaré e nasceu em Belém, que é o parto do Verbo Encarnado, e outro parto no céu, que lá foi concebido e de lá nascido, que é o parto do mesmo Verbo, do qual e dos seus mistérios se compõe o Rosário.

Mas como diz o mesmo Evangelista que neste segundo parto houve dores e clamores, efeitos ambos, ou acidentes tão alheios da Mãe-Virgem como do céu onde estava? Houve dores: "Sofria tormentos para dar à luz"; houve clamores: "e clamava com dores de parto". E notai que as dores foram antecedentes ao parto: "Para dar à luz"; e os clamores foram juntamente com ele: "com dores de parto". Que dores foram logo estas e que clamores no segundo parto da Virgem, Senhora nossa, no céu? Tudo assim como está notado ou dificultado é admirável prova e confirmação de ser o parto do seu Rosário. Vamos à história eclesiástica, e saibamos qual foi a ocasião por que e qual o modo com que saiu a mesma Senhora com o seu Rosário ao mundo. A ocasião foi a heresia dos albigenses, os quais ímpia e blasfemamente negavam a pureza virginal da Mãe de Deus. E daqui nasceram as dores que, sem embargo de estar no céu, atormentavam a Virgem: "Sofria tormentos para dar à luz"; assim como se diz do mesmo Deus na ocasião do dilúvio: "Tocado interiormente de dor" (Gn 6,6). E por que ninguém o duvide, não temos menos testemunha que vinda do mesmo céu. Quanto Santo Ildefonso defendeu a pureza virginal da mesma Senhora, e convenceu os hereges, que em seu tempo a negavam, desceu do céu Santa Leocádia[7] e, saindo da sepultura, lhe disse publicamente na Sé de Toledo: "Ildefonso, por vós vive a minha Senhora, que tem o mais alto trono do céu". — De maneira que teve tanta ocasião de dor e lhe doeu tanto à Soberana Virgem aquela blasfêmia como se os que lhe negavam a pureza virginal lhe tiraram a vida. E estas foram as dores que deram ocasião e apressaram o parto. Como diz o texto: "Sofria tormentos para dar à luz". E os clamores quais foram: "e clamava com dores de parto"? Foram as vozes dos pregadores, diz Alcáçar, que pregaram pelo mundo o mesmo parto: "Os clamores foram referidos de maneira correta pelas vozes da pregação". E assim foi, não no seu, senão no nosso sentido. Porque, ensinando e ditando a Senhora o seu Rosário a S. Domingos, ele e os pregadores apostólicos de toda a sua religião o publicaram e apregoaram pelo mundo, confutando principalmente aquela heresia, e fazendo emudecer as línguas blasfemas dos que a seguiam. Em suma, que as dores, como disposição e motivo, precederam ao parto: "Sofria tormentos para dar à luz", e as vozes e clamores saíram e se ouviram juntamente com ele: "e clamava com dores de parto"— porque então nasceu e se manifestou no mundo o Rosário.

Finalmente, que este segundo parto da Virgem Maria no céu seja mais admirável que o primeiro do Verbo Encarnado na terra o mesmo texto o diz na primeira palavra: "Um grande sinal apareceu no céu". E se não, combinemos este texto com o mais expresso da Encarnação do Verbo. O mais expresso texto da Encarnação do Verbo é o do profeta Isaías: "Que uma Virgem conceberia e pariria um Filho, o qual seria Deus e o seu nome Emanuel" (Is 7,14). — E com que prefação entra o mais eloquente de todos os profetas a anunciar ao mundo esta nunca vista nem imaginada novidade? "Pois, por isso o mesmo Senhor vos dará este sinal: Eis que uma virgem conceberá etc." (Is 7,14). Notai agora a diferença com que um e outro profeta fala em um e outro parto. Ao primeiro parto da Virgem na terra chama-lhe Isaías somente "sinal": "O mesmo Senhor vos dará este sinal"; ao segundo parto da mesma Virgem no céu chama-lhe S. João "grande sinal": "Um grande sinal apareceu no céu". "Sinal" quer dizer prodígio, milagre; "grande sinal", prodígio grande, milagre grande. Pois, por que razão o parto com que a Virgem concebeu o Verbo na Encarnação se chama somente milagre, e o parto com que concebeu o mesmo Verbo no Rosário se chama "milagre grande"? Porque mais admirável foi este segundo parto da Virgem que o primeiro. O parto da Encarnação foi obrado na terra, o do Rosário no céu; o parto da Encarnação formado em nove meses, o do Rosário em doze séculos;

o da Encarnação com catorze anos de graça, o do Rosário com mil e duzentos anos de glória; o da Encarnação sem merecimento de Cristo, porque a não mereceu nem podia merecer, o do Rosário com todos os merecimentos de sua vida e morte; enfim, na Encarnação concebido o mesmo Cristo menino, no Rosário concebido varão, e em todas as idades.

§ V

E porque nesta última diferença se encerram todos os mistérios do Rosário, justo será que nos detenhamos um pouco na ponderação dela, e seja esta a terceira excelência que faz este segundo parto mais admirável. Outra vez temos encontrado a Isaías, não já com S. João, profeta da lei da graça, mas com Jeremias, profeta também da lei escrita. Isaías, acabando, de falar do parto do Verbo Encarnado, logo lhe chama menino: "Antes que o menino saiba rejeitar o mal e escolher o bem" (Is 7,16). E, depois de encarnado, falando do mesmo Verbo já nascido, outra vez lhe torna a chamar menino: "Um pequenino nasceu para nós e um filho nos foi dado" (Is 9,6). Pelo contrário, o profeta Jeremias, dali a muitos anos, profetizando da mesma Mãe e do mesmo Filho, diz "que viria tempo em que Deus criaria uma coisa nova sobre a terra, e uma mulher cortejaria um varão" (Jr 31, 22). — Que fale este profeta da mesma Virgem Maria e do mesmo Filho Cristo, como dizia, é sentença comum dos santos e doutores, com discrepância de poucos. Mas, se o parto foi o mesmo que tinha profetizado Isaías, que novidade é esta que Jeremias tanto encarece: "Deus criaria uma coisa nova sobre a terra"? Isaías profetizou trezentos anos antes de Jeremias, e se a maravilha do parto era a mesma, já não era novidade, pois havia tantos séculos que estava escrita e celebrada. Quanto mais que essa mesma maravilha, profetizada por Isaías, consistia em ser a Mãe Virgem: "Eis que a Virgem conceberá" — e Jeremias não usa do nome da Virgem, senão de "mulher". Com que mostra que não consiste neste milagre a novidade que ele profetiza. Em que consiste logo?

Consiste em que o parto profetizado por Isaías foi de Cristo enquanto menino, e o profetizado por Jeremias foi do mesmo Cristo enquanto varão: "A mulher cortejará o varão". A pessoa foi a mesma, mas as idades diversas. E por isso também diversos os partos, diversos os tempos e diversas as novidades. A novidade e maravilha de Isaías consistia em ser a Mãe Virgem, e não em ser o parto menino, que isso não é novidade. Porém, a novidade e maravilha de Jeremias consistiu em ser o parto varão, que era coisa nova e inaudita: "Deus criaria uma coisa nova sobre a terra, e uma mulher cortejaria um varão". Cristo na Encarnação precisamente não teve idade, nem dia, nem tempo, porque foi concebido em instante. Mas todos os dias e anos que depois teve de vida, assim mortal como imortal e gloriosa, e todas as idades dessa vida, ou vidas, a infância, a puerícia, a adolescência, a juventude e a de perfeito varão, desde Nazaré até Jerusalém, desde o presépio até a cruz, e desde a sepultura até a destra do Pai, todas, e com todas as suas ações e mistérios, as compreendeu e reproduziu a Senhora com mais admirável parto no círculo do seu Rosário. Por isso Jeremias não disse como Isaías: "conceberá", senão "cortejará", e com tanto maior sentido como energia: "A mulher cortejará o varão". Toda a vida de Cristo como bem notou Davi, foi um perfeitíssimo círculo: "A sua saída é desde uma extremidade do céu, e corre até a outra extremidade dele" (Sl 18,7). Saiu do mais alto do céu, viveu na baixeza deste mundo e tornou ao mesmo lugar do céu donde tinha saído. — O mesmo profeta declara este círculo com a comparação do sol: "No sol pôs o seu tabernáculo" (Sl 18,6). Assim como o sol sai no Oriente do céu, dá volta ao mundo alumiando e torna a aparecer no mesmo lugar do Oriente, assim Cristo saiu do céu pela Encarnação, viveu na terra obrando, ensinando, padecendo, alumiando, remindo, e depois, pela Ascensão, tornou para o mesmo trono do céu donde saíra, onde também coroou a sua Mãe. E a mesma Mãe, que fez? Assim como o Filho, começando menino e chegando à idade de varão fez um círculo de toda a sua vida, assim a Senhora fez outro círculo, que foi o do seu Rosário, em que compreendeu toda essa vida e cercou esse mesmo círculo: "Sozinha circulei o giro do céu" (Eclo 24,8), diz a mesma Senhora. Círculo de céu a céu. — E desta maneira, metendo um círculo dentro de outro círculo, e o círculo da vida do Filho dentro do círculo do Rosário, assim verificou gloriosamente o novo e prodigioso parto da mulher que havia de cercar o varão: "A mulher cortejará o varão".

E, posto que esta exposição do texto de Jeremias é tão medida com todas as circunstâncias dele, combinemos, para maior evidência, o mesmo texto com as palavras antecedentes que, segundo a doutrina de Santo Agostinho e de todos os teólogos, é a prova mais segura e mais certa do sentido das Escrituras. Quando o profeta disse: "Porque Deus criaria uma coisa nova sobre a terra, e uma mulher cortejaria um varão", as palavras imediatamente antecedentes, que se atam com aquele "porque", são estas: "Até quando te debilitarão as delícias, filha vagabunda?" (Jr 31,22). Até quando, ó natureza humana — chama-lhe Deus filha, porque a criou, e porque a ama, e por que a quer trazer a si — até quando, ó natureza humana, há de durar a tua dissolução nas delícias? Até quando hás de seguir os errados caminhos da heresia? — Isto quer dizer "filha vagabunda", como a filha viciosa, que deixa a casa e doutrina do pai, e anda vagabunda por outras. Assim o declarou a mesma filha, temerosa do que lhe podia acontecer, quando disse: "Aponta-me onde é que tu apascentas o teu gado pelo meio-dia, para que não entre eu a andar feita uma vagabunda atrás dos rebanhos de teus companheiros" (Ct 1,6). Pede ao supremo e verdadeiro pastor lhe mostre onde assiste com a luz clara da fé, porque, vagando descaminhada, não siga os rebanhos dos pastores falsos, que ensinam doutrina herética e, com nome de companheiros e cristãos, são inimigos de Cristo. Isto é o que significa: "Não começarei a vagar após os rebanhos dos teus companheiros" — como declaram S. Bernardo, Santo Anselmo, Cassiodoro e todos, e como já muito antes deles o tinha ensinado S. Paulo: "Nem nos deixemos levar em roda de todo o vento de doutrina" (Ef 4,14). De sorte que, naquele novo invento com que Deus havia de sair ao mundo: "O Senhor criou uma coisa nova sobre a terra", não teve a Providência divina um só fim, se não dois juntamente. O primeiro, reformar a dissolução das delícias: "Até quando te debilitarão as delícias?". O segundo, reduzir à verdade e firmeza da fé os erros da heresia, sempre errada e sempre errante: "Filha vagabunda". E estes dois fins — coisa verdadeiramente maravilhosa! — estes dois fins, pontualmente os mesmos, foram os que Deus teve na instituição do Rosário de sua Mãe. Assim o refere na bula da canonização de S. Domingos o Papa Gregório Nono, pelas mesmas palavras: "Combatendo Domingos as delícias da carne" — eis aqui as delícias —

"e ferindo como um raio a mente insensível dos ímpios; fez estremecer toda a seita dos hereges" — eis aqui as Heresias[8]. Logo não só de todas as circunstâncias do texto de Jeremias, que nenhuma discrepa, mas das mesmas palavras antecedentes, e dos fins por que foi concebido nas ideias de Deus e de sua Mãe este novo parto e, finalmente, dos efeitos maravilhosos que produziu no mundo consta ser ele claramente o do Rosário.

Acrescento, para maior confirmação — como em matéria tão grave e tão nova — a versão dos Setenta Intérpretes, a qual, parecendo totalmente diversa, declara com novas propriedades quanto temos dito sobre o mesmo texto. O seu é este: "O Senhor te criou para a saúde com uma plantação nova, e na tua saúde os homens circularão". Quer dizer que para a saúde da alma criará Deus uma planta nova, e que os homens, para conseguirem essa saúde, hão de fazer círculos. E que planta nova é esta que Deus havia de criar, e que círculos são estes que os homens haviam de fazer? Nem o nome nem a forma do Rosário se pudera pintar ou descrever melhor. A planta nova é a das rosas, que deram o nome ao Rosário: "com uma plantação nova"; e os círculos que haviam de fazer os homens são os círculos que fazem os que rezam o Rosário, quando vão repassando as contas, tornando a acabar onde começaram: "e na tua saúde os homens circularão". O primeiro círculo fê-lo a Senhora, quando formou e ensinou o Rosário: "A mulher cortejará o varão"; os outros círculos fazem-nos os homens, porque para a saúde de suas almas foi o mesmo Rosário instituído: "e na saúde circularão os homens". E como nestes círculos se abraça e compreende, não só o mistério da Encarnação do Verbo, senão todos os mistérios da vida e idades de Cristo, bem se vê quanto mais admirável foi a Mãe do mesmo Senhor neste segundo e tão numeroso parto. No primeiro concebeu somente o Verbo humanado; no segundo concebeu-o humanado na Encarnação, peregrino na visitação, nascido no presépio, presentado no Templo, e no mesmo Templo perdido e achado. No segundo, outra vez concebeu-o no Horto suando sangue, no Pretório coberto de açoites e coroado de espinhos, nas ruas de Jerusalém com a cruz aos ombros, e no Calvário crucificado e morto. No segundo, terceira vez concebeu-o no sepulcro ressuscitado, no Monte Olivete subindo ao céu, no céu mandando de lá o Espírito Santo, no vale de Josafá levando em triunfo a sua Mãe, e no trono da Glória coroando-a por Rainha dos Anjos. Enfim, na Encarnação, concebido uma vez, e no Rosário quinze vezes.

§ VI

Até agora temos visto o parto do Rosário mais maravilhoso em si por três respeitos; agora o veremos mais maravilhoso fora de si por outros três. Mais maravilhoso até agora em si, por ser mental, e não corpóreo; por ser no céu, e não na terra; por ser não de um só mistério ou idade de Cristo, senão de todos seus mistérios e idades. Agora o veremos mais maravilhoso também fora de si e como? Para com Deus, para conosco e para com nossos inimigos: para com Deus, pelo maior agrado; para conosco, pela maior eficácia; para com nossos inimigos, pelo maior poder.

Quanto ao maior agrado de Deus, parece que por compreender o Rosário todos os mistérios de Cristo, nem por isso lhe podem agradar mais todos juntos que o da Encarnação do Verbo por si só, porque onde o valor e preço é infinito, tanto encerra em si um só mistério como todos, e posto que em todos cresça o número, não cresce a razão de agradar mais. Contudo, digo que esta mesma razão de estarem juntos no Rosário todos os mistérios de Cristo é uma tal circunstância, que ainda onde não cabe mais, acrescenta muito. E esta é a quarta maravilha do segundo parto da Virgem, que o faz mais admirável que o primeiro. Vede se se prova bem.

Criou Deus esta grande e formosa máquina do universo em seis dias, e a cada obra que ia saindo de suas poderosas mãos, ou da voz de sua divina sabedoria, diz a Escritura Sagrada que olhava o Senhor para ela, e que via que era boa: "E viu Deus que isto era bom" (Gn 1,25). Com estas repetidas ações e aprovações do Supremo Artífice foi crescendo a fábrica cada dia mais vistosa, mais ornada e mais povoada de variedade de criaturas, até que acabada já e posta em sua perfeição no último dia, diz o mesmo texto que, "olhando Deus para todas as coisas que fizera, todas lhe pareceram muito boas" (Gn 1,31). Neste "muito" reparou muito Santo Agostinho, e depois dele todos. E com muita razão. As coisas que Deus viu no dia último eram as mesmas que tinha feito e visto em cada um dos outros dias. Pois, "se então lhe pareceram somente boas", como agora não só lhe parecem boas, se não "muito boas"? E este muito, donde lhe veio? Porventura acrescentou-lhe Deus no último dia alguma perfeição ou esmalte que dantes não tivessem? Não. A luz do primeiro dia era a mesma, sem aumento de outra qualidade; o firmamento do segundo dia tinha a mesma sutileza, e o mar a mesma grandeza e vastidão; as plantas do terceiro, nem estavam mais verdes, nem mais floridas, nem mais carregadas de frutos; o sol, a lua e as estrelas do quarto não resplandeciam agora mais; os peixes e as aves do quinto, nem estavam armados de mais prateadas escamas, nem vestidas de mais pintadas penas; finalmente, os animais terrestres nem tinham recebido novas formas, nem maiores forças, nem mais engenhosas habilidades. Pois, se todas estas criaturas eram as mesmas e com a mesma bondade que dantes, por que razão nos olhos de Deus, que se não cegam nem enganam, dantes só pareciam boas e agora "muito boas"? Se não tinham nada de mais, donde lhe acresceu este muito?

É que dantes foram vistas cada uma por si; agora estavam todas juntas. O mesmo Santo Agostinho: "Quando Deus olhava para cada uma das suas obras por si, somente a louvava por boa; mas, quando as viu todas juntas, não lhe chamou só boas, senão muito boas"[9], porque lhe daria menor aprovação do que mereciam se ao louvor de boas não acrescentasse o de muito. E se perguntarmos ao grande doutor donde lhe veio este muito, se não tinham recebido nada de mais, responde que da união: "Porque é tal a força e virtude da união, que as mesmas coisas que divididas são boas, se se ajuntam e unem entre si, para compor algum todo, esse todo, sem acrescer maior bondade às partes, fica muito melhor que cada uma delas". — Por isso, quando divididas, só boas: "E viu que isto era bom", mas, quando juntas, muito boas: "E eram muito boas". Tal é o todo do Rosário, composto dos mistérios de Cristo comparado com cada um deles. Cada um dos mistérios, que são as partes de que se compõe este todo, é tão divina e infinitamente perfeita que não admite maior perfeição; mas foi tal o artifício da Virgem, Senhora nossa, nesta maravilhosa fábrica, que onde não cabia o mais soube introduzir o muito. Divididos os mesmos mistérios, não cabia o mais na perfeição de cada um; mas juntos e unidos entre si, como estão no Rosário, coube o muito na união de todos. Cada um por si: "E viu Deus que isto era bom"; todos juntos, ainda nos olhos de Deus: "Eram muito boas".

Santo Tomás, declarando teologicamente este ver e aprovar de Deus: "E viu Deus que isto era bom", diz que significa a complacência divina em cada uma das suas obras, segundo a perfeição delas. E assim como esta complacência e agrado de Deus é proporcionado à perfeição de cada uma de suas criaturas, ao mesmo modo, mas em grau infinitamente superior, se agrada de cada um dos mistérios e soberanas ações de seu Filho. Isto quis significar no mistério da Transfiguração a voz do Pai, dizendo: "Este é meu Filho amado, em quem bem me comprazo" (Mt 17,5). Mas, se na vista de um só mistério de Cristo diz a complacência divina "bem me comprazo", segue-se que na vista e representação de todos juntos não só há de dizer "bem", mas "Muito bem". E esta é a complacência e agrado — ou se chame maior, ou muito — com que Deus aceita da nossa memória e afeto a meditação dos mesmos mistérios, quando juntos no Rosário lhos oferecemos. E para que um privilégio tão sublime deste mesmo oferecimento não ficasse duvidoso na conjectura do nosso discurso somente, o mesmo Deus se dignou de o declarar assim, e nos exorta a que lhe façamos este obséquio no Rosário, não só com a declaração de bom, como em cada uma das obras da criação, mas de bom e muito bom, como na união de todas. É texto milagroso.

No capítulo trinta e nove do Eclesiástico, diz assim o Espírito Santo: "Ouvi-me vós, que sois uns rebentos divinos, e, como roseiras plantadas sobre as correntes das águas, frutificai. Difundi um cheiro suave como o Líbano. Dai viçosas flores como o lírio, e exalai fragrante cheiro, e lançai graciosos ramos, e entoai cantos de louvor, e bendizei o Senhor nas suas obras. Proclamai a magnificência do seu nome, e glorificai-o com a voz dos vossos lábios e com os cânticos da vossa boca, e ao som de cítaras, e direis assim em seu louvor: Todas as obras do Senhor são muito boas" (Eclo 39,17-21). O texto é dilatado, mas não se podia dizer tudo em poucas palavras. Em suma, exorta Deus aos homens à devoção do Rosário com o mesmo nome de rosa: "como roseiras plantadas sobre as correntes das águas, frutificai". E não só exorta, mas manda por obediência: "Ouvi-me". Logo, passando aos mistérios que o Rosário compreende e medita, sendo a rosa uma só flor, diz que eles hão de ser muitos, igualando na variedade e no cheiro os de todo o monte Líbano, famoso pelos jardins de Salomão: "Difundi um cheiro suave como o Líbano". E para que se não duvidasse que estes mistérios são de Cristo, o qual entre as flores tomou o nome de lírio: "Eu sou a flor do campo, a açucena dos vales" (Ct 2,10), declara que a graça e fragrância deste lírio é a que hão de exalar as rosas: "Dai viçosas flores como o lírio, e exalai fragrante cheiro, e lançai graciosos ramos". Finalmente, porque o Rosário não só consta de mistérios meditados, mas de orações pronunciadas com a boca, duas vezes faz menção delas. Uma vez: "entoai cantos de louvor, e bendizei o Senhor"; e outra vez: "glorificai-o com a voz dos vossos lábios". E de tudo isto, que conclusão tira ou nos manda tirar o texto? Com razão lhe chamei milagroso, porque é admirável ao intento: "E direis assim em seu louvor: Todas as obras do Senhor são muito boas". Haveis de confessar e dizer a Deus — como se diz dele, quando viu juntamente tudo o que tinha criado — que todas as suas obras, não só são boas, senão muito boas: "Todas as obras muito boas".

Todos os expositores, e a mesma Sagrada Bíblia à margem, nota que estas são as mesmas palavras que se dizem de Deus depois da criação do mundo, quando olhou e viu juntas todas as coisas que tinha criado. Pois, se agora fala tão claramente do Rosário — como também têm advertido alguns autores[10] — por que diz que no Rosário havemos de fazer o mesmo conceito do juízo e complacência de Deus, qual foi o que ele teve nas obras da criação? Porque assim como Deus nas obras da criação teve maior complacência, e se agradou mais de todas juntas que de cada uma por si, sem haver nelas de novo mais que a união, assim na criação do Rosário, obra de sua Santíssima Mãe, ainda que cada um dos mistérios seja perfeitíssimo em si, antes infinitamente perfeito, unidos, porém, e juntos diante dos olhos divinos, a mesma união, que não pode dar mais a cada um, acrescentou muito a todos. Cada um pela sua própria bondade infinitamente bom, mas todos juntos, porque juntos, não só bons, mas muito bons: "Todas as obras muito boas". Julgue agora, ou a rigorosa censura, ou quando menos a devoção e a piedade se foi mais admirável Mãe a Virgem neste segundo parto, em que uniu todos os mistérios do Verbo Encarnado, ou na Encarnação do primeiro. Lá disse em boa filosofia Sêneca[11] que aquela só merece o nome de perfeita formosura que, sendo cada uma das partes de que se compõe admirável, o todo lhe tira a admiração: "O todo de alguma coisa tira a admiração de cada uma das partes". Admirável foi aquele primeiro mistério e admirável cada um dos que a ele se seguiram em toda a vida de Cristo; mas a união de todos estes mistérios juntos, sem acrescentar nada a cada um, foi tão multiplicadamente admirável no mesmo todo que deles se compôs, que se não tirou a admiração a cada uma das partes, ao menos por multiplicada as venceu. E isto basta — quando não sobeje — para que, também nesta circunstância, a Autora deste soberano invento e a Mãe deste novo parto fosse nele mais admirável.

§ VII

Desta união dos mistérios de Cristo no Rosário se segue a quinta diferença ou prerrogativa, que é a de sua maior eficácia, com que obra em nós os excelentes efeitos para que foi instituído. Vulgar é já na experiência aquele antigo axioma da filosofia, que a virtude das mesmas causas, posto que iguais, unida, obra mais fortemente. Tão fogo é uma faísca como um incêndio; mas uma faísca não pode queimar uma pedra, um incêndio abrasa cidades inteiras, e no fim há de abrasar todo o mundo. O mesmo sucede por nossa dureza aos mistérios de Cristo, ou separados cada um por si, ou juntos, como no Rosário.

É prova singular desta eficácia um texto célebre dos Cantares, muitas vezes ponderado, mas posso dizer confiadamente que nunca até agora bastantemente entendido. "O meu amado é para mim como um ramalhete de mirra; ele morará entre os meus peitos" (Ct 1,12). O meu amado — diz a alma santa — é um ramalhete ou um feixezinho de mirra, o qual eu sempre hei de trazer entre os meus peitos. — Este amado é aquele que só o deve ser, Cristo, Senhor e único bem nosso. Compara-se à mirra, preservativa da corrupção da morte, porque a imortalidade, que perdemos pelo primeiro Adão, pelo segundo a recuperamos. Mas por que não compara a esposa o seu amado simplesmente à mirra, senão a um ramalhete ou feixezinho dela? O ramalhete compõe-se de muitas flores, e o feixe de muitos lenhos atados; e nesse atado consiste a energia da comparação, como exprimem os dois originais, hebraico e grego, dizendo: "feixe de mirra". Pois, se Cristo é um só, o que atou a esposa nele, ou de que compôs este seu atado? Não há dúvida que dos mistérios do mesmo Cristo, o qual neles, sendo um, se considera como muitos. Cristo encarnado, Cristo nascido, Cristo morto, Cristo ressuscitado, e assim dos outros mistérios. E a razão por que os atou e ajuntou a esposa, é porque a mirra — diz Orígenes — "ainda que dividida e solta, tem o mesmo cheiro e virtude, unida obra mais fortemente e com maior eficácia"[12]. Assim também cada mistério de Cristo, ou Cristo em cada mistério tem a mesma e igual virtude; mas unida essa virtude, e unidos esses mistérios, como estão no Rosário, não sendo maior a virtude de cada um divididos, é muito maior a força de todos juntos para render e penetrar corações.

O mesmo Cristo diz por Isaías que ele é a seta escolhida que Deus meteu na sua aljava: "E me pôs como uma seta escolhida; ele me escondeu na sua aljava" (Is 49,2). De maneira que não é Cristo o que nos atira as setas, mas ele é a seta com que Deus nos atira. Pois na aljava de Deus não há mais que uma seta escolhida? Uma só, mas tantas vezes multiplicada e de tantos modos armada quantos são os mistérios da vida, da morte e da ressurreição do mesmo Cristo. Nos mistérios Gozosos, armada de brandura; nos Dolorosos armada de temor; nos Gloriosos, armada de esperança. Quando, pois, consideramos cada um destes mistérios divididos, atira-nos Deus seta a seta, e por isso lhe resistimos; mas se bem e verdadeiramente os considerarmos juntos, como estão no Rosário, então não há coração que resista, porque descarrega Deus nele toda a aljava: "Empregarei neles todas as minhas setas" (Dt 32,23).

E se buscarmos a razão desta eficácia, os três Padres de Teodoreto[13] a deram, excitando e respondendo à mesma questão da mirra, não desunida, mas junta: "A razão por que a esposa comparou o Cristo à mirra, não desunida e solta, senão atada, foi porque, considerando a alma, a vida e mistérios de Cristo, não divididos e por partes, senão todos juntos, nenhuma virtude há que não possa achar neles para imitar, senão todas e em grau perfeitíssimo, para impugnar e vencer todos os vícios contra nós". Assim o definiu o triunvirato dos Padres Gregos, com tão lato como sólido fundamento. E qual é? A Teologia o ensina. Porque ainda que Cristo desde o instante de sua conceição teve todas as virtudes infusas em grau perfeitíssimo e heroico, não teve, contudo, o exercício e atos de todas em todos os passos e mistérios de sua vida, senão aquelas que eram convenientes e proporcionadas aos mesmos mistérios. Logo, para que a nossa imitação tivesse em Cristo um exemplar comum e adequado, ou um exemplo universal de todas as virtudes e seus atos, não bastava um só mistério, ou cada um deles somente, senão todos juntos. Isto é: "Considerando a alma, a vida e mistérios de Cristo, não divididos e por partes, senão todos juntos, nenhuma virtude há que não possa achar neles para imitar e para impugnar todos os vícios". Notem-se muito as palavras: "A vida e mistérios de Cristo não divididos e por partes, senão todos juntos". Não bastava considerar a vida de Cristo em uma só parte, ou em um só mistério, senão em todas as partes e em todos os mistérios: "senão todos juntos", e por isso a Esposa os ajuntou todos no seu Rosário.

E digo no seu Rosário, porque isso quer dizer: "O meu amado é para mim como um ramalhete de mirra; ele morará entre os meus peitos" (Ct 1,12). Bem sei que o não disseram os mais diligentes expositores deste texto, devendo reparar muito em uma grande dificuldade dele. A mirra, como diz Plínio e os outros autores da História Natural, são umas gotas odoríferas, as quais na Arábia, ou espontaneamente sua, ou, picada, lança de si a árvore do mesmo nome. Por isso os Setenta Intérpretes, em lugar de "ramalhete de mirra", verteram, "feixe de gotas". Mas, se a mirra eram gotas, como se podia fazer de gotas este "feixezinho ou este atado"? As gotas porventura podem se atar? Parece que não. E se acaso podem, de que modo? Eu o direi. As gotas, depois de congeladas e sólidas, quais aquelas eram, podem-se atar enfiando-se como se enfiam as contas do Rosário. Este é pois o modo com que a esposa dizia que havia de atar as gotas da mirra: "feixe de mirra"; e assim como as mulheres católicas lançam o Rosário ao pescoço e o trazem entre os peitos, assim dizia ela que havia de fazer: "Morará entre os meus peitos".

Nesta forma explicava eu a dificuldade deste texto vulgar, não sem receio da novidade, quando fui achar que o pensamento não era novo, nem meu, senão do grande S. Gregório Niceno, na homilia terceira sobre os Cânticos: "O meu amado é um atado ou ajuntamento de gotas de mirra, o qual, pendente do pescoço, trago sobre o peito"[14]. — Pode haver explicação mais natural, mais própria e mais expressa? Não pode. E o exemplo e exemplos a confirmam muito mais. Também o bálsamo e o alambre são gotas suadas das árvores, e assim como de um e outro se fazem Rosários, assim fez o seu a esposa das gotas da mirra. Mas, se este era o seu Rosário, como diz a mesma esposa que este mesmo Rosário é o seu amado: "O meu amado é um ramalhete de mirra, um feixe de gotas"? Só isto faltava à sua elegância para fechar com chave de ouro o conceito. O seu amado é Cristo, e diz que o seu Rosário é o seu mesmo amado, porque o Rosário, e toda a matéria do Rosário, não é outra senão o mesmo Cristo. Cristo multiplicado nos seus mistérios, e os mistérios de Cristo ordenados no Rosário.

§ VIII

Daqui se segue a última excelência ou maravilha com que a Virgem Senhora nossa foi mais admirável no parto do Rosário que no da Encarnação do Verbo. E por quê? Porque o mistério da Encarnação, sendo um só, não podia ter divisão nem ordem; porém, os mistérios do mesmo Cristo, multiplicados no Rosário, como nele estão repartidos e ordenados, esta mesma disposição e ordem os arma de maiores forças e de maior e mais invencível poder contra nossos inimigos. Ainda estamos nos Cânticos de Salomão, onde a principal esposa é a Virgem Maria, a qual, falando do mesmo amado — que para todas é Cristo —, diz assim: "O meu amado desceu ao seu jardim dos aromas, para nos jardins se recrear ou apascentar do cheiro e colher rosas" (Ct 6,1). — Rosas quer dizer a palavra "lilia", como noutra parte provamos largamente. Mas, se o amado "desceu a um só jardim"— como diz a Senhora que "foi a colher rosas nos jardins"? Era um jardim e muitos jardins? Sim, diz S. Gregório, de quem é o reparo. E dão a razão literal, Símaco e Pagnino[15], tresladando *areolas* [canteiros] e *lineas sulcorum* [alamedas], porque o mesmo jardim por suas linhas estava repartido em diversas quadras, e cada uma delas em outras menores, com proporcionada correspondência e ordem. Assim havia de ser, pois era o jardim das rosas, segundo o desenho e arte com que a Senhora traçou o seu Rosário, com tantas repartições e divisões, todas tão medidas e ajustadas. E por isso o amado em um só jardim, qual é o

Rosário, achou sem implicação muitos jardins em que passear e se recrear, e de todos colher rosas: "Desceu ao seu jardim dos aromas, para nos jardins se recrear ou apascentar do cheiro e colher rosas".

Viu, pois, Cristo estes jardins de rosas reduzidos a um só jardim do Rosário, podendo-se então dizer do mesmo Senhor com muita propriedade: "Admira tudo o que o torna admirável"[16] — porque no jardim, enquanto um, se via inteiramente a si mesmo, e nos jardins, enquanto muitos, se via também dividido em todos seus mistérios. Louvou a ideia e a obra, e da mesma ideia e da mesma obra formou os louvores da soberana Autora dela, e os declarou com dois nomes e comparações notáveis: a primeira, "de formosa, como a cidade de Jerusalém"; a segunda, "de terrível, como um exército bem ordenado" (Ct 6,3). A comparação de um jardim com uma cidade, e tal como Jerusalém, posto que Salomão, cuja é, a entendesse melhor, não tem dificultosa aplicação. Os corredores ou passeios do jardim são as ruas; as quadras muradas de murtas, os palácios, os aciprestes, as torres ou pirâmides; os vazios com as fontes no meio, os pátios; a repartição das aréolas, os aposentos, e os moradores, as flores. Tudo isto para "a vista da paz", que isso quer dizer Jerusalém. Mas para a campanha e para a guerra, que semelhança tem um jardim com um exército? O jardim do Rosário, de que se falava, muita. Não só porque é jardim de rosas, que são flores armadas, como disse Boécio: "O espinho é a arma da rosa", mas pela divisão, proporção, disposição e ordem de que é composto. A força de um exército, como ensina Vegécio, e consta da experiência, não consiste tanto na multidão dos soldados quanto na boa repartição das armas e dos combatentes, e na disposição e ordem de todo aquele corpo militar e guerreiro, o qual desordenado, desunido e roto, é facilmente vencido; porém, composto, ordenado e unido, é forte impenetrável e invencível. Tal é a forma regular e perfeita de um Rosário, repartido primeiro em três terços, cada terço em cinco esquadrões, cada esquadrão em suas fileiras, cada fileira em uma decúria com seu cabo, e tudo junto com tal disposição e tal ordem e proporção de números, que a não pode haver nem imaginar-se maior. E porque esta distinção e ordem a não pode haver em um só mistério, qual é o da Encarnação, por isso foi mais admirável a Virgem no parto do seu Rosário que no da Encarnação do Verbo. Não sou eu o que o digo, senão os que viram e notaram a diferença e, como mais admirável, a admiraram.

Viram os anjos caminhar a Virgem, Senhora nossa, ou marchar com este seu exército do Rosário, e, admirados, diziam entre si: "Quem é esta que vai caminhando como a aurora quando se levanta, formosa como a lua, escolhida como o sol, terrível como um exército bem ordenado posto em campo?" (Ct 6,9). Estas últimas palavras são as mesmas do Esposo, repetidas pelos anjos. E que falem da Virgem Maria enquanto Senhora do Rosário, eles mesmos o dizem, distinguindo a divisão e repartição dos Terços e a diferença dos mistérios por sua própria ordem. Por isso comparam a Senhora primeiro à aurora, depois à lua, e ultimamente ao sol. Nos primeiros mistérios, e Gozosos, foi a Virgem como aurora, da qual nasceu o verdadeiro sol, Cristo; nos segundos, e Dolorosos, foi como lua, cheia das dores e eclipses da sua Paixão; nos terceiros, e Gloriosos, foi como o sol, porque nos resplendores da mesma Glória venceu a de todos os bem-aventurados. Mas em todas a consideração destes mistérios, que é o que admiram os anjos, quando perguntam admirados: "Quem é esta?". Notai agora, e notai muito, porque o reparo é digno de toda a ponderação. Não admiram o princípio dos mesmos mistérios, senão o progresso deles: por isso dizem: "Quem é esta que vai caminhando?". E qual foi o princípio, e quais os progressos de todos estes mistérios? O princípio foi o primeiro mistério, em que a Senhora, como aurora, concebeu e saiu à luz com o Verbo; os progressos foram todos os outros mistérios da vida, morte, e ressurreição do mesmo Cristo, dos quais, e não só do primeiro, se compôs, distinguiu e ordenou o Rosário. E estes progressos, assim distintos e ordenados, são os que os anjos admiram na Virgem Maria, quando dizem admirados: "Quem é esta que vai caminhando?" — porque entenderam que mais admirável foi a Senhora no parto em que saiu à luz com o Rosário que no do mesmo Verbo.

E parou aqui a admiração dos espíritos angélicos? Não, porque ainda restavam os efeitos e poderes do mesmo Rosário, como exército bem ordenado, formidável e terrível contra os inimigos. Os inimigos da nossa alma, que também se puderam chamar do corpo, são três: o mundo, a carne, o demônio. E vede como os três terços do Rosário neste exército bem ordenado se ordenam forte e poderosamente contra eles. Foram estes três inimigos figurados nos três capitães, cada um de cinquenta soldados, que o pérfido rei Ocosias mandou armados contra o profeta Elias, sobre dois dos quais ele fez descer fogo do céu, que os abrasou e a todos os seus, dizendo: "Se sou homem de Deus, como tu me chamas, desça fogo do céu, que te abrase a ti e aos teus cinquenta" (4Rs 1,10). — Contra estes três inimigos, pois, igualando número a número, ordenou a Senhora os três terços do seu Rosário, composto também de cinquenta, como outros tantos raios, não só para abrasar dois deles como o homem de Deus, senão todos três, como Mãe de Deus. Os mistérios Gozosos são ordenados contra o mundo, porque a humildade de Nazaré, a aspereza das montanhas, o desamparo de Belém, a pobreza das ofertas no Templo, e o cuidado ansioso pelo Menino Deus perdido, que outra coisa contrariam e confundem senão as soberbas, as vaidades, o luxo e pompas do mundo, com perpétuo descuido de perder a Deus, nem dor de o ter perdido? Os mistérios Dolorosos são ordenados contra a carne, porque os suores de sangue no Horto, os açoites contados a milhares no Pretório, a púrpura vil e coroa de espinhos, o peso da cruz, os cravos, o fel e a morte nela, que outra coisa contrariam e abominam, senão os gostos, os regalos, as delícias e intemperanças da carne, inimiga da mortificação dos sentidos, e totalmente esquecida da penitência? Finalmente, os mistérios Gloriosos são ordenados contra o demônio, porque a ressurreição e ascensão do Filho de Deus, o trono que tem à destra do Pai, e assunção e coroação de sua Mãe sobre todas as hierarquias, que outra coisa contrariam, e estão fulminando desde o céu, senão o demônio, que caiu por um só pecado, e as tentações de pecar, com que nos incita e engana a que, por um momento de apetite, percamos também, como ele, a eternidade da glória? Assim é terrível e formidável ao mundo, carne e demônio o exército do Rosário, e assim distinguiu e ordenou a soberana Autora dele todos os mistérios da divindade e humanidade de seu Filho, repartidos e opostos de frente a frente, contra o poder sempre forte e armado dos três inimigos comuns. E porque esta repartição e ordem, como tenho dito, não cabia em um só mistério, qual foi o da Encarnação, por isso, a juízo dos mesmos anjos, foi mais admirável o parto do Rosário concebido na mente da Virgem que o do mesmo Verbo Eterno, concebido em seu sacratíssimo ventre: "Bem-aventurado o ventre que te trouxe".

§ IX

Tenho concluído, se me não engano, e feito provável o que parecia impossível, e claro e manifesto o que se representava dificultoso no meu argumento. Dele quisera, por fim, que não tirássemos só admirações, senão doutrina e exemplo. Se a ordem e disposição do Rosário para os anjos é admirável, para nós seja terrível: "Terrível como um exército bem ordenado posto em campo" (Ct 6,9). Com tal ordem dispôs a Mãe de Deus os três terços deste seu exército do Rosário, que na vanguarda pôs os Gozosos, na batalha os Dolorosos e na retaguarda os Gloriosos, para que entendamos que todos os gostos vêm a parar em penas, e que só depois das penas se seguem as glórias. Oh! que terrível ordem e que temerosa consideração! Se os gostos puríssimos e santíssimos do Filho de Deus e de sua Mãe vêm a parar nesta vida em penas e dores, e se a glória, que era própria do Filho e tão merecida da Mãe, a não alcançam na outra vida senão depois de tantas dores e tormentos, que será, ou que esperança podem ter os que tanto fogem das penas, e com tanta ânsia buscam só os gostos falsos e glórias vãs deste mundo?

Virgem Santíssima, Mãe sempre admirável, uma vez Mãe admirável no parto do Verbo, quinze vezes Mãe admirável no parto do Rosário, e Mãe admirável sem conto nas maravilhas que obrais e mercês que fazeis aos que nele e com ele vos veneram e servem, alumiai, Mãe admirável, a admirável cegueira, desfazei o admirável engano, espertai o admirável descuido e esquecimento da salvação, e ressuscitai a fé morta em que vivemos. Sendo tantos os títulos pelos quais o nome de Mãe admirável vos é devido, ainda vos hei de alegar outro mais admirável. Se sois Mãe admirável por Mãe de Deus, muito mais admirável Mãe sois porque, sendo Mãe de Deus, vos não dedignais de ser Mãe de pecadores. Não sejam pois parte nossos pecados, ó Mãe mais que admirável, para que aparteis deles vossos misericordiosos olhos. Alcançai-nos para os passados perdão, para os presentes arrependimento e para os futuros preservação e cautela, de tal modo que, perseverando na graça de vosso Filho, vos mereçamos ver com ele eternamente no céu, onde o louvemos, e vos louvemos sem fim na perpétua admiração da sua e vossa glória. Amém.

FIM

SERMÃO

XXII

❧

"Uma mulher, levantando a voz do meio do povo, lhe disse:
'Bem-aventurado o ventre que te trouxe, e os seios que te amamentaram'."
(Lc 11,27)

Os tempos e os costumes passam e se transformam. Vieira conhece bem esses movimentos que marcam a sociedade de seus dias e anos e se sente chamado a dizer sua palavra de alerta.

Julga que o Rosário vem sendo substituído pela reza do Ofício Divino, pelo Breviário.

Vieira aproveita a ocasião para reafirmar o sentido e o valor da oração do Rosário.

Se esta troca se faz acertada ou erroneamente, eis o assunto do sermão. Se por presunção, autoridade própria e jactância, não pode ser sem pecado. O grande defeito é ler e não entender.

Declara a preferência pelo saltério da Virgem, o Rosário: bastam só cinco palavras do Rosário, rezadas com inteligência do que significam, para serem preferidas a todo Ofício.

Assim, reza-se com maior gosto [o sabor de quem reza é saber o que diz]; com maior fruto [os afetos para com Deus e para conosco suscitados pelo entendimento]; e maior merecimento e agrado de Deus [os louvores de Deus se compõem da inteligência juntamente com as vozes].

E as religiosas o fazem por preceito da Igreja universal; nelas suprem a obrigação e a obediência. Assim, o que é somente bom, pela obediência, sobe a ser o melhor.

§ I

"Bem-aventurado o ventre que te trouxe…" Assim exclamou em louvor de Cristo e sua Mãe, levantando a voz em língua vulgar, "uma mulher do vulgo" (Lc 11,27). E é para mim singular maravilha que não tenha bastado esta dobrada vulgaridade para que despreze as mesmas palavras a altiveza de certos espíritos, que até nas matérias da religião e culto divino se não querem parecer com o vulgo. Altiveza chamei a este abuso, e mais propriamente lhe devera chamar fraqueza, porque é próprio do sexo mais fraco. Não cabe aqui o "do vulgo", porque é vício das melhores qualidades, nem o "uma", porque é de muitas, mas o "mulher" sim, e muito em seu próprio lugar, porque é mais próprio das filhas de Eva que dos filhos de Adão. Vejamos uma e outra coisa em dois exemplos encontrados no mesmo caso e na mesma casa, mas o forte em um homem e o fraco em uma mulher, posto que ambos igualmente ilustríssimos.

Quando foi tresladada a Arca do Testamento, e levada com soleníssima procissão desde a casa de Obededon para a cidade de Davi, ao som de vários instrumentos ia o povo muito festival e alegre, dançando diante da Arca. E que fez então o mesmo Davi? Não esquecido de ser rei, mas lembrado e reconhecido de que o Deus que adorava na Arca lhe tinha dado a coroa, despido da púrpura e das insígnias reais, se meteu entre os do povo, e "não só dançava como os demais, senão que o fazia", como nota a Escritura, "com todas as suas forças" (2Rs 6,14). Chegada, pois, a procissão à cidade, estava em uma janela de palácio Micol, filha de el-rei Saul e mulher do mesmo Davi, e vendo que ele ia dançando diante da Arca de mistura com o vulgo, como vos parece que ficaria edificada? Pareceu-lhe grande desautoridade aquela, e indigna da majestade de um rei, e logo então, diz o texto, o desprezou, e se desprezou dele: "O desprezou no seu coração" (2Rs 6,16) — e depois lhe estranhou muito a ação com palavras do mesmo sentimento e desprezo e do baixo conceito em que por ela o tivera: "Que glória teve hoje um rei de Israel, despindo-se como faria um homem da ralé" (2Rs 6,20)!

O resto, e conclusão de toda a história, fique entretanto para seu lugar; agora só noto a diferença de Davi a Micol. Davi, como homem religioso e sisudo, não duvidou de festejar e celebrar a Arca de Deus com as mesmas demonstrações do povo, metendo-se entre eles e como qualquer deles, porque entendia que diante de Deus o maior e o menor, todos são iguais, e que nas matérias do obséquio e culto divino o exercício mais autorizado é o mais vulgar e humilde. Isto é o que fez e julgou Davi, como homem e tão grande homem; porém Micol, como mulher vã e altiva, tinha metido no pensamento que era desautoridade da pessoa seguir a devoção popular, e que a soberania da dignidade ou sangue ilustre se deslustrava e abatia se ainda diante de Deus e nas coisas de seu culto não deixasse o vulgar ao vulgo, e se distinguisse tanto dele nos atos de religião como no demais. Assim o entendeu, assim o disse e assim o ostentou a presunção daquela mulher, que por seu pai e por seu marido tantas obrigações devia a Deus. E prouvera ao mesmo Deus que não tivera tantas imitadoras no mundo. Perdoem-me as senhoras da nossa terra, não todas — que as mais são dignas de grande veneração — mas algumas, nas quais não só se tem introduzido o abuso dos trajos, tão alheios da antiga modéstia e compostura, mas é tal a reformação do novo cerimonial da fidalguia, que o serem Cristãs, como suas avós, já toca em desautoridade.

"Ó tempos! Ó costumes!"[1] Antigamente o maior lustre das igrejas, e a parte mais autorizada dos concursos eram as senhoras portuguesas, onde vinham adorar a Deus com todo o rosto descoberto. Na igreja se confessavam, na igreja comungavam, na igreja ouviam missa e sermão. Mas, o que então só se permitia à extrema enfermidade se concede hoje à extrema vaidade. Há de ir o confessor a suas casas — perdoe Deus aos que vão — lá se confessam, lá ouvem missa, lá comungam. Vede se é maior desautoridade quererem que vá Deus a suas casas ou virem-no buscar à sua. Se a igreja pudera lá ir, também haviam de esperar que fosse; mas porque não pode ir a igreja, querem que vão os sacramentos. O demais, ou o de menos, é para os melhores do vulgo. Com grande providência ordenou o Autor dos mesmos Sacramentos, Cristo, que a matéria deles fosse certa e determinada, porque doutra sorte nem os filhos se haviam de batizar em água, nem as mães comungar debaixo de espécies de pão. Mas estas e outras fidalguias fiquem para os pregadores de mais perto, e para aqueles — se há algum a quem — os ares da corte não tiverem pegado o contágio.

Eu, recolhendo-me ao meu Rosário, só me queixo por parte dele que também tem perdido, se não muito grandes devotas, muitas devotas grandes. Entre as senhoras mais ilustres, mais sábias e de maior idade em que é mais perigoso o exemplo se tem introduzido, em lugar do Rosário, a reza do ofício Divino, como nas catedrais, sendo já a estante e o Breviário uma das alfaias do estrado, como se foram do coro. E sou eu porventura tão apaixonado do Rosário, que por ele haja de reprovar um uso, posto que novo, tão pio, tão qualificado, tão universal de toda a Igreja, e tão próprio da cabeça dela? Não é este o meu intento nem o meu caso. Eu não falo com o Breviário, senão com as devotas dele, e que pela sua devoção deixam a do Rosário. Se nesta troca e eleição fazem acertadamente, ou se enganam, será a nova e ainda não disputada controvérsia que hoje determino tratar. E porque nem por uma hora que pode durar o discurso quero que esteja duvidosa a resolução, a que havemos e ouvis será esta. Que assim como a mulher do Evangelho, sendo ela do vulgo e vulgar a língua em que falava, "levantou a voz sobre todos", assim todas as mulheres que rezarem o Rosário, posto que ele seja tão vulgar, e vulgar também a língua em que o rezarem, os seus Pai-Nossos e Ave-Marias serão mais bem ouvidos de Deus na língua portuguesa que todo o Ofício Eclesiástico na Latina. Bem vejo que o assunto me arrisca a perder a ilustríssima graça das interessadas, mas eu a darei por bem perdida se me ajudardes a alcançar a da Senhora das Senhoras. *Ave Maria etc.*

§ II

"Uma mulher do vulgo." Comecemos pelo fim da história de Davi e Micol, cujo remate deixei reservado para este lugar. A Arca do Testamento que, metido entre o vulgo, festejava Davi, foi figura da Virgem, Senhora nossa, e no mesmo estado em que a considerou a oradora do nosso Evangelho, porque assim como a Arca levava dentro em si a Deus, assim a Virgem em suas entranhas: "Bem-aventurado o ventre que te trouxe". Davi, saltando diante da Arca, foi figura do Batista que, visitado da mesma Senhora e do Filho Deus que levava dentro em si, também celebrou e festejou sua vinda a saltos: "O menino deu saltos de prazer no meu ventre" (Lc 1,44). Finalmente, Micol, desprezando a devoção e obséquios de Davi, por serem semelhantes aos do vulgo, é figura das que estimam menos o exercício do Rosário por vulgar e lhe antepõem ou preferem outros, como menos autorizados. Não deixarei, porém, de caminho de referir a pena com que Deus castigou a altiveza deste baixo conceito, a qual foi de perpétua esterilidade, e que Micol jamais tivesse filhos: "Por esta razão Micol não teve filhos até o dia da sua morte" (2Rs 6,23). Vemos em Portugal tantas casas ilustres sem herdeiros, e se se correr a folha às que puderam ser mães, não sei se se acharão culpadas contra o Rosário. O certo é que, não tendo herdeiro a Rainha de França, Dona Branca[2], S. Domingos lhe aconselhou que rezasse o Rosário, e logo teve um tal filho, como S. Luís.

Vindo, pois, ao nosso intento, para proceder com maior clareza é necessário distinguir nele dois casos. As pessoas do gênero em que falamos, ou antepõem e preferem o Ofício Eclesiástico ao Rosário por estimação e autoridade própria, ou por pura e sincera devoção: por estimação e autoridade própria, tendo aquele exercício por mais nobre e levantado como de nenhum modo vulgar; ou por pura e sincera devoção, entendendo que aquelas preces e orações, como são mais várias e dilatadas, serão também mais gratas e aceitas a Deus. E em qualquer destes casos ou suposições o que digo resolutamente é que sempre deve preferir o Rosário.

Quanto ao primeiro caso — de que me expedirei muito brevemente — é certo e bem que se advirta e saiba que, se na eleição e preferência do Ofício Eclesiástico entra a presunção e autoridade própria, posto que tácita e oculta, não pode ser sem pecado que destrua a mesma oração. No Salmo cento e oito, falando o profeta de Judas, como declara o apóstolo S. Pedro, diz que "a sua oração se converteria em pecado" (Sl 108,7).

E que oração de Judas foi esta tão enganosa e tão enganada como ele? Em todo o texto sagrado não lemos outras palavras de Judas que possam ter nome de oração, senão aquelas com que saudou a Cristo no Horto, dizendo: *Ave Rabbi* (Mt 26,49). Assim como nós, saudando a Virgem Senhora nossa no Rosário dizemos: *Ave Maria*, assim Judas, saudando a Cristo, disse *Ave Rabbi*. E posto que essas palavras eram santas, e usadas dos outros apóstolos quando saudavam reverentemente a seu divino Mestre, viciadas, porém, com a oculta tenção de Judas, vinham a ser pecado e gravíssimo pecado: "a sua oração se converteria em pecado". Não quero dizer com isto que o pecado da presunção ou jactância que se mistura com as orações ou eleição delas seja tão grave como a falsa saudação de Judas; mas quanto Deus se ofenda e desagrade de semelhante presunção nas orações, do que o mesmo Cristo ensinou o entenderemos.

Foram dois homens orar ao Templo, diz Cristo, um deles religioso de profissão e outro publicano. Este, com grande humildade, sem se atrever a levantar os olhos ao céu, pedia perdão de seus pecados. E o outro, que fazia ou dizia? "Senhor, dou-vos muitas graças, porque não sou como os outros homens" (Lc 18,11). Não orava, diz Santo Agostinho[3], "para rogar a Deus, senão para se engrandecer" a si e se antepor aos outros. E isto mesmo é o que fazem as presumidas do seu modo de orar. O outro dizia "dentro em si": Senhor, dou-vos muitas graças, porque não sou como os outros homens. — E elas, também dentro em si, estão dizendo com a sua presunção: — Senhor, dou-vos muitas graças, porque não sou como as outras mulheres. Elas rezam pelas contas. Eu rezo pelo Breviário; elas rezam Pais-Nossos e Ave-Marias, eu rezo hinos e salmos; elas, com o vulgo, rezam em linguagem, e eu rezo em latim, e em tão bom latim e tão bem pronunciado, que melhor puderam dizer que rezam em grego. Mas como saíram das suas orações os dois oradores? O que rogou por seus pecados saiu com perdão deles, e o que se quis estremar dos outros e levantar-se sobre todos, saiu com um pecado de mais, que foi o da sua presunção e altiveza. Miséria verdadeiramente grande, que sendo a oração o meio de aplacar e conciliar a Deus se converta em motivo de o desagradar e ofender, e em vez de diminuir os pecados, os acrescente: "a sua oração se converteria em pecado".

A este pecado, que queira Deus seja um só, ajunta a presunção no nosso caso outros dois erros um contra a virtude, outro contra a verdade. Os que estimam menos o Rosário fundam este seu conceito em ser uma devoção vulgar em si, vulgar na língua e vulgar no exercício e uso comum. E este erro é tão contrário à virtude da oração como a soberba à humildade. Senhora era, e grande senhora, Judite, e o motivo que alegou a Deus para que a ouvisse e ajudasse em uma empresa tão dificultosa como a que intentava, foi a humildade da sua Oração: "Nem desde o princípio te agradaram os soberbos, mas sempre te agradou a súplica dos humildes e dos mansos" (Jt 9,16). Quer dizer: que Deus nunca se agradou de orações misturadas com soberba, e que a oração que só estima e ouve é a dos humildes, e que se acomodam aos demais, e não se querem preferir aos outros, que isso é o que significa "dos humildes e dos mansos". Também era grande senhora Lia, mulher do patriarca Jacó e mãe de seis patriarcas; e vede o que disse, e os nomes que pôs ao primeiro e segundo filho, quando Deus lhos deu. Ao primeiro "pôs por nome Rúben, dizendo que Deus vira a sua humildade" (Gn 29,32); e ao segundo "pôs por nome Simeão, dizendo que ouvira Deus a sua oração" (Gn 29,33). E por que diz Lia que primeiro viu Deus e depois ouviu, e primeiro viu a sua humildade e depois ouviu a sua oração? Porque para nossas orações chegarem aos ouvidos de Deus, primeiro hão de ser registadas no tribunal de seus olhos. Se os olhos de Deus veem que levam alguma mistura de altiveza ou soberba, ali param, e não são admitidas nem passam ao tribunal dos seus ouvidos; porém, se veem, e consta que são humildes, então é que as ouve, e as despacha e concede quanto lhe pedimos. Primeiro "viu a minha humildade", e depois "ouviu-me o Senhor". Para que vejam as que oram ou rezam com alguma mistura de jactância, ou menos humildade, se pode Deus ouvir suas orações nem olhar para elas.

Tudo isso se entende, ou devia entender, quando as orações do Rosário, pela vulgaridade da língua e do uso merecessem nome de vulgares; mas este é o segundo erro, que dizia, contra a verdade, porque verdadeiramente não há orações mais altas, mais levantadas, mais sublimes, assim nas palavras como no sentido, que as do Rosário. Da Sagrada Escritura disse discretamente S. Gregório Papa "que é um rio muito plaino e muito alto, tão plaino que o pode vadear um cordeiro, tão alto que não toma nele pé um elefante"[4]. Tal é a altura chã, e a profundidade altíssima das orações do Rosário: para os cordeiros pequenos e simples, fáceis de entender, mas para os elefantes grandes e sábios, não só dificultosas, mas impossíveis de vadear. O primeiro que se engolfou neste pego, comentando a primeira oração do Rosário, o Pai-Nosso, foi Tertuliano; o segundo, S. Cipriano, ambos em livros particulares e, depois deles, Santo Agostinho em quatro tratados diversos. Tertuliano, Cipriano, e

Agostinho, todos três eram elefantes africanos; mas posto que passaram felizmente o rio, todos nadaram, nenhum chegou a lhe achar fundo. É a oração do Pai-Nosso como seu autor, que até os meninos o conhecem, mas nem os serafins o compreendem. E contentaram-se porventura os que vieram depois com ler e admirar o que estas tão insignes penas tinham escrito? De nenhum modo. Todos os Padres, todos os teólogos, todos os expositores trabalharam depois e trabalham ainda hoje por descobrir, e descobrindo o que eles não alcançaram. Dos Santos Padres, assim gregos como latinos, S. Gregório Niceno, S. Cirilo, S. João Crisóstomo, S. Pedro Crisólogo, Cassiano, Teofilato, Eutímio; dos teólogos, depois de Santo Tomás, os Caetanos, os Albertos Magnos, os Canísios, os Soares, os Belarminos; dos expositores, os Cartusianos, os Hugos, os Abulenses, os Maldonados, os Toledos, os dois Cornélios; e finalmente, todos. E verdadeiramente sendo esta primeira oração do Rosário o assunto dos maiores homens que tem tido a Igreja de Deus em mil e seiscentos anos, presunção é mais que monstruosa haver mulheres na nossa idade que como vulgar a deixem para o vulgo, e para se estremarem e distinguirem dele, troquem o Rosário pelo Breviário.

Mas, para que conheçam o seu Breviário qual deve ser, de todos os autores que citei, ouçam o primeiro. Falando Tertuliano do Pai-Nosso, diz assim: "Quanto é reduzida em palavras, tanto é larga em sentidos. Porque o ofício próprio da oração não é complicado, a saber venerar Deus e pedir o homem, e assim na oração se compreende um Breviário de todo o Evangelho resumindo os sermões do Senhor e as lições da disciplina"[5]. Para quem reza pelo Breviário parece que não era necessário romancear estas palavras; mas porque me não fio tanto da sua gramática, o que querem dizer em português, é isto: Que a oração do Pai-Nosso, ainda que breve e estreita em palavras, é muito larga e dilatada em sentidos, porque não só abraça as duas partes da oração, que consistem em venerar a Deus e lhe representar nossas petições, mas compreende juntamente toda a doutrina que a sabedoria de Deus veio do céu ensinar ao mundo, e é um "Breviário de todo o Evangelho". Querem saber as senhoras, e não senhoras, qual é e deve ser o Breviário das mulheres? O Pai-Nosso muito bem rezado, advertindo que o outro Breviário o rezam quando muito uma vez no ano, e este Breviário, no Rosário, quinze vezes cada dia. E se querem parecer doutas, ou doutoras, o mesmo documento têm na Ave-Maria. Sendo menino Santo Tomás, tinha nas mãos um papel em que estava escrita a Ave-Maria; e como lho quisessem tirar das mãos, o menino, com instinto do céu, o meteu na boca e o mastigou e o engoliu. Mastiguem bem no Rosário a Ave-Maria, e serão tão doutoras como Santo Tomás.

§ III

Tudo o que até aqui tenho dito se entende só de algum desvanecimento feminino se porventura o houvesse em quem por presunção, autoridade ou jactância antepusesse o Breviário ao Rosário. Mas, porque esta suposição ofende muito a piedade e cristandade portuguesa, e mais naquelas ilustres qualidades em que a devoção é tão pura, sincera e exemplar, passando ao segundo e verdadeiro caso, ponhamos na mais reta e fiel balança de uma parte o Breviário e da outra o Rosário, e vejamos qual deve ser preferido.

Uma muito importante doutrina de Cristo, Mestre Divino e Senhor nosso, é aquela breve sentença: "Quem lê, entenda"(Mt 24, 15). — Muitos não entendem o que leem, e ler sem entender é como se não leram. O título da cruz de Cristo "foi escrito nas três línguas principais do mundo: hebraica, grega e latina" (Jo 19,20). E por que razão em tantas línguas? Para que todos entendessem o que liam no título da cruz. Se estivesse só escrito em hebraico, entendê-lo-iam os hebreus, mas não o entenderiam os gregos nem os latinos; se só em grego, entendê-lo-iam os gregos, mas não os latinos nem os hebreus; se só em latim, entendê-lo-iam os latinos, mas não os hebreus nem os gregos. Pois, para que todos entendam o que lerem, esteja escrito na língua própria e natural de cada um. Isto suposto, pergunto agora às nossas matronas portuguesas se quando leem o Breviário entendem o que leem ou não? Pode ser que haja muitas que digam que sim o entendem. E não será maravilha que, onde os entendimentos se enganam com o espelho, se enganem também com o Breviário.

Mas contra esta resposta está muito à flor da terra a instância que os da terra e pátria de Cristo opuseram às suas letras. Quando Cristo começou a pregar, e alegar e interpretar Escrituras, diziam os de Nazaré que o tinham conhecido desde menino: "Se este nunca estudou, como sabe letras?" (Jo 7,15). Se este nosso patrício nunca estudou nem aprendeu, como sabe letras? Com a mesma admiração podemos nós dizer das nossas devotas do Breviário: Se elas não estudaram nem aprenderam, e o mais que chegaram a saber é ler por letra redonda, donde lhes veio esta latinidade e estas letras? Cristo, além de outros princípios mais altos, sabia o que falava por ciência infusa, mas estas infusões de letras não as costuma Deus comunicar a mulheres; a homens sim. Sara ao princípio chamava-se Sarai, e Abraão chamava-se Abrão. E que fez Deus em ambos? A Sara tirou-lhe uma letra do nome e a Abraão acrescentou-lhe outra, porque aos homens acrescenta Deus as letras, às mulheres não lhas acrescenta, antes lhas tira. A razão desta diferença é a mesma porque o Espírito Santo infundiu a ciência das línguas aos discípulos de Cristo, e não às discípulas. E por quê? Porque àqueles homens fê-los mestres do mundo, e às mulheres proibiu-lhes que o fossem: "Pois eu não permito à mulher que ensine" (1Tm 2,12). Mas dado e concedido sem controvérsia que, ou por infusão do céu, ou por diligência e estudo próprio haja mulheres que tenham tal prática da língua latina que entendam o Breviário, estas ficam fora da nossa questão, e louvando e venerando a sua ciência, só falamos com as que a não têm.

Suposto, pois, que as que leem — bem ou mal — o Breviário, não entendem os salmos, nem os hinos, nem as lições do Velho e Novo Testamento, nem as lendas e vidas dos Santos, nem as exposições dos Padres, nem as antífonas, versos, orações e todas as outras partes de que o Ofício Eclesiástico é composto, quem pode negar nem duvidar que seja melhor conselho e exercício mais grato a Deus rezar no Rosário os Pai-Nossos e Ave-Marias na língua vulgar e portuguesa, que todos entendem, e não o Breviário na latina, em que não sabem o que dizem? Se alguém neste mundo era mais interessado e pudera ser mais apaixonado pelo Ofício Eclesiástico era Davi, por duas grandes razões: a primeira, porque a principal matéria do Ofício Eclesiástico são os salmos do mesmo Davi; a segunda, porque a forma do mesmo Ofício, dividido nas Sete Horas Canônicas, também foi tomada dele e à sua imitação — como confessa Barônio[6] — "Sete vezes no dia te disse louvor" (Sl 118,164). Por isso também o Saltério de Davi se divide e reparte todo pelos sete dias da semana. E, contudo, o mesmo Davi no Salmo quarenta e seis — como observam Rufino, Hugo Cardeal, Ludolfo e outros — nos exorta a que salmeemos, não sete, senão cinco vezes: "Cantai salmos ao nosso Deus, cantai salmos; cantai salmos ao nosso Rei, cantai salmos, porque Deus é o Rei de toda a terra; cantai salmos sabiamente" (Sl 46,7s). Pois, se Davi salmeava sete vezes no dia, e no Ofício Eclesiástico se repetem os mesmos salmos sete vezes e em sete horas distintas, que razão teve o mesmo profeta para neste salmo variar o número, e o trocar de sete em cinco?

Já dissemos muitas vezes que o Saltério antigamente era um, e depois foram dois. O antigo é o Saltério de Davi; o moderno é o Saltério da Virgem, Senhora nossa, que este foi o primeiro nome que teve o seu Rosário. Saibamos agora qual é a matéria deste Salmo quarenta e seis, em que o profeta fez uma tão grande mudança. A primeira e principal matéria do dito salmo é a subida de Cristo ao céu, que foi o complemento dos mistérios do Rosário: "Subiu Deus com júbilo, e o Senhor com voz de trombeta. Cantai salmos ao nosso Deus, cantai salmos; cantai salmos ao nosso Rei, cantai salmos" (Sl 46,6s); a segunda foi a fé e cristandade universal e o reino do mesmo Cristo em todo o mundo: "Porque Deus é o Rei de toda a terra; cantai salmos sabiamente" (Sl 46,8). Na lei antiga, ainda que Deus era Deus e rei de toda a terra por domínio, por fé só era Deus e rei da terra de Judeia e de Jacó: "Tu mesmo és o meu rei e o meu Deus, que dispõe as salvações de Jacó" (Sl 43,5); porém, na lei da graça, em que a fé se pregou a todo o mundo e a todas as nações: "Ide por todo o mundo, pregai a toda a criatura" (Mc 16,15) — e depois que Cristo se assentou à destra do Pai, como diz o mesmo Salmo: "Deus está sentado sobre o seu santo trono" (Sl 46,9) — então ficou Deus e rei de toda a terra: "Deus porque rei de toda a terra". Neste diferente tempo pois, e neste diferente estado, exorta particularmente Davi a que se salmeie e reze cinco vezes, que é o número em que se dividem as orações do Rosário, segundo a repartição dos seus mistérios. E por que razão? Ele mesmo o diz nas últimas palavras: "Salmeai entendendo", salmeai sabendo e entendendo o que dizeis. Assim está mais claro no mesmo original hebreu, em que falou o profeta: "Salmeai com inteligência", salmeai e rezai com inteligência, porque no Saltério da Virgem, como se reza em vulgar e na língua própria, é muito fácil a inteligência do que se diz, e no Saltério de Davi não, como ele mesmo advertiu, e quis que advertíssemos.

O Salmo cinquenta e quatro tem por título: "Nos versos de Davi entendimento". — O mesmo título se repete em muitos outros salmos, advertindo-nos Davi em todos que a sua inteligência não é fácil, mas muito dificultosa. E se isto se verifica e experimenta nos que sabem a língua hebreia, em que foram escritos, e a grega e latina, em que estão traduzidos, que conceito farão os que só os pronunciam, e verdadeiramente não chegam a dizê-los, por ignorância da língua? Logo, muita razão teve Davi, depois que conheceu como profeta os mistérios de Cristo, e que sobre eles se havia de fundar outro saltério diferente do seu, muita razão teve, digo, não para estimar menos o Ofício Eclesiástico, em que o seu Saltério se repete e reparte nas Sete Horas Canônicas, mas para que este se trocasse pelo Saltério da Virgem, cujos salmos, que são as orações de que consta, se repetem e repartem de cinco em cinco, conforme a divisão dos mistérios, sendo todo ou o principal motivo de o preferir a inteligência dele: "Salmeai com inteligência".

Eu não quero nem posso negar que as Sete Horas Canônicas, em que se reparte o Saltério de Davi sejam muito mais dilatadas, e que por isso deem mais tempo a Deus que as cinco décadas de orações em que se reparte o Saltério ou Rosário da Senhora; mas, reduzindo este mesmo número, não a décadas ou orações inteiras, senão a palavras somente, digo que bastam só cinco palavras das orações do Rosário, rezadas com inteligência do que significam, para serem preferidas a todo o Ofício Eclesiástico sem ela. Ouçamos neste mesmo caso, não a outro autor ou atores, senão ao apóstolo S. Paulo, cujas definições são de fé. No tempo da primitiva Igreja, em que era muito frequente o dom das línguas, nem todos os que as falavam as entendiam. Assim o notaram e ensinam Santo Agostinho, Santo Tomás, Santo Ambrósio, S. Crisóstomo, e outros Padres, e o declara Caetano com o exemplo da jumenta de Balaão. E como alguns destes que falavam em línguas estranhas sem as entender se prezassem de orar nas mesmas línguas, reprovando S. Paulo este abuso, e alegando consigo mesmo, diz assim: "Antes quero dizer só cinco palavras no sentido que eu entendo e me entendem, do que dez mil no que não entendo" (1Cor 14,19). — Notai a diferença incomparável e a desproporção sem medida com que o apóstolo antepõe cinco palavras na língua que se entende a dez mil na que se não entende: "Cinco palavras no sentido que eu entendo, do que dez mil numa língua peregrina". No Breviário é verdade que rezais ou pronunciais dez mil palavras, mas também é verdade que as não entendeis; logo, melhor é no Rosário, não só rezar cinco décadas ou cinco orações inteiras, mas cinco palavras somente do Pai-Nosso e Ave-Maria, porque é na vossa língua, em que entendeis o que dizeis a Deus.

§ IV

Para que se conheça, pois, quanto importa esta inteligência da língua própria em quem reza, e quanto se perde e impede por falta dela, vejamos as razões de utilidade que na mesma inteligência se encerram, as quais eu, para maior brevidade e compreensão, reduzo a três, e são estas: primeira, porque assim se reza com maior gosto; segunda, com maior fruto; terceira, com maior merecimento e agrado de Deus.

Quanto ao gosto, ainda sensivelmente, é sem dúvida porque o sabor de quem fala ou reza é saber o que diz. Por isso o nome de sabedoria se derivou do sabor, e uma e outra coisa é "saber". Tanto assim que S. Basílio, S. Bernardo, Dionísio Cartusiano, e outros graves autores, declarando as palavras de Davi: "Cantai salmos com sabedoria", dizem que aquele "com sabedoria" vale o mesmo que "saborosamente". E funda-se esta interpretação no mesmo original hebreu: "Cantai salmos com inteligência", porque só quem ora com inteligência do que diz ora com sabor. As palavras de S. Basílio são estas: "Aquele que rezando entende as palavras que pronuncia, e percebe o sabor de cada uma delas, assim como o sentido do gosto o sabor do que come, este tal é somente o que satisfaz ao preceito de Davi: Cantai com sabedoria"[7], porque ora saborosamente. — Até aqui o grande Basílio.

E que diz S. Bernardo, como doutor sempre melífluo? "O alimento tem sabor na boca, o salmo no coração, o mel na cera, a devoção está na letra." O comer sabe na boca; o Salmo e a Oração não têm o sabor na boca, em que se pronunciam as palavras, senão no entendimento com que se diz a Deus o que elas dizem. — Por isso a Davi lhe eram mais doces que um favo de mel: "Mais doces que o mel e o favo" (Sl 18,11; Sl 118,103).

Considera, pois, S. Bernardo que no favo há mel e cera, e com a diferença desta comparação distingue a oração saborosa da que não tem sabor: "assim como o mel está na cera, assim a devoção está na letra"[8]. — Se entendeis a letra do que rezais, gostais o mel; se a não entendeis, mastigais a cera. Isto é o que sucede às que rezam o Breviário na língua que não entendem: mastigam a cera sem nenhum sabor, quando puderam gostar o mel, rezando na sua língua.

Ouçam ao mesmo Cristo, o qual também falava com mulher quando disse: "Os teus lábios são como um favo que destila, esposa minha, debaixo da tua língua mel e leite" (Ct 4,11). A vossa boca, esposa minha, é um favo, não seco — que então seria somente cera — mas cheio e redundante de suavíssimo licor, que debaixo da vossa língua é mel e leite. O leite no nosso caso é a parte de suavidade que acrescenta às orações do Rosário a meditação dos mistérios de Cristo e da Beatíssima Mãe, que o trouxe em suas entranhas e alimentou a seus peitos: "Bem-aventurado o ventre que te trouxe e os seios que te amamentaram". Mas por que razão esta doçura não diz o Esposo que estava na língua, senão "debaixo da língua"? Porque o sabor da oração não está no que se pronuncia com a língua, senão no sentido e significação do que se pronuncia; não está no que soam as palavras, senão no que se entende debaixo delas: "debaixo da tua língua". E se fizermos particular reflexão no "tua", acharemos uma nova energia ou discreto equívoco, com que o Esposo quis significar à Esposa que a doçura e suavidade do que se diz não a pode sentir nem gostar uma mulher orando na língua estranha, senão na sua: "debaixo da tua língua".

O mesmo se entende dos homens que rezam o Breviário, se para eles for estranha a língua latina. Ao profeta Ezequiel, que era homem, e grande homem, apareceu a mão de um anjo com um livro, mandando-lhe "que o comesse" (Ez 3,1). "Comeu-o ele, e diz que o achou na boca tão doce como o mel" (Ez 3,3). Se o texto parara aqui e não declarara mais, bastava dizer que o profeta achara doce o livro, para se coligir que estava escrito em língua que ele entendia porque, se a não entendera, não lhe havia de achar sabor. Mas assim o declarou logo o anjo, dizendo: "Porque tu não és enviado a nenhum povo de língua desconhecida" (Ez 3,5). E como o livro não era de língua estranha, senão sabida, e a própria e vulgar da sua nação, por isso o achou doce como o mel. Soube-lhe ao que sabia, porque entendia o que significava. Tal é o Breviário para os que o entendem. E para os que o não entendem, como será? Parece-me a mim que será como o maná antes de gostado. Quando a primeira vez choveu o maná, começaram a dizer os que não sabiam o que aquilo era: "*Manhu*? Que é isto?" (Ex 16,15). — Gostado, era maná; não gostado, era "*manhu*". Para os que o entendem e o gostam, é o Breviário um maná do céu, que tem todos os sabores: para os que o não entendem, nem podem gostar, é um perpétuo "*manhu*", porque a quanto leem estão dizendo: "Que é isto?". — Porque não sabem o que quer dizer. Rezem, logo, pelo Rosário, cujas rações entendem e são muito saborosas, que o demais é uma devoção muito sem sabor.

§ V

E se rezar sem entender é orar sem gosto, ainda é pior defeito o segundo, que é orar sem fruto. Não sou eu o que o digo, senão o apóstolo S. Paulo, impugnando e condenando — como acima disse — aos que em seu tempo oravam em língua que não entendiam "Se eu orar em língua (que não entendo), o meu espírito é o que ora, e a minha alma fica sem fruto" (1Cor 14,14). Estas palavras não só têm dado ocasião a várias interpretações, mas parece que, entendidas assim como soam, contêm uma implicação manifesta. O espírito e a alma é a mesma coisa, e, se têm alguma diferença, é que a palavra espírito significa a parte superior da mesma alma. Pois, se quando S. Paulo orasse em língua estranha, confessa que ora o seu espírito: "Se eu orar em língua o meu espírito é o que ora" — como diz que orando deste modo a sua alma fica sem fruto: "e a minha alma fica sem fruto"? Bem apertada estava a instância, e bem se seguia a implicação, se a palavra espírito significasse neste lugar a parte superior da alma, como quando a Virgem, Senhora nossa, disse: "A minha alma engrandece ao Senhor, e o meu espírito se alegrou por extremo em Deus, meu Salvador" (Lc 1,46). Porém "espírito" neste texto significa o ar da respiração, com que a língua faz a voz e forma a palavra, e é o mesmo que "hálito". "Espírito deve ser entendido aqui palavra", diz Primásio, e Cornélio, ainda mais propriamente: "O meu espírito, isto é, a minha voz proferida pelo espírito vital e vocal". De sorte que falou aqui S. Paulo como altíssimo filósofo e eloquentíssimo orador: como filósofo, porque, segundo a definição de Aristóteles, a voz não é mais que o ar da respiração movido com a língua: "A voz é um pouco de ar movido pela respiração"³; e como eloquentíssimo orador porque, para atenuar o pouco que são e valem as palavras, quando quem as pronuncia não entende o sentido delas, nem lhes quis chamar vozes nem palavras senão um pouco de ar. E assim vem a ser a sentença do apóstolo esta: Se eu oro — ou orasse — em língua que não entendo: "Se orar em língua" — quem ora no tal caso não é a minha alma, senão um pouco de vento, porque é o ar da minha respiração: "O meu espírito ora"; e como a minha alma não é a que ora, por isso fica sem fruto: "E a minha alma fica sem frutos". O exemplo com que confirma esta sua doutrina o apóstolo é muito como seu: "Agora, irmãos, se eu for até vós falando em línguas, em que vos aproveitarei" (1Cor 14,6)? Pergunto, meus irmãos — diz Paulo — se eu, usando do dom de línguas que tenho, vos pregar em língua que não entendeis, aproveitar-vos-eis, ou farei algum fruto em vós? Claro está que não. Pois assim como eu, pregando em língua que não entendeis, vos não posso aproveitar a vós, assim também, se orar em língua que eu não entendo, não me posso aproveitar a mim: "E a minha alma fica sem frutos".

E qual é a razão por que as palavras com que oramos, se não entendemos o que significam, ainda que fôssemos tão santos como S. Paulo, não produzem fruto? A razão é porque o fruto da oração consiste nos afetos da nossa alma para com Deus e para conosco, e as palavras cujo sentido não entendemos não podem excitar nem produzir estes afetos. O mesmo S. Paulo o declarou em outro lugar, como se falasse sinaladamente com os que rezam o Breviário: "Quando rezais hinos, e salmos, e cânticos" — que é o que se faz no Breviário — "há de ser de maneira que com as palavras vos faleis a vós mesmos, e com o coração louveis a Deus" (Ef 5,19); com as palavras a vós mesmos; e com o coração a Deus. — Mas quando eu não entendo o que diz o hino, nem o salmo, nem o cântico, como pode esse hino, esse salmo e esse cântico excitar em mim os afetos que significam as suas palavras, se para mim, que somente as pronuncio com a língua, são um mero som formado no ar, sem significação alguma? Ore eu em língua que entendo — e melhor, se for na própria — e logo o sentido das palavras se fará sentir nos afetos, e a mesma língua, como se fosse de fogo, o pegará ao coração. Não afirmo que isto quisesse dizer Davi, mas querendo, ou não querendo as suas palavras o dizem: "O meu coração concebeu tal calor dentro em mim, que na minha oração se abrasou em fogo" (Sl 38,4s). — E donde lhe vieram ao coração tão ardentes afetos? "Porque falei na minha língua." — Se isto quis dizer Davi, basta que ele o diga e se não foi esse o seu pensamento, seja a prova a vossa experiência. Vós, que não entendeis o Breviário, por ser em outra língua, rezai o Rosário na vossa, e vede se há palavra nas suas orações que da língua ao coração não excite ardentíssimos afetos?

Se digo Pai-Nosso, esta palavra me excita a amar um Deus que me criou, e de nada me deu o ser que tenho e a não degenerar de filho de tão soberano Pai. Se digo: que estás no céu esta palavra me lembra que o céu, e não a terra, é a minha pátria, e que viva na passagem deste mundo como quem há de viver lá eternamente. Se digo: santificado seja o teu nome — esta palavra me ensina a veneração com que devo tomar na boca o nome de Deus e a verdade com que, sendo necessário, hei de jurar por ele. Se digo: Venha a nós o teu reino — esta palavra, verdadeiramente saudosa, me admoesta do fim para que fui criado, e que se agora sirvo neste cativeiro entre os homens, é para depois reinar entre os anjos. Se digo: Seja feita a tua vontade, assim na terra como no céu — esta palavra conforma a minha vontade com a divina, para que, querendo o que ele quer, tudo o que se faz ou sucede seja também o que eu quero. Se digo: O pão nosso de cada dia nos dá hoje — nesta palavra me livro de todos os cuidados da vida, e com os seguros tesouros de não desejar supérfluo, sou mais rico que todos os ambiciosos do mundo. Se digo: Perdoa-nos as nossas dívidas, assim como nós perdoamos — com este pequeno cabedal de perdoar o pouco que me devem, pago as infinitas dívidas de quanto devo a Deus, pelo que dele recebi e o tenho ofendido. Se digo: Não nos deixes cair em tentação — nesta palavra reconheço, para a cautela, a própria fraqueza, e me ponho naquelas poderosas mãos, de quem só me pode ter mão para que não caia. Se digo finalmente: Mas livra-nos de mal — nesta última palavra confesso que muitos dos que tenho por bens verdadeiramente são males, e que só me pode livrar deles quem só os antevê e conhece.

As palavras da Ave-Maria não são menos excelentes os afetos a que nos excitam. Se digo: Ave, Maria — nesta palavra saúdo aquela Senhora que o é de toda a saúde, e sem cujo patrocínio ninguém alcançou a eterna. Se digo: Cheia de graça — nesta palavra me persuado que a graça foi a sua maior felicidade, e que todas as felicidades sem graça são a suma miséria. Se digo: O Senhor é contigo — esta palavra me anima a estar sempre com Deus por amor e obediência, e jamais, por nenhum caso, me apartar dele. Se digo: Benta és tu entre as mulheres — esta palavra me traz à memória a maldição de Eva, e a de quantos por causa de suas filhas têm sido malditos. Se digo: Bento é o fruto do teu Ventre Jesus — esta palavra me avisa que, assim como aquele fruto bendito foi o Salvador, assim o de todas as minhas obras deve ser a salvação. Se digo: Santa Maria, Mãe de Deus — esta palavra, fiado em sua benignidade, me prostra a seus soberanos pés para perpétuo escravo de tal Senhora e filho de tal Mãe. Se digo: Roga por nós pecadores — esta palavra me prega que o que sobretudo devo procurar com maior ânsia e com maior contrição é o perdão dos pecados. E se, finalmente, digo: Agora e na hora da nossa morte — esta palavra acaba de me desenganar que desprezar e não faça caso de quanto acaba com a vida e que a minha vida seja tal como quisera ter vivido na morte, e que esta pode ser nesta mesma hora. Estes são parte dos afetos a que nos excitam as orações e palavras do Rosário por serem rezadas e entendidas na nossa língua vulgar, para que vejam as devotas do Breviário se são tantos e tão proveitosos os que dele tiram em latim como estes em português.

Oh! queira Deus que isto que parece devoção não seja castigo! Quis Deus castigar severamente os filhos de Israel, e o castigo que fulminou contra eles foi que, lendo as Escrituras, não as entendessem. Denunciou ao povo esta sentença de Deus o profeta Isaías, e para lha dar bem a entender foi com este exemplo. Se mostrarem um livro fechado a um homem que sabe ler, e lhe perguntarem o que diz aquele livro, responderá que não sabe, porque está fechado. E se mostrarem o mesmo livro aberto a outro homem que não saiba ler, perguntado do mesmo modo que diz o livro, responderá que não sabe, porque não aprendeu letras. Pois desta mesma sorte — diz o profeta — te castigará Deus, ó povo cego, porque, ou lendo ou não lendo as Escrituras, não entenderás o que dizem: "E será para vós a visão de todos eles como as palavras de um livro selado que, quando o derem ao que sabe ler, lhe dirão: Lê esse livro. E ele responderá: Não posso porque está selado. E dar-se-á o livro ao que não sabe ler, e se lhe dirá: Lê. E ele responderá: Não sei ler" (Is 29,11s). Em suma, que o castigo que Deus mandou àquele povo foi que, ou abrissem ou não abrissem o livro das Escrituras, ou o lessem ou o não lessem, não o entenderiam. E tal é o Breviário para quem o não entende. Se não entendeis o que diz, ou o leiais ou não leiais, ou rezeis ou não rezeis, tanto importa o vosso Breviário fechado como aberto. Deixai agora o Rosário por esse livro.

§ VI

E para que vejais o pouco que Deus se agrada de semelhantes leituras, lidas mas não entendidas — que era o terceiro defeito — considerai que, assim como Deus se agrada muito da oração que é oração, assim se não pode agradar da que o não é. Não sou eu o que lhe nego este atributo, senão o mesmo Mestre Divino da oração, Cristo, Senhor nosso, em umas notáveis palavras: "Tudo o que pedirdes a Deus orando, crede que o recebereis" (Mc 11,24). — Orar é pedir a Deus; pois, como distingue Cristo o pedir orando do pedir não orando? Porque o pedir orando ou não orando são duas coisas tão distintas como pedir entendendo ou não entendendo o que peço. Por isso S. João Damasceno, a quem seguem todos os teólogos, definiu a oração: "o orar é levantar a mente a Deus"[10], e diz a mente porque esta é na alma a parte intelectual e com que entendemos. Se entendo o que peço, o meu pedir é orar, e se não entendo o que peço, nem o meu pedir é orar nem o meu orar, é pedir. Como pode logo Deus agradar-se de umas vozes vãs e sem alma, que só têm nome de orações e não são oração?

Direis que, ainda que não entendais o que dizeis, Deus, com quem falais, o entende; que menos entendem as suas vozes as aves, e contudo louvam a Deus com seu canto, que até o som dos instrumentos mortos e sem sentido, lhe é tão aceito e agradável, como bem significou Davi com aquele seu *laudate* tão inculcado e repetido: "Louvai-o ao som da trombeta. Louvai-o com saltério e cítara. Louvai-o com adufe e flauta; louvai-o com cordas e órgão. Louvai-o com címbalos sonoros; louvai-o com címbalos de júbilo" (Sl 150,3ss). Logo injustamente se desaprovam as vozes humanas e racionais, por não serem entendidas de quem as pronuncia, se até as sensitivas e insensíveis louvam e glorificam a Deus. Respondo em geral, que tão fora estão todas estas réplicas ou contraditas de provar o contrário do que vou dizendo, que antes são novas razões que mais o confirmam. E assim as irei desfazendo por uma parte, e por outra estabelecendo esta mesma proposição em que estamos.

Primeiramente, dizer que Deus entende o que vós rezais, quando vós o não entendeis, é falso. Ouvi ao mesmo Davi que acabastes de alegar: "Percebei, Senhor, as minhas palavras e entendei os meus clamores" (Sl 5,2). — Por certo que se outrem fizera esta petição, não só pareceria escusada, mas muito indiscreta. Deus tudo percebe, tudo entende, e não pode deixar de o entender, ainda que nós queiramos e lho roguemos. Pois como pede Davi a Deus neste salmo que entenda as suas palavras? Porque assim este salmo como os demais não o fez Davi só para si, senão geralmente para todos os que o haviam de rezar, e entre eles havia de haver alguns cujas palavras Deus não havia de entender, posto que fossem as mesmas. E quem são estes, cujas palavras Deus não havia de entender? São aqueles que as dizem sem eles entender o que significam. A razão é manifesta, e fundada na mesma excelência do entendimento divino, porque Deus não entende nem pode entender as coisas senão como elas são. E como as palavras são significativas dos conceitos, e eu, quando pronuncio as palavras que não entendo, não faço conceito do que elas significam, como pode Deus entender o que lhe digo, se eu lho não digo? Dizei e bradai a Deus quanto quiserdes, que ele nem há de entender as vossas palavras nem os vossos clamores, porque quanto vós dizeis e bradais, também vós o não entendeis. Entendei primeiro o que lhe quereis dizer, e então entenderá ele o que vós lhe disserdes. Notai finalmente o que notou agudamente Astério[11], neste mesmo verso de Davi, advertindo que não disse "a minha palavra", senão: "as minhas palavras" — porque palavras desatadas não fazem oração nem têm sentido. E tais são todas as do Breviário para quem as não entende, que neste caso não é só o que reza, senão também Deus.

E porque esta filosofia por muito delgada não pareça menos sólida, ouvi a S. Paulo escrevendo aos Filipenses: "Quando orais, seja de tal modo que, em toda a vossa oração e em todos os atos dela, cheguem as vossas petições à notícia de Deus" (Fl 4,6). — A notícia de Deus? E pode haver orações que não cheguem à notícia de Deus, que tudo conhece, tudo entende, tudo sabe e nada se lhe esconde? Sim, diz o maior letrado de todos os apóstolos, ou assim o supõe. E posto que os intérpretes, declarando estas mesmas palavras, apontam vários modos em que nas orações humanas se verifica o não chegarem à notícia de Deus, nenhum é mais próprio e rigoroso que o do nosso caso, quando quem faz oração a Deus não entende o que lhe diz. Logo, mal fundada é a vossa réplica, em dizer que, se vós não entendeis o que rezais, basta que Deus o entenda. Acomodai-vos pois a trocar o Breviário pelo Rosário, e em lugar dos três noturnos, que são muito escuros, rezai os três terços, que são muito claros, e em lugar das Sete Horas Canônicas, as sete petições do Pai-Nosso.

A outra réplica era que, se as vozes das aves, que elas não entendem, louvam a Deus, quanto mais as racionais e humanas? Também esta suposição é falsa, porque as vozes que o homem pronuncia e não entende, rigorosamente não são humanas, posto que o pareçam. Por isso Caetano comparou às do animal de Balaão as dos coríntios, que S. Paulo repreende porque oravam em língua que não entendiam. As vozes que a natureza deu aos animais, todas têm suas significações, porque de um modo declaram a fome, doutro modo a ira, doutro modo a dor, e assim das outras paixões, apetites ou instintos, ainda que irracionais e brutos. E se estas significações do seu mugir, balar, rinchar, uivar e bramir se acham nos animais sem razão, não é grande afronta dos que têm uso dela falarem sem entender o que dizem? O exemplo do canto das aves, posto que tenha mais harmonia, não é menos ignominioso. Por que me hei de contentar de louvar a Deus como um rouxinol, se o posso louvar como um anjo? Por que me hei de contentar de lhe dar a alvorada como um canário ou pintassilgo, se o posso fazer como um serafim? Ainda posso voar mais alto rezando o Rosário. Se digo Ave-Maria, falo como S. Gabriel; se digo Pai-Nosso, falo como Cristo. E porque a censura desta réplica não seja só minha, ouvi a de S. Boaventura: "Aquele que ora, ou cuida que ora, sem entender nem saber o que diz, quem não vê que é semelhante ao papagaio?" — Só quem tiver o juízo tão verde como eles não verá a verdade desta semelhança, e muito mais a deformidade dela.

Só resta a réplica dos instrumentos, a qual, para melhor vos confutar, vos concedo. Nem vós entendeis o que dizeis, nem eles o que soam, e é muito honrada consolação que tomeis o Breviário nas mãos para louvar a Deus como as harpas, como os órgãos e como os sinos. Mas destes mesmos instrumentos insensíveis forma um valentíssimo argumento o tantas vezes alegado S. Paulo: "As coisas inanimadas, que fazem consonância, como a flauta ou a cítara, se não fizerem diferença de sons, como se distinguirá o que se canta na flauta ou o que se toca na cítara?" (1Cor 14,7). Os instrumentos, que não têm alma e têm voz, se não distinguirem os sons, como se há de entender o que significam? De sorte que até nos instrumentos inanimados são necessárias três coisas: o som, a significação do que soam e a inteligência do que significam, porque, se faltar esta significação e esta inteligência, os instrumentos por si sós de nada servem. Põe o exemplo o mesmo apóstolo na trombeta: "Porque, se a trombeta der um som confuso, quem se preparará para a batalha?" (1Cor 14,8). A trombeta toca a marchar, a fazer alto, a acometer, a retirar, e a todos os outros movimentos militares, mas estas distinções e inteligências não as faz a trombeta, senão o trombeta. O homem que a governa é o que a anima, porque "a voz do instrumento é voz sem alma"— e como a alma da voz é a significação e a inteligência, ainda nos instrumentos, com que se alegava, bem se prova delas e com eles quão pouco vai o som das vozes em quem ora se lhe faltar a inteligência do que significam.

Nem o texto ou textos de Davi citados persuadem o contrário, antes declaram e confirmam mais esta mesma verdade. Nenhum daqueles textos — coisa muito digna de se notar — diz que os instrumentos louvem a Deus, senão que os homens louvem a Deus com eles: "Louvai-o com as trombetas; louvai-os com os saltérios e com as cítaras". Não diz que louvem a Deus as trombetas, os saltérios e as cítaras, senão que os homens o louvem com as cítaras, com os saltérios e com as trombetas. "Louvai-o com o tímpano e o couro; louvai-o com as cordas e os órgãos". "Não" diz que louvem a Deus os atabales, as cordas e os órgãos, senão que os homens o louvem com os órgãos, com as cordas e com os atabales. "Louvai-o com sinos sonoros; louvai-o com sinos de júbilo." Não diz que louvem a Deus os sinos bem soantes, nem os repiques alegres, senão que os homens o louvem com o som dos sinos e dos repiques. E por que não diz Davi que louvem os instrumentos a Deus, senão que louvem a Deus os homens com os instrumentos? Porque nos instrumentos estão as vozes, nos homens está a inteligência, e os louvores de Deus não se compõem só das vozes sem inteligência, que estão nos instrumentos, senão da inteligência junta com as vozes, que está nos homens.

§ VII

De tudo o que até aqui temos disputado e discorrido parece que já fica resoluta e fora de controvérsia a nossa questão, dentro dos termos em que a propusemos: não entre o Breviário e o Rosário absolutamente e para todos, mas em respeito daquelas pessoas somente, a quem falta a notícia e prática da língua latina, bastante a entender o Ofício Eclesiástico. E para que o devoto femíneo sexo conheça quão reta e desinteressada é a tenção com que tenho advogado pela justiça desta causa, e não pareça que dissimulo e passo em silêncio o argumento e exemplo que mais favorece a sua parte, quero acabar pondo em campo por ela, vestidas de diferentes hábitos e insígnias, todas as religiosas de todas as nações católicas, as quais também geralmente não sabem mais que a sua língua e, contudo, usam do Breviário Romano e rezam o Ofício Eclesiástico na língua latina. Logo, se por preceito da Igreja universal e pelos estatutos particulares das suas religiões, são obrigadas às mesmas Horas Canônicas na mesma língua latina, que não entendem — e não se pode dizer que este uso não seja muito santo, ou contenha alguma imperfeição — segue-se que o mesmo podem fazer, e tão louvavelmente como elas, todas as que não são regulares. A consequência parece forçosa, mas respondo que nem se segue nem seria tão louvável.

As muitas razões que a Igreja Católica tem e teve desde seu princípio para, no Ofício Eclesiástico, como também nas Escrituras Divinas, na Missa e nas formas dos Sacramentos não usar das línguas vulgares, senão da latina, se reduzem principalmente a duas. A primeira, pela majestade das coisas Sagradas e culto divino, que nos ouvidos e entendimentos dos rudes podia perder parte da reverência e estimação, e ficar exposto a muitas interpretações, não só indignas, mas erradas[12]. A segunda, porque sendo a Igreja Católica uma só, também convinha que a língua de que usasse em todas as partes do mundo fosse assim mesmo uma, e essa a mais comum e universal, qual é a latina. E posto que no Ofício Eclesiástico tenham obrigação de a saber os homens, a quem é mais fácil, e não as mulheres, contudo, para que em todos os coros públicos se guardasse a mesma uniformidade, foi mais conveniente que também elas rezassem na mesma língua. De nenhum modo, porém, se segue que seria igualmente louvável este uso nas que não são regulares, porque esta é a diferença que há entre as coisas que se fazem por obrigação e preceito, em que o legislador atende ao bem comum, ou por eleição própria e livre, em que cada um deve atender ao bem e conveniência particular. E desta mesma diferença se conclui que nunca as que não são regulares, rezando o mesmo Ofício, igualariam o merecimento das regulares, porque nestas supre a obrigação e obediência o que naquelas perde a própria vontade e eleição, quando é melhor o que deixam que o que escolhem.

É doutrina de S. Paulo que sempre se deve escolher o melhor: "Aspirai aos melhores dons" (1Cor 12,31). E não era necessário para isso a sua autoridade, porque assim o ensina a prudência e ditame natural da razão. Quando a escolha é entre o mal e o bem, há-se de escolher o bem e deixar-se o mal, mas quando é entre o bom e o melhor — como a nossa — há-se de escolher o melhor, e deixar-se o bom. Esta verdade, ditada pela natureza e canonizada pela fé, é a que eu pretendi persuadir em todo este discurso. Rezar o Breviário, ainda que se não entenda, sempre é bom, porque é ato de religião e culto divino, e modo geral de honrar, venerar e louvar a Deus. Rezar, porém, o mesmo Breviário entendendo-o, é melhor e muito melhor, porque, além deste culto geral, logra as vantagens do sabor, do fruto e dos afetos particulares que estão encerrados na inteligência das palavras, a que Santo Tomás, e todos os teólogos, assim escolásticos como ascéticos, chamam pasto espiritual da alma, do qual em próprios termos dizia Davi: "Como de banha e de gordura seja farta a minha alma, e com lábios de júbilo te louvará a minha boca" (Sl 62,6). E como entre o bom e melhor do Breviário, rezado com inteligência ou sem ela, há tão grande diferença, que fará uma mulher que o não entende para conseguir o melhor? Aqui se veem os grandes privilégios da religião. Se é religiosa, não pode deixar o Breviário, nem o deve trocar, mas se não é religiosa, deve-o deixar e trocá-lo pelo Rosário. E por quê? Porque na religiosa o que por si é somente bom, por virtude da obediência sobe a ser o melhor; e na que não é religiosa, que obra por própria eleição e não por obediência, o que é somente bom não pode passar a ser melhor, senão trocando-se. E a troca deve ser do Breviário em Rosário, porque é trocar o que não entende pelo que entende, como tão largamente deixamos provado.

Por fim, pode haver alguma devota tão devota que reze ou queira rezar uma e outra coisa, o Breviário e mais o Rosário. Mas também não aprovo esta concordata, porque seria abarcar muito e apertar pouco. É o impropério que o profeta Ageu lançava em rosto aos que de grande seara colhem pouco grão: "Vós semeastes muito, e recolhestes pouco" (Ag 1,6). Um só mistério de Cristo e uma só cláusula do Pai-Nosso basta para meditar toda a vida, quanto mais o Rosário inteiro. Em nossos dias houve dois varões santos, um secular, outro religioso, nesta América: um, que gastou três anos em dizer a cada respiração: "Seja feita a tua vontade"; e outro, que eu conheci e tratei, o qual desde a meia-noite até o sair do sol, tinha seis horas de oração de joelhos, meditando em uma só chaga de Cristo crucificado[13].

E se o meu pouco espírito não tem bastado para mostrar bem este melhor e persuadir esta troca, espero por fim que baste a autoridade da mesma Senhora do Rosário, e que não haverá devoção alguma tão pertinaz ou juízo tão teimoso que se atreva a resistir à força de suas divinas palavras. O segundo pregador depois do patriarca S. Domingos, escolhido pela mesma Virgem Santíssima para restaurador da devoção do seu Rosário, que, como todas as coisas boas, com o tempo se ia esfriando e diminuindo, foi o Beato Alano, tão filho do mesmo santo patriarca no espírito como imitador do zelo. Apareceu-lhe, pois, a Soberana Rainha dos anjos, e, encarregando-lhe que para remédio e reformação do mundo tornasse de novo a pregar e promulgar o Rosário, as razões que acrescentou por sua boca sacratíssima, para que ele em seu nome as inculcasse a todos, foram estas: "Porque este gênero de orar pronto e fácil é para mim" — diz a Senhora — "o mais agradável de todos, para alcançar a misericórdia Divina o mais acomodado e para os povos o mais útil e saudável, porque nele têm o mais eficaz remédio e socorro contra todas as adversidades". — Todas estas prerrogativas da devoção do Rosário, e pronunciadas por tão divino Oráculo, a fazem digna de suma estimação. Mas a que no nosso caso se deve ponderar e venerar sobre todas é dizer a mesma Senhora do Rosário "que este modo de orar, por ser pronto e fácil, lhe é, não só agradável, mas em grau superlativo gratíssimo". Que quer dizer "pronto e fácil" senão ordinário, vulgar e de grande facilidade, sem máquina de rubricas para o ordenar e acertar, nem outra língua mais que a própria para o entender? Isto é o que nota e preza a Senhora das Senhoras no seu Rosário, para que se emendem do seu juízo e da sua eleição as que, por ordinário e vulgar, trocam este gênero de orar por outro. Não sejam como Naamã Siro, que sobrelevado da sua qualidade e grandeza, desprezou o remédio do Jordão por fácil e vulgar a todos. E se querem agradar a Rainha do céu, como afetam às da terra, conformem-se com o modo de orar que lhe é gratíssimo: repetindo muitas vezes em vulgar: "Ave, Maria, cheia de graça", como a oradora do Evangelho lhe disse também em vulgar: "Bem-aventurado o ventre que te trouxe".

FIM

SERMÃO

XXIII

Com o Santíssimo Sacramento exposto.

~

"E Booz gerou de Rute a Obed."
(Mt 1,5)

Vieira termina o exórdio dizendo: "sendo este discurso dos bens temporais, é matéria a que todos sempre estão mui atentos. O sermão está essencialmente centrado na figura de Rute, que percorre todo o texto com a simbologia da espiga associada à Eucaristia"*. Como Rute remediou a sua pobreza, assim todos os pobres remediarão as suas pela devoção do Rosário. Não é a verdade, nem a mentira, nem o amor o mais poderoso poder, mas a necessidade, a pobreza, a fome, a falta do necessário para o sustento da vida. Seus efeitos são o desprezo da honra e a destruição da virtude. E seus remédios são o Sacramento e o Rosário. Destaca o exemplo de Rute e as consequências contrárias de sua pobreza e de sua fome. Ingênuo ou experiente, Vieira introduz um dos seus casos mirabolantes: as duas irmãs coroadas de rosas. As rosas do Rosário não só dão fruto, mas são frutos. Frutos que sustentam a vida e frutos que conservam a honra e a honestidade.

---

§ I

A Virgem Maria, Senhora nossa, no seu divino cântico do *Magnificat*, afirma de presente, e profetiza de futuro, que "aos pobres enche Deus de bens, e aos ricos deixa vazios"(Lc 1,53). Na roda do hortelão, e nos vasos de barro, que com ela vão dando a mesma volta, não vedes como os vazios descem e os cheios sobem, e logo os vazios se enchem, e os cheios ficam vazios? Pois isto mesmo é o que faz — diz a Senhora — não a roda, que vós chamais da fortuna, mas a constante disposição da Providência Divina: "Aos pobres encheu, e aos ricos deixou vazios".

Em muitos exemplos dos seus ascendentes nos pudera provar a Virgem Maria a variedade ou providência desta mesma roda; mas em nenhum melhor que na história de Rute que tomei por tema: "E Booz gerou de Rute a Obed" (Mt 1,5). Era Rute nora de Noemi — não cuideis que o digo por equívoco e assim como Noemi disse de si: "Eu saí daqui cheia, e o Senhor me faz voltar vazia" (Rt 1,21) — que é "os ricos deixou vazios" — assim Rute com os termos e a fortuna trocada, estando pobre e faminta e verdadeiramente "vazia", Deus a encheu de tantos bens e de tanta abundância e fartura, que com maior verdade se pode chamar "cheia": "E os pobres encheu de bens".

Os bens de que fala neste lugar a Soberana Rainha, como Mãe de misericórdia, são os bens temporais e da terra, necessários ao sustento da vida humana. E destes, como remédio da pobreza, e fartura dos que padecem fome, determino eu tratar hoje, para que se não queixe ou cuide o corpo que só sobre os espirituais, e da alma, tem virtude e poder o Rosário.

Quando a Providência e benignidade divina lança a bênção sobre a terra, e é fértil e abundante a novidade, chama Davi à fertilidade dos campos coroa do ano: "Bendirás a coroa do ano da tua bondade, e os teus campos se encherão de abundância" (Sl 64,12). É a mesma figura com que os poetas elegantemente pintam a primavera coroada de flores, e o verão coroado de espigas. Assim pintou estas duas partes do ano o mais engenhoso de todos os poetas na descrição do Palácio do Sol. O verão coroado de espigas e a primavera coroada de flores:

"O estio desnudo, com guirlandas de espiga;
a primavera, coroada de flores"[1].

E estas duas coroas, com que o ano se coroa em diferentes meses temos hoje juntas em o mesmo dia. No Evangelho com Rute coroada de espigas; na festa com o Rosário coroado de flores.

E não é isto mesmo a solenidade da Senhora do Rosário com o Santíssimo Sacramento exposto? Sim, é. No dia em que Cristo nasceu em Belém — que quer dizer Casa de pão — apareceu no céu um sol coroado de espigas; e no dia em que a Virgem Santíssima o concebeu em Nazaré — que quer dizer Florida — apareceu a aurora do mesmo sol coroada de rosas. Tudo isto se viu então dentro naquele mesmo ano em que a benignidade do céu mais que nunca choveu bênçãos sobre a terra: "Tu coroas o ano da tua bondade" (Sl 65,11) — e tudo — porque tudo era profecia — se vê junto hoje nos dois mistérios santíssimos em que se encerram tantos mistérios: o Rosário e o Sacramento.

E se agora me perguntais ou esperais ver o fim desta tão natural combinação daquele ano com este dia, digo que não é para o fim geral da correspondência de ambos os mistérios, que por tantos modos temos declarado e ainda declararemos mais. Mas como disse ao princípio, para remédio da necessidade dos pobres e para fartura dos que padecem fome, Rute antes de ser mulher de Booz, recolhendo as espigas que caíam das mãos aos seus segadores, foi a pobre e a faminta; e a mesma Rute, depois de tão altas e tão opulentas bodas, por benefício das mesmas espigas, não só se coroou a si, mas deu coroas a seus descendentes: "E Booz gerou de Rute a Obed, e Obed gerou a Jessé, e Jessé gerou ao rei Davi" (Mt 1,5).

Comparando, pois, as rosas do Rosário com as espigas de Rute, o que havemos de ver é: que assim como Rute em figura remediou a sua pobreza pela devoção do Sacramento, assim todos os que forem pobres remediarão em realidade as suas pela devoção do Rosário. E sendo certo, como nos ensinou a Mãe de Deus, que a misericórdia do mesmo Deus "os pobres encheu de bens" e a sua justiça "os ricos deixou vazios", não só pertence esta virtude do Rosário aos pobres, senão também aos ricos. Aos pobres, porque são pobres; e aos ricos, porque o podem ser. Não peço atenção para este discurso, porque, sendo dos bens temporais, é matéria a que todos sempre estão mui atentos. *Ave Maria etc.*

§ II

No palácio de el-rei Dario, enquanto ele dormia, três guardas-mores da pessoa real que lhe vigiavam o sono, filosofando, ao que parece, sobre o sossego com que descansava aquele grande monarca, sem o desvelar o governo de cento e dezoito reinos de que era Senhor, excitaram entre si aquela famosa questão que refere Esdras: qual fosse a mais poderosa coisa do mundo? Despertou o rei, e lendo a questão que os mesmos autores dela lhe tinham posto escrita debaixo dos travesseiros, prometeu grandes prêmios a quem melhor a resolvesse. Um disse que a mais poderosa coisa do mundo é o rei, porque os reis podem quanto querem, e ainda que queiram o que não podem, ninguém há que lhes resista: tudo executam e conseguem. Outro disse que mais poderoso é o vinho, porque à força saborosa deste licor se rendem muitas cabeças coroadas, e o pudera provar com a de Noé, da qual fiou Deus o governo e restauração do mundo, e não areando na maior tempestade, que foi a do dilúvio, o vinho o derrubou. O terceiro, finalmente, que era Zorobabel, disse que mais poderosa é a mulher, e o provou com um notável exemplo de certa mulher chamada Apemen, bastando o primeiro de todos, que foi o de Eva. Mas não contente com esta resolução, em que manifestamente venceu as dos companheiros, acrescentou e concluiu que a mais poderosa coisa do mundo é a verdade: "A verdade é grande e a mais poderosa entre todas as coisas" (3Esd 4,35, apócrifo).

Esta última sentença aprovou o rei, esta foi aplaudida de todos com públicas aclamações: "E toda gente aclamou e disse: Grande é a verdade e vitoriosa" (3Esd 4,41, apócrifo) — e esta segui eu, e tive por certa muitos anos, porque com este grande conceito da verdade na cabeça me nasceram e cresceram nela as cãs em todas as partes da Europa. Porém, depois que, passando a este mundo novo, vejo de mais longe o velho, tenho achado por experiência que muitas vezes mais poderosa é a mentira que a verdade. Não se pode isto dizer sem escândalo da razão e horror da mesma natureza, mas não se pode negar. E por quê? Porque a mentira é crida e acreditada, e a verdade não tem fé nem crédito; a mentira escusa os culpados, e a verdade não pode defender os inocentes; a mentira é absoluta sobre sua palavra, e a verdade condenada sem ser ouvida; a mentira profana sacrilegamente a religião e o sacerdócio, e à verdade não lhe vale sagrado; enfim, a mentira, que devera ser pisada, traz debaixo dos pés a verdade, e a verdade, de quem se diz que nada sobre tudo, se vê tão soçobrada e afogada da violência, que nem respirar pode. E, posto que os juízes sejam retos, ou o queiram parecer, é tal o enredo dos testemunhos falsos, induzidos e subornados, ou com o dinheiro ou com o ódio, ou com o temor ou com a dependência, ou com a lisonja ou com tudo, que a mentira é a que vence, e a falsidade a que triunfa. Assim que muitas vezes a mentira hoje no mundo é mais poderosa que a verdade, assunto que eu pudera provar com esquisitos e formidáveis exemplos, se não fora outro o meu intento.

Suposto, pois, que na nossa experiência, por abuso, seja mais poderosa a mentira que a verdade, e na sentença de Zorobabel, por razão, seja mais poderosa a verdade que todo outro poder, segue-se porventura daqui que a coisa mais poderosa do mundo, ou bem ou mal governado, seja qualquer delas? Não. Porque ainda há no mundo outra coisa mais poderosa. E qual é? A necessidade. A necessidade, a pobreza, a fome, a falta do necessário para o sustento da vida é o mais forte, o mais poderoso, o mais absoluto império que despoticamente domina sobre todos os que vivem. Não há coisa tão dificultosa, tão árdua, tão repugnante à natureza a que a não obrigue, a que a não renda, a que a não sujeite, não por vontade, mas por força e violência, a duríssima e inviolável lei da necessidade. A necessidade é que leva o soldado à guerra, e a escalar as muralhas, onde vendo cair uns a ferro e voar outros a fogo, avança com tudo, e não desmaia. A necessidade é a que engolfa o marinheiro nas ondas do oceano: elas com os naufrágios à vista, e ele com tal ousadia que, metido dentro em quatro tábuas, se atreve a pelejar, não só com os ventos e tempestades, mas com todos os elementos. A necessidade é a que mete ou precipita o mineiro ao mais profundo das entranhas da terra, e sem temor que as mesmas montanhas que tem sobre si caiam e o sepultem, ele lhe vai cavando as raízes e sangrando as veias. Finalmente, com mais ordinário e geral desprezo da vida e da saúde, quem faz que o lavrador não tema os regelos do inverno, nem o segador as calmas ardentes do estio, nem o pastor os dentes do lobo e do urso e, em muitas partes, as unhas do leão e do tigre, senão a necessidade? E posto que uns e outros tantas vezes perecem em tão conhecidos perigos, a mesma necessidade, com implicação manifesta da própria conservação, é a que, para sustentar a vida, os obriga a perder a mesma vida. Até o pobre e atrevido ladrão, que desde o primeiro passo com que salteou os caminhos começou a caminhar para a forca, se ao pé dela lhe perguntam quem o trouxe a tão miserável estado, responde com o laço na garganta que a necessidade. E para que ninguém se admire deste grande poder da necessidade sobre todos, a razão é, diz o provérbio, porque todos os outros poderes são sujeitos às leis, "e só a necessidade não tem Lei".

Assim como os sábios dos persas e medos deram o principado do poder à verdade, assim os gregos e latinos, mais sábios que eles, sobre a mesma controvérsia o deram ao amor. Estes disseram: "A tudo vence o amor", e não houve nação tão dura e bárbara que se não assinasse ou alistasse debaixo desta sentença. Mas se no mesmo caso concorrer o amor e a necessidade, quem vos parece que há de vencer? Claudiano disse:

"A pobreza cruel me oprime, enquanto o amor é brando.

Mas a fome é tolerável, enquanto o amor não é tolerável"[2].

Quer dizer que, apertado um homem por uma parte da fome e por outra do amor, com a fome ser cruel e o amor brando, a fome é tolerável, o amor não. Eu creio que quando este poeta isto escreveu, devia de ter bem comido e também bebido. Em dizer: "Mas a fome é tolerável, e o amor não", não soube o que disse. Havia de dizer pelo contrário: "Mas o amor é tolerável, mas a fome não", porque quando concorrem juntos o amor e a fome, a fome triunfa do amor e vence o que tudo vence. E se não, ponhamos ambos em campo, e vejamos qual leva a vitória.

Padecia-se grande fome nas terras de Canaã quando Jacó, para remédio dela, de onze filhos que tinha, mandou os dez ao Egito. Trouxeram pão para alguns dias, mas com obrigação de levarem também o filho undécimo, que era Benjamin, quando fossem buscar mais. Era Benjamin o mimo e amor de Jacó, e não se podem crer os extremos que ele fez para não apartar de si o filho que unicamente amava. Instavam os irmãos, e a todas as instâncias respondia e satisfazia o pai, até que, finalmente, o apertaram com uma a que não teve solução nem resposta, e se deu por vencido. E qual foi esta? A da necessidade. Enquanto durou o pão, esteve forte Jacó; mas tanto que se foi acabando aquele fiador da vida, e lhe disseram os filhos que eles e seus netos morreriam todos à fome se não levassem a Benjamin, cedeu o amor à necessidade e venceu a necessidade o amor. Assim o disse em próprios termos o mesmo Jacó: "Já que assim o pede a necessidade, fazei o que quiserdes" (Gn 43,2). — O que quiserdes, diz, e não o que eu quero, porque eu não quisera apartar de mim o único filho que tanto amo; mas a minha vontade e o meu amor é força que se deixe vencer da necessidade. É ponderação de S. João Crisóstomo, o qual nos encomenda que reparemos nela:

"E vede como a necessidade vence o amor do pai"³. — O amor dos pais é o mais forte de todos, e nenhum pai amou mais que Jacó, nem houve filho mais amado que Benjamin. Porém, à vista da necessidade e da fome, aparte-se o pai do filho e o filho do pai, rompam-se os corações de ambos com dor, chore a ausência, suspirem as saudades, renda-se violentado o amor, e a necessidade triunfe: "Já que assim o pede a necessidade, fazei o que quiserdes". Mas, que muito é que ao amor do pai, para dar de comer aos filhos, vencesse a necessidade e fome de Canaã, se na fome de Samaria e de Jerusalém venceu tanto a necessidade o amor das mães, que chegaram a comer seus próprios filhos (4Rs 6,25ss; Lm 2,20)?

§ III

Estes últimos exemplos poucas vezes vistos são o que com maior horror da natureza encarecem o poder e violência da necessidade; mas os que cada dia acontecem não são menos feios, menos tristes, nem menos para temer. O primeiro efeito ou consequência da necessidade é o desprezo da honra; o segundo, a destruição da virtude. E ponho em segundo lugar a destruição da virtude porque o muro da virtude é a honra e, derrubado este muro, a virtude que ele defendia facilmente se rende. Quem se não envergonha dos homens, que vê, facilmente perde o respeito a Deus, que não vê. Os romanos, para a emulação de tal sorte edificaram os Templos da Honra e da Virtude, que pelo da virtude se entrava ao da Honra; e o demônio, para a tentação, primeiro bate o da honra para derrubar o da virtude. Por isso, sendo todo o pecado ofensa de Deus e crime de lesa-majestade divina, introduziu o mesmo demônio no mundo que alguns pecados não fossem infames, para que, tirado o temor da desonra, ficasse facilitado o precipício da culpa. Aberta, pois, a primeira brecha no muro da honra, apenas se acha virtude tão constante que, sitiada da necessidade e apertada da fome, pela triste condição somente de ter com que sustentar a vida, não renda a consciência e a alma tão infame partido. Esta é a razão conhecida até dos gentios, porque Virgílio, quando descreveu o pórtico e entrada do inferno adornado feiamente daqueles monstros horrendos, colocou também entre eles a pobreza e a fome:

"A fome, má conselheira, e a horrível pobreza"[4].

À fome chamou "má conselheira", e à pobreza "horrível", por que não há vício nem maldade que a fome não persuada, nem torpeza ou infâmia que a necessidade e pobreza não facilite.

Vamos à Escritura Sagrada, em que no Velho e Novo Testamento, desta mesma fome e desta mesma pobreza temos dois admiráveis reparos, e ambos em dois descendentes da nossa Rute, Davi e o Filho de Davi, Cristo. Jejuou Cristo no deserto quarenta dias, e em todo este tempo não o tentou o demônio. No fim do jejum o Senhor "teve fome" (Mt 4,2) — e no mesmo ponto diz o evangelista que o demônio "se chegou a ele e o tentou" (Mt 4,3). Pois, se o tentador, que não só era demônio senão o maior de todos os demônios, em quarenta dias se não atreveu a chegar a Cristo, antes o temia e fugia dele e, retirado, estava observando somente a prodigiosa abstinência daquele homem, como agora, e logo no mesmo ponto em que reconheceu que tinha fome, se atreveu a o acometer e tentar? Porque é tão natural efeito da fome o enfraquecer a virtude que até um santo tão forte, tão constante e tão milagroso, que pode passar sem comer quarenta dias, entendeu o demônio que, apertado da fome, não poderia resistir à tentação. S. Basílio: "Sentindo o diabo que onde há fome, aí há fraqueza, aproximou-se para tentar"[5]. Fez o demônio, diz S. Basílio, este discurso: Onde há fome, há fraqueza; pois agora é o tempo de tentar este homem, posto que tão milagroso, porque, se a fome o tem meio rendido, a tentação o acabará de vencer. Ele bem deve de conhecer que sou eu o demônio; mas um homem com fome, e sem remédio, ainda que o comer que se lhe oferece seja dado pelo demônio, há-o de aceitar.

Assim animado o tentador, fez descobertamente o tiro, e o que disse a Cristo foi: "Se és Filho de Deus, dize que estas pedras se convertam em pães" (Mt 4,3). Com muita razão argui aqui S. Pedro Crisólogo ao demônio, de que "quis tentar e não soube"[6]. A primeira coisa que o demônio disse foi a primeira que havia de calar. Vem cá, demônio ignorante, queres render e derrubar a este mesmo homem a quem tentas, e trazes-lhe à memória o ser Filho de Deus: "Se és Filho de Deus"? Não sabes que o maior brio e o maior empenho de um homem de alto nascimento, para não cometer indignidades nem vilezas, é lembrar-se da nobreza de seus pais, e não querer pôr mancha na sua geração? — Assim é — diz o demônio — mas isso se entende quando o filho de bons pais tem que comer. Porém, quando está com fome, e se vê apertado da necessidade, nem faz caso de pais, nem se lembra de gerações, nem olha para as manchas da honra, nem para o crédito e reputação da pessoa; a tudo fecha os olhos, contanto que tenha com que sustentar a boca. Assim o cuidou o demônio de Cristo, e se nele se enganou, não se enganou em Esaú, nem em Jônatas, nem no Pródigo e infinitos outros. A regra geral é: "Onde há fome, aí há fraqueza" — e assim como à fome se segue a fraqueza, assim à fome de muitos dias, muitas fraquezas.

O outro descendente, e mais chegado a Rute, foi Davi. E que nos dirá de si aquele valente de Deus que com as mãos desarmadas espedaçava leões, e com uma pedra derrubava gigantes? Diz o que ninguém pudera imaginar, porque diz assim: "Na minha pobreza enfraqueceu-se a minha virtude, e chegou a fraqueza a tanto, que até os mesmos ossos me derrocou" (Sl 30,11). Quem pudera imaginar de Davi duas tais coisas: pobreza e fraqueza? Nem a pobreza diz bem com um rei, nem a fraqueza com um homem tão valente. Mas em tudo falou Davi como quem bem se conhecia como homem e muito melhor ainda como rei. Só estranhará o nome de pobreza nos reis quem não sabe que os reis são mais pobres que os vassalos. Não é mais pobre quem tem menos, senão quem necessita de mais. E ninguém tem mais necessidade nem maiores necessidades, que os reis. Necessidade de fabricar armadas, necessidade de fornecer exércitos, necessidade de fortificar praças e presidiar fortalezas, necessidade de salariar ministros nos reinos próprios, necessidade de manter e autorizar embaixadores nos estranhos, necessidade de sustentar com decência, aparato e magnificência real a própria majestade, e mil necessidades outras públicas e ocultas, das quais pedia o mesmo rei a Deus o livrasse: "Livra-me das minhas aflições" (Sl 24,17). E, cercada, antes oprimida de tantas e tão forçosas necessidades, a falsa potência e verdadeira pobreza dos reis, vede a quantas quebras de consciência e a quantas fraquezas de virtude estará exposta: "Enfraqueceu-se na pobreza a minha virtude"? Fraqueza nos mesmos tributos e subsídios necessários, tolerando que carreguem sobre os pequenos e miseráveis e fiquem isentos os grandes; fraqueza nas doações inoficiosas e indevidas, não se pagando no mesmo tempo o que se deve aos legítimos acredores; fraqueza nas chamadas graças, feitas prodigamente aos que logram de perto, esquecidos os que servem e trabalham ao longe; fraqueza na observância e dissimulação das leis com os poderosos; fraqueza na igualdade da justiça; fraqueza no verdadeiro e desinteressado exame das causas; fraqueza na atenção ao luxo e regalo, para que tudo sobeja; fraqueza no descuido da conservação do que se perde, para que tudo falta; e tantas outras fraquezas de virtude, que ainda nos reis que parecem timoratos mais se podem chorar que dizer.

Isto confessava Davi de si no tempo em que era rei. Mas antes de cingir a coroa, e depois que seu próprio filho lha tirou da cabeça, em que a sua pobreza foi mais manifesta, também não faltaram fraquezas à sua virtude. No tempo em que servia a el-rei Aquis, faltando à fé da hospitalidade, roubava os vassalos do mesmo rei, e para que se não soubesse, matava a todos, o que não podia fazer licitamente, porque a sua autoridade ainda era privada (1Rs 27,8ss). No tempo em que andava escondido de Saul, porque Nabal Carmelo, lavrador grosso, o não quis socorrer, deliberou e jurou que a ele e a todos os de sua casa havia de tirar a vida, e pôr o fogo a quanto possuía (1Rs 25,22). No tempo em que fugia de Absalão, por um presente com que Siba, criado do príncipe Isboset, lhe saiu ao caminho, sem mais informação que a sua lhe deu todos os bens de seu senhor (2Rs 16,1ss). E o pior e mais é que, depois de lhe constar da inocência de Isboset, devendo mandar enforcar a Siba como ladrão e falsário, para não emendar de todo o que tinha feito, mandou que o ladrão e o roubado partissem entre si os bens (2Rs 19,27ss). Não consta das Escrituras a restituição desta injustiça; mas como notam todos os teólogos e expositores, é certo que depois a fez Davi, porque doutro modo não se salvaria. Tanta razão e tantas razões teve este herói, por tantas outras qualidades grande, para dizer e confessar que na sua pobreza enfraquecera a sua virtude: "Enfraqueceu-se na pobreza a minha virtude".

§ IV

E se a força da necessidade e da pobreza, como acrescenta o mesmo Davi, lhe quebrantou "e derrocou até os ossos"— se os ossos, que são a parte mais dura e mais forte do corpo, não podem resistir à força da necessidade sem que ela os quebrante e descomponha, que se pode esperar da carne fraca? Se um homem tão valente como Davi, e tão forte como significa o seu próprio nome, oprimido da pobreza e apertado da necessidade cai em tantas e tais fraquezas, que fará a triste mulherzinha que, confessando as suas com infinitas lágrimas, e desculpando misérias com misérias, juntamente se acusa a si e à sua pobreza? Que fará — digo outra vez — a triste mulher que, perdida a honra e a consciência, e admoestada do perigo da sua alma e reconhecida dele, protesta que deseja levantar-se do lodo em que está caída, mas que não tem remédio, porque o peso da necessidade lho não permite? Isto dizem as mães, isto as filhas, e só lhes falta dizer, com Cassiodoro, que "a mãe de todas as culpas é a necessidade"[7]. Também há homens, e não poucos, que indigna e covardemente se valem da mesma desculpa. Mas esta, que homens e mulheres chamam falta de remédio, não é falta de remédio, senão de fé. "O meu justo vive da fé" (Hb 10,38), diz o Espírito Santo: Tende fé, e não vos faltará com que viver. — Nos mesmos mistérios da fé em que a Providência divina nos deu os meios para conseguir a vida eterna, nos deixou também os remédios para sustentar o temporal. Ouçam agora os pobres e as pobres, os necessitados e as necessitadas, e assim como viram os efeitos da pobreza e da necessidade — que por isso me detive tanto em os ponderar — assim verão a eficácia e facilidade dos remédios, e que não por falta ou dificuldade deles, mas por falta de fé e por sua culpa, padecem a pobreza, a necessidade e a fome com que se desculpam. E que remédios são estes? Já disse e prometi, no princípio, que eram o Sacramento e o Rosário. Isto é o que agora havemos de ver, e de novo peço a Deus e à Virgem Santíssima me assistam com sua graça, não tanto para declarar esta verdade tão certa e tão importante, quanto para a persuadir.

§ V

O primeiro remédio, pois, da pobreza, da necessidade e da fome é o diviníssimo Sacramento que temos presente, o qual também por isso se expõe aos nossos olhos debaixo de espécies de pão. Para abundantíssima prova desta verdade nos deixou o mesmo Cristo o primeiro exemplo em Rute, avó de Davi, de quem se dignou tomar a mesma carne e sangue com que nos sustenta no Sacramento. Rute quer dizer "a farta". E se lermos o princípio da sua história, antes parece que se havia de chamar a faminta. Era tão pobre Rute que, não tendo com que sustentar a vida, e como dizemos, com que matar a fome, quando os segadores de Booz iam segando a sua seara, ela os seguia detrás, recolhendo as espigas que ficavam, porque era lei de Deus que as pudessem tomar para si os pobres. E que espigas eram estas, ou que significavam? Os expositores alegóricos dizem que eram figura do Santíssimo Sacramento. E para que ninguém duvide da exposição, o mesmo Cristo quis ser o expositor e a declarou milagrosamente. No ano de nossa redenção de quinhentos e treze, durava ainda em algumas partes o uso da primitiva Igreja, em que os cristãos levavam para casa o Santíssimo Sacramento, e o tinham, ou pública ou ocultamente nos seus Oratórios, para se encomendarem a ele e o comungarem. E como um católico, criado de um herege, deixasse assim encerradas as sagradas partículas, indo o herege, ou com má tenção, ou só por curiosidade, a reconhecer o que o criado adorava: "Achou" — diz o cardeal Barônio — "que todas aquelas espécies se tinham convertido em espigas de trigo"[8] — com que também o herege se converteu. Ele mesmo deu conta do milagre ao bispo, e foram levadas as milagrosas espigas em procissão como triunfo da fé, com mil vivas e aplausos dos católicos, assombro e confusão dos hereges, que naquele tempo eram os severianos.

Tais foram em figura as espigas que colhia a pobre Rute. Espigas que, não tocadas da foice nem das mãos dos segadores, e tomadas nas suas, representavam maravilhosamente o mistério e segredo altíssimo com que Cristo se deixou no Sacramento. A mesma Rute, se bem se penetra o que disse, o declarou com notável propriedade. Quando ela pediu licença à sua sogra Noemi para ir recolher as espigas, o que disse com frase particular e estranha foi: "E colherei as espigas que fugirem das mãos dos segadores" (Rt 2,2). — De maneira que, sendo a seara a mesma, a messe a mesma e o trigo o mesmo, umas espigas ficaram sujeitas à foice e às mãos dos segadores, e as outras "fugiram das suas mãos". Vamos agora à propriedade do mistério, que é admirável. Cristo, Senhor nosso, como notou e ponderou S. Paulo, na mesma noite em que se entregou a seus inimigos, instituiu o Santíssimo Sacramento e, debaixo das espécies de pão, se deu a seus discípulos: "Na noite em que foi entregue, tomou o pão, e dando graças, o partiu, e disse: Este é o meu corpo" (1Cor 11,23s). E com o mesmo reparo e advertência, quando o Senhor disse: "Este é o meu corpo", acrescentou: "o qual será entregue por vós", declarando que o corpo que lhes dava a comer, encoberto com as espécies de pão, era o mesmo que naquela mesma noite havia de entregar nas mãos de seus inimigos. E por que foi necessária esta declaração feita por S. Paulo a nós e por Cristo aos discípulos? Para que eles e nós soubéssemos que o mesmo corpo natural e visível que o Senhor havia de entregar nas mãos de seus inimigos, esse mesmo, sacramentado e invisível, escondendo-o debaixo das espécies de pão, o livrava juntamente de suas mãos. Em suma, que o mesmo Cristo na mesma noite se entregou a seus inimigos e fugiu deles. Entregou-se, quando no Horto, dizendo: "Eu sou" (Jo 18,5), se meteu voluntariamente nas suas mãos: "E lançaram mão de Jesus" (Mt 26,50); e fugiu deles e de suas mãos na Ceia quando, escondendo-se debaixo das espécies de pão, se pôs em estado de o não poderem ver nem prender. E como o corpo de Cristo sacramentado e sacramentando-se debaixo das espécies de pão, por este modo se escondeu e fugiu das mãos de seus inimigos, estas são as espigas que Rute colheu da seara, dizendo que recolheria somente as que "fugissem das mãos dos segadores", sendo propriissimamente os segadores aqueles que no corpo natural do mesmo Cristo, começando pelo abraço de Judas, lhe cortaram a vida.

Provado, pois, que estas primeiras e poucas espigas que recolheu Rute foram figura tão própria e tão expressa do Santíssimo Sacramento, vejamos como a elas se seguiu naturalmente o aumento do pão, e teve logo a pobre e faminta Rute com que remediar, sem outra diligência, a sua pobreza e satisfazer abundantemente à fome. Acudiu ela à messe pela manhã — que são as horas em que se recebe o Santíssimo Sacramento — e não eram chegadas as do meio-dia quando Booz, senhor da seara, veio visitar os seus segadores. E que sucedeu? Viu a modéstia e compostura — como refere Lirano — com que Rute recolhia aquelas poucas espigas e, movido não só de piedade, mas de respeito e afeição natural, disse aos segadores "que de indústria deixassem ficar e cair outras das que já tinham segado e levavam nas mãos, para que ela sem pejo as pudesse colher" (Rt 2,16). Oh! admirável eficácia daquele divino Pão ainda em sombras! De sorte que, para socorrer abundantemente a pobreza e fartar a fome dos que o buscam, não espera o nosso trabalho nem a nossa indústria, mas, sendo a necessidade própria, a supre com a indústria alheia: "que de indústria deixassem ficar e cair, que ela sem pejo as pudesse colher". Reparai muito também no "sem pejo". Aos outros pobres sustenta-os a Providência divina, mas com aquela dura pensão que traz consigo o pejo natural de chegar a pedir. Mas aos pobres que se valem das migalhas daquela soberana messe, também desta pensão os livra e lhes dá o pão sem ela: "para que sem pejo as pudesse colher". Chegou, enfim, a tarde, não de outro, senão do mesmo dia, bateu Rute e alimpou das arestas o grão que tinha colhido e, medido, eram três alqueires daquela terra: "Esteve apanhando no campo até a tarde, e achou três alqueires" (Rt 2,17). Quem cuidara, o que nem a mesma Rute imaginou, que o pão não semeado havia de crescer tanto em um só dia, que a mesma pobre e faminta, que pela manhã o colhia espiga a espiga, à tarde o medisse aos alqueires. Mas assim cresce e se aumenta o pão da terra a quem se vale do Pão do céu.

§ VI

Com muita razão se chamou esta mulher Rute — que, como já dissemos, quer dizer "a farta" — sendo este nome tão contrário à sua pobreza e à sua fome, porque, assim como ela achou a fartura e a abundância na sombra e figura somente daquele divino Pão, assim profetizou Isaías, trezentos anos depois, que a teriam mais certa e mais abundante, na lei da graça, os que recorressem, não só à realidade, mas à realeza do liberalíssimo autor de todos os bens, que naquela mesma figura se representava. No capítulo trinta diz duas coisas notáveis o profeta Isaías, e tão diferentes e opostas que, ou ele ou elas, parece, se contradizem. A primeira é que na lei da graça nos daria Deus o pão muito estreito e apertado: "E o Senhor vos dará um pão apertado" (Is 30,20); a segunda, e que logo se segue, que o pão seria abundantíssimo e fertilíssimo: "E o pão dos frutos da terra será abundantíssimo e pingue" (Is 30,23). Pois, se da mesma mão de Deus nos havia de vir este pão duas vezes prometido, como o primeiro que se nos promete é tão estreito e apertado, e o segundo tão largo e abundante? Porque o primeiro pão é o Pão do céu, que Cristo nos deu para alimento das almas, e o segundo é o pão da terra, que o mesmo Senhor nos dá para remédio e sustento dos corpos. Por isso este segundo se chama nomeadamente pão da terra, e o primeiro não: "E o pão dos frutos da terra será abundantíssimo". Mas, se o Pão do céu é tão largo que toda a liberalidade Divina na sua maior largueza não tem mais que dar, se a sua esfera é tão ampla e tão capaz que compreende e encerra em si toda a imensidade de Deus, como se chama "pão estreito e apertado"? Porque como todo Deus — que é o que se come no Sacramento — sendo infinito e imenso, está reduzido àquele breve círculo de Pão e a qualquer parte dele, só ali está Deus estreitado e coarctado, e por isso: "pão estreito e apertado. A Eucaristia é este pão estreito e apertado, ou Cristo nela", diz Cornélio[9]. Não é logo contradição de uma e outra promessa, senão consequência natural e efeito próprio da primeira que, depois de Deus nos prometer a estreiteza do primeiro pão, nos assegura logo a largueza do segundo. Não é maior maravilha estreitar Deus a sua imensidade que alargar a sua liberalidade? Pois esta é a abundância do pão da terra, que Deus nos promete depois que nos deu o Pão do céu, para que todos os que padecem necessidade, pobreza e fome recorram a buscar a fartura onde o pão está convertido em Deus, e Deus não mostra aos olhos mais que pão.

Deus no Sacramento dá-se igualmente a pobres e ricos, mas aos pobres com uma grande diferença, porque aos ricos dá-se debaixo dos acidentes de pão somente, porém aos pobres não se dá debaixo dos acidentes de pão, mas dá-lhes também a substância, senão em si, nos efeitos. Excelentemente conheceu e declarou esta diferença o real profeta no Salmo vinte e um, que todo é de Cristo — e não só o mesmo salmo, senão também esta inteligência dele é de fé — falando o profeta do mesmo Senhor enquanto sacramentado, diz que "os ricos o comeram e adoraram" (Sl 21,30); e que "os pobres o comerão e se fartarão" (Sl 21,27). A diferença não pode ser mais clara, nem também a dúvida. Se os ricos e os pobres comem o mesmo Cristo sacramentado debaixo dos acidentes de pão, por que diz que os ricos comeram e adoraram, e que os pobres comeram e se fartaram, o que não diz dos ricos? A razão é porque os ricos comem a Cristo no Sacramento com uma fome, e os pobres com duas. Os ricos levam só a fome da graça, e não a fome do pão, porque são ricos; os pobres, não só levam a fome da graça, senão também a fome do pão, porque são pobres; e como a fome da graça, que é espiritual, se satisfaz com a mesma graça, e a fome do pão, que é corporal, se não satisfaz só com a graça, senão também com a fartura, por isso se diz só dos pobres que se fartarão, e não dos ricos: "os pobres o comerão e se fartarão". Não é a explicação minha, senão da agudeza de Santo Agostinho, em outro lugar dos mesmos salmos.

Diz ali o profeta que Deus dá de comer a todos os que têm fome: "Que dá sustento aos famintos" (Sl 145,7). E repara muito na generalidade desta proposição Santo Agostinho, porque a Providência divina, posto que geral para todos, é reta e justa, e segundo esta justiça, sendo o merecimento dos homens tão diferente, também o deve ser o comer com que Deus os sustenta. Assim é, responde o santo, e se quereis saber a diferença do sustento, olhai para a diferença da fome: "Se tem uma fome diferente, tem também um alimento diferente: desejemos a fome deles e encontraremos o alimento deles"[10]. Assim como a Providência divina tem diferentes remédios para diferentes necessidades, assim tem diferente pão para diferentes fomes; reconhecei, pois, a fome de cada um, diz Agostinho, e conhecereis o pão com que Deus a farta. Se a fome é só do céu, farta-a Deus com o Pão do céu, que é o Sacramento, por si mesmo; e se a fome é juntamente do pão da terra, farta-a Deus também com o pão da terra, que é segundo efeito do mesmo Sacramento: "Se tem uma fome diferente, tem também um alimento diferente".

Daqui se entenderá uma bem advertida dificuldade de S. Pedro Crisólogo, fundada sobre dois passos do Evangelho, um da oração do Pai-Nosso, e outro do famoso Sermão da Providência. No Sermão da Providência diz Cristo que não tenhamos ou não nos dê cuidado o que havemos de comer: "Não andeis inquietos pelo dia de amanhã, que comereis" (Mt 6,34), e logo na oração do Pai-Nosso ensina o mesmo mestre Divino que peçamos a Deus, como Pai, o pão de cada dia: "O pão nosso de cada dia dai-nos hoje" (Lc 11,3). Insta agora elegantemente Crisólogo: "É possível que um Pai tão bom, tão piedoso, tão rico e tão liberal, para dar o pão aos filhos, há de esperar que lho peçam?"[11]. — "E onde está agora, ou como concorda com este texto o outro, em que o mesmo Senhor nos manda que não tenhamos cuidado do que havemos de comer?" — Mais apertadamente ainda: "Manda pedir aquilo do que proíbe cuidar?" Basta que nos manda Cristo pedir aquilo mesmo, em que nos proíbe o cuidar? — Sim e não — diz divinamente Crisólogo porque o pão que nos manda pedir é o pão sobrenatural do Sacramento: o pão em que nos proíbe o cuidar é o pão natural, necessário ao sustento humano; e quem alcança o primeiro não tem necessidade de cuidar no segundo, porque o tem seguro: "O Pai a quem pedimos é o Pai celestial; o pão, que pedimos, é o Pão celestial, os filhos, que o pedimos, também devemos ser celestiais", e quem pede e alcança o pão espiritual e do céu, não lhe pode faltar o corporal e da terra.

Oh! se não fôramos tão da terra, e se tivéramos viva fé, que é o que nos falta, como todo o nosso cuidado, todo o nosso desejo e toda a nossa fome se havia de empregar naquele divino Pão, seguros e sem receio de que o pão da vida eterna nos não faltaria com o da vida temporal, que tão pouco há mister e tão pouco dura! Que pode negar Deus a quem deu seu próprio Filho, dizia S. Paulo; e que pode negar o Filho de Deus a quem se dá a si mesmo? Dá-nos o corpo, dá-nos o sangue, dá-nos a alma, dá-nos a divindade, e negar-nos-á o pão? Oh! medo e covardia indigna de quem tem fé! Ainda Deus se não tinha dado em manjar, e só tinha revelado este mistério ao mesmo Davi, que tanto tinha fraqueado nas suas pobrezas, quando ele, zombando de todas, disse por nós o que nós não sabemos dizer. E que disse? Assim se lê no texto original: "Deus é o meu sustento"; "logo, nenhuma coisa me pode faltar". Faltará aos ricos, que põem a sua confiança nos bens inconstantes, que hoje se possuem e amanhã se perdem; mas o pobre, que chega àquele Senhor, que é Senhor de tudo, tudo lhe há de sobejar, como diz o mesmo profeta: "Os ricos necessitaram e tiveram fome, mas os que buscam ao Senhor não serão privados de bem algum" (Sl 33,11). Notai a palavra "não serão privados", porque os bens que vêm da mão de Deus não diminuem, mas crescerão. Assim cresceu o punhado de farinha da sareptana, assim cresceram os cinco pães do deserto e assim cresceu o de Rute, não só como vimos, mas muito mais (3Rs 17,14.16; Jo 6,11ss).

§ VII

Vistes aquela pobre Rute que recolhia as espigas que acaso escapavam da foice, e depois as que de indústria deixavam cair os segadores? Pois, esta mesma dentro em poucos dias foi senhora de toda a seara. Era o Senhor dela Booz, "homem muito poderoso e de grandes riquezas" (Rt 2,1), como diz o texto sagrado e de todas estas riquezas veio a ser senhora e herdeira Rute, recebendo-a Booz por mulher. Tudo o que podia dificultar a união deste parentesco concorria entre os dois contraentes, porque Booz era muito Rico, e Rute extremamente pobre; Booz era hebreu, natural de Belém, e Rute gentia e moabita; Booz era da tribo e sangue real de Judá, e Rute de geração humilde e desprezada. Mas, como Rute nesta comédia ou ato sacramental fazia a figura dos que na sua necessidade, na sua pobreza e na sua fome se socorrem à mesa franca do Santíssimo Sacramento, não só na primeira jornada teve logo o remédio necessário, mas na última e em poucos dias, com tantos aumentos que chegou a ser opulência.

Os dois efeitos ou consequências que fazem a necessidade mais miserável e mais para temer são, como ao princípio dissemos, que a pobreza e a fome primeiro desprezam a honra e depois destroem a virtude, perdendo-se no mesmo naufrágio a fama e a consciência, que são os maiores bens desta e da outra vida. Mas vede a facilidade e felicidade com que Rute salvou a ambos, conservando a virtude e aumentando a honra pelo mesmo meio com que remediou a fome. O meio, com que Rute remediou a fome, bem vemos que foi recolher como pobre as espigas misteriosas que fugiam às mãos dos segadores. Continuou assim em todo o tempo da messe: "Até que as cevadas e os trigos se recolheram nos celeiros" (Rt 2,23). E, conhecidos já seus procedimentos, ouvi as palavras que lhe disse Booz, que não podem ser mais próprias do intento que seguimos: "Vós, filha, sois abendiçoada de Deus" (Rt 3,10). — E por quê? "Porque não seguistes nem vos arrimastes aos moços da vossa idade, pobres ou ricos" — que é o que fazem as que se veem em pobreza. —"E por que sabe todo o povo e toda a cidade que sois mulher de virtude" (Rt 3,11). — Eis aqui quão contrárias foram em Rute as consequências e efeitos da sua pobreza e da sua fome. As outras perdem a honra e a virtude, porque buscam o remédio da pobreza e da fome no arrimo dos homens, que é o que não fez Rute: "Porque não seguistes os jovens, pobres ou ricos"; e Rute conservou a virtude e a honra, a consciência e a fama, sendo famosa por sua virtude: "Pois todo povo sabe que sois mulher de virtude"; porque, pobre e faminta, só se valeu do pão que podia comer em graça e com bênção de Deus, e em figura recorreu mais altamente ao pão, em que Deus tem depositado todas as suas graças e todas as suas bênçãos: "Vós, filha, sois abendiçoada de Deus".

§ VIII

Já temos a Rute coroada de espigas, porque na sua pobreza e na sua fome recorreu e se acolheu às sombras do Sacramento. Vejamos agora coroadas de rosas as que na mesma ou maior necessidade se valeram da devoção do Rosário. A prova não há de ser tirada de semelhanças ou metáforas, que podem ter diferente interpretação, mas da experiência manifesta, pública e vista com os olhos. Refere o caso o Bispo Monopolitano, escritor de grande autoridade, e foi desta maneira. Enviuvou — diz ele — uma mulher, mais ilustre que nobre, e no dia em que enterrou a seu marido, sepultou juntamente com ele todo o remédio da sua casa, a qual, por carecer de bens patrimoniais, só se sustentava na sua vida e com sua presença e indústria. Deixou por sua morte duas filhas, tão ricas dos dotes e graças da natureza quão pobres dos bens da fortuna; e por estes dois motivos — que juntos são mais perigosos — havia muitas pessoas poderosas que tratavam e esperavam de conquistar sua honestidade. Trabalhavam as pobres donzelas sobre a sua almofada todo o dia e grande parte da noite, e o que ganhavam era tão pouco, que apenas bastava para o pão da boca, e de nenhum modo chegava a lhes dar com que se vestir. Bem se deixa ver qual seria neste aperto a aflição e pena de uma mãe, e mãe que nascera com obrigações de honrada. Via a necessidade extrema que padeciam suas filhas; via o pouco que montava o trabalho de suas mãos; via que cada dia iam crescendo em idade, e não tinha com que lhes dar estado; via que os ardis do demônio são mui sutis e as violências dos homens muito porfiadas; via que a maior firmeza de uma mulher nunca é segura, e que a pobreza e necessidade, quando não haja outras tentações, ela por si é a maior tentação. Lá diz a Escritura Sagrada que a pobreza, quando acomete, é como um salteador armado: "E virá sobre ti a indigência como um caminheiro, e a pobreza como um homem armado" (Pr 6,11). E que constância há tão varonil, não digo já de mulher, que com o punhal nos peitos se atreva a resistir e se não renda?

No meio desta perplexidade e aflição, que faria a pobre mãe? Determinou descer-se um pouco dos brios com que nascera e esquecer-se do sangue ou vaidade de seus avós — que muitas vezes é necessário este esquecimento para que os homens e mulheres não deixem de si muito diferentes memórias — e resolveu-se a pôr suas filhas em casa de alguma senhora, a quem servissem e procurassem ganhar a vontade, e debaixo de cuja sombra vivessem honestamente, e esperassem depois de alguns anos o estado de vida que permitia sua pouca fortuna. Não tinha bem consentido neste pensamento, quando subitamente, como voando, se sentiu arrebatar a outro mais alto, o qual lhe estava dizendo ao coração estas palavras: "Se queres que tuas filhas sirvam a uma senhora, que senhora há, nem pode haver no mundo, de cujo poder e de cuja piedade possas fiar melhor o seu remédio que daquela que é Senhora do Céu e da terra, dos homens e dos anjos?" Não disse mais este segundo pensamento. E conformando-se com ele a prudente mãe, pede dois mantos emprestados para as filhas, leva-as consigo à Igreja na tarde do mesmo dia, põem-nas junto a si diante do Altar da Virgem Senhora nossa do Rosário, e com lágrimas disse assim: — "Senhora, Deus me fez Mãe destas duas criaturas que aqui estão a vossos santíssimos pés. E como eu não tenho com que lhes acudir, conforme as obrigações de mãe, desde esta hora me despido deste nome, e não quero que tenham mais os de filhas minhas, senão o de criadas e escravas vossas. De hoje por diante, Senhora, será todo o seu cuidado servir-vos, venerar-vos, e procurar fazer vossa vontade em tudo; e o seu sustento e remédio correrá também, Senhora, por conta de vossa providência e piedade". Isto disse a mãe; e as filhas, com grande afeto e humildade, fizeram de si o mesmo oferecimento à Senhora, que daquela hora por diante tomaram por sua.

Oh! Virgem Santíssima do Rosário, que apressadas são as vossas misericórdias, e que seguro tem o remédio da sua pobreza todos os que devotamente recorrem aos tesouros de vossa piedade! No mesmo lugar do Eclesiástico em que a Senhora se compara à rosa de Jericó: "Como as plantas das rosas de Jericó" (Eclo 24,18) — exorta a todos os que quiserem ser seus devotos se passem a seu patrocínio: "Vinde a mim todos os que me desejais" (Eclo 24,26). E que podem esperar deste soberano patrocínio os que a ele se passarem? A mesma Senhora o promete e declara, dizendo que de tudo o que houverem mister serão providos e cheios abundantemente: "Passai a mim etc. e enchei-vos de minhas gerações". Reparai muito nas palavras "de minhas gerações". Parece que havia de dizer a Senhora: Passai-vos a meu patrocínio, e sereis providos dos meus tesouros. — E não diz: dos meus tesouros, senão: das minhas gerações, como se falara no nosso caso, e dissera: As vossas gerações, porque são fundadas nas inconstâncias do mundo e nas variedades da que lá se chama Fortuna, muitas vezes de ilustres e ricas caem em pobreza e miséria; porém as minhas, cujos bens são eternos e firmes, não padecem esses defeitos; pelo que, se quereis remédio, passai-vos a mim, e achá-lo-eis seguro e maior que vossos mesmos desejos. — Assim lhes sucedeu às duas irmãs. Tornaram para casa cheias somente então de grande confiança na Mãe de Deus; continuaram o trabalho de suas mãos, tirando dele todos os dias uma hora, a qual gastavam em rezar o Rosário com grande devoção, e desde o mesmo dia foram crescendo ou nascendo os bens naquela casa, com tal abundância, sem saberem, as que dantes eram tão pobres, donde lhes vinham, que não só se sustentavam com muita largueza, nem só tiveram com que se vestir e ornar, conforme a sua antiga qualidade, mas com o lustre e autoridade do seu novo estado, como criadas de tão grande Senhora e damas de tão soberana Rainha.

Com estes vestidos começaram a sair de casa e vir à igreja, e quando o povo, que conhecia sua passada pobreza, visse esta novidade, já vedes o que se diria. Ninguém havia que duvidasse serem aquelas galas preço da honestidade das duas irmãs, e só se punha em dúvida quem haveria na cidade de tão grande cabedal e prodigalidade, que gastasse com elas tanto. Enfim, dizia-se lá o que cá se ouve cada dia. Grande pensão por certo, e grande desgraça desta nossa terra, que não possa um homem melhorar de capa, nem uma mulher de manto, sem que o pague a sua honra! Fizestes um vestido de melhor estofa que o de vosso vizinho? Pois há-vos de custar mais que o vosso dinheiro. Se sois homem, logo sois ladrão; se sois mulher, logo sois má mulher. Onde furtaria aquilo fulano? Quem daria aquilo a fulana? E não lho daria Deus? Não o ganharia com o seu trabalho? Por força lho havia de dar o diabo? Verdadeiramente vos está o diabo em grande obrigação, pois à força quereis que seja mais liberal que Deus. Oh! malditas e infernais línguas! Vendo-se assim afrontadas as duas donzelas, socorreram-se outra vez à mesma Senhora, e representaram-lhe a afronta em que viviam. Quão largamente remediastes, Senhora, na nossa pobreza, bem o dizem estes vestidos; mas se eles nos haviam de tirar a honra, melhor nos estava o nosso antigo encerramento e melhor nos cobriam os nossos remendos. Se com despir as galas se remediara esta mancha, de boa vontade as trocáramos outra vez pelos trajos da nossa pobreza. Mas a fama uma vez perdida nas línguas dos homens é mal que não tem remédio e dor de que jamais teremos consolação. Só nos fica o alívio de a havermos perdido em vosso serviço, e por benefícios e mercês vossas. Sobre estas palavras acrescentaram muitas lágrimas, e tornaram ao seu lavor e ao seu Rosário, que a prosperidade em que se viam nem as fez ociosas nem menos devotas.

Amanheceu nesta ocasião o dia oitavo de dezembro, e como era a primeira e mais estimada festa da sua Rainha, não puderam deixar de assistir as damas, e com a gala mais luzida. Entraram pela igreja diante da mãe as duas irmãs, e como era maior o concurso da gente, também foi maior que nunca a murmuração. Não se olhava para outra parte, nem se falava em outra coisa por toda a igreja. Elas, porém, postas de joelhos diante da imagem da Senhora calavam e oravam, bem alheia a sua inocência e a sua afronta de que pudesse emudecer as línguas de seus caluniadores. Mas a Mãe de Deus, que tão liberalmente as proveu do sustento, atrevera-me eu a jurar da sua bondade que não havia de consentir que fosse com perda da honra nem descrédito da virtude. Começou a se entoar o Evangelho, quando subitamente apareceram no ar duas formosas coroas de rosas. A novidade das rosas, por ser no maior rigor do inverno e o estarem as coroas no ar, suspensas por si mesmas, provava com evidência serem mandadas do céu. Admirados todos de tão prodigiosa maravilha, e não sabendo o que Deus quisesse significar com ela, começaram a descer as coroas pouco a pouco, e aqui se dobrou a admiração e o alvoroço, na dúvida e expectação do lugar onde iriam parar. Chegaram em fim aonde vinham encaminhadas, e as mãos dos anjos, de que invisivelmente eram movidas, as puseram — onde vos parece? — sobre as cabeças das duas irmãs. Oh! pasmo! Oh! assombro, não tanto do milagre público e manifesto, quanto da soberana e fiel providência da Virgem Santíssima e dos poderes do seu Rosário! Com este testemunho do céu, tão evidente, se trocaram em um momento os enganados juízos de toda aquela multidão errada e temerária. As murmurações se converteram em louvores, as calúnias em aplausos, os escândalos em venerações. Todos davam as graças a Deus, todos o parabém à mãe, todos chamavam santas as filhas. Tão honradas e estimadas as que pouco antes eram a fábula e desprezo de toda a cidade, que no mesmo ponto, e sem sair da igreja, os dois mais nobres e bem herdados mancebos dela as pediram por mulheres e se tiveram por mui venturosos de tão honrada sorte. Assim se renovou e dobrou neste caso a mudança da fortuna de Rute: ela coroada de espigas, em profecia do Sacramento, e elas coroadas de rosas, pela devoção do Rosário. E por este meio tão extraordinário e tão próprio da Mãe do Onipotente, as que eram tão pobres ficaram ricas, as que se sujeitavam a servir ficaram senhoras e as que estavam desesperadas de conseguir um mediano estado, alcançaram o mais nobre e o mais rico de toda a sua pátria.

§ IX

Que dirá agora, ou que escusa pode ter a fé daquela mãe e daquelas filhas que, debaixo do falso e infernal pretexto de não terem com que sustentar a vida, entregam a honestidade, infamam a honra, e não só perdem a alma, mas corrompem e desbaratam a mesma vida, e primeiro são cadáveres feios e asquerosos da torpeza, que a terra os acabe de consumir na infame sepultura. Dize, criatura vil, mais irracional que os brutos: aquele Deus — como pondera Davi — que sustenta os corvos e os filhos dos corvos, aquele Deus, que sustenta as serpentes e as filhas das serpentes, não te sustentará também a ti e às tuas filhas? Se és tão cruel mãe para elas, e tão indigna da piedade deste nome, por que as não ensinas a recorrer à Mãe de Deus? Por que, retiradas dos olhos do mundo, as não sujeitas a servir a esta poderosíssima Senhora, invocando-a todos os dias no seu Rosário? Parece-te que pode faltar o sustento à boca que tantas vezes pronuncias o docíssimo nome de Maria? Ouve o que diz e promete a mesma Senhora a todos os devotos do seu Rosário: "As minhas flores dão frutos de honra e de honestidade" (Eclo 24,23). Queres honestidade? Queres honra? Queres vida? Pois tudo isso te darão as minhas flores: "As minhas flores dão frutos de honra e de honestidade". Não se pudera pintar nem fingir uma cláusula que tão adequadamente fechasse tudo o que temos dito: "as minhas flores". — As flores da Virgem Santíssima, não há dúvida que são as rosas do seu Rosário, e por isso muito diferentes das outras. As outras rosas são flores que não dão fruto; porém as rosas do Rosário, não só dão fruto, mas são frutos: "as minhas flores são frutos". E que frutos? Frutos que sustentam a vida, e frutos que conservam a honra e a honestidade: "Frutos de honra e honestidade". Vede como responde este epílogo e satisfaz a tudo o que a pouca fé toma por escusa. A vossa pobreza, a vossa necessidade, a vossa fome por que empenha a honestidade e perde a honra? Dizeis que para ter com que sustentar a vida. Pois tudo isso diz a Senhora que tendes nas flores do seu Rosário: "As minhas flores são frutos de honra e de honestidade". As flores do meu Rosário são frutos, porque sustentam a vida, e são frutos de honra e de honestidade, porque não sustentam a vida à custa da honestidade e da honra, senão conservando a honestidade, e conservando e aumentando a honra, tão abundante e tão ilustremente como acabamos de ver.

Seguros, pois, os temores da pobreza e os apertos da necessidade e da fome, com os reféns e penhores de uma experiência tão prodigiosa, manifesta aos olhos de todos e mais seguros ainda com a palavra e promessa da mesma Mãe de Deus, já suponho que não haverá fé tão apoucada e tão incrédula que na mais rigorosa e apertada pobreza, prostrada humildemente aos pés da Virgem Santíssima e invocando com o Rosário nas mãos a sua piedade, se não fie de seus poderes. E porque é certo e infalível que no tal caso, por mais perigoso e desesperado que pareça, não só vos não há de faltar o socorro, mas crescer e sobejar o remédio com grande largueza e abundância, quero acabar este discurso, que foi do remédio das faltas, com um novo documento de como haveis de empregar os sobejos. Um homem, que tinha sido muito rico, veio a cair em tal miséria que pedia esmola pelas portas. Pediu-a uma vez ao Beato Alano de Rupe[12], famoso pregador do Rosário. E como lhe respondesse com S. Pedro: "Não tenho prata nem ouro, mas o que tenho, isso te dou" (At 3,6), disse-lhe o santo que rezasse o Rosário todos os dias, e que a Virgem Senhora nossa o socorreria. Fê-lo assim, e a Senhora desempenhou a palavra do seu pregador com tanta largueza, que o que pouco antes pedia esmola se viu quase de repente com tanta abundância de bens que, despendendo em esmolas o que lhe sobejava, ele era o remédio de todos os pobres daquela terra. Este é o segundo conselho, com que acabo, no qual também nos não falta o exemplo da nossa Rute. Diz o texto sagrado que no mesmo dia em que Rute se aplicou a remediar a sua fome, pelo modo que só lhe era lícito, com a confiança em Deus, teve de comer tão abundantemente, que do que lhe sobejou pôde sustentar a sua sogra Noemi, que era tão pobre como ela. Notai as palavras da Escritura, que são dignas de toda a ponderação: "E além disso tirou para fora, e lhe deu dos sobejos da comida de que ela se tinha fartado" (Rt 2,18). Aqui se começou a cumprir a profecia do nome de Rute, que quer dizer farta. Fartou-se, digamo-lo assim, pois que assim o diz a Escritura: "De que ela se tinha fartado", para que não entendêssemos que, para levar de comer a sua sogra e remediar a sua pobreza, tirara ou defraudara alguma parte do que lhe pedia a própria fome, mas para que saibamos que no mesmo dia lhe fez

Deus o prato com tanta largueza que, satisfeita a mais não querer a própria fome, pôde remediar a pobreza alheia.

E este foi, finalmente, o glorioso fim com que as duas coroas de espigas e de rosas, não tanto se competiram e emularam, quanto se enlaçaram e teceram no mesmo triunfo: o Sacramento, em Rute, coroada de espigas, e o Rosário, nas duas irmãs, coroadas de rosas. Pois a estas, por serem devotas do Rosário, remediada primeiro a sua pobreza, e conservada a honestidade e a honra, as dotou a soberana Rainha, sua Senhora, com os dois mais nobres e mais ricos casamentos daquela terra, assim como a Rute, figura das que recorrem à Mesa, que temos exposta, do Santíssimo Sacramento, remediada também a sua pobreza, e conservada a honra e a virtude, a levantou o mesmo Senhor à nobreza e opulência das bodas e geração de Booz: "E Booz gerou de Rute a Obed".

FIM

SERMÃO

XXIV

∼

"E Jorão gerou a Osias."
(Mt 1,8)

Entre todos os sermões de Vieira, este parece ser um exercício literário: "hei de declarar hoje os mistérios dos números". Com as referências da Escritura e os textos dos Santos Padres, declara o sentido do número 14, partido, inteiro e multiplicado; as 77 gerações da genealogia de Cristo; os números de que consta o Rosário; a significação do número 15 e dos números 8 e 7; as 150 Ave-Marias; o número 10. E por quê? Porque de todos esses números podemos tirar a resolução de ser do número dos predestinados. No Rosário temos os dois sinais da predestinação: conformidade com os mistérios de Cristo que meditamos e a proteção da Virgem que saudamos e louvamos. Não nos faltem a atenção e a aplicação que o Senhor e a mesma Senhora requerem.

§ I

Muitas vezes, e por muitos modos, tenho pregado neste dia as excelências do Rosário, assim pela parte mental, no que medita, como pela vocal, no que reza. Mas porque estas mesmas meditações têm o seu número diverso, e as mesmas orações o seu, ambos certos e determinados, assim como declarei os mistérios das orações e os mistérios das meditações, assim hei de declarar hoje os mistérios dos números. Até agora vimos o Rosário sem contas; agora veremos propriamente as contas do Rosário. De quão misteriosas sejam estas contas e estes números, e de quanta conta faça Deus dos grandes mistérios que neles se encerram, a maior e mais encarecida prova que pode haver é a que nos dá o Evangelho nas palavras que propus.

"Jorão gerou a Osias" (Mt 1,8). — Esta breve proposição de S. Mateus contém uma das maiores dificuldades de toda a Escritura Sagrada. Entre Jorão e Osias, como consta do primeiro e segundo Livro dos Paralipômenos (1Par 3,11; 2Par 22), houve outros três reis, porque Jorão gerou a Ocosias, Ocosias gerou a Joás, Joás gerou a Amasias e, finalmente, Amasias gerou a Osias. Pois se entre Jorão e Osias houve três gerações e três reis, e Jorão não foi pai, senão terceiro avô de Osias, por que passa S. Mateus em silêncio estes três reis e estas três gerações, e diz absolutamente que Jorão gerou a Osias? A dúvida não está na palavra gerou, nem em chamar o evangelista pai de Osias a Jorão, sendo tão remoto, porque muito mais remotos eram de todos os filhos de Israel, Abraão e Sara, e, contudo, deles diz Isaías que Abraão e Sara os gerou: "Lançai os olhos para Abraão, vosso pai, e para Sara, que vos deu à luz" (Is 51,2). No nosso mesmo Evangelho temos outro exemplo mais adequado. Diz o evangelista que Davi gerou a Salomão, e Salomão gerou a Roboão, e Roboão gerou a Abias, e Abias gerou a Asa. E mediando entre Asa e Davi outras três gerações e outros três reis, no terceiro livro dos mesmos reis diz a Sagrada Escritura que Davi foi pai de Asa: "E Asa fez o que era reto aos olhos do Senhor, bem como Davi seu pai" (3Rs 15,11). Assim, que não está o ponto da dificuldade em dizer S. Mateus que Jorão gerou a Osias. Também não está a dúvida na justiça que o mesmo evangelista teve para riscar do seu Evangelho e do catálogo da geração de Cristo a estes três reis, mais que a outros, porque Jorão se tinha casado com Atália, irmã de el-rei Acab, cuja posteridade, e da ímpia Jezabel, tinha Deus jurado de tirar e apagar do mundo (3Rs 21,22ss), e a posteridade, nos livros de Deus, se estende e computa até a quarta geração, como consta do capítulo vinte do Êxodo e do capítulo décimo do quarto Livro dos Reis (Ex 20,6; 4 Rs 10,30). Pois em que está e consiste esta grande dificuldade? Está em que, sendo S. Mateus historiador, e historiador Sagrado, e mais em matéria genealógica e de uma tal geração como a de Cristo, parece que a devia continuar e prosseguir inteira e rigorosamente, segundo a sucessão de todos os primogênitores, quaisquer que fossem, e muito mais sendo reis, sem excluir a nenhum. Qual foi logo a razão que teve S. Mateus para diminuir este número dos ascendentes de Cristo, e não na primeira, nem na terceira parte do seu catálogo, senão na segunda?

S. Jerônimo, Santo Hilário, Santo Tomás, os insignes comentadores, Jansênio, Salmeirão, Abulense, e comumente os demais, tirando a razão literal das mesmas palavras do texto, dizem que excluiu S. Mateus do seu catálogo, e nomeadamente da segunda parte dele, estes três ascendentes, porque o seu intento era repartir toda a série da geração de Cristo em três terços. E porque o primeiro terço, desde Abraão até Davi, constava de catorze primogenitores, e o terceiro terço, desde a transmigração de Babilônia até Cristo, de outros catorze e, pelo contrário, o segundo terço, desde Davi até a transmigração de Babilônia, tinha dezessete, para que também este constasse de catorze, excluiu os três reis que mediaram entre Jorão e Osias. As palavras de S. Mateus são estas: "De maneira que todas as gerações, desde Abraão até Davi, são catorze gerações; e desde Davi até a transmigração de Babilônia, catorze gerações; e desde a transmigração de Babilônia até Cristo, catorze gerações" (Mt 1,17). Isto é o que diz expressamente o texto de S. Mateus, e esta a razão que dele tiram todos os intérpretes, a qual porém antes aperta do que solta a dificuldade. Pergunto: é boa razão dizer-se que um historiador, e historiador sagrado, para repartir a geração e ascendência de Cristo em três terços iguais, porque em um sobejam três ascendentes, os tire e exclua dela? Se a pena de S. Mateus não fora governada pelo Espírito Santo, dura razão seria esta; mas governou-a assim o Espírito Santo, porque atendeu mais ao mistério dos números que ao número das gerações. Na geração de Melquisedec calou o mesmo Espírito Santo, na pena de S. Paulo, toda a sua genealogia, e disse que não tinha pai nem mãe: "Melquisedec, sem pai, sem mãe, sem genealogia" (Hb 7,3). E por quê? Porque Melquisedec era figura de Cristo, o qual, assim como no céu não teve mãe, assim na terra não teve pai. Que muito, logo, que S. Mateus, na genealogia do mesmo Cristo, atendesse mais aos mistérios do número que ao número dos ascendentes? O número natural dos ascendentes constava da história do Testamento Velho; o número misterioso, e o mistério do mesmo número, segundo a conta e exclusão divina, só podia constar do Testamento Novo. E isto é o que fez o evangelista.

Santo Agostinho, como tão grande mestre, no *Livro Segundo da Doutrina Cristã*, ensina que "muitos mistérios que estão encerrados na Sagrada Escritura se não entendem por ignorância do que significam os números"[1]. E, depois de propor e ponderar um bom exemplo, acrescenta o mesmo santo "que estes semelhantes nós só com a ciência dos números se podem desatar". Tanto importa saber e especular os mistérios dos números nas contas de Deus. E isto é o que nós faremos hoje. O nó que propusemos do Evangelho é tão apertado, como vimos; mas, com o conhecimento dos mistérios dos números o soltaremos primeiro nas contas do mesmo Evangelho e depois nas do Rosário. Sendo, pois, a matéria tão misteriosa, tão alta e tão secreta, recorramos à soberana Inventora do mesmo Rosário, para que, assistidos de sua graça, acertemos a dar boa conta dos números e mistérios destas contas. *Ave Maria etc.*

§ II

Não é fácil dar boa conta, nem ainda contar o que não tem conto. A Abraão, primeiro tronco desta mesma genealogia, disse Deus, falando dela: "Conta as estrelas, se podes" (Gn 15,5). — Se podes, disse, porque nem Abraão nem algum outro homem as pode contar. Os astrólogos, com Ptolomeu, chegaram a contar mil e vinte duas estrelas; mas as que eles não contam são em tanto número que só Deus as conta e conhece. Assim o cantou Davi, como exceção própria da Sabedoria divina: "O que conta a multidão das estrelas, e as chama a todas elas pelos seus nomes" (Sl 146,4). E logo acrescenta: "Grande é nosso Senhor, e grande o seu poder; e a sua sabedoria não tem termo" (Sl 146,5) — porque só quem tem sabedoria sem-número pode contar o número das estrelas. O mesmo digo do número dos mistérios que a matéria do Rosário encerra em si, verdadeiramente inumerável. S. João viu a Senhora coroada de estrelas, e contou que eram doze: "E uma coroa de doze estrelas sobre a sua cabeça" (Ap 12,1). Pôde-as contar porque eram as que sobre a cabeça da Virgem se mostravam por fora; mas se vira as que a coroam por dentro, nas ideias do seu Rosário, não lhes havia de achar número. As estrelas que dão matéria à coroa do Rosário são os mistérios de Cristo e sua Mãe, e ninguém pode duvidar serem inumeráveis, pois Jesus e Maria são a principal descendência de Abraão, da qual disse Deus, quando lhe mostrou as estrelas: "Assim se multiplicará a tua posteridade" (Gn 15,5).

Sendo, pois, inumerável o número das estrelas, que na Coroa do Rosário, com um círculo infinito, se compreendem, por que razão as reduziu a Senhora, assim vocal como mentalmente, ao número certo e determinado com que as contamos nas nossas contas? Por duas razões. A primeira, para que, reduzidas e determinadas a certos números, as pudesse compreender a curta capacidade do nosso entendimento. A segunda, e própria do meu assunto, para que, conhecidos os mistérios dos mesmos números, entendêssemos quão necessária e importante é a todos os que fomos criados para o céu a devoção do Rosário. Vamos ao Evangelho, e nos mistérios dos seus números veremos como todos em comum nos ensinam esta mesma verdade.

O número das gerações que se contêm neste Evangelho, por isso chamado "Livro da Geração de Jesus Cristo" (Mt 1,1), como já notou e ponderou S. Mateus, foram três vezes catorze. Teve esta descendência, como todas as coisas humanas, o seu aumento, o seu estado e a sua declinação. O aumento foi de Abraão até Davi antes de o povo de Israel ser reino; o estado, sendo já reino, foi desde Davi até a transmigração de Babilônia; a declinação, depois que deixou de ser reino, foi desde a transmigração de Babilônia até Cristo. E é coisa verdadeiramente admirável e misteriosa, que no aumento fossem catorze as gerações, no estado catorze e na declinação também catorze. Mas com que mistério, ou mistérios? Agora o veremos.

Estes catorze, ou se podem considerar partidos ou inteiros, ou multiplicados, e em qualquer consideração significa o mesmo número a nossa bem-aventurança por meio de Cristo. Três vezes catorze partidos fazem seis vezes sete. E o número de seis e de sete, que significa? O de seis, diz S. Jerônimo, significa os trabalhos desta vida, porque em seis dias fabricou Deus o mundo; o de sete significa o descanso da outra, "porque ao sétimo dia descansou Deus" (Gn 2,2). — "Assim desde o início do mundo contados os dias" — diz o Santo — "para que todos descansem no sétimo dia dos trabalhos e sofrimentos"[2]. De maneira que Cristo, Senhor nosso, como Deus que era antes de ser homem, ordenou que a sua geração temporal se repartisse por estes intervalos de seis e de sete, até chegar ao mesmo Cristo, porque ele, e a sua lei, é só aquela em que se acha o descanso de todos os trabalhos: "Vinde a mim todos os que andais em trabalho, e achareis descanso para as vossas almas" (Mt 11,28s). Nem obsta serem os dias do trabalho seis, e o do descanso um só, porque os dias do trabalho são dias do tempo, que duram poucas horas, e o dia do descanso é o dia da eternidade, que assim como não tem noite, não há de ter fim. Este é o felicíssimo sete, em que se desatam os catorze partidos.

Tomados, porém, inteiros, como os tomou ou somou o evangelista, também descobrem por outro modo, não outro, senão o mesmo mistério. O número catorzeno é crítico, e nas enfermidades agudas o mais perigoso, em que, para bem ou para mal, faz termo. Assim sucedeu ao corpo da República Hebreia, nos três estados do seu governo, primeiro governada por juízes, depois por reis, e ultimamente por sacerdotes. No primeiro catorzeno, que se terminou em Davi, ficou a república coroada, mas enferma; no segundo catorzeno, que se terminou na transmigração de Babilônia, ficou cativa, mas não de todo morta; porém no terceiro catorzeno, que se terminou em Jesus, que quer dizer Salvador, então conseguiu a mesma república, como cativa, a perfeita liberdade e, como enferma, a inteira saúde, que é a da salvação: "Portanto, de acordo com a natureza humana, nessa décima quarta geração se encontra uma república doente e moribunda que foi substituída por Cristo, que a sarou das três precedentes deficiências e enfermidades" — diz, depois de Maldonado, Cornélio[3].

E, se esta foi a significação do número catorze, ou partido ou inteiro, não é menos misteriosa, nem com diferente mistério a do mesmo número multiplicado. Multiplicado três vezes o número de catorze gerações faz quarenta e duas. E que nos quer significar o Evangelho, em que viesse Cristo ao mundo por quarenta e duas gerações como por outros tantos degraus? Orígenes, a quem segue S. Jerônimo, declarou o mistério com grande propriedade: "Entendam a razão do mistério. Consta o número da geração de Cristo por quarenta e dois pais segundo a carne, como por quarenta e duas mansões que descem até nós e pelo mesmo número de mansões consta a subida dos filhos de Israel até o princípio da herança permitida"[4]. Quando os filhos de Israel partiram do Egito, fizeram quarenta e duas jornadas até a Terra de Promissão. E é muito de notar que assim a Terra de Promissão como a geração de Cristo, uma e outra foram prometidas por Deus ao mesmo Abraão. Pois, assim como os filhos de Israel chegaram à Terra de Promissão com quarenta e duas jornadas, assim Cristo veio ao mundo cerrando-se nele quarenta e duas gerações, para que entendêssemos na dilação de um e outro caminho, e na proporção de um e outro número, que só por meio de Cristo podíamos chegar à verdadeira Terra de Promissão, que é a Pátria do céu.

Bem sei que S. Lucas, descrevendo a mesma genealogia — a qual não deduz de Abraão até Cristo, senão de Cristo até Adão e até Deus — variou este número, e não põe quarenta e duas gerações, senão setenta e sete. Mas esta variedade de número não muda nem encontra o mistério, antes o confirma e declara mais. A razão é porque o número setenta e sete, como notaram S. Cipriano e S. Gregório, significa o perdão universal dos pecados, sem o qual se não pode ir ao céu[5]. Funda-se esta significação na resposta de Cristo a S. Pedro, quando lhe perguntou se perdoaria os pecados até sete vezes, e o Senhor lhe respondeu que "não só sete, senão setenta vezes sete" (Mt 18,22). E, pois, estamos em sermão de contas e números, se alguém me perguntar curiosamente que proporção tem o número setenta e sete com os pecados e perdão universal deles, Santo Agostinho a descobriu sutilissimamente[6]. O pecado é transgressão da lei; a lei consiste no número dez, porque os preceitos são dez; logo, a transgressão da lei consiste no número onze, por que o número onze é o que passa além dos dez. E porque o mesmo número onze, sete vezes multiplicado, faz setenta e sete, por isso Cristo significou o perdão universal dos pecados com o mesmo número: "Até setenta vezes sete". Sendo, pois, certo que ninguém pode entrar na Terra de Promissão do céu sem o perdão universal dos pecados, significado no número da genealogia de S. Lucas, essa é a razão por que no número da genealogia de S. Mateus, com admirável correspondência, se significam as jornadas da Terra de Promissão, porque só por meio de Cristo podemos chegar à Pátria bem-aventurada. Em suma, que, tomado o mesmo número de três vezes catorze, ou partido, ou inteiro, ou multiplicado, partido significa o descanso, inteiro significa a salvação, multiplicado significa a Pátria, e sempre, e de todos os modos, a glória e bem-aventurança do céu para que fomos criados.

§ III

Isto é o que nos diz e significa o Evangelho em comum no mistério dos seus números, tão exatamente contados e repartidos. Segue-se agora ver como o Rosário nos significa e promete o mesmo nos mistérios das suas contas. E para que seja com maior distinção e clareza, discorreremos em particular por todos e cada um dos números, de que elas se compõem. Os números das contas do Rosário são: um, três, cinco, dez, quinze, cinquenta e cento e cinquenta, em que se resume todo. Reduzindo, pois, todos estes números a três pontos ou questões, na primeira veremos por que é o Rosário um, e se divide em três partes ou em três terços? Na segunda, por que são os mistérios quinze e os Pai-Nossos quinze, e se repartem de cinco em cinco? Na terceira, por que são cento e cinquenta as Ave-Marias, e se dividem em três vezes cinquenta, e cada cinquenta de dez em dez? Esta é toda a fábrica e artifício do Rosário que todos meditam, todos rezam e todos trazem nas mãos, e nem todos a entendem. Mas agora, com nova graça da mesma Senhora, que assim repartiu estas contas, as entenderão todos.

§ IV

O primeiro ponto ou questão, era: por que, sendo o Rosário um, se divide em três partes ou, como vulgarmente dizemos, em três terços? Respondo que, consistindo a bem-aventurança do céu na visão ou vista clara de Deus, o qual é um em essência, e trino em pessoas, para que o meio fosse proporcionado ao fim, pedia a conveniência e a razão que o Rosário, o qual nos encaminha e leva à mesma vista de Deus, fosse também um e trino. Uma das coisas mais notáveis na Escritura Sagrada, como bem advertiu S. João Crisóstomo com outros Padres, é que em todo o Pentateuco, em que se contém a lei escrita, se não prometa o céu aos que a guardarem. Prêmios temporais, como abundância de frutos, riquezas, larga vida, propagação e posteridade de filhos e netos, vitória contra os inimigos, e outros deste gênero, sim, mas todos da terra. Pois se Deus promete tantos bens temporais e da terra aos observadores daquela lei, por que lhes não prometeu também os do céu e eternos? A primeira razão, e geral, foi porque aquela lei, ainda que dada por Deus, não tinha virtude para levar os homens ao céu, e por isso os bons e melhores dela iam todos ao limbo. Assim o ensina S. Paulo, e com ele todos os teólogos. Mas a segunda razão, e mais alta, é porque na mesma lei só estava promulgada a fé da Unidade de Deus, como consta do mesmo Pentateuco, no capítulo sexto do Deuteronômio: "Ouve, ó Israel, o Senhor nosso Deus é o único Senhor. Amarás ao Senhor teu Deus de todo o teu coração etc." (Dt 6,4s). E porque a abertura das portas do céu estava reservada para a fé da Santíssima Trindade, não era justo que o céu se prometesse, senão na lei da graça, na qual desde o Batismo, ainda antes de poder falar, professamos que Deus não só é um, mas um e trino.

Daqui se entenderá uma grande diferença com que o céu se mostrou antigamente a Jacó, e depois a S. João no seu Apocalipse. Jacó viu em sonhos aquela escada que chegava da terra ao céu; mas ainda que viu a escada, não viu a porta. É verdade que depois, acordando, disse: "Não há aqui outra coisa senão a casa de Deus e a porta do céu" (Gn 28,17) — arguindo por discurso que, onde estava a escada, ali devia de estar a porta; porém, a porta não se lhe mostrou na visão, da qual somente diz o texto: "Viu uma escada posta sobre a terra, e a sua sumidade tocava o céu" (Gn 28,12). Pelo contrário, a S. João mostrou-lhe Deus também o céu, mas todo aberto em portas: "Para o Oriente três portas, para o Ocidente três portas, para o Setentrião três portas, para o Meio-dia três portas" (Ap 21,13). — Pois, se a Jacó, quando se lhe mostra o céu, não se lhe mostra nenhuma só porta, a S. João por que se lhe mostra com tantas portas, não só para uma parte do mundo, senão para todas? Porque Jacó era do tempo em que geralmente só se conhecia a Unidade de Deus; e no tempo de S. João já se cria em todo o mundo, não só a Unidade, senão também a Trindade; e porque naquele tempo estava o céu fechado, e neste tempo está aberto a todos, por isso no tempo em que Deus só se conhecia como Um, nem uma só porta do céu se mostrou a Jacó, e no tempo em que se conhece como Um e Trino, se mostra a S. João com tantas portas. No número das mesmas portas está declarado o mistério. Três portas para o Oriente, três para o Ocidente, três para o Setentrião, três para o Meio-dia, e sempre três, e somente três para todas as partes donde se descobre o céu: por quê? "Porque no número de três estava significado o mistério da Trindade, sem o qual se não entra no céu", diz Lirano. O mesmo diz, e com maior expressão, S. Bernardo; mas eu quis citar antes a Lirano, cujo testemunho, como interessado por nascimento e por fé em uma e outra Lei, é mais sem suspeita[7].

Mas tornemos a Jacó, para mais apertar a ponderação. — Basta, Senhor, que mostrais a Jacó a escada do céu e não lhe mostrais a porta? Mostrais-lhe a escada, e não lhe mandais que suba? Mostrais-lhe a escada, e não lhe mostrais nela um homem, senão somente anjos: "Anjos subindo e descendo" (Gn 28,12)? Mais ainda. O que Deus prometeu naquela ocasião a Jacó foi que lhe daria toda aquela terra em que dormia, que era a terra de Canaã: "Eu te darei e à tua descendência a terra em que dormes" (Gn 28,13). E como diz esta promessa com a visão? Na visão mostra-lhe Deus o céu, e na promessa dá-lhe a terra? Sim, porque enquanto Deus era conhecido só como Um, e não como Trino, só podia dar os bens da terra, e não os do céu, ainda que os homens fossem tão santos como Jacó. Por isso na escada só apareceram anjos e no céu não aparecia porta, porque só no mistério da Trindade se abrirão as portas do céu aos homens. No Evangelho temos manifesto todo o mistério, e com todas as suas circunstâncias. Se alguma hora se manifestou a Santíssima Trindade, não só à fé, senão ainda aos sentidos, foi no batismo de Cristo, em que se ouviu a voz do Pai, e se viu o Espírito Santo em figura de pomba. De sorte que na voz se manifestou o Pai, em Cristo o Filho, e na pomba o Espírito Santo. E que sucedeu então? "Abriram-se os céus" (Mt 3,16). Porque, ainda que só Deus pode abrir as portas do céu, não as abre conhecido só como um, senão como trino.

§ V

Com grande razão, logo, e com grande proporção o Rosário, sendo um, se divide em três partes ou em três terços, para que na unidade e trindade destes mesmos números, nos signifique e declare o mistério com que ele, meditando a Cristo, ou Cristo meditado nele, não doutro modo, mas como um e trino, nos abre as portas do céu. Cristo, Senhor nosso, quando, para nos levar ao céu, desceu à terra, não só nos ensinou o altíssimo mistério da Unidade e Trindade Divina, mas o trouxe e representou em si mesmo, como excelentemente notou S. Bernardo por estas palavras: "Como naquela única Divindade há Trindade nas pessoas e Unidade na substância, assim nesta especial união a Trindade está na substância e a Unidade na pessoa"[8]. Assim como em Deus há Unidade na substância e trindade nas Pessoas, assim em Cristo há unidade na Pessoa e trindade nas substâncias. E de que modo? "Porque o Verbo, a alma e a carne se reuniram numa só pessoa". Porque no composto inefável de Cristo, a divindade, a alma e o corpo, que são as partes de que se compõe, são três substâncias diversas, e a pessoa, em que todas subsistem e estão supositadas, que é a Pessoa do Verbo, é uma só e a mesma. E desta maneira o mesmo Cristo, "sendo um, é trino, e, sendo trino, é um". — Esta segunda trindade, pois — conclui o santo — foi a obra mais admirável de Deus, e a mais singular, não só entre todas as suas obras, senão sobre todas: "Aquela Suprema Trindade nos mostrou essa Trindade, obra admirável, obra única entre todas e sobre todas as suas obras".

Mas, sendo tão admirável esta segunda trindade que Deus fez na Encarnação do Verbo, ainda é mais admirável a terceira trindade, que a Mãe do mesmo Deus fez no seu Rosário. E por quê? Porque, repartindo o mesmo Rosário em três terços, e ao mesmo Cristo, de quem ele se compõe, em três estados, um da vida, e mistérios gozosos, outro da morte, e mistérios dolorosos, e o terceiro da ressurreição, e mistérios gloriosos, muito melhor representa o mesmo Cristo a Trindade de Deus nesta nova composição do Rosário que nas três substâncias diversas de que é composto. A razão e diferença é manifesta. Porque a perfeição da Trindade Divina consiste em que, sendo um só Deus, e três Pessoas, todo Deus está na Pessoa do Pai, todo Deus na do Filho, e todo Deus na do Espírito Santo, o que se não acha nas três substâncias, ou partes de que Cristo é composto. Porque, ainda que na divindade, na alma e no corpo, tomadas juntamente todas estas três partes, está todo Cristo, em cada uma delas não está todo. No corpo não está todo Cristo, na alma não está todo Cristo, nem na mesma divindade todo Cristo. Porém, nas partes de que se compõe o Rosário, ou juntas, ou divididas, em todas e em cada uma delas está todo. Todo Cristo nos mistérios Gozosos, todo Cristo nos Dolorosos e todo Cristo nos Gloriosos, assim como todo Deus no Pai, todo no Filho e todo no Espírito Santo. Finalmente, assim como Cristo no Rosário é um e trino em si mesmo, assim é um e trino no mesmo Rosário, enquanto porta, e portas, por onde entramos à bem-aventurança do céu.

Cristo, Senhor nosso, diz que ele é a porta pela qual todos os que entram se salvam, e ninguém se pode salvar senão entrando por ela: "Eu sou a porta. Se alguém entrar por mim será salvo" (Jo 10,9). E porque o mesmo Senhor diz que a porta do céu é estreita, a Senhora a abriu e dividiu no seu Rosário em três portas, como as que viu S. João no céu; uma de gosto, nos primeiros mistérios, outra de compaixão, nos segundos, e a terceira de glória, nos últimos, para que todos — conforme são diversos os afetos dos homens — entrem sem horror por elas. Por estas portas suspirava Davi, quando dizia: "Abri-me as portas da justiça, para que, entrando por elas, louve eternamente a Deus" (Sl 117,19). — E que portas são estas? O mesmo profeta o declara logo: "Estas portas são uma só porta, pela qual entram os justos" (Sl 117,20) — que é Cristo, de quem vai falando. Pois se são muitas portas: "Abri-me as portas" — como são uma só porta: "Essa porta do Senhor"? Porque o mesmo Cristo é uma porta e é muitas portas, as quais se chamam "portas da justiça", porque toda a justiça que têm os justos para entrar no céu é fundada nos merecimentos de Cristo: "Essa porta do Senhor, os justos entrarão por ela". Ouçamos ao Abade Ansberto[9]: "Por que pede antes que lhe abram as portas em número plural, e depois afirma que viu uma só porta em número singular? Porque quem por elas entra, por uma que é a principal e singular entre todas e ainda mais, entra por aquela que é única e singular entre todas." Notai e pesai bem estas últimas palavras: "única e singular entre todas". Porque ainda que as portas do céu, para qualquer parte do mundo, como as viu S. João, sejam três, em todas essas três portas não há mais que uma porta, que é Cristo: "única e singular entre todas". Assim também no Rosário. Dividido Cristo em três partes e em três portas, mas em todas três um só Cristo: um e trino em si mesmo, e um e trino enquanto porta do céu. E assim como Cristo é um e trino no Rosário, assim o Rosário é um e trino em Cristo: e por isso, sendo um, dividido em três partes e em três terços.

§ VI

O segundo ponto, ou questão, era: porque os mistérios que meditamos e os Pai-Nossos que rezamos no Rosário são determinadamente quinze, e estes quinze também divididos de cinco em cinco? Respondo que o mistério e significação deste número quinze, assim inteiro como dividido, é o mesmo que prometemos e imos seguindo; porque também neste número nos promete Deus e a Soberana Autora do Rosário a bem-aventurança do céu. No capítulo onze do Eclesiastes diz assim Salomão profundamente: "Homem, que não sabes os males que de futuro estão aparelhados a ti e ao mundo, dá a Deus os sete e mais os oito" (Ecl 11,2). — Enigma temos, e não fácil. S. Jerônimo, Santo Agostinho e os mais Padres comumente dizem que estes sete e oito se hão de tomar juntos, com que fazem o número de quinze. E não era necessária tanta ciência como a sua: menos aritmética bastava para esta soma. Mas que proporção ou que virtude tem o sete e o oito, ou o número quinze, composto destas duas partes, para livrar ao homem dos males futuros e o levar aos bens eternos, que é o fim que aqui se promete, como bem declara S. Gregório: "A fim de que por esses males cheguemos aos bens eternos"?[10] As exposições deste texto são quase tantas como os autores. Mas calculada a proporção do número quinze com a bem-aventurança do céu que nele se promete, e não declarando o texto que quinze há de ser este, ou que coisas sejam as que havemos de dar ou oferecer a Deus dentro no mesmo número de quinze, eu digo que são os quinze mistérios do Rosário. A razão que tenho para assim o dizer, creio que é bem fundada, porque, se em cada um destes quinze mistérios nos mereceu Cristo, Senhor nosso, não só uma, senão infinitas vezes a mesma bem-aventurança, que muito é que a prometa uma vez aos que quinze vezes cada dia lhos agradecem com a memória e lhos oferecem com a oração?

Davi, querendo agradecer e pagar a Deus a glória que lhe tinha preparada no céu, não achou outro preço proporcionado e equivalente senão oferecer a Deus na oração o mesmo sangue com que ele no-la comprou: "Que darei eu em retribuição ao Senhor, por todos os benefícios que me tem feito? Tomarei o cálix da salvação, e invocarei o nome do Senhor" (Sl 115,12s). Notai o "em retribuição" e o "que retribuirei". De sorte que neste caso havia duas retribuições: uma da parte de Deus, com que Deus havia de premiar a Davi, e outra da parte de Davi, com que Davi havia de pagar a Deus. E não achou Davi, alumiado pelo mesmo Deus, outro preço mais proporcionado e equivalente em paga da glória que certamente havia de receber — que por isso diz "retribui", como se já a tivera recebido — não achou, digo, outro preço mais proporcionado que oferecer a Deus, na oração, o mesmo sangue com que Deus tinha comprado a mesma glória que lhe havia de dar. "Tomarei o cálix da salvação": eis aí o preço do mesmo sangue; "E invocarei o nome do Senhor": eis aí o oferecimento dele na oração. Lançai agora o discurso por quantas coisas se podem imaginar, e vede se há na terra, nem no céu, alguma que se possa dar ou oferecer a Deus mais proporcionada à bem-aventurança que nos promete pelo que lhe dermos em número de quinze, senão os quinze mistérios do Rosário? Tudo o demais que dermos ou oferecermos a Deus pela bem-aventurança é infinitamente menos que o preço por que ele o comprou. Logo, os quinze, a que promete a mesma bem-aventurança, não podem ser outros, senão os quinze mistérios de sua vida, de sua morte, e de sua ressurreição, que no Rosário lhe oferecemos: "Por que ignoras o que há de acontecer? Dá a Deus os sete e mais os oito". Todos ignoramos o que há de ser de nós; todos ignoramos este grande e incerto futuro, se havemos de ser bem-aventurados ou não: pois, para segurar esta tão importante incerteza, demos outra vez a Deus o que ele nos deu, e ofereçamos-lhe no Rosário os quinze mistérios de nossa mesma Redenção: "Dá os sete e mais os oito".

§ VII

Mas com razão perguntará alguém, e todos: se nestas duas partes de sete e oito se contém o número de quinze, por que não diz Salomão que demos a Deus os quinze, senão os sete e os oito? Aqui vereis quão admiráveis são os mistérios dos números e quão grande proporção têm os sete e os oito, e só os sete e os oito, com a bem-aventurança. Salomão no seu tempo falava com os da lei antiga, os quais então não podiam ir ao céu senão depois da Redenção, que pertencia à lei da graça. Eles dedicavam a Deus o dia sétimo, que era o sábado: nós dedicamos a Deus o dia oitavo, que é o Domingo, em que

Cristo ressuscitou glorioso; e porque não bastava só aquele sete senão junto com este oito para se conseguir a glória, por isso Salomão exorta aos seus, e a todos, que não só "deem a Deus o sete, senão também o oito". Excelentemente S. Jerônimo, argumentando contra os judeus e contra os hereges marcionistas e maniqueus: "Os judeus dão a Deus o sete, porque observam o sábado, mas não dão a Deus o oito, porque negam o Evangelho, e não creem na ressurreição de Cristo, que foi ao dia oitavo. Os hereges marcionistas e maniqueus dão a Deus o oito, porque creem no Evangelho e na ressurreição de Cristo, e não dão a Deus o sete, porque negam o Testamento Velho" — e assim uns como os outros, todos se condenam, porque não há salvação nem nos sete só, sem os oito, nem nos oito só, sem os sete, senão nos sete e nos oito juntos, com que se inteira o número de quinze como de suas partes: "Dá a Deus o sete, senão também o oito". Assim conclui o Doutor Máximo, e eu o provo e demonstro com o efeito. "Sábado" quer dizer descanso, e isto só conseguiam os da lei velha, por santos que fossem, que por isso iam descansar ao seio de Abraão. Porém esses mesmos não conseguiram a bem-aventurança senão depois que, ajuntando-se o oito ao sete, se aperfeiçoou o número de quinze. Esse foi o mistério porque Cristo morreu e remiu o mundo ao décimo quinto da Lua, celebrando-se a redenção do Egito ao décimo quarto. E como naquele dia ao sete se ajuntou o oito, e se cerrou o número de quinze, logo, aos que até então descansavam às escuras, lhes amanheceu a nova luz, com que começaram a ser bem-aventurados na glória.

Sendo, pois, tão natural a proporção que tem este sagrado número de quinze com a bem-aventurança, ordenada a mesma proporção por aquele supremo Autor da natureza e da graça, que tudo fez em número, peso e medida, não é muito que, junto o mesmo número aos mistérios de sua vida, morte e ressurreição, tenha a virtude e eficácia de nos fazer bem-aventurados, concorrendo de nossa parte as meditações e orações com que um por um os meditamos, e em todos e cada um louvamos ao mesmo Senhor. Tudo assim como eu o digo estava já pintado e cantado muito antes de haver Rosário, sendo o pintor Ezequiel, e o músico Davi. No Templo de Jerusalém, além do átrio chamado dos gentios, havia outros dois, em que só entravam os fiéis: um, que se chamava átrio exterior, outro interior. Ao átrio exterior, diz Ezequiel que "se subia por sete degraus"(Ez 40,22); porém, ao interior, que se seguia depois deste, e ficava mais dentro e mais acima, diz que "os degraus por que se subia eram oito" (Ez 40,37). E por que não eram uns e outros degraus sete, ou uns e outros oito? Porque esta diferença dos degraus fazia a proporção do número e inteirava o mistério, confirmando tudo com o que acabamos de dizer. De maneira que os que subiam pelos sete degraus ao átrio exterior ficavam ainda de fora, porém, os que subiam também pelos oito do átrio interior, em que se cerrava o número de quinze degraus, estes só entravam no Templo e chegavam ao *Sancta Sanctorum* [Santo dos Santos]. O Templo significava o céu; o *Sancta Sanctorum*, em que Deus assistia sobre asas de querubins, significava a glória; os quinze degraus por que se subia significavam os quinze mistérios da humanidade e divindade de Cristo; e os que subiam por eles, os que meditam no Rosário os mesmos mistérios. E falta ainda mais alguma propriedade? Sim. Porque os que subiam por aqueles degraus não subiam mudos, senão cantando ou rezando em cada degrau um salmo. Estes eram os quinze salmos a que Davi chamou graduais, porque em cada degrau dos quinze se rezava um, assim como nós no Rosário, a cada mistério, rezamos um Pai-Nosso e uma década de Ave-Marias. E a significação de tudo o que naquela famosa figura se via e ouvia era, diz S. Jerônimo, que por quinze degraus, e por quinze orações, em que se contêm os louvores divinos, sobem os justos ao céu e a Deus, para lá o louvarem eternamente: "Quinze são os cantos no Saltério, e quinze degraus em Ezequiel pelos quais os justos sobem para louvar a Deus e permanecer nos seus átrios"[11]. Quem tão claramente descreveu o Rosário também o nomearia, se não escrevera mil anos antes.

§ VIII

Finalmente, estes quinze mistérios, ou degraus, os dividiu a Virgem, Senhora nossa, de cinco em cinco — que é a segunda parte deste ponto — e aqui, parece, se encontra a arquitetura do Rosário com a do templo de Ezequiel, em que com tanta propriedade o vimos retratado até agora. Os degraus, que lá eram quinze, somente se dividiam em duas partes; pois, se os mesmos quinze degraus eram figura dos quinze mistérios do Rosário, por que os divide a Senhora, não em duas partes, senão em três, e não em partes desiguais, como lá estavam repartidos, senão todas iguais e do mesmo número, cada uma de cinco em cinco? Confesso que quando aqui cheguei me entristeceu muito esta desproporção, vendo que as contas me saíam tão erradas. Mas a mesma Virgem, que não pode faltar a quem a serve, e mais em causa sua, em cumprimento da verdade com que diz de si: "Eu me acho presente aos pensamentos judiciosos" (Pr 8,12), me acudiu com uma erudição, não nova, mas muito antiga, e me ensinou a grande correspondência desta sua repartição de cinco em cinco, a qual eu na lição de muitos livros não tinha alcançado. A erudição que digo é do insigne comentador dos salmos, chamado o Incógnito, o qual no primeiro dos graduais diz assim: "Os degraus por onde se subia ao Templo eram quinze, mas esses quinze, divididos em três vezes cinco". Mais elegantemente se pudera dizer, mas não com maior clareza. Vai por diante o mesmo autor, e diz que "no fim de cada cinco degraus havia um espaço maior, porque ali paravam e se detinham os que subiam, rezando a cada cinco salmos algumas outras orações, e que isto faziam no quinto degrau, no décimo e no décimo quinto". E esta erudição ou tradição é tão certa e tão antiga, que por isso a Igreja divide os mesmos salmos graduais em três partes, com pausa e oração diversa a cada cinco. Assim que em dividir os quinze mistérios do Rosário de cinco em cinco, não se apartou a Senhora da arquitetura do Templo, ou, para o dizer com maior certeza, não se apartou a arquitetura do Templo do desenho da mesma Senhora.

E a que fim esta repartição de cinco em cinco? Ao mesmo fim de todos os outros números e contas do Rosário. E é com altíssima providência, para que o peso da nossa fraqueza e a guerra que nos faz o demônio pelas portas dos cinco sentidos nos não impedissem a subida do céu. Pergunta Santo Agostinho por que razão na parábola das Virgens se introduzem sinaladamente cinco prudentes, que entraram às bodas, e cinco néscias, que ficaram de fora (Mt 25,2). E responde que o número de cinco significa os cinco sentidos, os quais, ou com a continência nos levam a glória, ou com a corrupção nos impedem a subida: "Entende-se pelo número de cinco a continência dos cinco sentidos da carne; aqueles que se livram dessas cinco portas de corrupção são as cinco virgens prudentes"¹². São os cinco sentidos os cinco talentos que entregou Deus a nossas almas para negociarem o céu: mas pelo mau uso deles, eles vêm a ser os maiores inimigos de nossa salvação (Mt 25,15). Eles são cinco reis amorreus que, na conquista da Terra de Promissão, resistiram e fizeram guerra a Josué (Js 10,5). Eles são os cinco sátrapas dos filisteus, com que Deus proibiu aos filhos de Israel, que não tivessem comércio e, porque o tiveram, idolatraram (Jz 3,3). Eles são os cinco adúlteros da Samaritana, que, depois de todos a perderem, todos a desprezaram (Jo 4,18). Eles são os cinco irmãos do rico avarento, que, ainda ardendo no inferno, ou os amava, ou tinha memória deles (Lc 16,28).E eles, enfim, são as cinco juntas de animais grosseiros com que o rústico e descortês lavrador se escusou de ir ao banquete do rei (Lc 14,19). E com muita propriedade — como bem notou Salmeirão — se chamam os sentidos juntas, porque andam atados de dois em dois. Dois olhos para a vista, dois ouvidos para ouvir, duas mãos para o tato, duas entradas para o olfato, e duas, que são a boca e a língua, para o gosto: "As cinco juntas de boi são os cinco sentidos porque elas andam sempre geminadas"¹³.

Repartiu, pois, a Senhora os mistérios do seu Rosário de cinco em cinco, para que nos gozosos, se os sentidos se deixassem levar do apetite do gosto, ou nos dolorosos, se se retirassem pelo temor da pena, ou nos gloriosos, se os movesse o desejo da glória vã, em todos tivesse a alma cinco castelos fortes, com que pudesse resistir às sugestões dos mesmos sentidos, ou cinco remédios presentíssimos, com que curar as fraquezas em que tivessem caído. Se a alma se vê tentada do demônio, aqueles cinco mistérios são as cinco pedras de Davi, com que derrubou o gigante (1Rs 17,40). — Se se vê enferma, eles são os cinco pórticos da piscina em que se curou o paralítico, não podendo dizer: "Não tenho um homem que me leve à piscina" (Jo 5,2.7) — porque em todos tem a Deus feito homem. Se se vê cativa, eles são os cinco siclos com que os primogênitos se resgatavam no templo (Lv 27,6). Se se vê culpada e delinquente, eles são as cinco cidades de refúgio, aonde se acolhiam os criminosos e logravam imunidade (Js 21,37 e em outros lugares). Se se vê emendada, mas receosa da recaída, eles são as cinco colunas do tabernáculo, de matéria incorruptível e bases de bronze (Ex 26,37). Se, finalmente, pelos erros da vida passada, se vê desconfiada de perdão com que alcançar a eterna, eles são as cinco palavras com que Cristo disse ao ladrão: "Hoje estarás comigo no paraíso" (Lc 23,43).

§ IX

O terceiro ponto, e última dúvida ou questão, era: por que são cento e cinquenta as Ave-Marias que rezamos no Rosário, e por que estas se dividem em três vezes cinquenta, e cada cinquenta de dez em dez? A resposta já se sabe que há de ser a mesma. E é que todos estes números e cada um deles significavam por diverso mistério os modos com que o mesmo Rosário nos dispõe nesta vida para a bem-aventurança, e no fim nos leva a ela. O maior número, pois, do Rosário, e o último, em que todas as saudações angélicas ou Ave-Marias se resumem, é o de cento e cinquenta. E que significa este número? O Saltério de Davi também se compõe de cento e cinquenta salmos; e porque não há salmo que não esteja cheio de grandes mistérios, nem verso de cada salmo ou palavra de cada verso que não seja misteriosa, do mistério com que o Espírito Santo, autor dos mesmos salmos, ordenou que fossem cento e cinquenta, nem em maior, nem em menor número, tiraremos a significação do nosso. Cassiodoro, aquele famoso secretário de el-rei Teodoreto, doutíssimo em todas as letras, e, depois de deixar a corte e se fazer monge, ilustre expositor das divinas, combina os cento e cinquenta salmos com os cento e cinquenta dias em que esteve alagado o mundo com o dilúvio e, afirmando que o mistério mais evidente de um e outro número é o mesmo, diz assim: "Assim como o mundo alagado cento e cinquenta dias com o dilúvio ficou purificado dos pecados que mereceram aquele castigo, assim ordenou o Espírito Santo que o Saltério se compusesse de cento e cinquenta salmos, para que com ele, como com um segundo dilúvio da graça, se purificasse de seus pecados todo o gênero humano"[14]. — Já dissemos em outras ocasiões que o Rosário, desde seu princípio, pela semelhança do número se chamou Saltério da Virgem; e se ao Saltério de Davi se concedeu esta graça universal de purificar as almas, quanto mais ao Saltério da Mãe de Deus, composto por isso mesmo, e ensinado ao mundo depois do de Davi? As razões desta vantagem, que são muito mais evidentes, daremos no sermão seguinte. Agora só basta dizer que, não podendo as almas entrar à bem-aventurança, senão absoltas e purificadas de todo pecado: "Não se pode encontrar nela a mínima impureza" (Sb 7,25). — esta é a última disposição com que o Rosário nesta vida nos habilita para a eterna, a qual conseguem, sem exceção, todos os que dignamente se valem e aproveitam dele; e assim estão significados no mesmo número de cento e cinquenta.

Depois da ressurreição de Cristo foi S. Pedro pescar com outros discípulos, e por toda a noite, como já outra vez lhe tinha acontecido, nenhuma coisa tomaram (Lc 5,4s). Ao amanhecer apareceu o Senhor na praia, disse-lhes que lançassem a rede para a parte direita, e foi tão venturoso o lanço que, sem se romper a rede, trouxeram à terra cento e cinquenta e três peixes, todos grandes: "Subiu Simão Pedro à barca, e arrastou a rede para a terra, cheia de cento e cinquenta e três grandes peixes. E, sendo tão grandes, a rede não se rompeu" (Jo 21,11). O mistério dos três ponderaremos depois: vamos agora aos cento e cinquenta. Santo Agostinho e S. Gregório, e comumente os Padres, dizem que neste número foram somente significados os escolhidos e que se salvam, e que essa é a razão por que Cristo agora mandou aos apóstolos que lançassem a rede à mão direita, aonde hão de estar só os bons no dia do Juízo, o que o mesmo Senhor lhes não disse noutra ocasião, em que os mandou pescar e tomaram bons e maus. Santo Agostinho: "E se dissesse à direita significaria somente os bons, se à esquerda, só os maus; como não disse direita e esquerda, foram pescados misturados os bons e os maus"[15]. E para que se conheça que este privilégio é próprio do Rosário, saibamos qual era a rede e em que tempo se lançou ao mar? A rede, diz Santo Ambrósio que é a Oração: "E que redes são essas que se manda lançar, senão uma união de palavras e quase formando um círculo de oração"[16]. Não se pudera melhor descrever o Rosário entre todas as orações. Na tecedura é composto de palavras todas iguais e da mesma proporção: "união de palavras" — e na figura é estendido e voltado em forma circular, com que se faz o seio e cerco da rede: "E quase formando um círculo de oração".

E basta isto para a propriedade da semelhança? Não, que ainda lhe falta a maior de todas, que é o tempo em que se aperfeiçoou e se lançou ao mar a rede do Rosário. Ouçamos a S. Gregório Papa: "Antes de Cristo morrer e ressuscitar, não mandava que a rede se lançasse à mão direita ou esquerda, e por isso colhia bons e maus. Na verdade quem não sabe que à direita significa os bons e à esquerda os maus? Mas depois que morreu e ressuscitou então foi mandado que se lançasse a rede somente à direita porque somente a igreja dos eleitos chega à glória do céu"[17]. — Ainda me parece que não caís de todo no mistério. A culpa tem a pouca e viciosa retórica dos que, para dizerem alguma coisa, sempre a dificultam primeiro, e depois a resolvem, com que, sem pergunta e resposta, não há conceito, nem os ouvintes, pelo costume, percebem o que se diz. Suposto isto, pergunto o que já está dito. Se Cristo antes de morrer e ressuscitar não mandava lançar a rede à mão direita nem esquerda, com que ela tomava bons e maus, por que razão, depois de morto e ressuscitado, a manda lançar só à mão direita, com que recolhe só os bons? Isto é o que disse, sem perguntar, S. Gregório, e este é manifestamente o mistério do tempo em que a rede se aperfeiçoou e lançou ao mar. "Antes de Cristo padecer e ressuscitar" — ainda a rede do Rosário não estava feita, porque lhe faltavam os mistérios Dolorosos e os Gloriosos; porém depois que Cristo morreu e ressuscitou, então se aperfeiçoou a rede, então se lançou só à mão direita, e então, sem haver que lançar fora, recolheu só os escolhidos: "Então foi mandado que se lançasse a rede somente à direita porque somente a igreja dos eleitos chega à glória do céu".

§ X

Este é no Rosário o mistério do número cento e cinquenta, ao qual se ajuntou o de três, nos peixes que recolheu a rede: "Cento e cinquenta e três tribos" — mas não para variar o mesmo número, senão para o repartir em três vezes cinquenta, como ensina Santo Agostinho e se faz no Rosário: "O número cento e cinquenta e três contém três vezes cinquenta; e ademais três em razão do mistério da Trindade. E o número cinquenta diz respeito aos jubileus"[18]. Os três que se acrescentam ao número cento e cinquenta, significam, diz Santo Agostinho, o Mistério da Santíssima Trindade — que por isso mostramos ao princípio que o Rosário é um e trino — e juntamente denotam a divisão das mesmos cento e cinquenta em três vezes cinquenta, porque o número de cinquenta é o número jubileu. — Saibamos agora o que era jubileu. Jubileu, como consta de todo o capítulo vinte e cinco do Levítico, era um ano famosíssimo no Testamento Velho, o qual vinha e se celebrava de cinquenta em cinquenta anos, e por outro nome se chamava o Ano da Remissão, porque nele não só concedia Deus grandes remissões, mas mandava e obrigava a que, sem exceção de pessoa, as observassem e lograssem todos. A primeira era que naquele ano não sarava, nem semeava, nem se cultivavam os campos, e cessava todo o trabalho. A segunda, que todas as herdades, ainda que se tivessem vendido e alienado muitas vezes, tornassem a seus primeiros possuidores. A terceira, que se perdoassem todas as dívidas. A quarta, que todos os escravos se libertassem. Pode haver mais formoso e mais feliz ano? Pois isto é o que aquele número de cinquenta significava então nas coisas temporais, que logo se mudavam, e hoje nas espirituais e eternas, que duram para sempre. As cinquenta Ave-Marias do Rosário, dividido em três terços, nos negociam o descanso eterno do céu, onde se não ara nem cava a terra, mas se come em sua própria substância o maná, sem nenhum trabalho. Elas nos restituem a herdade e herança do Paraíso, perdida primeiro pela culpa de Adão, e depois tantas vezes vendida pelas nossas. E porque para esta inteira restituição é necessário que se ajunte ou preceda o perdão das dívidas e a liberdade do cativeiro, estas são as duas petições que no Rosário fazemos a Deus nas últimas do Pai-Nosso: o perdão das dívidas dos pecados: "Perdoa-nos as nossas dívidas" (Mt 6,12), e a liberdade do cativeiro do demônio: "Mas livra-nos do mal" (Mt 6,13). Vede se nos despachará Deus estas duas petições do Pai-Nosso, quando nas cinquenta Ave-Marias de cada terço rogamos à Mãe do mesmo Deus que rogue por nós pecadores. E para que se conheça a grande proporção e correspondência que têm estas cinquenta Ave-Marias com o Pai-Nosso, contai as palavras do mesmo Pai-Nosso, e achareis que desde o "Pai" até o "Amém" são pontualmente cinquenta. Tão medidas e tão contadas estão no Rosário as consonâncias do número, e tão sagrado e misterioso é o de cinquenta.

O que este número prometia na lei velha, cumpriu na lei da graça a vinda do Espírito Santo, enchendo de todas as graças ao dia cinquenta, por ser este o número determinado na lei para a remissão universal. Assim o conta e canta a Igreja: "Por esse círculo sagrado de dias, a lei determina o perdão"[19]. Mas esta conta parece que não está certa, nem proporcionada, nem própria, e que o Espírito Santo não havia de descer ao dia cinquenta, senão ao dia quarenta e nove. As graças e dons do Espírito Santo são sete, e sete multiplicados por sete, ou sete vezes sete, fazem quarenta e nove: logo, no dia quarenta e nove parece que havia de vir o Espírito Santo, e não no dia cinquenta? Assim se representa à primeira vista. Mas, ainda deixada a correspondência da figura e do Jubileu da lei antiga, não podia, nem devia ser a vinda do Espírito Santo ao dia quarenta e nove, por um grande mistério dos números, que aqui está escondido. "O número de quarenta sempre é significativo de aflição e de pena", diz S. Jerônimo, e o prova com muitos exemplos da Escritura, que deixo por brevidade[20]. Daqui se segue que o número quarenta e nove, não só é significativo de aflição e pena, senão da última e suma aflição, e da última e suma pena a que se pode chegar, porque o número quarenta só chega e se estende a quarenta e nove, e não pode passar daí; logo, trazendo o Jubileu do Espírito Santo a remissão universal dos pecados e a indulgência de todas as penas merecidas por eles, e sobre isso os dons e penhores de sua graça, com que se nos assegura o descanso eterno e bem-aventurança da glória, não podia nem devia vir senão no dia em que se fechasse o círculo de cinquenta: "Por esse círculo sagrado de dias, a lei determina o perdão".

Isto mesmo faz o círculo do Rosário, não uma, senão três vezes, em cada uma das cinquenta Ave-Marias que nele contamos. E saibam aqui os devotos, o que muitos não sabem, e é bem que conste a todos, que as indulgências que os Sumos Pontífices concedem aos que rezam o Rosário, não só se entendem dos que o rezam inteiro, com cento e cinquenta Ave-Marias, senão também dos que rezam somente o que chamamos terço, com as cinquenta que lhe pertencem, e assim o têm declarado nas suas bulas os mesmos Pontífices. Vejamos agora, em um formoso e temeroso retrato, o que dizíamos. Para que fossem lançados no fogo os meninos de Babilônia, mandou o rei bárbaro que a fornalha se acendesse quanto mais fosse possível, e diz o texto sagrado, que a labareda subia quarenta e nove côvados: "E a labareda levantava-se quarenta e nove côvados acima da fornalha" (Dn 3,47). Bem se vê que só Deus, que o refere, podia tomar estas medidas ao fogo, e que o número de quarenta e nove era misterioso e significava o maior fogo de todos. Lançados, pois, os meninos na fornalha, consideremos o que lhes sucedeu, quantos eram, o que faziam e quem os assistia. O que lhes sucedeu foi que, sustentando-se o fogo do aéreo e do úmido, como bem filosofa Santo Agostinho, o aéreo se converteu em viração, e o úmido em orvalho que os recreava: "Uma como fresca viração acompanhada de orvalho" (Ibid. 50). O que faziam era louvar a Deus, chamando-lhe muitas vezes bendito: "Tu és bendito, Senhor, Deus de nossos pais" (Ibid. 52). E porque eram três, todos três repetiam o mesmo, sem mudar uma só palavra: "Aqueles três, como se tivessem uma só boca, louvavam, glorificavam e bendiziam a Deus" (Ibid. 51). Finalmente, quem os assistia era um semelhante ao Filho de Deus: "E o aspecto do quarto é semelhante ao do Filho de Deus" (Ibid. 92). E não é isto uma excelente representação dos que louvam a Deus com o Rosário e das mercês que Deus lhes faz por esta devoção? As vozes são três, porque são repartidas em três terços, e o que se ouve em um, sem mudar palavra, é o que se diz e repete no outro. Eles repetem em todas as cláusulas: "Deus seja bendito", e nós em todas as Ave-Marias: "Benedita és tu entre as mulheres e bendito o fruto de teu ventre". A eles assistia-os em tudo um semelhante ao Filho de Deus, antes de o Filho de Deus encarnar e se fazer visível, e nós em todos os mistérios do Rosário o temos presente. Finalmente, o efeito da parte de Deus, que principalmente pretendemos mostrar, é que assim como Deus lhes converteu o fogo e labaredas da fornalha em um paraíso de delícias, assim nos livra Deus das penas do inferno, significadas nos quarenta e nove côvados das labaredas, como eles mesmos disseram: "Porque ele nos tirou do inferno" (Ibid. 88) e, para nos levar ao descanso e delícias da bem-aventurança, nos concede a remissão universal de todos os pecados, significada no número cinquenta: "E santificarás o ano quinquagésimo, e anunciarás a remissão a todos os habitantes da tua terra" (Lv 25,10).

§ XI

Só resta o mistério do número dez, repetido em todas as décadas do Rosário, o qual melhor que todos cerra as contas e aperfeiçoa quanto temos dito. Filo, chamado o Platão dos hebreus, falando deste número, diz assim: "O número de dez é o mais perfeito de todos, porque compreende todas as diferenças dos números e todas as proporções aritméticas e geométricas, e até os gêneros de todas as coisas, que os filósofos chamam predicamentos, se compreendem no número de dez"[21]. — Perfeito é aquilo a que nada se pode acrescentar, e tal é a perfeição deste número. Pode-se repetir, mas acrescentar não se pode, porque o número de vinte, de trinta, e os demais, que se podem multiplicar infinitamente, não são nem significam outra coisa, senão o mesmo dez muitas vezes repetido. Por isso, depois que o lume natural se escureceu pelo pecado, querendo Deus restituir o homem à perfeição original em que o tinha criado no paraíso e dar-lhe outro paraíso melhor, todos os preceitos desta reformação reduziu a divina Sabedoria ao número de dez. Neste número de dez se continha virtualmente a lei da natureza, nele se promulgou expressamente a escrita, e nele se continuou e durará para sempre a da graça, não só tomando do mesmo número de dez o nome de Decálogo, mas ficando tão estreitamente atada a ele a salvação dos homens, que nem os homens a possam conseguir, nem o mesmo Deus lha possa dar, senão dentro no mesmo número. É caso admirável, o que agora merecia larga ponderação, se o tempo a permitira.

Mandou Deus a dois anjos que fossem pôr fogo à cidade de Pentápolis, mais conhecida pela infâmia de outro nome, e Abraão, que tinha a Deus por seu hóspede naquela ocasião, parte rogando e parte perguntando, quis saber do mesmo Senhor por quantos justos perdoaria aquele castigo. Começou pelo número de cinquenta: "Se houver cinquenta justos na cidade" (Gn 18,24) — e como Deus respondesse que por cinquenta justos perdoaria, quatro vezes foi diminuindo Abraão o mesmo número, achando sempre propícia a divina misericórdia. Chegou finalmente ao número de dez, e respondendo Deus que também por dez concederia o perdão: "Não destruirei por causa de dez" (Gn 18,32) — no mesmo ponto, sem querer mais ouvir, desapareceu: "E o Senhor foi embora" (Gn 18,33). O mistério por que Abraão começou pelo número cinquenta já está dito, e é porque ele pedia perdão e misericórdia para aquela cidade, e o número de cinquenta significa indulgência e remissão. Mas se também achou propícia a misericórdia divina em quatro números menores, e Deus esperou e ouviu até o número de dez, por que razão não aguardou nem quis ouvir mais, e tanto que respondeu que perdoaria por dez, desapareceu? Excelentemente Salmeirão: "O perdão desceu até o número de dez justos, porque Deus estava disposto a perdoar os sodomitas até a observância dos preceitos do Decálogo"[22]. Chegou Abraão até o número dez quando pedia perdão para a cidade condenada porque no número dez se entende a observância da lei, a qual consta de dez preceitos, e por serem dez, se chama Decálogo. — E porque abaixo deste número nem os homens podem conseguir o perdão final com que se salvam, nem Deus o pode conceder, por isso Abraão o não pediu, e Deus desapareceu.

Bem está. Mas qual é a razão por que o perdão final e a salvação dos homens a tem Deus tão determinada ao número dez, e tão vinculada e atada a ele, que nem o mesmo Deus a pode conceder abaixo deste número? A razão é porque entre o merecimento e o prêmio há de haver proporção igual, e como o merecimento, que é o Decálogo, consiste no número dez, e nada menos, também o prêmio, que é a salvação e a glória, se não pode conceder, senão no mesmo número, e sem diminuição nem abatimento dele. A prova é manifesta. Chamados os operários à vinha do pai de famílias, uns vieram mais cedo, outros mais tarde, uns trabalharam mais, outros menos, e no fim do dia o pai de famílias, que representava a Deus, mandou pagar a todos, e a todos se deu a mesma moeda (Mt 20,1ss). Chamava-se esta moeda denário, com o nome derivado do número dez, porque no peso e no preço continha o valor de dez moedas menores. Pois, se uns vieram à vinha cedo, e outros tarde, se uns trabalharam muito e outros pouco, por que paga Deus a todos igualmente com a mesma moeda e com o mesmo denário? Porque o denário significa a glória essencial, que nesta parábola se declara pela proporção numérica. E posto que, na mesma glória, os que trabalharam mais ou menos a terão maior ou menor quanto ao grau, sempre é necessário que todos a recebam igual quanto ao número. A razão é, como dizia, porque o prêmio deve ser proporcionado ao merecimento, e como o merecimento não pode ser menor que o de todo o Decálogo, também o prêmio não pode ser menor que o de todo o denário. Mas como no mesmo Decálogo pode ser mais ou menos perfeita a observância, assim no mesmo denário pode ser mais ou menos perfeito o grau da glória. Sempre porém é igual em todos o número de dez no denário, porque sempre há de ser igual em todos o número de dez no Decálogo: "Até a observância dos preceitos do Decálogo".

Sobre este fundamento tão sólido, passemos agora ao nosso intento, e veremos como dentro no mesmo número de dez, assim como ao Decálogo dos preceitos se promete o denário da glória, assim está prometido o mesmo denário da glória às décadas do Rosário. Em cada década do Rosário pedimos dez vezes à Virgem, Senhora nossa, rogue por nós pecadores, agora e na hora da nossa morte. E no Salmo trinta e um promete Deus o perdão final dos pecados, e a glória e bem-aventurança que a ele se segue: "Bem-aventurados aqueles cujas iniquidades são perdoadas e cujos pecados são cobertos" (Sl 31,1). Onde muito se deve reparar naquela palavra "cobertos", que significa proteção, porque a bem-aventurança e remissão dos pecados que aqui se promete: "Bem-aventurados aqueles cujas iniquidades são perdoadas" — quer Deus que se atribua, não só à sua misericórdia, mas à proteção de quem a alcança, qual é no nosso caso a da Mãe do mesmo Deus, que em cada dez Ave-Marias imploramos. E por que não pareça coisa duvidosa e alheia da divina justiça que a mesma bem-aventurança, que é devida à observância dos dez preceitos do Decálogo, se conceda a dez orações tão breves, foi notar Cassiodo-ro que neste mesmo salmo, o qual se compõe e consta de onze versos, nos primeiros dez falam os homens com Deus, e contém outras tantas preces, e no último e undécimo responde Deus aos homens, e lhes concede a todos a indulgência dos pecados, que no princípio lhe pediram, e com nome de justos a graça, de que é prêmio a glória: "Alegrai-vos no Senhor, e regozijai-vos, ó justos, e gloriai-vos todos os de reto coração" (Sl 31,11). E que infere deste seu cômputo o mesmo Cassiodoro? Infere que as dez preces, posto que tão breves, daquela década, tem diante de Deus a mesma virtude dos dez preceitos do Decálogo, contanto que sejam rezadas de todo coração. "Consideremos" — diz ele — "a virtude desse salmo, que em sua prece de dez versos mereceu sem demora alguma a resposta divina. Os dez mandamentos que orientam a nossa ação, quando observados, levam ao prêmio, assim a prece desse salmo feita com o coração compungido nos conduz aos votos da indulgência"[23].

Já bastava, para boa prova do que digo, a paridade destes dez versos computada com as dez Ave-Marias de cada década no Rosário. Mas não se contentou com isso o profeta, e, continuando o mesmo salmo, na segunda parte dele — que é o seguinte —, diz desta maneira: "Exultai, ó justos, no Senhor; aos retos convém que o louvem. Louvai ao Senhor com a cítara, cantai-lhe hinos a ele com o saltério de dez cordas. Cantai-lhe a ele um novo cântico" (Sl 32,1ss). Não se podia declarar mais expressamente o Rosário, e muito em particular as décadas em que se divide. Diz o profeta que se alegrem os justos e louvem a Deus, e que o modo de o louvar seja com um cântico novo, ao som do saltério, de dez cordas, e da viola, que é de cinco. Primeiramente chama-se o Rosário cântico novo, isto é *Cântico do Novo Testa-*

mento — como notaram Hugo, Cartusiano e Caetano — porque o Rosário, assim mental como vocalmente, é instituto e modo de orar próprio do Testamento Novo. Mentalmente, porque no Testamento Velho, como o Verbo ainda não tinha encarnado, nem morrera, nem ressuscitara, ainda então não havia mistérios de Cristo, nem gozosos, nem dolorosos, nem gloriosos. E vocalmente, porque no Testamento Velho rezavam-se salmos e outras orações, mas não se rezavam Pai-Nossos nem Ave-Marias, havendo começado a Ave-Maria na embaixada do anjo Gabriel, e o Pai-Nosso daí a trinta e dois anos, quando o ensinou o mesmo Cristo. Acrescenta o profeta que estes louvores de Deus se haviam de cantar ao som ou ao descante do saltério de dez cordas e da viola de cinco, porque os mistérios se haviam de meditar de cinco em cinco e as orações se haviam de rezar de dez em dez: "Na cítara e no saltério de dez cordas". E para só na propriedade dos números a harmonia destes dois instrumentos? Não. S. Jerónimo, declarando qual fosse a forma do saltério, diz que era totalmente diversa da viola, porque a viola tem o oco ou concavidade, onde se forma o som, na parte inferior, porém o saltério na parte de cima. E tal é a harmonia do Rosário, assim na parte mental como na vocal: na mental, porque os mistérios que o Rosário medita, obrou-os Deus descendo ele do céu à terra; e na vocal porque as orações que o Rosário reza ouve-as Deus subindo elas da terra ao céu: os mistérios fazem a harmonia cá em baixo, e as orações lá em cima: "na cítara e no saltério". Aqueles, pois, que deste modo orarem e louvarem a Deus, e ao som destes dois instrumentos lhe cantarem o cântico próprio do Testamento Novo, que são os que meditam e rezam o Rosário, a estes, enfim, diz o profeta que se alegrem como justos, e a estes chama bem-aventurados pela remissão dos pecados e bem-aventurados pela proteção da graça: "Bem-aventurados aqueles cujas iniquidades são perdoadas e cujos pecados são cobertos".

§ XII

Tenho acabado o meu discurso e declarado, como prometi, o que significam misteriosamente todos e cada um dos números de que se compõem as contas do Rosário. E que é o que havemos de colher de todos estes números? Cada um colherá o que lhe ditar a sua devoção e o seu juízo. O que a mim me aconselha o meu, e o que eu quisera persuadir a todos, é que de todos estes números tiremos uma firme resolução de ser do número dos predestinados. Mas antes de declarar o meio e o modo, importa que se entenda primeiro como isto é possível. A predestinação de todos e cada um de nós está decretada "desde toda a eternidade", e conhecida na presciência Divina, que é imutável; logo parece que, ainda que nós queiramos, nos não podemos fazer do número dos predestinados? Digo que sim, podemos. A teologia mais certa, e mais bem fundada em todas as Escrituras Sagradas, é que Deus nos predestinou "tendo em vista os méritos". Quer dizer este termo, próprio das escolas, que previu Deus desde sua eternidade os merecimentos e obras de cada um, e conforme as mesmas obras, que são as que agora fazemos e fizermos até à morte, ou as boas, feitas com sua graça, ou as más, feitas sem ela, por nosso livre alvedrio, decretou o mesmo Deus a salvação de uns e a condenação de outros. Isto é o que definiu S. Pedro, quando disse: "Procurai com todo o cuidado de fazer certa a vossa vocação por meio das boas obras" (2Pd 1,10). — E como a nossa predestinação se funda nas obras de nossa vida, daqui se segue que, enquanto vivemos, se quisermos, nos podemos fazer do número dos predestinados. Nem encontra esta possibilidade a presciência infalível que Deus tem dos mesmos predestinados e número deles, porque as nossas obras não são boas porque Deus sabe que nos havemos de salvar, mas sabe Deus que nos havemos de salvar porque as nossas obras, cooperando com sua graça, hão de ser boas e dignas de salvação. Esta teologia, como dizia, é a mais bem fundada e revelada nas Escrituras Divinas, as quais reservo para outra ocasião, em que de propósito hei de tratar esta matéria. Por agora baste saber que assim o ensinam Vasquez, Molina, Valença e outros gravíssimos teólogos, cuja doutrina resume o doutíssimo Cornélio A Lápide nesta breve e claríssima conclusão: "Portanto por essa razão, está no poder e no arbítrio de cada fiel fazer que seja predestinado ou não seja"[24].

Mas ouçamos a toda a Igreja Católica, coluna da fé e da verdade, a qual no princípio da quaresma, em que nos exorta à penitência, faz a Deus esta notável oração: "Deus, a quem só é conhecido o número dos escolhidos que hão de gozar a eterna felicidade, concedei-nos, como vos pedimos, que o livro da bem-aventurada predestinação retenha e conserve em si os nomes de todos os fiéis que nele estão escritos". Até aqui a Igreja Católica, a qual nestas palavras supõe uma coisa e pede outra. Supõe que só Deus conhece o número dos predestinados, que é a presciência divina imutável e infalível, com que só a Deus, como dizíamos, é reservado o conhecimento e número dos que se hão de salvar. Mas o que pede, não obstante este conhecimento, é que os que estão escritos no livro da predestinação se não mudem, nem risquem, e sejam conservados nele. Pois, se já estão escritos no livro da predestinação, como se podem mudar, ou riscar, ou tirar do mesmo livro? Porque as letras com que os fiéis se escrevem no livro da predestinação são as nossas boas obras, e porque os que hoje obramos bem, amanhã podemos obrar mal, e os que hoje estamos em graça, amanhã podemos cair dela; por isso, assim como as boas obras e a graça nos escrevem naquele livro, assim as más obras e os pecados nos riscam dele. É o que disse admiravelmente Davi, falando dos que obram mal: "Sejam riscados do livro da vida, e não sejam escritos com os justos" (Sl 68,29). — Por isso muitos teólogos doutamente distinguem o mesmo livro da predestinação em duas partes, uma da predestinação incoada, que consiste nas boas obras e graça presente, e outra da predestinação perfeita e consumada, que consiste nas boas obras e graça perseverante até o fim.

E que Cristão haverá tão sem fé e sem juízo que, estando na sua mão o estar e perseverar escrito no livro dos predestinados, por sua própria vontade, e por não querer cooperar com a graça divina, que sempre está pronta, queira ser riscado dele? Que razão, que motivo, que interesse há neste mundo, ou em mil mundos que Deus criara, pelo qual se houvesse de sujeitar nem arriscar um homem a ouvir de si aquela tremenda voz: "Sejam riscados do livro da vida"? Reis foram, e grandes monarcas, aqueles três que reinaram entre Jorão e Osias; mas que lhes aproveitou o reinar, que lhes aproveitou o cetro e a coroa, que lhes aproveitou o império e adoração dos vassalos e a reverência e temor dos estranhos, que lhes aproveitou a grandeza, a majestade, a riqueza, a potência, os exércitos, as vitórias, se no cabo todos três foram riscados dos livros de Deus e lançados fora como réprobos: "Jorão gerou a Osias"?

§ XIII

Bem creio que ninguém haverá, dos presentes, que não tema ser riscado dos mesmos livros e não deseje sobretudo estar e perseverar escrito neles e ser do número dos predestinados. Só faltava saber o modo e meio eficaz para sermos admitidos e contados neste bem-aventurado número; mas este foi o emprego de todo o nosso discurso, e isto nos mostraram e provaram, assim em comum como em particular, todos os números de que se compõe o Rosário, pois todos eles, sendo tantos e tão vários, se uniram em um só fim, que foi prometermos a bem-aventurança. E, posto que os fundamentos foram tão diversos, como as significações dos mesmos números, nesta peroração ou epílogo, como quem no fim das contas tira a soma delas, acabo com dizer que todas as do Rosário se resumem a dois sinais da predestinação, os maiores e mais qualificados que pode haver para quantos quiserem ser do número dos predestinados.

O primeiro sinal da predestinação é a primeira parte do mesmo Rosário, que consiste nos mistérios da vida, morte e ressurreição do Filho de Deus, que meditamos. É fundado e tirado este final da mesma formalidade intrínseca da predestinação. Como predestinou Deus a todos os homens? O mesmo Deus o revelou a S. Paulo, e S. Paulo à Igreja: "Os que ele conheceu previamente, também os predestinou a reproduzirem a imagem de seu Filho" (Rm 8,29). Todos os que Deus predestinou foram aqueles que anteviu "desde toda a eternidade" que se haviam de conformar com a imagem de seu Filho, e fazer-se semelhantes a ele, como exemplar da mesma predestinação. — Por isso a soberana Mãe do mesmo Filho, como tão alumiada em todos os arcanos divinos, e como aquela que disse de si: "Estava eu com ele regulando todas as coisas" (Pr 8,30) — a primeira coisa que fez na composição do Rosário foi pôr-nos diante dos olhos, não uma, senão quinze imagens do mesmo Filho de Deus, cinco nos mistérios Gozosos, cinco nos Dolorosos e cinco nos Gloriosos, para que, contemplando-o em tão diversas figuras, nos retratássemos por aquela a que mais se inclinasse o nosso afeto e, imitando-o na vida e na morte, o seguíssemos na subida ao céu, que é o fim glorioso de todos os predestinados. Lá dissemos que estes quinze mistérios se representavam nos quinze degraus do Templo, onde se cantavam os quinze salmos, por isso chamados graduais. Agora de novo se deve advertir que o texto grego lhes chama "degraus por onde se sobe", mas com um tal nome que significa graus de subir, e não de descer. A escada de Jacó tinha degraus, "por onde se subia e se descia"; porém esta é uma escada por onde só se sobe e não se desce, felicidade só própria dos perfeitamente predestinados para a bem-aventurança: "Aquela escada tinha degraus por onde se subia e se descia; nestes degraus dos bem-aventurados só há degraus por onde se sobe" — diz, sobre o mesmo Texto Grego, Cassiodoro[25].

O segundo sinal da predestinação é a segunda parte do mesmo Rosário, em que tantas vezes quantas repetimos as mesmas orações, saudamos e louvamos a cheia de graça, e nos metemos debaixo de sua poderosíssima proteção. Ser esta proteção da Virgem, Senhora nossa, um dos mais certos sinais da predestinação, coisa seria infinita citar os autores que assim o afirmam e os lugares da Escritura com que o provam. Entre todos são insignemente misteriosas aquelas palavras do Eclesiástico, em que Deus, falando com sua Mãe, lhe diz que lance raízes nos seus predestinados: "Lança raízes entre os meus escolhidos" (Eclo 24,13). O lançar raízes é propriedade somente das plantas. E que planta é ou pode ser aquela por meio da qual a Mãe de Deus lança raízes nos predestinados, senão a planta da Rosa: "Como as plantas das rosas de Jericó" (Eclo 24,18)? A rosa não tem raízes, a roseira e o rosal sim. E o Rosário não tomou o nome da rosa, senão do rosal, que isso quer dizer *rosarium*; não tomou o nome da flor, senão da planta, que é a que lança as raízes: "Lança raízes entre os meus escolhidos". Tão sabido como célebre é o milagre daquela planta que, nascendo em uma sepultura, mostrava escrito em todas as folhas, com letras de ouro: "Ave cheia de graça". Cavaram para ver donde nascia, e acharam que tinha as raízes na boca de um defunto, o qual havia sido soldado, tão rude e de pouca memória, que nunca soube dizer mais que Ave-Maria, cheia de graça, saudando só com estas poucas palavras, mas muito frequentemente, a Rainha dos anjos. E se quatro palavras da Ave-Maria lançam tão fortes e maravilhosas raízes, vede o que farão cento e cinquenta Ave-Marias, plantadas todos os dias e todos os dias regadas com a graça da Cheia de Graça. Ditosos e bem-aventurados aqueles que tão certas e tão bem fundadas prendas têm de sua predestinação e salvação.

Nunca se perderam mais homens, nem se salvaram menos, que no dilúvio. E estes poucos, que se salvaram, onde tiveram segura a salvação? Na arca de Noé, a que se recolheram. Pois, assim como Noé edificou a arca, para que se salvassem todos os que a ela se acolhessem, assim a providência e misericórdia de Cristo nos deu a Maria, figurada na mesma arca, diz S. Bernardo, para que todos os que se valerem de seu amparo se salvem: "A arca de Noé significou a excelência de Maria, porque por ela todos se livraram do dilúvio, por Maria livram-se do naufrágio do pecado". Nesta palavra "naufrágio" reparo muito. Para os que se embarcam se livrarem dos naufrágios, não basta que a nau seja grande, forte e poderosa. E nenhuma nau houve no mundo mais arriscada a naufragar que a arca de Noé, porque o mar em que navegava era sem comparação maior que o Oceano; a tempestade não durou um só dia, ou três, ou nove, como costumam, senão quarenta dias contínuos de dia e de noite, e os baixios em que podia topar e fazer-se pedaços eram quantos montes e serras havia em todo o mundo. Sendo, pois, tantos os perigos que ameaçavam naufrágio à arca, por que se salvaram todos os que nela se recolheram? Porque a arca no dilúvio não só significava a Virgem Senhora nossa, senão a mesma Virgem Senhora com os mistérios e números do seu Rosário. Sobre todos os montes, onde podia perigar ou naufragar a arca, diz o texto sagrado "que a água se levantou quinze côvados acima dos montes" (Gn 7,20). E quando à arca que, como vimos, é a Virgem, Senhora nossa, se ajuntam os mistérios e números do seu Rosário, ainda que o mundo todo perigue e se afogue, todos os que se acolhem a ela se salvam, porque todos por este meio se fazem do número dos predestinados.

Não deixarei, contudo, de advertir por fim que, para que a Senhora do Rosário nos alcance e segure esta graça, é necessário que nós rezemos e meditemos o mesmo Rosário com aquela atenção e aplicação que ele e a mesma Senhora requerem. Lá deixamos dito, com Santo Ambrósio e S. Gregório, que aquela rede que se lançou à mão direita, e recolheu somente os escolhidos e predestinados, era o Rosário. Mas diz e nota o texto, o que então não ponderei e reservei para agora, que "sendo tantos e tão grandes os peixes, a rede não se rompeu" (Jo 21,11). A rede rota não pesca. Se o Rosário, ou no que se reza, ou no que se medita, se rompe ou interrompe com a vagueação de outros pensamentos e outros cuidados e, talvez, com a irreverência de outras conversações, que se pode esperar de tal devoção, que antes ofende do que agrada ao mesmo Senhor e à mesma Senhora, a quem pedimos e de quem esperamos a salvação? Rezemos, pois, o Rosário, e meditemos seus soberanos mistérios com a atenção, aplicação e devoção que é devida a ambas as majestades com quem falamos. E deste modo seremos sem dúvida do número dos predestinados, e se escreverão nossos nomes nos livros de Deus, sem perigo de jamais ser riscados deles, como foram os dos três excluídos que infelizmente reinaram entre Jorão e Osias: "Jorão gerou a Osias".

FIM

SERMÃO

XXV*

∽

"Bem-aventurado o ventre que te trouxe,
e os seios que te amamentaram."
(Lc 11,27)

---

*Conhecido como o sermão do feitiço, e continuando a linha do sermão anterior,
Vieira opõe aos feitiços e encantos dos magos a arte de encantamento do Rosário.
Além dos textos bíblicos e das palavras dos Santos Padres, Vieira recorre a vários casos de
milagre, muito em uso nas obras devocionais. A insistência, entretanto, está nos frutos
da oração do Rosário. Cristo retribuía os insultos com bênçãos: chamado samaritano,
fez-se samaritano; desprezado como carpinteiro, deixou-se pregar no lenho da cruz; tratado
como mago e feiticeiro, uma mulher levantou a voz em sua defesa. Aí nascia o Rosário:
juntos os louvores da Mãe com os do Filho e os do Filho com os da Mãe.
Na Igreja, Cristo é o encantador contra quem todas as artes mágicas nada valem.
E os seus instrumentos? O Rosário, não só em geral, na matéria e na disposição,
como em particular, por todos os mistérios do mesmo Rosário. Se Cristo nos enfeitiça
com os mistérios do Rosário, ficamos também feiticeiros. Ele a nós com os mistérios,
e nós a ele com as orações. E igualmente encantada a Mãe do soberano encantador.*

---

§ I

Um dos títulos maravilhosos com que nas sagradas letras se nomeia e celebra a majestade divina é o de "Deus das vinganças" (Sl 93,1). E por que se chama Deus das vinganças o que é Pai das misericórdias e fonte de todos os bens? Chama-se Deus das vinganças porque a vingança é regalia própria da divindade, e quem se quer vingar por si mesmo toma a Deus a jurisdição que é sua: "Minha é a vingança" (Dt 32,35). Chama-se Deus das vinganças porque as injúrias que os poderosos fazem aos pequenos, de que eles se não podem defender, Deus tem tomado por sua conta vingá-las: "A mim me pertence a vingança: eu retribuirei" (Rm 12,19). Chama-se, finalmente, Deus das vinganças, porque os homens, quando se vingam, chegam, quando muito, a tirar a vida, e as vinganças de Deus duram por toda a eternidade, como o mesmo Deus: "Porque o Senhor é vingador forte" (Jr 51,56).

Isto é o que comumente dizem os intérpretes. Mas eu, combinando a festa presente com o Evangelho que nela nos propõe a Igreja, acho outro novo e maior título, e mais próprio da divindade e majestade de Deus, porque ele se quis chamar Deus das vinganças. E qual é? Ser Deus tão endeusadamente vingativo que, quando as blasfêmias dos homens levantam falsos testemunhos contra ele, ele em certo modo faz verdadeiros os mesmos falsos testemunhos em benefício dos mesmos homens, para assim se vingar de seus caluniadores. Isto sim que é ser Deus das vinganças, porque tais vinganças só se podem achar em Deus. Chamaram os homens a Cristo samaritano, e Cristo com que se vingou desta injúria? Fazendo-se samaritano seu. "Samaritano" quer dizer, o "guardador" e, havendo nas ovelhas tal ronha, Cristo se fez guardador delas. Desprezavam os homens a Cristo, chamando-lhe carpinteiro, e filho de outro. E Cristo, Filho do Supremo Artífice do universo, como se vingou deste desprezo? Com lavrar em toda a sua vida o lenho da cruz e se deixar pregar nele para os remir. Murmuravam os homens de Cristo comer e beber com os pecadores, condenando este modo de os ganhar com os nomes da mais vil intemperança: "Homem glutão, e bebedor de vinho" (Mt 11,19). E como se vingou Cristo desta afronta? Com lhes dar a comer seu corpo e a beber seu sangue. Assim provava Cristo ser Deus com se vingar assim. E o mesmo temos no Evangelho, e celebridade de hoje, com maior e mais admirável exemplo.

Vendo os escribas e fariseus o famoso milagre do demônio mudo, chamaram a Cristo mago e feiticeiro, dizendo que por arte mágica e pacto que tinha com os demônios, os lançava dos corpos: "Ele expele os demônios em virtude de Belzebu, príncipe dos demônios" (Lc 11,15). E quando os homens trataram a Cristo de mago e feiticeiro, com que se vingou o Senhor desta tão sacrílega e blasfema calúnia? Vingou-se, como costumava, com a fazer verdadeira. Mas de que modo? Fazendo, como divino Encantador, que acudisse e refutasse à mesma calúnia uma boa e animosa mulher que se achava naquele ajuntamento e levantou a voz, dizendo: "Bem-aventurado o ventre que te trouxe, e os seios que te amamentaram". — E que seria se eu agora dissesse que esta mulher, e nestas mesmas palavras, foi a que deu princípio ao Rosário? De quando começasse esta soberana devoção há duas opiniões entre os historiadores eclesiásticos. A primeira, e mais comum, refere seu princípio aos tempos de S. Domingos; a segunda, e mais antiga, aos da primitiva Igreja. Mas a minha, que não chamo terceira, por não ser opinião senão evidência, é que começou o Rosário nas palavras desta mulher. Naquele tempo, como Cristo ainda não morrera nem ressuscitara, ainda não havia os mistérios Dolorosos da morte, nem os Gloriosos da ressurreição do Senhor. Só havia os Gozosos da sua infância, e estes são os que a devota mulher compreendeu nas suas palavras: no "Bem-aventurado o ventre", o da Encarnação e Visitação, e no "e os seios que te amamentaram", o do Nascimento e Presentação do Templo. E ajuntou com grande propriedade a mesma oradora os louvores da Mãe com os do Filho, e os do Filho com os da Mãe, porque esta é a tecedura recíproca de que se compõe o Rosário. De sorte que, quando os caluniadores de Cristo lhe chamam mago e feiticeiro, e quando o Senhor se quer vingar desta injúria, com a fazer verdadeira e lhes mostrar que o era, então, e no mesmo ponto, se deu princípio ao Rosário. E por que razão ou com que mistério? Por que o mesmo Rosário havia de ser a arte e instrumento mágico com que Cristo havia de enfeitiçar, e encantar aos homens, e com que os mesmos homens, depois enfeitiçados, o haviam de enfeitiçar também a ele e a sua Mãe. Está dito em poucas palavras o que hei de provar em muitas. *Ave Maria etc.*

§ II

Não há mentira tão falsa que, se a quererem fazer aparente ou verossímil, se não funde em alguma suposição verdadeira. Tal foi a calúnia com que os escribas e fariseus do nosso Evangelho blasfemaram o milagre de Cristo, dizendo que "lançara o demônio mudo em virtude e com poder de Belzebu, príncipe dos demônios". Supunham que uns demônios são mais poderosos que outros, e esta suposição é verdadeira, porque, como os demônios que seguiram a rebelião de Lúcifer, tinham sido anjos de todas as hierarquias, assim como os anjos das hierarquias superiores são mais poderosos que os outros anjos, assim os demônios das mesmas hierarquias são mais poderosos que os outros demônios. Daqui se segue o que os mesmos escribas e fariseus igualmente quiseram inferir que, se há uns demônios mais poderosos que outros demônios, também há uns feiticeiros mais poderosos que outros feiticeiros. Assim se viu antigamente em muitos teatros, principalmente da Germânia, onde os feiticeiros e magos — como as feras ou gladiadores no anfiteatro de Roma — saíam a se competir e ostentar os poderes da sua arte, e, com invenções não só estupendas, mas jocosas, uns triunfavam com aclamações e aplausos e outros ficavam vencidos[1]. E a razão desta tão notável diferença não era outra, senão a maior ou menor sabedoria e sutileza, e o maior ou menor poder dos demônios, com que os mesmos feiticeiros tinham pacto, e dos quais eram instruídos e governados. Mas, se houvesse um feiticeiro, um mago e um encantador, o qual se governasse e obrasse por mais alta sabedoria e mais absoluto poder que o de todos os anjos e o de todos os demônios, não há dúvida de que este feiticeiro venceria a todos os feiticeiros, este mago a todos os magos, e este encantador a todos os encantadores.

Isto suposto, pergunto agora: e há no mundo este tal mago e este tal encantador, cujos feitiços vençam os de todos os feiticeiros, e cujos encantos os de todos os encantadores? Sim há, diz Santo Ambrósio[2]. E quem é? O mesmo Cristo, Deus e homem, a quem os escribas e fariseus caluniaram de feiticeiro e mago. As palavras do grande doutor da Igreja são estas: "Muitos tentam a Igreja, mas os encantos da arte mágica não podem prejudicá-la. Onde Cristo é louvado diariamente, nada podem os encantadores. Tem o seu encantador, o Senhor Jesus, por quem os encantos dos magos e os venenos das serpentes são anulados, e ele como a serpente elevada devora as cobras dos egípcios". Cuidais que só nas sinagogas do demônio, que são as escolas da arte mágica, há feiticeiros e encantadores? Enganais-vos, diz Ambrósio, porque também a Igreja tem o seu encantador, que é Cristo Jesus, contra o qual nenhuma coisa valem todas as artes mágicas e encantos. Bem sabeis o que fez Moisés no Egito (Ex 7,12; 8,18s). Pois, assim como Moisés não somente venceu as serpentes dos feiticeiros e magos de Faraó, mas encantou aos mesmos encantadores, tirando-lhes toda a arte e toda a força, assim o nosso divino encantador, Cristo, com mais poderosos e invencíveis encantos, não só desfaz todos os feitiços, mas enfeitiça e encanta os mesmos encantadores.

Em prova destes encantos contra encantos, e destes feitiços contra feitiços, é tão raro, como propriíssimo caso, o que refere S. Gregório Nazianzeno[3]. Justina, virgem consagrada a Deus, foi solicitada para as bodas por um mancebo rico e nobre, ao qual, como não aproveitassem nada todos aqueles meios e extremos de que o amor ardentemente empenhado se costuma valer, comprou a um insigne mago, chamado Cipriano, para que com os mais poderosos e eficazes feitiços o ajudasse a conquistar a vontade que não podia render. Fê-lo assim Cipriano, tomando por instrumento, não alguma velha — diz o santo — que costumam ser as mais destras neste exercício, mas um demônio, dos que têm a seu cargo, e por ofício excitar nos corações o amor profano, o mais industrioso e astuto de todo o inferno. Sentiu a inocente Virgem o infernal incêndio, e não bastando para o apagar os jejuns, as penitências e as outras armas da milícia espiritual, com que a rebeldia dos apetites se sujeita ao império da razão, que faria? Invoca por último remédio o socorro de seu Esposo, Cristo, e da Virgem Maria, defensora da castidade, mas com que sucesso? Com o mais admirável e esquisito que nem imaginar se podia. Desfeita subitamente, por virtude de Cristo, a força dos feitiços, e desencantados os encantos, o demônio, que assoprava o fogo, não só fugiu e deixou livre a Justina, mas, entrando no mesmo mago Cipriano, que o chamara, e atormentando-o fortemente, se vingava nele da empresa em que o tinha metido. E já temos encantado o encantador.

Falta agora que o amor do inferno, que o mago queria acender em Justina, se transforme em amor do céu, que abrase a ele, e que o fogo que havia de queimar a inocente, queime as mesmas artes mágicas, que eram as culpadas. E tudo sucedeu assim. Reconhecendo Cipriano que havia outro encantador mais poderoso e que este era o Deus dos cristãos, assim como Saul se valia de Davi e da sua harpa contra o demônio que o infestava (1Rs 16,23), assim ele — prossegue Nazianzeno — se valeu de Cristo e de sua Santíssima Mãe contra o mesmo demônio que tinha invocado, e agora o atormentava, o qual também logo fugiu dele, e ele, pondo o fogo a todos os livros e instrumentos da arte mágica, trocou o amor para que o tinham comprado em amor do mesmo Cristo, e ficou tão enfeitiçado dos seus encantos que não só recebeu a sua fé, fazendo-se cristão, mas deu por ele a vida, sendo mártir. Até aqui o grande doutor, entre todos os da Igreja, por antonomásia, o teólogo, em uma eloquentíssima oração, em que conclui toda a narração do caso com esta sentença: "Porque Deus, para maior admiração de sua sabedoria, mostra que sabe curar uns contrários com outros contrários, isto é, uns feitiços com outros feitiços, uns encantos com outros encantos, e uma arte com outra arte", comenta um douto expositor do mesmo Nazianzeno⁴.

§ III

Em suma que, por sentença e autoridade dos dois grandes doutores da Igreja, Ambrósio, da latina, e Nazianzeno, da grega, não só temos a Cristo no nome e no exercício encantador, como lhe chamaram os escribas e fariseus, mas tão sábio, tão poderoso e tão excelente encantador que com seus feitiços desfaz todos os feitiços da arte mágica e com os seus encantos enfeitiça e encanta os mesmos encantadores. Segue-se agora ver quais sejam os instrumentos de que o mesmo Encantador soberano se ajuda, ou mais verdadeiramente se serve, para assim enfeitiçar os que enfeitiça e encantar os que encanta. E, posto que os mesmos santos não puderam dizer nomeadamente que é o Rosário, porque ainda em seu tempo o não havia, das suas mesmas palavras se colhe, não só sem violência, mas com grande propriedade e clareza.

Santo Ambrósio diz que Cristo foi figurado encantador em Moisés, quando venceu e confundiu os magos do Egito. S. Gregório Nazianzeno, que foi figurado em Davi, quando lançava o demônio do corpo de Saul. E quais foram os instrumentos com que Moisés e Davi alcançaram estas vitórias contra a arte mágica e contra o autor dela? O instrumento de Moisés foi a vara, o de Davi foi a harpa, e em um e outro instrumento maravilhosamente se representaram as duas partes de que é composto o Rosário. A vara era instrumento mudo, a harpa era instrumento com vozes, e tal é propriissimamente o Rosário nas partes mental e vocal de que se compõe. Na parte mental é instrumento mudo, porque mudamente meditamos os mistérios, na parte vocal é instrumento com vozes, porque com vozes rezamos as orações. Mais disseram ambos os mesmos doutores. Ambrósio diz: "Nenhuma coisa valem os feitiços de todos os encantadores quando todos os dias se canta o cântico de Cristo". — E que cântico de Cristo é este que se canta todos os dias, senão o Rosário? Cântico de Cristo, porque todo é formado e composto dos mistérios de Cristo e cântico de todos os dias, porque todos os dias se reza e se repete sem mudança nem variedade o mesmo. Nazianzeno diz: "sabe curar uns contrários com outros contrários", que os instrumentos de que usa o divino Encantador, Cristo, são totalmente contrários aos encantos dos magos; e não há instrumento mais contrário, nem mais oposto ou contraposto em tudo às superstições da arte mágica que o mesmo Rosário, assim na substância como no modo.

Quanto à substância. Os mágicos e feiticeiros — para o demônio que os governa melhor enganar aos homens e mais ofender a Deus — a matéria de que costumam usar em seus encantos são comumente coisas sagradas e palavras santas. Quantas vezes se tem visto que, instigados do mesmo demônio têm chegado a roubar ocultamente Hóstias consagradas, para abusarem delas em seus encantos, permitindo Deus estes horrendos sacrilégios, não só em castigo dos grandes pecados, que a divina justiça costuma castigar com a permissão de outros maiores, mas para que o mesmo demônio ensine aos hereges, que os cometem, que debaixo daqueles acidentes se oculta o verdadeiro corpo de Cristo, a quem os demônios têm tanto ódio, que antes quiseram cair do céu, que adorá-lo. E que palavras são as que se leem ou não entendem nos caracteres, ou hebraicos, ou gregos, ou latinos das suas invocações mágicas, senão as palavras, ou sentenças mais sagradas e divinas, ou expressas da Escritura, ou compostas dela? E como a matéria de que a arte mágica usa em seus encantos são coisas no exterior e palavras santas, para que o artifício do Rosário fosse com toda a proporção contrário e oposto, contrapondo coisas a coisas, e palavras a palavras — mas umas e outras de superior e invencível virtude — nem as coisas podiam ser mais sagradas que os mistérios da vida, morte, e ressurreição de Cristo, nem as palavras mais santas e as invocações mais poderosas que as do Pai-Nosso e Saudação Angélica. Isto quanto à substância.

Quanto ao modo. É preceito inviolável, e superstição própria da arte mágica, que quanto fazem ou dizem em seus encantos seja sempre em número desigual. Balaão, como lhe chama a Escritura, era feiticeiro: "Balaão, filho de Beor, adivinho" (Js 24,9). Peitou-o el-rei Ballac, para que com seus feitiços e encantos enfraquecesse as forças do exército de Israel que tinha à vista; e ele ordenou primeiramente que se levantassem sete altares, e logo que para o sacrifício se lhe tivessem preparados sete bezerros e outros tantos carneiros, nomeadamente do mesmo número: "Levanta-me aqui sete altares, e prepara outros tantos novilhos e igual número de carneiros" (Nm 23,29). Neste número, sinalado sempre o mesmo, declarou bem o feiticeiro quanto importava para o efeito dos feitiços o mistério ou superstição do número. Sete altares, sete bezerros, sete carneiros. E por que não seis, nem oito, senão sete? Porque a arte mágica de nenhum modo se serve de números iguais ou pares, senão sempre de número desigual, ou ímpar. Assim o lemos em Ovídio, nos feitiços de Medeia em Lucano, nos feitiços de Ericto, e em Virgílio nos de Maga, que enfeitiçou a Dáfnis. Dá a razão o mesmo príncipe dos poetas, dizendo:

"Com este tríplice fio de cores diversas
   te cinjo,
e a tua imagem três vezes ao redor deste altar
conduzo: o número ímpar é agradável
   à divindade"[5].

Onde, debaixo do nome Deus, se entendia o mesmo autor desta superstição, o demônio, a quem os gentios adoravam como deus nos simulacros dos ídolos. E era tanta a fé que todos tinham nesta desigualdade do número para conseguir o que desejavam, que não só os pastores nos rebanhos observavam que as reses nunca fossem pares, mas até os soldados, como refere Vegécio, "quando abriam o fosso aos muros ou trincheiras dos arraiais, segundo o maior ou menor número dos inimigos, ou o faziam de nove pés, ou de onze, ou de treze, ou de dezessete, pois costuma-se observar o número ímpar"[6]. Sendo, pois, a superstição do número desigual tão própria da arte mágica, e o Rosário o instrumento com que o divino Encantador, Cristo, a havia de destruir, para que também de número a número fosse proporcionada a oposição de um feitiço a outro feitiço e de um encanto a outro encanto, esta é a propriedade maravilhosa com que foi, não só conveniente, mas necessário que também o Rosário, assim nos mistérios como nas orações de que é composto, guardasse a mesma desigualdade dos números. As partes em que se divide, três; os mistérios, não catorze, nem dezesseis, senão quinze, e destes mistérios os

Gozosos cinco, os Dolorosos cinco, os Gloriosos cinco, e que até às décadas das Ave-Marias se acrescentasse um Pai-Nosso, para que as orações fossem onze.

Nem deve parecer esta observação demasiadamente especulativa, ou nova, ou inventada livremente, porque antes seria defeituoso o artifício do Rosário, se a arte do segundo Encantador se não opusesse em tudo à do primeiro. O primeiro encantador que houve no mundo foi o demônio, transformado primeiro na serpente, para encantar a Eva, e depois transformado em Eva, para encantar a Adão (Gn 3, 1 ss,). E que fez o segundo Encantador, Cristo, para desfazer o que tinha feito ou enfeitiçado o primeiro? Notou tudo e decretou consigo, não de o vencer de poder a poder — que fora pouca glória — mas de o enganar e encantar de arte a arte. Assim o canta a Igreja: "Assim, à arte multiforme da serpente opuseste outra arte"[7]. Pois assim como Cristo se figurou na serpente do deserto, para contrapor serpente a serpente, e assim como morreu em uma cruz, para contrapor árvore a árvore, e assim como foi pregado nela o meio-dia, para contrapor hora a hora — porque ao meio-dia foi vencido Adão, como se colhe do texto: "Que passeava pelo paraíso depois do meio-dia" (Gn 3,8) — assim foi conveniente e necessário que no último instrumento e encanto universal do Rosário, ordenado para desfazer todos os feitiços do demônio, o número também se contrapusesse ao número e o desigual ao desigual, e por este modo se correspondessem e contrariassem em tudo "uma arte com outra arte".

§ IV

Temos visto em comum, não só a Cristo soberano Encantador, mas quão próprias são, segundo a arte, assim na matéria como na disposição, todas as proporções que concorrem no Rosário para ser o instrumento dos seus encantos. Agora vejamos em particular, por todos os mistérios do mesmo Rosário, quão maravilhoso é o mesmo Encantador na prática e exercício deles, e quão eficaz e poderosamente enfeitiça e encanta.

Começando pelos mistérios Gozosos, que são os da infância de Cristo, falando da mesma infância o profeta Isaías, diz assim: "E divertir-se-á a criança de peito sobre a toca da áspide" (Is 11,8). Não há dúvida que fala o profeta do nascimento de Cristo, como se vê claramente de todo o texto que começa: "Sairá uma vara do tronco de Jessé" (Is 11,1), e diz que o belo infante, desde os peitos de sua Mãe, meterá a mão nas covas e cavernas das áspides, e as domará e fará tão mansas que brincará com elas. Quão próprio efeito seja da arte mágica encantar e amansar as serpentes não é necessário citar autores, pois nenhum há que o não diga. Mas por que razão neste caso, entre todas as serpentes, faz menção Isaías da áspide mais que de outra: "E divertir-se-á a criança de peito sobre a toca da áspide"? Porque é o maior encarecimento com que podia exagerar quão grande Encantador é Cristo menino, sobre todos os encantadores mais sábios. Davi lhe tinha dado o argumento, quando disse: "Como o da áspide surda, e que fecha os seus ouvidos, para sabiamente não ouvir a voz de encantadores, nem a de mago que encanta segundo a sua arte" (Sl 57,5s). Todos os santos, e expositores, seguindo a tradição comum, que vale mais que a autoridade de Plínio e Eliano, dizem que aludiu o profeta nesta sentença ao instinto natural da áspide, a qual, pressentindo a eficácia das palavras mágicas com que os feiticeiros encantam e amansam as serpentes, ela, achando-se sem mãos com que tapar os ouvidos — como os companheiros de Ulisses contra o encanto das sereias[8] — prega fortemente um ouvido na terra, e cerra o outro com a ponta da cauda, e fazendo-se por este modo totalmente surda, vence com a sua arte natural a arte mágica do feiticeiro e se livra dos seus encantos. Por isso diz Davi que, por muito sábio que seja o encantador, não pode encantar a áspide: "Como o da áspide surda, e que fecha os seus ouvidos, para sabiamente não ouvir a voz de encantadores. De sorte que os encantadores muito sábios sabem e podem encantar as outras serpentes: a áspide, para não ser encantada, sabe e pode mais que os encantadores; porém, o nosso Menino Encantador sabe e pode mais que as áspides: "E divertir-se-á a criança de peito sobre a toca da áspide". O que para os outros Encantadores é impossível, para o nosso Encantador é jogo.

Já agora se não admirará o mundo de ver apear ao portal de Belém os três Reis Magos, com todas as suas tropas, adorando no presépio, e entre as palhas, o Divino Encantador recém-nascido. Santo Agostinho, S. Jerônimo, S. Crisóstomo, Santo Ambrósio e Santo Tomás dizem que estes magos, não só eram astrólogos, senão verdadeiramente feiticeiros e encantadores. Mas muito mais sábio e muito mais poderoso encantador é que eles o que, mudo e sem falar palavra, por uma estrela, também muda, os trouxe desde o Oriente e os pôs a seus pés rendidos. Esta foi a razão por que o evangelista, sendo reis, lhes não chamou reis, senão magos (Mt 2,1), porque maior glória foi para Cristo infante a vitória da sua arte que a sujeição das suas coroas.

Passando aos mistérios Dolorosos. Disse Cristo em sua vida que, quando fosse levantado na cruz, atrairia tudo a si: "E eu, quando for levantado da terra, todas as coisas atrairei a mim mesmo" (Jo 12,32). Esta é outra grande maravilha dos poderes da arte mágica, com que Anfion, famoso mago, deu tão celebrada matéria às fábulas dos poetas[9]. Dizem eles que com a consonância e harmonia dos versos que cantava, levava após si os penhascos e os bosques. A verdade é que Anfion arrancava de seu lugar as árvores e abalava e movia as pedras; porém não era como músico, com as vozes do seu canto, senão como valentíssimo feiticeiro, com a força dos seus encantos. Mas que tem isto que ver com os do nosso Encantador crucificado ou exaltado na cruz? Tudo, disse que então havia de atrair a si: "Atrairei todas as coisas a mim". E assim foi, diz Ruperto[10], porque trouxe a si o céu, trouxe a si a terra, e trouxe a si o inferno. O céu, eclipsando-se e vestindo-se de luto o sol, e cobrindo o mundo de trevas; o inferno, saindo do seio de Abraão muitos dos que lá esperavam aquele dia, e aparecendo ressuscitados em Jerusalém; a terra, tremendo toda, e quebrando-se de dor as partes mais insensíveis e duras dela, que são as pedras (Mt 27,45. 51ss). Mas não foi isto só o que trouxe ou atraiu a si, como bem ponderam Santo Agostinho e S. Cirilo. Com as quatro pontas, ou cabos da cruz, desde o Oriente ao Poente, e desde o Setentrião ao Meio-dia, trouxe a si as quatro partes do mundo; e com os caracteres hebraicos, gregos e latinos do título trouxe a si todas as línguas, todas as nações e todas as gentes do universo.

Com outro intento lhe puseram de um e outro lado na cruz outros dois crucificados; mas este mesmo foi um novo mistério e o maior dos seus encantos. Circe, famosa encantadora, transformava os homens em brutos[11], e estes efeitos, posto que aparentes, bem mostravam ser da arte do demônio, que assim o tinha feito no primeiro homem:

"O homem, quando estava na honra, foi comparado aos brutos irracionais, e se fez semelhante a eles" (Sl 48,13). Porém, o nosso divino Encantador quis morrer entre dois homens, havendo nascido entre dois brutos, para que conhecêssemos que os seus encantos e transformações não eram para fazer de homens brutos, senão de brutos Homens. Nabucodonosor, primeiro transformado em bruto e depois reformado em homem, foi obra da mesma mão, primeiro justa e depois piedosamente onipotente (Dan 4,30ss); mas no gênero humano não foi assim. O homem transformado em bruto foi obra da magia do demônio, e o bruto reformado em homem, vitória dos encantos de Cristo.

Estes são os feitiços da sua cruz e de todos os outros instrumentos dos mistérios Dolorosos. Lembra-me a este propósito que, acusado de feiticeiro um lavrador romano, pela excessiva fertilidade com que as suas lavouras se avantajavam às de todos, confessou ele ingenuamente o crime em presença do Senado; e perguntado quais eram os seus feitiços, pediu de espaço aquela noite para responder. Ao outro dia apareceu no mesmo lugar, carregado de arados, de grades, de ensinhos, de enxadas, de podões, de foices e de todos os outros instrumentos rústicos, e, lançando-os diante dos senadores, disse: Padres conscriptos, estes são os meus feitiços[12].

— Isto mesmo faz o Rosário nos mistérios Dolorosos. Põe-nos diante dos olhos a Cristo carregado com a cruz, com a coluna, com a lança, com os açoites, com os cravos, com os espinhos, e com todos os outros instrumentos e tormentos de sua Paixão, e dizendo-nos o mesmo Senhor com a boca amargada de fel e o coração aberto: "Estes são os meus feitiços" — que coração haverá tão duro e tão de áspide que se não deixe enfeitiçar e encantar deles?

Finalmente, os mistérios Gloriosos, em que vemos a Cristo subindo ao céu, a quem não arrebatarão e darão asas. Os feiticeiros, quando querem voar, têm certos unguentos com que se untam e voam. Assim voou, à vista de toda Roma, Simão, o mago samaritano; assim voou e desapareceu, em presença do imperador Domiciano, Apolônio Tianeu, que sucedeu na arte e na escola a Simão; assim voou de Tessália para Atenas, e de Atenas para Ásia, a antiga Medeia; e assim voam as modernas, mais culpadas e indignas de perdão na fé do tempo presente, pois aprendem a arte do encantador do inferno quando puderam seguir o do céu[13]. "Leva-me tu: nós correremos após de ti ao cheiro dos teus bálsamos" (Ct 1,3) — dizia a Cristo a Esposa dos Cantares. E quando o disse? S. Bernardo: "A alma santa que contempla Cristo subindo ao céu, clama: Leva-me após ti e subirei contigo deste vale de lágrimas aos montes eternos do gozo eterno"[14]. Quando Cristo subiu ao céu, contemplando a Esposa santa sua ascensão gloriosa, então é que lhe pediu que a levasse após si, para que ela também subisse deste vale de lágrimas aos montes eternos da glória. — Mas por que faz menção a Cristo dos seus unguentos, quando lhe pede que a leve após si ao céu: "Leva-me, correremos após ti no odor dos teus unguentos"? Porque Cristo, como soberano Encantador, também na sua divina magia tem outros unguentos com que, ungidos os que o querem seguir, voam após ele, que é a graça e unção do Espírito Santo, que com sua vida e morte nos mereceu, diz o mesmo S. Bernardo. Assim ungido voou e foi arrebatado S. Paulo ao terceiro céu; assim ungida subia a Madalena sete vezes no dia a ouvir as músicas dos anjos; assim ungidos os Hieroteus, os Dionísios, os Franciscos, as Brígidas, as Gertrudes, as Teresas, e tantos outros espíritos extáticos, enfeitiçados das saudades e amor do mesmo Esposo, ou no corpo, ou fora do corpo, voavam frequentemente ao céu, onde mais viviam que na terra. Na terra eram uns corpos encantados e aparentes, mais verdadeiramente mortos que vivos, porque a sua vida não aparecia onde eram vistos, mas estava escondida no céu, em Deus e com Cristo. Tudo são palavras do apóstolo S. Paulo; "Já estais mortos, e a vossa vida está escondida com Cristo em Deus" (Cl 3,3).

§ V

Assim enfeitiça e encanta Cristo aos homens em todos os mistérios do Rosário. Mas, debaixo deste modo de enfeitiçar, que todos entendem, se ocultam nos mesmos mistérios outros encantos mais altos, não entendidos e porventura nem imaginados. Uma feitiçaria tão usada, como efetiva, é tomar o feiticeiro a imagem da pessoa que quer enfeitiçar, e ir executando na mesma imagem tudo o que pretende que a pessoa enfeitiçada faça ou padeça. A este modo de enfeitiçar alude a maga virgiliana, quando diz da imagem de Dafne, que havia de ser o enfeitiçado:

"E a tua imagem três vezes ao redor deste altar
conduzo"[15].

Isto posto, vamos ao encanto, que com razão chamei não imaginado. Para o demônio, derrubado do céu, se vingar de Deus — quem tal imaginara! — intentou enfeitiçar ao mesmo Deus. E que fez? Como Adão era a imagem de Deus: "Criou Deus o homem à sua imagem e semelhança" (Gn 1,27.26), arca com Adão e, apertando-o com toda a força dos seus encantos, foram tais os efeitos, e se não foram os efeitos, foi tal o sucesso, que tudo o que o demônio executou na imagem de Deus, experimentou e padeceu Deus em sua própria pessoa. Vede-o claramente. Assim como Adão, que no estado da inocência era impassível, ficou passível, assim Deus, que era impassível, por este mesmo sucesso se fez passível. Adão, que por privilégio do seu estado era imortal, ficou mortal, e Deus, que por natureza era imortal, se fez também mortal. Adão, que tinha por pátria bem-aventurada o paraíso, foi lançado do paraíso, e Deus, que tinha por corte o céu, desceu do céu e se desterrou a este mundo. Finalmente, Adão ficou sujeito a todas estas penas, por causa do pecado; e Deus, por ocasião do mesmo pecado, se sujeitou às mesmas penalidades, não cometendo — que não podia — o pecado, mas tomando-o sobre si, e pagando por ele como se o cometera: "Aquele que não havia conhecido pecado, Deus o fez pecado por nós" (2Cor 5,21). Que diremos neste grande caso? Que obraram os feitiços do demônio em Deus tudo o que executou na sua imagem, e que ficou Deus verdadeiramente enfeitiçado? Digo que enfeitiçado sim, mas não por força dos encantos do demônio, senão pelos encantos do seu amor, pelo qual permitiu e dispensou em si mesmo tudo o que a mágica do demônio havia de obrar, se pudera, posto que não podia. Falo com Santo Agostinho e com Santo Tomás.

Pediu el-rei Saul a uma feiticeira, que por arte mágica — a qual neste caso é propriamente Nicromancia — lhe ressuscitasse a Samuel, porque o queria consultar (1Rs 28,11ss) E assim se fez. Apareceu Samuel nos mesmos trajos em que andava neste mundo, e falou com Saul, e satisfez às suas dúvidas. Mas ou fosse Samuel verdadeiramente ressuscitado em seu próprio corpo, ou fosse a alma de Samuel somente em corpo fantástico e aparente, nenhuma destas coisas podia fazer a arte mágica, porque nem o demônio pode ressuscitar mortos, nem pode tirar as almas dos lugares onde Deus as tem ou presas ou depositadas, como a alma de Samuel estava no seio de Abraão. Pois, se nem a feiticeira, nem o demônio, por nenhuma arte, podiam fazer o que intentaram, como sucedeu tudo assim, e do mesmo modo que ela e ele o tinha procurado por meio de seus encantos? Porque ainda que a feiticeira e o demônio não podiam ressuscitar a Samuel, nem tirar a sua alma do lugar onde estava e trazê-la à presença de Saul, e com efeito nenhuma destas coisas fizeram, não basta que no mesmo tempo em que eles aplicavam os seus encantos obrasse Deus, por si mesmo e por outros motivos, o mesmo que eles não podiam e haviam de fazer, se pudessem. Assim o diz Santo Agostinho na Epístola a Simplício: "Não é absurdo acreditar que foi permitido, por alguma dispensa oculta que a Pitonisa e Saul desconheciam, que aparecesse o espírito na presença do rei para dar-lhe a sentença divina[16]. E Santo Tomás, na questão cento e setenta e quatro da *Secunda Secundae*: "Também não há inconveniente em dizer que isso sucedeu por arte do demônio. Pois embora os demônios não possam invocar a alma de nenhum santo, nem obrigá-los a fazer coisa alguma, isso pode suceder por uma força divina, de modo que, quando o diabo é consultado, o próprio Deus comunica a verdade por um mensageiro seu"[17]. Assim pois, como o demônio com a mesma soberba e ignorância com que quis ser como Deus quisesse também enfeitiçar a Deus, e sucedesse com efeito em uma das Pessoas Divinas o que ele executou na sua imagem, não foram contudo artes nem poderes do demônio, senão misericórdias e finezas do mesmo Deus, que, enfeitiçado do seu próprio amor, quis pelos mesmos meios reformar a sua imagem, e confundir e encantar o encantador dela.

Ainda estão ocultos maiores mistérios e encantos nos mesmos mistérios do Rosário. Já não é o demônio o que quer enfeitiçar a Deus com a sua imagem humana, mas é o mesmo Deus que quer enfeitiçar aos homens com sua imagem divina. Agora vos peço maior atenção. A imagem divina de Deus é o Verbo Eterno: "O qual é a imagem de Deus, e a figura da sua substância" (2Cor 4,4; Hb 1,3). Encarnou o Verbo Eterno, não só sujeito a todas as pensões da natureza senão a todos os rigores da fortuna. O nascer e morrer foram pensões da natureza; o nascer em uma manjedoura sem casa, e o morrer em uma cruz sem cama, foram rigores da fortuna. Quem o obrigou a todas estas sujeições, tão alheias de quem era, foi seu próprio Pai: "O que ainda a seu próprio Filho não perdoou" (Rm 8,32). Mas a que fim? Aqui está a profundidade do mistério e do encanto. A que fim, sendo o Filho imagem natural do Pai, tão imortal, impassível e invisível como ele, a fez Deus passível, mortal e visível, vestindo-a da natureza humana? E a que fim, depois de visível, mortal e passível, a tratou tão áspera, tão dura e tão rigorosamente, assim na vida como na morte? O fim foi para Deus enfeitiçar os homens, por amor dos quais o fizera homem. O demônio enfeitiça o homem, pondo os feitiços na imagem do homem; porém Deus enfeitiçou o homem pondo os feitiços, não na imagem do homem, senão na sua. E assim como nos feitiços do demônio tudo o que o demônio faz e executa na imagem padece o enfeitiçado em si, assim neste modo de enfeitiçar tão diferente, e que só podia ser inventado por Deus, o fim altíssimo de sua sabedoria foi que tudo o que ele fazia e executava na sua imagem, fizesse também e executasse o homem em si mesmo, não por encanto violento, senão voluntário, conformando se a imitação humana com a imagem divina. Isto é o que chamou S. Paulo: "Para serem conformes à imagem de seu Filho" (Rm 8,29); e isto é o que fizeram, como homens verdadeiramente enfeitiçados e encantados, todos aqueles que, excedendo os limites da paciência e as façanhas do amor, imitaram tão forte como amorosamente a mesma imagem, e se conformaram com ela.

A imagem, que fez a Maga, de que já falamos, para enfeitiçar a Dafne, não só foi de uma matéria, senão de duas, uma de barro, outra de cera, e ambas com sutilíssimo engenho. Pôs uma e outra junto do fogo, e no mesmo tempo, e com o mesmo calor, a de cera derretia-se e a de barro endurecia-se mais. E estes dois efeitos eram os mesmos que com aquele feitiço se pretendiam no coração de Dafne, a saber, que para quem não amava se abrandasse e para quem amava se endurecesse. Assim o diz com tão admirável brevidade, como propriedade, a poesia do grande filósofo:

"Como ao mesmo fogo esta argila se endurece e esta cera se liquefaz,
possa assim Dáfnis sentir nosso amor"[18].

Ponde agora os olhos na mesma imagem de Deus, ou no presépio ou na cruz. O fogo do amor é o mesmo, e a imagem a mesma, mas no presépio derretida, e por isso abranda os corações que enfeitiça na cruz endurecida, e por isso fortalece os que encanta. Por que cuidais que houve tantos santos confessores, e há ainda hoje tantos varões moços, e mulheres de heroico e generoso espírito, que, renunciando as riquezas e pisando as dignidades, e ainda os cetros e as coroas, ou se retiraram aos desertos ou se sepultaram vivos em uma cova? Sem dúvida porque a humildade, a pobreza, o desamparo, o rigor do tempo e do lugar, e todas as outras penalidades com que Deus no presépio apertava e afligia a sua imagem enfeitiçando-lhes os entendimentos e as vontades e derretendo-lhes os corações, obravam neles os mesmos efeitos. Para que percam já o nome nas histórias e a fama nas fábulas as verbenas, os mirtos e os lauros mágicos, e todas as outras ervas, flores e sucos, ou nascidas no Ponto, ou colhidas na Arcádia, ou arrancadas e espremidas do Ossa, do Pindo e do Olimpo, pois um menino, sem mãos e sem voz, só com umas palhinhas secas faz tanto maiores encantos. E, passando do presépio ao Calvário, por que cuidais que houve, e há ainda em nossos dias, tantos mártires de tão estranha e invencível fortaleza, tão duros como se fossem de mármore ou de bronze, contra as feras, contra o ferro, contra o fogo e contra a ira e raiva dos tiranos, mais feros que as mesmas feras, senão porque vendo as dores e os tormentos com que Deus martirizava a sua imagem encravada e agonizante na cruz, encantados da paciência e constância, e enfeitiçados do coração e amor com que os padecia, a sua mesma dureza os abrandava para os abraçar e a sua mesma brandura os endurecia para os não sentir? Pasmem, pois, e emudeçam também aqui, e fiquem já indignas de toda a admiração e memória, ou as espadas encantadas dos Aquiles, ou as armas fabulosas forjadas nas fornalhas do Etna e temperadas na lagoa Estígia, pois um homem com as mãos pregadas, e morto, só com dois lenhos atravessados pôde encantar, sujeitar e dominar o mundo: "Sujeitou o mundo, não pelo ferro, mas pelo lenho."

Às duas imagens, uma de barro outra de cera, acrescenta Grilando a terceira, feita também de pedras preciosas, para os mesmos feitiços amatórios. "Ou de terra" — diz ele — "ou de cera, ou de pedras preciosas"[19]. E esta é a que só nos faltava para complemento dos três mistérios do Rosário. Um de cera, nos Gozosos, brando pelas ternuras da infância; outro de barro, nos Dolorosos, duro pelos tormentos da cruz; e o terceiro de pedras preciosas, nos Gloriosos, pelos resplendores da ressurreição: e tudo "por virtude do mesmo fogo". Porque o fim para que Deus nos quis enfeitiçar com sua imagem, conformando-nos com ela na imitação suave da vida, e na forte e dura da morte, que são os mistérios Gozosos e Dolorosos, foi para que por meio deles o merecêssemos acompanhar eternamente nos Gloriosos, para os quais nos tinha predestinado: "Os que ele conheceu na sua presciência, também os predestinou para serem conformes à imagem de seu Filho" (Rm 8,29).

§ VI

Temos visto como Cristo, soberano Encantador, nos enfeitiça e encanta em todos os mistérios do Rosário, não só por um, senão por dois modos, ambos maravilhosos, mas o segundo mais alto ainda e mais admirável que o primeiro. Agora se segue o que Plínio afirma de certos feitiços que é tal a sua qualidade e eficácia que aqueles, a quem tocam, não só ficam enfeitiçados, senão também feiticeiros: "Uma vez recebido o veneno, é tal sua força que se tornam feiticeiros"[20]. Mas, se Cristo é o que nos enfeitiça com os mistérios do Rosário, e nós, por enfeitiçados, ficamos também feiticeiros, a quem enfeitiçamos? Não menos, nem a outrem, senão ao mesmo Cristo. Ele a nós, com os mistérios, e nós a ele, com as orações; ele a nós, na parte mental do Rosário, como vara de Moisés muda, e nós a ele, na parte vocal, como harpa de Davi com vozes.

Não é coisa nova, posto que grande, que as orações dos homens tenham força de encantar a Deus. Assim o disseram os Setenta intérpretes, declarando a virtude das mesmas vozes da harpa de Davi. Davi diz: "Cantai ao Senhor" — e os Setenta: "Encantai ao Senhor" (Sl 146,7). Não são dois oráculos, senão um só e o mesmo. Em Davi diz: Orai a Deus; e nos Setenta diz: Encantai a Deus, porque Deus é tão bom que se deixa enfeitiçar, e as nossas orações tão poderosas que o enfeitiçam. "O Senhor se encanta quando, pelos cantos e preces santas, se aparta da ira concebida contra o pecador"[21] — diz, comentando o mesmo verso, Genebrardo, e concordando o texto de Davi com a versão dos Setenta. Esta é a razão fundada na verdade do mesmo Deus, porque quando a sua justiça decreta absolutamente algum castigo, antes de proceder à execução, proíbe primeiro a nossa oração. Ao profeta Jeremias proibiu Deus que não orasse pelo povo: "Não me peças que perdoe eu a este povo" (Jr 14,11). Do mesmo modo a Lot, que não orasse pelas cidades infames, a Josué, que não orasse por Acã, e a Samuel, que não orasse por Saul (Gn 19,21; Js 7,20; 1Rs 16,1). E todas estas prevenções antecipava Deus, porque no Tribunal de sua Justiça estavam sentenciados os castigos com decreto absoluto e irrevogável. Mas, se os decretos eram absolutos, e não podiam deixar de se executar, que importa que orassem ou não orassem os homens, ou de que se temia Deus? Assim dificulta o caso o doutíssimo comentador dos Livros dos Reis, Mendonça. E perguntando: "Pergunto por que Deus proíbe que se ore a ele?"[22]. Responde: "Claro, porque teme ser encantado". Sabeis por que proíbe Deus com tanta prevenção o ser orado? É porque teme o ser encantado. E se as outras orações encantam e enfeitiçam a Deus, quanto mais as do Rosário?

Definindo Isaías as invocações e imprecções mágicas, com que os encantadores enfeitiçam, chamou-lhes em uma palavra equipolente a duas, elóquio místico. Assim consta do capítulo terceiro do mesmo profeta, porque onde o original hebreu tem "prudente encantador", lê a nossa Vulgata "Ao ciente da linguagem mística" (Is 3,3). Transferindo, pois, esta mesma definição das invocações mágicas, e aplicando-a às orações cristãs, com que encantamos a Deus, a nenhuma quadra mais inteiramente, e com maior propriedade, que ao Rosário. E por quê? Porque toda a essência do Rosário, por seu gênero e por sua diferença, se compreende e declara nesta definição. Todas as outras orações são elóquio, porque em todas falamos com Deus, mas elóquio místico, só o Rosário propriissimamente. Elóquio, porque na parte vocal todo consta de vozes; místico, porque na parte mental todo consta de mistérios. Assim que o verdadeiro devoto do Rosário, que medita os seus mistérios e reza as suas orações, este é o sábio e prudente encantador que encanta a Deus: "Prudente encantador do elóquio místico".

Não quero outro expositor, senão o mesmo profeta, e no mesmo texto hebreu. No capítulo vinte e seis diz assim Isaías, falando com Deus: "Quando são ameaçados de castigos, derramam os encantos". Quer dizer: quando vós, Senhor, quereis castigar, ou ameaçais castigos aos homens, o que fazem os sábios ou prudentes do elóquio místico é derramar contra vós os seus encantos, para que, como enfeitiçado ou encantado, vos quebrem as forças e se defendam da vossa ira. Mas que encantos são estes tão poderosos com Deus, ou contra ele? O nosso português, Foreiro[23], peritíssimo na língua hebreia, cuja é a versão, o declara. Os encantos, que derramam contra Deus estes sábios encantadores, são "umas orações compostas por tal arte que são aptas" e têm força para o encantar. — Não chegou a dizer expressamente, e por seu próprio nome, que são as orações do Rosário. Mas que orações há outras, por muitas e repetidas, às quais convenha tão naturalmente a propriedade de derramadas? Ou que arte há, ou pode haver, tão sobre-humana e verdadeiramente divina, que lhe desse energia e forças, para encantara Deus, senão a Arte com que o mesmo Rosário foi composto e ordenado pelo Filho e pela Mãe do mesmo Deus? "Derramam encantos, isto é, orações compostas por tal arte que são aptas para o encantar".

Está provado o encanto. Mas o entendimento ainda deseja saber duas coisas que necessitam de declaração. Primeira: em que consiste este encantamento de Deus? Segunda: donde tem virtude o Rosário para o encantar? Quanto à primeira, respondo que o encantamento de Deus consiste em ficar o mesmo Deus como ligado e atado por força das nossas orações, e dominado, sujeito e obediente a elas, sem lhes poder resistir. Tudo disse Santo Antonino[24]: "A oração, assim direi, tem crédito com Deus, ela o mantém preso porque é forte e eficaz, de modo que a tudo vence e a todos domina, inclusive a Deus". Estar Deus como ligado e atado prova-se da oração de Moisés, a quem disse o mesmo Deus: "Deixa que se acenda o furor da minha indignação" (Ex 32,10). E o estar dominado, sujeito e obediente, prova-se da oração de Josué, de quem diz a Escritura: "Obedecendo o Senhor à voz de um homem" (Jos 10,14). E que vem a ser Deus ligado, Deus dominado, Deus obediente e sujeito, senão o mesmo Deus e o mesmo Onipotente encantado?

Já deixamos provado e resoluto, com Santo Agostinho e Santo Tomás, que a pitonisa ou maga de que se valeu Saul não tinha poder, por força das artes mágicas, nem para ressuscitar a Samuel, nem para o tirar do seio de Abraão, onde estava. Leiam-se, porém, as histórias eclesiásticas e achar-se-ão mais de cinquenta ressuscitados que depois de mortos, e alguns deles já sepultados, tornaram a viver pela devoção do Rosário. E quase são outros tantos exemplos os daqueles que, estando já condenados ao inferno, por morrerem em pecado, lhes concedeu Deus novo espaço de penitência, com que a fizeram e se salvaram. De sorte que, nem como autor da natureza, nem como autor da graça, resiste Deus aos poderes do Rosário, deixando-se vencer e atar da força de suas orações ou de seus encantos. Como autor da natureza não, porque quebra as leis universais de morrer o homem uma só vez; e também não como autor da graça, porque, tendo-se-lhe acabado o tempo de merecer ou desmerecer ou, como dizem os teólogos, estando já "fora do caminho", lhes concede que tornem a ela e emendem os maus passos com que a correram. E esta é a resposta da primeira dúvida.

A segunda, e não menor pergunta: Donde tem virtude o Rosário para obrar estes encantos e encantar a Deus? Alguns quiseram que a tivesse *ex opere operato*[25]. E se este privilégio se houvesse de conceder a algumas orações, nenhumas há, que mais digna e altamente o merecessem, que a divina do Pai-Nosso e a angélica da Ave-Maria. Mas porque isto não só é incerto, mas improvável, digo que toda a virtude que tem o Rosário para encantar a Deus não é pela eficácia das palavras, posto que tenham muita, senão pela promessa, obrigação e fidelidade do pacto. A força dos outros feitiços e encantos não está nas palavras mágicas, que nenhuma tem, mas é toda e só do demônio invocado, e do pacto com que se obrigou a acudir a ela e cumprir o que prometeu. E se esta pontualidade se experimenta nos pactos e promessas do pai da mentira, quanto mais nos de Deus, que é a Suma Verdade? Assim o declara Santo Atanásio, com a mesma palavra de pacto sobre a promessa de Cristo: "Onde se acham dois ou três" (Mt 18,20) — cuja oração define que não pode deixar de ter efeito, não por força das palavras da mesma oração, senão "pelo pacto do mesmo Salvador"[26]. Este mesmo pacto alegava Davi a Deus, quando orava, dizendo: "Livrai-me Segundo a vossa palavra" (Sl 118,170). Livrai-me, Senhor, não segundo as minhas palavras, com que o peço, senão segundo a vossa, com que o prometestes.

Mas estas promessas ou pactos do Rosário, donde constam? Todos os pactos de Deus, tantas vezes repetidos na Sagrada Escritura, constavam da Arca do Testamento, onde estavam guardados, que por isso se chamava "Arca do concerto" (Nm 10,33). E do mesmo modo constam os pactos do Rosário da verdadeira Arca do Testamento, a Virgem, Senhora nossa, por cuja sacratíssima boca não menos vezes foram repetidos e revelados. A S. Domingos, ao Beato Alano, seu sucessor, e a muitos outros pregadores e devotos do Rosário, prometeu a mesma Mãe da Verdade divina humanada, tudo o que dele temos dito, sendo os mesmos efeitos a maior e mais segura prova de serem todos pactos expressos. Assim que ninguém pode duvidar que, sendo Deus invocado pelos merecimentos infinitos de seu Filho, e intercessão de sua Santíssima Mãe nas orações de ambos, que são as do Rosário, deixará o mesmo Deus de obrar por virtude extraordinária tudo o que lhe pedirmos, sendo ele, com novo modo de encanto, o invocado juntamente e o encantado. Esta é a obrigação de justiça com que Davi em outro lugar supunha que Deus, invocado por ele, não podia faltar a suas petições, porque o mesmo que sem pacto seria liberalidade, em suposição do pacto já era justiça: "Quando eu invocava me ouviu o Deus da minha justiça" (Sl 4,2). Assim declara Pselo, padre grego, a virtude da palavra "quando invocava", argumentando das invocações mágicas para as divinas. "Porque a invocação" — diz ele — "é uma forte atração de uma força superior, visto que as gentes por encantos e invocações atraíam para si algumas forças dos maus espíritos, e ademais compartilhavam essa força convivendo umas com as outras pessoas."[27]

§ VII

Desta maneira, encantados nós por virtude do Rosário, encantamos também com ele a Cristo, e só resta, como prometi, vermos igualmente encantada pelo mesmo modo a Mãe do soberano Encantador. O primeiro caso com que isto se prova tem tanto de admirável como de lépido. Encomendavam-se a uma imagem da Senhora do Rosário duas mulheres, uma casada e outra amiga, ou mal amigada, com o marido. Esta, como culpada, pedia misericórdia, e a outra, como ofendida, pedia justiça. Continuaram ambas na sua oração um ano inteiro, ao cabo do qual, falou a Senhora por boca da sua imagem à que pedia justiça, e lhe disse estas notáveis palavras: "Mulher, busca quem te faça justiça, porque eu de nenhum modo ta posso fazer, vendo-me obrigada das saudações tão agradáveis" — isto é, das Ave-Marias — "daquela meretriz, que a ti te ofende, a mim me afeiçoa". — Que faria com este desengano uma mulher, sobre zelosa, desesperada? Sai-se da igreja enfurecida, e encontrando na rua a mesma contra quem tinha pedido justiça, começa a bradar que a prendam como feiticeira e encantadora, porque com as suas artes mágicas tinha enfeitiçado a Mãe de Deus. São palavras do mesmo autor da História: Julgando que a Mãe do Senhor fora enganada pelos encantos da meretriz[28]. E nós, que diremos? Diremos que foi imaginação, como a da mulher que assim o cuidou e o disse? Não por certo. Com a mesma verdade com que as Escrituras dizem que as nossas orações encantam a Deus, com essa havemos de crer que aquelas Ave-Marias da devota pecadora encantaram a Mãe de Deus. O efeito o mostrou, porque os encantos e feitiços foram recíprocos. Assim como a mulher enfeitiçou a Senhora com as suas orações, assim a Senhora, enfeitiçada, a enfeitiçou também a ela com as suas palavras, porque, tanto que soube que a imagem tinha dito que não podia fazer justiça contra ela, ela, no mesmo ponto a fez em si mesmo, e, emendando a vida, a sepultou para sempre em uma estreita cela, onde nunca cessou de repetir, em ação de graças, as gratíssimas saudações do Rosário, a que tanto devia.

Deixo de ponderar que um dos grandes prodígios ou prestígios da arte mágica, é fazer falar as estátuas, como a imagem da Senhora falou no nosso caso, porque passo a outros maiores e mais frequentes, em que os encantos do Rosário, não só vencem os da magia verdadeiros, senão também os mais fabulosos. Os encantos mágicos mais decantados nas fábulas dos poetas é serem tão poderosos que chegam a tirar a lua do céu e trazê-la à terra.

"Os versos são capazes de tirar a lua do céu."[29]

diz Virgílio e o mesmo celebram Ovídio, Horácio, Tibulo, Catulo, Sêneca, Lucano,

Estácio e todos, assim latinos como gregos. Mas isto mesmo que eles só souberam fabular e fingir, tem obrado muitas vezes verdadeiramente os encantos do Rosário, em outra mais alta e melhor lua que a do primeiro céu. Falando o profeta Habacuc da Ascensão de Cristo e da Assunção de sua gloriosíssima Mãe, diz que no dia da Ascensão se elevou o sol, e no dia da Assunção se pôs a seu lado a lua: "Elevou-se o sol, e a lua parou". É o que tinha dito Davi: "Apresentou-se a rainha à tua destra" (Sl 44,10). Sendo pois a Rainha dos anjos a lua do céu empíreo, vede agora quão poderosos são os encantos do Rosário para a trazer do céu à terra: "Descer a lua do céu".

Um capitão católico, pelejando com poucos soldados contra muitos hereges, de que se viu em grande aperto porque era devoto do Rosário, o mesmo Rosário lhe trouxe a lua do céu à campanha e, sendo socorrido da Mãe de Deus, a mesma Senhora tomou a vanguarda e lhe deu vitória. Uma Senhora espanhola, sendo cativa pelos mouros de Granada, que a mandaram servir em uma cavalariça porque era devota do Rosário, o mesmo Rosário lhe trouxe a lua do céu àquele humilde lugar onde, no dia do nascimento de Cristo, pariu um filho, a quem chamou Mariano, em memória da Virgem Maria, que a assistiu no parto, e ela e o filho se acharam de repente livres na igreja de Santiago de Galiza, donde eram naturais. Um eclesiástico, desconfiado dos médicos, por uma chaga na garganta que lhe impedia a respiração, porque era devoto do Rosário, o mesmo Rosário lhe trouxe a lua do céu junto ao leito onde jazia, e a mesma Mãe de Deus, com um raio de leite de seus sagrados peitos que lhe instilou na boca, o sarou em um instante. Uma mulher portuguesa, condenada à morte e enforcada em Lisboa, porque era devota do Rosário, o mesmo Rosário lhe trouxe a lua do céu àquele sítio, que tão indigno parecia de tão soberano planeta, e aparecendo-lhe a Senhora na mesma forca, lhe sustentou a respiração e a vida por muitas horas, até que, levada à sepultura, se levantou dela, não ressuscitada, mas viva. Um religioso moço, tentado e resoluto a deixar o hábito, porque era devoto do Rosário, o mesmo Rosário lhe trouxe a lua do céu à cela, e mostrando-se lhe a Rainha dos anjos com um vestido meio bordado de Ave-Marias de ouro, lhe mandou que perseverasse até o acabar, e que então iria vestir o que também se lhe preparava na glória. Uma pastorinha pobre, estando já agonizante, porque era devota do Rosário, o mesmo Rosário lhe trouxe a lua do céu à sua choupana, e a mesma Mãe de Deus a assistiu até expirar, e, com um luzidíssimo acompanhamento de virgens e coros de anjos lhe foi dar sepultura na mesma ermida onde rezava. Um moço francês, muito dado a outros vícios, mas casto, porque era devoto do Rosário, o mesmo Rosário lhe trouxe a lua do céu à casa no dia das bodas, as quais, porém, lhe impediu a Soberana Virgem, com um acidente mortal, dizendo-lhe que por casto o queria por esposo seu, e não de outrem. Finalmente, porque seria matéria infinita se a houvéssemos de prosseguir, bastem os exemplos referidos em todo o gênero de pessoas, estados e perigos, para que conste quanto mais poderosos são os encantos verdadeiros do Rosário que os fabulosos da arte mágica.

Mas porque os professores dela, para suas feitiçarias, não só se costumam valer dos despojos dos mortos, mas muito particularmente dos enforcados como já em seu tempo notou Plínio, para que até esta propriedade não falte aos feitiços do Rosário, quero acabar com um sucesso por todas suas circunstâncias tão maravilhoso como grande. No reino de Valença houve um fidalgo rico e moço, com que já está dito quais seriam os seus pensamentos. Deu em festejar com passeios públicos uma senhora casada, de igual ou maior qualidade, mas tão honesta como ilustre. Chegou a notícia ao marido, e não só para dissimular o seu agravo, mas para o vingar, com pretexto de passar os calores do estio no campo, se passou com toda a família a uma quinta. Andados alguns dias, entrou em um aposento, onde estava só a mulher, deu volta à chave e, tirando de um punhal, lhe mandou que escrevesse o que lhe ditasse. Respondeu a senhora, muito segura, que nem para a sua obediência eram necessários punhais, nem para a sua inocência havia temores. Escreveu, e o que continha o papel ditado, era estranhar ela ao fidalgo dos passeios o descuido de a não ver naquele retiro, avisando-o que, se era por falta de ocasião, naquela noite a tinham boa, por estar o marido ausente. Que fosse só, como o pedia o segredo, que acharia a porta do jardim aberta e uma escada arrimada a uma janela, que subisse por ela, e seria bem recebido.

Mandada e entregue esta carta com as cautelas necessárias, já se vê qual seria o contentamento do moço, tão fácil de enganar como cego. Deu o parabém à sua fortuna, vestiu-se da melhor gala e, tanto que foram horas, montando no cavalo de que mais se fiava se pôs a caminho. Lembrou-se nele — que não foi pouco em tal ocasião — que ainda naquele dia não tinha rezado o Rosário, como costumava, e ao mesmo tempo em que o acabava de rezar, ouviu uma voz que lhe dizia: — Cavaleiro, para. — Olhou e, como não visse pessoa alguma, prosseguiu. E a voz outra vez: — Cavaleiro, para, chegate aqui. — Era este lugar da estrada junto à forca pública, donde, segundo as leis daquele Reino, se não tiram os justiçados em todo um ano. E parecendo-lhe que dentro do cercado estaria quem lhe falava, apeou-se, tirou pela espada, entrou a reconhecer quem seria. Então lhe disse um dos enforcados que, por piedade cristã, lhe cortasse o baraço. Fê-lo assim, caiu o enforcado em pé e, em agradecimento do benefício que tinha recebido, lhe pediu que o tomasse nas ancas, porque o havia de acompanhar naquela jornada. Resistiu o cavaleiro, respondendo que não podia ser, porquanto lhe importava ir só; mas foram tão vivas as razões que lhe deu o morto que houve de condescender com elas, e foram ambos.

Chegados ao jardim, acharam a porta aberta e a escada arrimada, e, indo o fidalgo para subir, teve mão nele o enforcado. E, pedindo-lhe a capa e o chapéu: — Eu sou — disse — o primeiro que hei de provar esta aventura, para que se faça com toda a segurança. — Subiu, e não tinha bem entrado pela janela, quando se ouviu o ruído das armas com que o marido e os criados o esperavam de mão posta, e foram tantas as estocadas com que o passaram de parte a parte, que como morto, e mais que morto, o lançaram pela mesma janela. Caiu outra vez em pé, e tornaram a montar ambos no mesmo cavalo. Desceram os de casa a enterrar secretamente o corpo, para que se não soubesse o caso e, como o não achassem, entenderam que não tinha vindo só e que os criados o haviam retirado e, sem haver homicídio, se homiziaram todos. Quem viu jamais semelhantes encantos? Mas o morto, que caminhava nas ancas do vivo, lhe declarou quem era a encantadora e qual o instrumento.

Eu, senhor — disse o enforcado ao cavaleiro — sou, e estou tão morto como vós havíeis de estar a esta hora, se a Mãe de Deus vos não livrara, e livrou-vos, porque todos os dias rezáveis o seu Rosário. Esta que em mim parece vida, e esta voz que ouvis, tudo é fantástico; por isso me não mataram, com tantas feridas e espadas, os inimigos que para a vossa morte estavam aparelhados. Se vós subíreis pela escada, vós havíeis de ser o morto, e não só no corpo, mas na alma, porque a porta que vos esperava aberta não era só a do jardim, senão a do inferno, donde vos não podiam livrar os passos e tensão que leváveis. Agradecei a vida e a salvação a quem a deveis e a mim — porque já tinham chegado ao posto da forca — me restituí ao lugar de onde me tirastes. — Com estas palavras nos ouvidos, e com esta declaração do que, sem o entender, tinha visto, confuso e assombrado se retirou o fidalgo moço à sua casa, mas tão outro e com tão diferente juízo como se naquelas poucas horas se tiveram passado muitos anos. Deu tal volta à vida, que a todos e a si mesmo mais parecia encantado que convertido. Os que o tinham conhecido escândalo da cidade, pasmavam de o ver o maior exemplo dela; os que imaginavam que o tinham morto, criam que ressuscitara, e ele, que só sabia o que passara, vendo-se com alma por meio de um cadáver, vivo por meio de um morto, e tirado do inferno por meio de um fantasma caído da forca e depois pendurado nela, tudo isto, que mais pareciam sonhos, julgava haverem sido encantamentos. E verdadeiramente assim eram, porque ele, e por meio do Rosário, tinha encantado a Mãe de Deus, e a Senhora, pelo merecimento do mesmo Rosário, o tinha transformado e encantado a ele.

E haverá à vista de um tão prodigioso acontecimento quem não exclame com as vozes do Evangelho: "Bem-aventurado o ventre que te trouxe"? Haverá quem se não sinta enfeitiçado destes encantos da Senhora do Rosário? Os escribas e fariseus, que atribuíam o milagre à arte mágica, diziam que fora obrado: "Por Belzebu, príncipe dos demônios". E se há tantos que se deixem enfeitiçar pelo príncipe dos demônios, não é melhor a cada um ser enfeitiçado da Rainha dos anjos? Desfazer uns feitiços com outros feitiços, posto que muitos juristas o tenham por lícito, é erro condenado e definido pelo Direito Canônico. Mas aquela alma, que tão enfeitiçada andava do amor profano, os feitiços do Rosário a desenfeitiçaram. Por isso S. João Damasceno em nome dos que assim andam, não a outrem, senão à Virgem Maria, pedia desenfeitiçasse o seu coração: "Conserva o meu coração infeccionado pelo veneno da serpente com o teu poderoso remédio"[30]. Isto é o que devem pedir à mesma Senhora todos os que se sentirem infeccionados do mesmo veneno, esperando da poderosíssima virtude dos seus encantos, que por eles serão livres, não só dos perigos da vida, mas restituídos do pecado à graça e, perseverando na devoção do seu Rosário, até a morte, tresladados à eternidade da glória. Amém.

FIM

SERMÃO

XXVI

∽

"Bem-aventurado o ventre que te trouxe,
e os seios que te amamentaram."
(Lc 11,27)

Vieira inicia o sermão com um caso particular e o toma como fundamento de todo o discurso, que do particular se estenderá ao comum. De maneira pragmática, dirige-se muito concretamente às necessidades da vida temporal de cada um, alertando assim contra outras manifestações religiosas não aprovadas pela Igreja. Como a Virgem, em prêmio da devoção do Rosário, supriu a falta do que tão necessário lhe era para esta vida e para a outra, assim supre e suprirá em todos os seus devotos toda a falta do conveniente para a vida temporal, e toda a falta do importante para a eternal.

§ I

Este texto, tantas vezes repetido e por tantos modos ponderado, nunca teve mais alto e adequado intérprete que na ocasião presente. A oradora do Evangelho o formou antigamente com as palavras, e o mesmo texto se comenta hoje com as obras. Ela beatificou o ventre virginal e os sagrados peitos de Maria: "Bem-aventurado o ventre que te trouxe, e os seios que te amamentaram" (Lc 11,27); e o mesmo Ventre e os mesmos peitos de Maria se canonizaram hoje pela virtude e milagres do seu Rosário, porque o ventre virginal supriu outro ventre, e os peitos sagrados supriram outros peitos.

É caso singular, e por todas suas circunstâncias admirável, o que agora direi, referido pelo Beato Alano de Rupe, no Livro do Nascimento do Saltério da Virgem. Caminhavam por um deserto duas donzelas montanhesas, quando lhes saíram ao encontro dois lobos ferocíssimos e esfaimados, os quais repartiram entre si a presa inocente e sem defensa. Uma delas era devota do Rosário, que rezava todos os dias, a outra não. A esta se avançou um dos lobos, e lançando-lhe os dentes à garganta, a degolou, e caiu morta. O que sucedeu à outra quero referir pelas palavras do mesmo autor, que são estas: "Aquela que costumava recitar o rosário da Beatíssima Virgem — admira-te — o lobo arrancou-lhe os peitos, rasgou-lhe o ventre e lhe devorou as entranhas. E ainda por três dias viveu, nos quais sinceramente confessou a sua fé, comungou devotamente e faleceu cheia de confiança. Maria a visitou nos seus últimos momentos e a levou às alegrias dos céus"[1]. Quer dizer: À donzela que rezava o Rosário, arremeteu o outro lobo, arrancou-lhe os peitos, rasgou-lhe o ventre, e lhe comeu e devorou todas as entranhas. E morreu também esta logo, como a companheira? Assim havia de ser naturalmente. Mas porque era devota do Rosário, a Virgem, Senhora nossa, sem coração, nem entranhas, a conservou viva três dias, nos quais se confessou muito devagar, e comungou devotamente, e no cabo deles a visitou a mesma Senhora; e como se o lobo fora tirano, e ela mártir, a levou direita ao céu. — Lembremo-nos agora daquelas palavras, que são o mais glorioso comento do nosso texto: "arrancou-lhe os peitos, rasgou-lhe o ventre". E vendo a esta donzela sem peitos e sem ventre, viva contudo, quem haverá que não repita muitas vezes à soberana obradora de tão singular e estupendo prodígio: "Bem-aventurado o ventre que te trouxe, e os seios que te amamentaram"? Bem-aventurado o ventre virginal: "Bem-aventurado o ventre" — porque supriu o outro ventre: "rasgou-lhe o ventre"; e bem-aventurados os peitos sagrados, porque supriram os outros peitos: "arrancou-lhe os peitos".

Este caso particular, como comento tão próprio do tema que propus, será o fundamento do meu discurso, o qual, porém, do particular se estenderá ao comum, para que sirva a todos. Veremos, pois, com a divina graça, que assim como a Virgem, Senhora nossa, em prêmio da devoção do Rosário, supriu nesta sua devota a falta do que tão necessário lhe era para esta vida e para a outra, assim supre e suprirá em todos os que tiverem a mesma devoção toda a falta do conveniente para a vida temporal e toda a falta do importante para a eterna. *Ave Maria etc.*

§ II

Que havia de ser deste miserável mundo, tão defeituoso e necessitado, depois que pelo pecado e corrupção do primeiro homem caiu da perfeição e abundância com que Deus tinha criado e enriquecido, se a providência, e misericórdia divina o não provesse de um remédio igual à mesma necessidade, que fosse o suprimento universal de todas as nossas faltas? Este suprimento, devotos, é a Virgem poderosíssima, Senhora nossa, a qual não só desde seu nascimento, por inclinação e natural piedade, mas "desde toda a eternidade", desde sua predestinação e por força dela, foi escolhida e destinada por Deus para este gloriosíssimo fim. Perguntam os teólogos, no caso em que Adão não pecara, se havia de encarnar ou não o Filho de Deus? E a sentença mais bem fundada nos secretos do mesmo Deus, que ele nos revelou nas Sagradas Escrituras, é que seu Filho, o Verbo Eterno, no tal caso não havia de encarnar, e que por conseguinte não havia de ter Mãe, nem havia de haver no mundo a Virgem Maria. Mas como Adão pecou, ou havia de pecar, representada na previsão da ciência divina aquela culpa, que justamente se chama feliz: "Ó feliz culpa" — esta foi a razão e motivo por que Deus predestinou a humanidade de seu Filho para que, como infinito reparador daquele pecado, desse justa e adequada satisfação à divindade ofendida.

Se o mesmo Verbo, porém, se podia fazer homem sem ter Mãe, como Adão, por que ordenou também Deus "desde toda a eternidade" que nascesse de mulher, com segunda predestinação ou segunda parte dela, também não necessária, mas livre? A razão foi, dizem todos os santos, para que assim como uma mulher fora a que meteu no mundo a falta da obediência e da graça, assim fosse outra mulher o reparo e suprimento dela: a falta por Eva, o suprimento por Maria. De sorte que "desde toda a eternidade", e por força de sua própria predestinação, foi concebida, escolhida e destinada a Virgem, Senhora nossa, primeiro para reparar e suprir as faltas da primeira Mãe no paraíso, e depois do gênero humano em todo o mundo. Tudo nos dirá a mesma Virgem, antes de seu nascimento, em figura, e depois de nascida, em pessoa.

Quem mais desemparado nesta vida e mais falto de tudo o necessário para ela que o menino Moisés, quando seus pais, não o podendo já esconder à ira de Faraó, porque ele chorando se descobria, para o não afogarem com suas próprias mãos, o lançaram à corrente do rio em uma cestinha de juncos, que só tinha de barquinha o ser calafetada (Ex 2,3ss). Faltavam-lhe ao menino no rio o pai e a mãe, que ficavam em terra; faltavam-lhe na barquinha os remos, a vela, e o piloto; faltava-lhe sobretudo o mantimento, despedido já dos peitos que lhe davam o leite; finalmente, faltava-se ele a si mesmo, porque não tinha braços para nadar, nem juízo para conhecer o seu perigo, nem voz para pedir o remédio. Assim ia navegando dentro do seu próprio naufrágio, amortalhado nas faixas e metido na cestinha de juncos o pequeno argonauta do Nilo, quando aparece na ribeira Maria, sua irmã, encaminhada pelos pais a explorar o sucesso. Oh! venturoso infante, no meio dessa que parece a tua maior desgraça! E Maria assiste a Moisés? Pois, ainda que falto de tudo, ela lhe suprirá quanto lhe falta. Ninguém queira à barquinha melhor guia nem melhor piloto que os olhos que Maria leva postos nela. Bem mostrou aqui que já figurava no nome e nas ações aquela que depois se chamou Senhora da Guia e da Boa Viagem. Os olhos, pois, de Maria — que nesta ocasião verdadeiramente eram espias — contra a veia e força da corrente, foram alando a barquinha à praia, e tomou porto o menino, não menos que nos braços da princesa do Egito. Busca-se ama para lhe enxugar as lágrimas e lhe dar leite; oferece-se Maria para a ir buscar. E quem vos parece que traria? Só o engenho de quem tinha tal nome podia dar em tal traça. A que trouxe para ama foi a mesma mãe de Moisés, à qual o entregou à princesa com grandes recomendações de que o criasse como filho, e com promessa real de que lhe seria mui bem pago aquele cuidado. Agora pergunto: se lhe falta já a Moisés alguma de tantas coisas quantas ainda agora lhe faltavam? Já tem mãe, já tem pai, já tem sustento, já tem terra, já tem vida, já tem o que lhe não faltava nem esperava ter, que é ser filho adotivo do mesmo rei do Egito, que o tinha mandado lançar aos crocodilos do Nilo. Assim sabe suprir Maria as faltas dos que se encomendam a ela, ainda que não sejam eles os que se encomendem. E que será se forem seus irmãos, como Maria era irmã de Moisés, e o são da Virgem Maria os irmãos do seu Rosário? Mas ainda lá não chegamos.

Passando ao Testamento Novo. Celebraram-se em Caná de Galileia umas bodas, e diz o evangelista que "a Mãe de Jesus se achou ali" (Jo 2,1). Não faltará quem estranhe, ou quando menos se admire, de que a virgem Maria se achasse ali, e assistisse a semelhantes convites e festas de bodas. Não como virgem, porque o estado virginal, posto que tão sublime, não despreza nem condena o do matrimônio, mas como Mãe do Salvador: "Mãe de Jesus". Como Mãe do Salvador estava e parecia muito bem a Senhora ao pé da Cruz: "Estava em pé junto à cruz de Jesus sua Mãe" (Jo 19,25) — acompanhando seus desamparos, padecendo as mesmas dores, e cooperando à mesma redenção. Ali é que parecia muito bem a Mãe de Jesus. Mas em bodas e banquetes: "E a Mãe de Jesus se achou ali"? Sim. Estava, e assistia ao banquete e às bodas, para suprir o que nelas faltasse, e onde há ou há de haver falta, ali é que não pode faltar a Mãe de Jesus, e ali é que assiste: "E a Mãe de Jesus se achou ali". Cristo e seus discípulos, também se acharam nas mesmas bodas, mas nota o evangelista que vieram convidados: "Jesus foi convidado com seus discípulos" (Jo 2,2). Porém, da Senhora não se diz que a convidassem, porque ela mesma, e a sua providência, e a sua obrigação, a convidou e trouxe ali, para que se à pobreza ou negligência dos desposados faltasse alguma coisa, ela com sua caridade e advertência a suprisse. O efeito o mostrou, e assim foi suprindo milagrosamente a falta que houve: "Faltando o vinho" (Ibid. 3).

Mas ouçamos a réplica de Cristo, em que mais resplandece esta providência e poderes da soberana Mãe. Representou a Senhora a seu Filho, como Criador de todas as coisas, a falta que havia: "Não têm vinho" (Ibid. 3); e o Senhor, como estranhando a proposta, respondeu: "Que há entre mim e ti?". E que vos pertence a vós, nem a mim, na casa e na mesa alheia, o que falta? — "Ainda não chegou a minha hora" (Jo 1,4). A minha hora de fazer milagres ainda não é chegada. — Mas nem por isso desistiu a Senhora de prosseguir o remédio daquela falta, dizendo aos que serviam que fizessem o que seu Filho lhes mandasse, como se lhe dissera a ele: Se a vossa hora de fazer milagres não é chegada, o meu cuidado e obrigação de suprir o que falta não tem horas; a mesma hora em que as coisas faltam como agora, esta é a minha hora. — Mandou, enfim o Senhor que as jarras em que tinha faltado o vinho se enchessem de água, a qual logo se converteu com abundância e melhoria no mesmo licor que faltava. Deste modo supriu a piedosíssima remediadora naquela falta, não uma só, senão muitas faltas, e faltas de muitos. Ao arquitriclino ou mordomo, supriu a falta da advertência, aos desposados a falta da prevenção, à mesa a falta de bebida, e até ao mesmo Cristo a falta da hora, fazendo que se antecipasse a que não era chegada. Finalmente, de todos os que estavam presentes, só a Senhora advertiu a falta, porque no mordomo era para se condenar, nos desposados para a sentir, nos convidados para a estranhar, e só na Senhora para a suprir.

§ III

Assim foi escolhida desde sua predestinação a Virgem Maria, e assim é propensa e aplicada desde seu nascimento, neste mundo tão defeituoso, a remediar e suprir todas as faltas que nele se padecem; mas muito mais depois da instituição do seu Rosário, em socorro e em prêmio dos devotos dele. Agora entra em seu próprio lugar a memória do prodigioso caso que representei ao princípio, no qual não é fácil ponderar, nem ainda compreender, as muitas e várias faltas, e sobre dificultosas, implicadas, que a Senhora ali supriu, e por modo sobre toda a admiração admirável.

Supriu a vida na falta de todos os meios e instrumentos da mesma vida e, contra todas as disposições e causas da morte, fez que por aquela grande porta — que é pequeno o nome de ferida — se não saísse de repente a alma, mas ficasse ali detida. Só quem bem compreender a anatomia do corpo humano, a dependência e harmonia de todas as suas partes, e o artifício admirável, com que oculta e insensivelmente, na oficina das nossas entranhas, estão continuamente trabalhando os instrumentos que o sustentam — por onde disse Davi ao mesmo Artífice divino desta fábrica: "Tal ciência é para mim maravilhosa" (Sl 138,6). — Só quem tudo isto souber compreender e ponderar, poderá dignamente conhecer quantas maravilhas se encerram em se não separar a alma daquele corpo, tão desbaratado e vazio, e se conservar nele viva uma mulher, tendo-lhe arrancado e comido uma fera todo o interior das entranhas. Faltavam-lhe sem elas o sangue, faltavam-lhe as veias, faltavam-lhe as artérias, faltavam-lhe os espíritos animais e vitais, faltava-lhe sobretudo o coração, princípio e fonte da vida; e que neste estado vivesse, falasse, entendesse e exercitasse inteiramente todas as operações da vida sensitiva e racional, lembrando-se com a memória de seus pecados, arrependendo-se deles com a vontade e confessando-os com a língua, e só não batendo nos peitos porque os não tinha? Oh! maravilha sobre todas as maravilhas, em que a Mãe do mesmo soberano Artífice parece que competiu com ele, e o venceu na mesma obra. Se víssemos que rotas as rodas de um relógio, caídos os pesos e parado o movimento de todas as outras partes daquele abreviado labirinto, na campainha contudo soassem regularmente as horas, e o braço por fora as fosse apontando com o mesmo compasso e ordem, não seria um prodígio estupendo e jamais visto? Pois este é o nosso caso. E tanto mais admirável e portentoso quanto vai de um relógio artificial, que soube inventar a indústria dos homens, ao natural e sobre-humano, de que dependem as horas e anos de nossa vida, que só pode traçar a sabedoria e fabricar a onipotência de Deus.

E para que se veja quão notável maravilha foi que, não só descomposta, mas perdida toda a fábrica interior daquele corpo sem coração nem entranhas, a alma contudo o não deixasse, e continuasse a obrar na falta dos mesmos instrumentos o que fazia com eles, lembremo-nos dos ossos desconjuntados que viu Ezequiel em outro deserto. Chamou por eles o profeta, prometendo-lhes que lhes daria alma e viveriam: "Eis que vos introduzirei o espírito, e vivereis" (Ez 37,5); mas essa alma, quando se introduziu neles, e quanto foi necessário antes que chegassem a viver? Primeiro que tudo diz Ezequiel que os ossos se ajuntaram e uniram cada um em seu lugar e à sua juntura; logo que se ataram entre si com os nervos; depois que se encheram de carne com todas as diferenças dela; ultimamente que se vestiram e cobriram de pele; porém que, com todas estas disposições da vida, ainda estavam mortos, e não se lhes tinha introduzido a alma: "Os ossos se chegaram uns para os outros, pondo-se cada um na sua juntura. E olhei, e eis que vieram sobre os tais ossos nervos e carnes para os revestir, e neles foi estendida a pele por cima, mas eles ainda não tinham o espírito" (Ez 37,7s). Pois, se aqueles corpos estavam já organizados e perfeitos, e com todas as disposições necessárias para a introdução da alma, porque se lhes não introduziu logo, como o profeta tinha prometido: "Eis que vos introduzirei o espírito, e vivereis"? Porque as disposições do corpo são obra das causas segundas, e a introdução da alma, como a sua criação, pertence só à primeira. Por isso mandou Deus segunda vez a Ezequiel que em seu nome mandasse as almas que se introduzissem naqueles corpos: "Vaticina ao espírito, e dirás: Isto diz o Senhor Deus: Espírito, vem dos quatro ventos, e assopra sobre estes mortos. E entrou o espírito naqueles ossos, e viveram" (Ez 37,9s).

De maneira que, para entrarem as almas nos corpos, não bastou que eles estivessem organizados, e com todas as disposições naturais para ser animados, mas foi necessário que, depois dessas disposições, Deus as criasse e unisse como ação e obra própria da sua onipotência. Onde se vê uma notável diferença, com que as almas entram ou saem dos corpos. Para entrar neles, não basta terem as disposições; para saírem, basta que lhes faltem. E a razão desta segunda parte é porque a alma se define: "Ato do corpo físico que tem a vida em potência"[2]. E, faltando ao corpo a organização e instrumentos com que a alma exercita todas as suas operações vitais, natural e necessariamente deve deixar e apartar-se do mesmo corpo, porque, estando nele ociosa, não seria ato. Esta separação, pois, naturalmente necessária, é a que impediu no nosso caso a poderosa mão da Senhora do Rosário, detendo aquela alma, e mandando-lhe que não desamparasse o corpo, posto que tão desbaratado, destituído, e falto de todas as disposições e instrumentos necessários às operações da mesma alma. E se me perguntarem curiosamente os filósofos se esta alma assim impedida e detida, ficou violentada, digo que não, antes mais privilegiada e enobrecida pela mesma Senhora, que não sabe fazer mercês a uns com violência de outros. E ficou mais enobrecida e privilegiada, como digo, porque, obrando sem instrumentos onde todos faltavam, o que as outras almas não podem sem eles, foi levantada a um grau quase divino, como Deus, que tudo o que obra juntamente com as causas segundas, pôde obrar por si mesmo.

§ IV

O modo com que a Mãe do mesmo Deus supriu quanto faltava naquele corpo quase cadáver, mas verdadeiramente vivo, já disse que foi sobre toda a admiração admirável, porque não substituiu os peitos arrancados com outros peitos, nem o coração com outro coração, nem o ventre e entranhas com outras, mas com a mesma privação das coisas que lhe faltavam, ou com o nada delas supriu todas. É fineza de suprimento jamais visto nem nas obras do mesmo Deus, desde o princípio do mundo. Nos três primeiros dias da criação, porque ainda não havia sol, que foi criado ao quarto, supriu Deus a falta do sol com a luz, e ela fez os dias: "Faça-se a luz, e foi feita a luz. E chamou à luz dia" (Gn 1,3.5). Depois de criada Eva, faltava-lhe a Adão a costa de que fora formada, e supriu Deus a falta da mesma costa com outra tanta carne: "E encheu de carne o lugar" (Gn 2,21). Matou Caim a Abel, e supriu Deus à mãe a falta daquele filho com outro, chamado Set, como ela mesma disse: "O Senhor me deu outro filho em lugar de Abel" (Gn 4,25). Era tartamudo Moisés e impedido da língua, e supriu-lhe Deus a falta da língua com a boca e língua de Arão: "Ele falará por ti ao povo, e será a tua boca" (Ex 4,16). No deserto faltou o pão ao povo, e supriu Deus com o maná; faltou a água, e supriu com uma fonte que os seguia; faltou a carne, e supriu-a com bandos de aves; faltou finalmente o mesmo Moisés, e supriu Deus a sua falta com Josué (Ex 16,3.15; Nm 20,2.11). De sorte que sempre Deus supriu a falta de uma coisa com outra; mas suprir a falta com a mesma falta, ou a coisa com a privação e o nada dela? Esta fineza de suprir guardou Deus para sua Mãe.

Na criação do Mundo, criando-o Deus de nada (Gn 1,1), supriu o nada com o mesmo mundo; e naquele corpo humano — que também se chama mundo pequeno — tão desbaratado, supriu a Senhora o mundo com o nada. Mas este nada foi mais maravilhoso suprindo que o da criação suprido. Excita S. João Crisóstomo uma questão em matéria que parece a não tem, e pergunta se é Deus mais maravilhoso nas obras da criação ou da conservação? Todos dizem que a maravilha é igual, porque a obra ou a ação é a mesma. Porém, Crisóstomo, filosofando mais alto e sutilmente, diz que mais maravilhoso é Deus na conservação das coisas do que foi na criação delas. E por quê? Porque o nada de que Deus criou o mundo não repugnava nem resistiu à criação; porém, depois das coisas criadas, como elas são corruptíveis, e de sua natureza propendem e correm para o nada, este segundo nada repugna e resiste à conservação. As palavras de Crisóstomo, para os que as entendem, são estas: "Visto que contém coisas corruptíveis e que tendem ao nada, muito mais foi ter feito o mundo do que conservá-lo. Mas, se convém ainda algo para ser admirado, direis que as essências das coisas foram criadas do nada e são conservadas para que não voltem ao nada. Portanto estão ordenadas embora opostas entre si; assim elas declaram a potência muitíssimo admirável da sabedoria"[3]. De sorte que, como o nada de que Deus criou todas as coisas deste mundo não repugnava nem resistiu à criação delas e, pelo contrário, o nada a que elas, depois de criadas, por sua natural corruptibilidade propendem, ajuda e chama a si a mesma corrupção, e deste modo resiste a que se sustentem e conservem, muito mais maravilhoso e poderoso se mostra Deus hoje em fazer que não tornem a ser nada do que se mostrou no princípio em as fazer e criar de nada. E qual destes nadas foi aquele com que a Senhora do Rosário supriu na sua devota a falta de todos os instrumentos da conservação e da vida? Não há dúvida que foi este segundo nada, e tanto mais admirável quanto as partes principais e mais vitais do mesmo corpo, não só não estavam já no estado da corruptibilidade, mas tinham passado ao da corrupção, para que bastavam poucas horas, se a mesma Senhora a não impedira.

§ V

Mas antes que concluamos este discurso e as maravilhas do caso, quero satisfazer a uma objeção que há muito estou vendo têm todos no pensamento. Assim como a Senhora do Rosário, por virtude do mesmo Rosário, e em prêmio de o rezar todos os dias, fez esta tão notável mercê à sua devota, não era mais fácil conservá-la totalmente sem dano, e não consentir que o lobo lhe tocasse? Pois, por que permitiu que tão cruelmente a ferisse, espedaçasse e comesse? Se à que não rezava o Rosário a matasse, como matou um dos lobos, e à outra a venerassem ambos e a deixassem livre e intacta, parece que então campeava com maior lustre e se manifestava melhor a virtude do Rosário, como a mesma Senhora tem feito outras vezes.

Dois estudantes de Filosofia na Universidade de Lovaina, companheiros e amigos, e nas inclinações viciosas — como ordinariamente sucede — muito semelhantes, tendo passado o dia em uma casa ou covil da sensualidade, com todas as intemperanças da gula e da torpeza, continuavam também a noite. Soando, porém, as onze horas, um deles, que tinha por devoção rezar todos os dias o Rosário, lembrado que ainda não tinha satisfeito àquela obrigação, contra a vontade e instâncias do companheiro — o qual ficou, e o exortava a ficar — se despediu dele, e se recolheu à sua casa, onde se pôs a rezar, bem alheio do que no mesmo tempo sucedia. Não tinha bem acabado o Rosário, quando o mesmo companheiro de que se apartara lhe apareceu feio e medonho, ardendo todo em labaredas de fogo, e lhe disse que os pecados daquele dia tinham sido os que acabaram de encher a medida dos seus, e que por eles o condenara a justiça divina à morte repentina e ao inferno, onde já estava ardendo e arderia por toda a eternidade. — Pois se eu — replicou atônito o amigo — se eu vos acompanhei também nos mesmos pecados, como me não condenou a mesma justiça? — Porque vós — respondeu — tivestes valedora, e eu não; e esse Rosário que tendes nas mãos, e a Senhora dele, vos livrou, instando e alegando os demônios, que também devíeis ser condenado. Em suma, que aqui se cumpriu a predição de Cristo, Senhor nosso: "De dois que estiverem no campo, um será tomado, e deixado o outro" (Lc 17,35). E assim como dos dois ladrões, que o mesmo Senhor no Calvário tinha aos lados da cruz, sendo ambos igualmente malfeitores, um porque orou e se encomendou a ele, se salvou, e o outro, porque não fez o mesmo, se perdeu (Lc 23,40ss), assim, sendo iguais nos pecados estes dois companheiros, o que era devoto do Rosário, e o antepôs à continuação do depravado apetite, escapou da morte e do inferno, e o outro morreu improvisamente e se condenou.

Poderá agora negar alguém que nesta mesma diferença se acreditou grandemente o Rosário à vista de dois efeitos tão encontrados, em sujeitos tão semelhantes, um livre e salvo, porque todos os dias oferecia este tributo à Mãe de Deus, e o outro condenado para sempre, porque a não servia com ele? Pois, do mesmo modo parece que se manifestaria mais a virtude desta soberana devoção, e a glória da mesma Senhora, se um dos lobos matasse, como matou, a montanhesa que não rezava o Rosário, e o outro se não atrevesse a tocar a que o rezava?

Acrescento que também esta abstinência e respeito na fereza e voracidade do lobo, não seria o primeiro nem o maior exemplo do Rosário, quando no nosso caso se experimentasse assim. O que agora referirei é verdadeiramente singular, e por próprio da nossa corte, creio não será ingrato aos que o lerem. Caiu por desastre de uma janela do paço uma menina da rainha, e caiu para maior desgraça em um pátio onde se guardava encerrado um leão, em cujas garras a lamentaram todos por morta quando escapasse da queda. Levava a menina o seu Rosário por gala — que eram os colares das senhoras naquele tempo — e também o rezava porque assim se ensinavam às filhas e o faziam as damas. Acudiu logo o mestre da leoneira, e gente, e o que viram e ouviram foi que, tendo o leão arremetido à menina, ela lhe tinha lançado o seu Rosário ao pescoço e, correndo-lhe as mãozinhas pela gadelha, o estava afagando como se fora uma cachorrinha de estrado, e lhe dizia com muita graça: — Leão, não me comas, porque hei de ir ser freira a Castela. — O segundo autor desta história é o Padre João Antônio Velasquez, castelhano, e o primeiro o Padre João de Rho, milanês, ambos da Companhia de Jesus e bem conhecidos por seus doutíssimos escritos[4]. Não apontam o tempo em que sucedeu, mas dizem que a menina de sangue ilustríssima se chamava Dona Ana de Almeida, e que em cumprimento do que tinha alegado ao leão, fora religiosa em Castela, correspondendo bem na santidade da vida ao milagre com que Deus lha tinha guardado. E se a virtude do Rosário pode amansar a fereza e mitigar a voracidade de um leão, claro está que mais facilmente, e com menor força e violência, faria o mesmo em um lobo. Pois, por que razão a mesma Senhora do Rosário, que não faz exceção de idades nem qualidades, permitiu que o lobo executasse tal carniçaria nesta sua devota, e lhe comesse os peitos e o coração, e lhe devorasse as entranhas?

§ VI

Este mesmo argumento fizeram na morte de Lázaro os que conheceram quanto Cristo o amava, vendo-o chorar sobre a sua sepultura: "Este, que deu vista ao cego de seu nascimento, não podia fazer que Lázaro, a quem tanto amava, não morresse" (Jo 11,37)? Eles diziam assim, porque duvidaram do poder de Cristo, e nós, que conhecemos a sua onipotência sem limite de caso nem tempo, ainda podemos apertar mais a dúvida ou a admiração. Eles diziam: por que lhe não impediu a morte? E eu, dando um passo mais atrás, dissera: por que lhe não impediu a enfermidade? E já que permitiu a enfermidade, por que o não sarou antes que morresse? De tudo deu razão o mesmo Cristo, dizendo que o fim desta permissão não fora a morte de Lázaro, senão a glória do Filho de Deus: "Esta enfermidade não se encaminha a morrer, mas para o Filho de Deus ser glorificado por ela" (Jo 11,4). E em que consistiu esta glória do Filho de Deus? Consistiu em que maior e mais estupendo milagre foi ressuscitar a Lázaro morto do que fora sará-lo enfermo. Diz Santo Agostinho[5]: "Não o quis sarar para o poder ressuscitar". — De sorte que, podendo-lhe impedir a morte com a vida, e a enfermidade com a saúde, não quis fazer o que podia para mostrar quanto mais podia. E esta mesma razão que teve a glória do Filho de Deus no caso de Lázaro é a que teve a glória da Mãe de Deus no nosso. Não quis fazer o que podia, impedindo que a fera tocasse a devota do seu Rosário, para mostrar quanto mais podia, conservando-a viva sem coração nem entranhas: "Para a Mãe de Deus ser glorificada por ela".

Mas onde acharei eu um paralelo que me declare esta glória e acabe de ponderar a estranheza de tão estupenda maravilha? Daqui por diante é necessário subir ao céu, porque não há semelhanças na terra. Ressuscitou e subiu ao céu Cristo, Redentor nosso, e lá está com as chagas das mãos e pés, e com a do Lado, abertas, e não só vivo, mas imortal. A chaga do lado era e é tão larga que coube por ela a mão de Tomé: "Chega a tua mão e mete-a no meu lado" (Jo 20,27) — e é tão profunda e penetrante, como dada para acabar de segurar a morte, em caso que no corpo verdadeiramente morto se escondessem ainda algumas relíquias da vida. Tendo pois bastado para lha tirar as quatro chagas dos pés e mãos, que agora com elas, e com a do lado, tanto maior, e em partes mais vitais, viva e se conserve imortal a sagrada humanidade, e assim ferida e aberta haja de viver sempre? Milagre é natural somente do céu, para admiração gloriosa e contemplação eterna dos remidos com o sangue das mesmas chagas. Mas como este sangue no mesmo instante divino foi recebido do ventre virginal de Maria, e nutrido e aumentado com o leite de seus sagrados peitos, coisa é, se por uma parte estupenda, por outra de nenhum modo admirável, que ao mesmo ventre virginal, e aos mesmos peitos sagrados comunicasse o mesmo sangue tal virtude que na terra, que é a pátria da corrupção, a um corpo aberto com tantas chagas, e tão mortais, lhe pudessem conservar e suprir a vida, e não com outro suprimento — como se vê nas chagas de Cristo — senão a mesma Senhora por si mesma.

Este modo de suprir por si mesmo e consigo mesmo — para que subamos mais alto — não o faz, ainda no céu, a humanidade sacratíssima, senão a divindade do mesmo Deus. Quando nos pintam as felicidades do céu, ainda os autores canônicos, descrevem palácios, jardins, banquetes, galas, e todas as outras coisas preciosas e agradáveis com que se deleitam os nossos sentidos e se ornam os nossos corpos na terra. E posto que muitos creiam que tudo isto há no céu, o mais certo é que são somente metáforas e semelhanças, acomodadas à medida da nossa curta capacidade, e que no céu não há nem fazem falta coisas tão baixas e rasteiras, e tão inferiores à alteza daquele sublimíssimo e incomparável estado. Que há logo no céu, e com que supre Deus ou com que há de suprir aos nossos corpos tudo isto? Só S. Paulo, que o viu, o soube dizer: "Para que Deus seja tudo em todos" (1Cor 15,28). Tudo isto supre Deus em todos só por si mesmo e só consigo mesmo. No céu não há faltas que suprir; mas para que haja o que há na terra, e no céu não faz falta, tudo isso supre e substitui o mesmo Deus por si mesmo e consigo mesmo: "Deus seja tudo em todos". Tal foi, em conclusão, o modo sobre todo o encarecimento admirável com que a Mãe do mesmo Deus supriu, no corpo da devota do seu Rosário, tudo o que lhe tinha roubado e comido a voracidade da fera. Lembremo-nos das palavras do Beato Alano[6]: "Rompeu-lhe o lobo o ventre"— e por si mesma e consigo mesma lhe supriu a Senhora esta falta porque o ventre virginal lhe supriu o ventre: "Bem-aventurado o ventre que te trouxe". — "Arrancou-lhe o lobo os peitos" — por si mesma, e consigo mesma lhe supriu também esta falta porque os peitos sagrados lhe supriram os peitos: "Bem-aventurados os seios que te amamentaram".

E para que ninguém duvide que estas maravilhas são singularmente próprias da Virgem Maria enquanto Senhora do Rosário, e pelos merecimentos do mesmo Rosário, o mesmo Filho, que trouxe no mesmo ventre e criou aos mesmos peitos, o celebrou e cantou assim na sua língua, que é a do texto hebreu. Falando Cristo do sagrado ventre de sua Mãe, diz: "O teu ventre é como um monte de trigo cercado de rosas" (Ct 7,2); e falando dos sagrados peitos, diz do mesmo modo: "Os teus dois peitos são como dois cabritinhos gêmeos que pascem entre as rosas" (Ct 7,3; Text. Hebr.). Logo iremos às rosas. Ponderemos primeiro as duas extraordinárias comparações do ventre e dos peitos, que como são bucólicas e pastoris, ambas são rústicas e do campo. O ventre diz que é como na eira o monte de trigo: "O teu ventre é como um monte de trigo". A proporção que tem o trigo com o ventre é que aquele se ordena ao sustento deste; logo, se o ventre louvado é como o trigo: "Como um monte de trigo" — é um ventre que sustenta outro ventre. E este foi o milagre do ventre virginal que sustentou depois de ser comido o ventre da devota pastora. Os peitos diz que são como dois cabritinhos monteses gêmeos que estão mamando: "Como dois cabritinhos gêmeos que pascem". Os peitos não são os que se sustentam do leite, senão os que sustentam com ele; logo, se os peitos são como os que os mamam: "como dois cabritinhos" — são peitos que sustentam outros peitos. E estes foram os peitos sagrados que sustentaram os da mesma pastora, depois de serem pasto do lobo. Isto posto, agora entram as rosas. E por que diz o mesmo texto que as rosas são as que defendem o ventre: "Cercado de rosas" — e as rosas as que sustentam os peitos: "Que pascem entre as rosas"? Porque o milagre do ventre e peitos da pastora — não eles sustentados nela, senão ela sustentada sem eles — tudo foi por milagre das rosas, que também em metáfora do campo, no nome e na virtude representavam o Rosário.

§ VII

Deste caso particular tão prodigioso, como de tronco, se seguem os frutos universais, que eu prometi colher dele, sendo certo, como agora veremos, que assim como a Virgem, Senhora nossa, em prêmio da devoção do Rosário, supriu nesta sua devota a falta de quanto lhe era necessário para esta vida e para a outra, assim suprirá, em todos os que tiverem a mesma devoção, toda a falta do conveniente para a vida temporal e importante para a eterna. Vão agora todos e cada um representando o que lhe falta, ou pode faltar em um e outro gênero, e eu lhe mostrarei como tudo supre a Senhora por meio do seu Rosário.

Começando pelo temporal. Que vos falta? Falta-me o que supre todas as faltas, que é o dinheiro. Isto diz um pobre, e o podem dizer todos. Mas eu lhes digo que, se rezarem o Rosário todos os dias, a Mãe de Deus lhes suprirá esta falta tão abundantemente, que não só lhes não falte o que pedem no mesmo Rosário, que é o sustento de cada dia, mas tenham com que sustentar e remediar a muitos. Houve em diferentes tempos em França um homem nobre, e em Alemanha uma mulher de igual qualidade, os quais, tendo nascido muito bem herdados, vieram a cair em tão extrema pobreza que viviam do que pediam de esmola. E como a miséria depois da felicidade é maior miséria, e há mister maior paciência, pregando por aquelas províncias o Beato Alano, a ambos receitou o seu remédio universal, que era a devoção do Rosário. O homem e a mulher o fizeram assim, e foi coisa maravilhosa que dentro em pouco tempo, sem saber como nem por onde, se acharam com tanto cabedal de fazenda que os que dantes pediam esmola sustentavam com as suas a todos os pobres da terra em que viviam. E esta foi — notai — esta foi a segunda e maior mercê da Rainha dos Anjos, porque não só lhes deu as riquezas, senão o bom uso delas, sem o qual os maiores tesouros antes são castigo que favor do céu.

Há mais a quem falte alguma coisa? Sim, e quem menos se cuida: os ricos. Eu, diz algum deles muito triste, tenho morgados, tenho herdades, tenho juros, tenho rendas, tenho comendas; mas que importam todos estes chamados bens da fortuna, se me falta a sucessão, e não tenho a quem os deixar? Acabar-se-á a minha casa em mim e ficará sepultada comigo. Bem parece que ou não sois devoto da Virgem Maria, ou não rezais o seu Rosário. Os primeiros ascendentes desta Senhora, que foram Abraão, Isac e Jacó, também não tinham filhos, e os alcançaram por orações. Rezai o Rosário, e Deus vo-los dará, tão próprios da sua mão que vos não arrependais, como muitos, de os haver tido. Este mesmo conselho deu S. Domingos à Rainha de França, estando aquela coroa sem herdeiro, e a senhora do Rosário lhe deu um tal filho, qual foi e é S. Luís. Pela mesma devoção alcançou outro filho uma senhora ilustre dos países de Holanda, o qual a liberalíssima Rainha do céu lhe deu duas vezes, porque, sucedendo morrer em menor idade, assim como lho tinha dado nascido pelo Rosário, assim pelo mesmo Rosário lho tornou a dar ressuscitado.

Quem mais se queixa de lhe faltar o que há mister? Um soldado. E por que se queixa? Não por falta do socorro, farda ou pão de munição, que muitas vezes tarda ou não chega, mas pelos riscos da vida — diz ele — de que os soldados não temos um momento seguro e sem perigo. Alguns trazem consigo certas orações falsamente acreditadas, as quais nem lhes valem contra os inimigos, nem com os mesmos cabos, a quem obedecemos; e se houvera outras, com que seguramente se suprisse esta falta, só então se pudera ser soldado. Ora, tende bom ânimo, que eu vos inculcarei quem só a pode suprir, e como. Rezai todos os dias o Rosário, e a Virgem, Senhora nossa, vos livrará por meio dele de ambos esses perigos. Em Flandres, que na nossa era foi o teatro de morte mais sanguinolento, apertados muitas vezes poucos soldados católicos de um grande exército de hereges, o remédio de que se valeram foi rezarem todos o Rosário, o qual traziam a tiracolo por banda, como também a imagem da mesma Senhora pintada nas bandeiras, e com este estratagema do céu, não só se defenderam sempre vivos, mas nunca deixaram de sair vencedores. Isto quanto ao primeiro perigo, em que também se experimentou muitas vezes, que dando as balas nos peitos dos devotos do Rosário se amassavam, como se fossem de cera. Mas se a um soldado não basta só escapar dos inimigos, e talvez não periga menos nas severíssimas leis da própria milícia, também para estes casos, em que não aproveitam valias, a melhor apelação é para a do Rosário. Condenados à morte dois soldados, por quebrarem um bando do duque de Alba, o confessor, por ser tão inexorável o general, os desenganou que haviam de morrer sem dúvida, mas que se encomendassem à Senhora do Rosário. Um de bizarro ou obstinado, não quis; o outro, porém, se pôs a o rezar com a devoção e afetos que o aperto pedia. Saíram enfim ambos ao suplício, cada um em seu jumento, como se usa naquelas partes de Espanha — porque o exército marchava contra Navarra — e o sucesso foi que, passando os dois jumentos cercados de justiças e guardas por defronte de uma igreja, o que levava o soldado que tinha rezado, rompeu pelo meio de todos com tal fúria, que o não puderam deter, e entrando pela igreja, foi parar em uma capela da Senhora do Rosário, debaixo de cuja imunidade, não só ficou seguro, mas livre.

Ao soldado se segue bem o pleiteante — que também os pleitos são guerras — e que lhe falta? Ando — diz — arrastado com demandas, e não só me falta o favor, mas temo que também me falte a justiça, porque ambas estas coisas se vendem e não tenho com que as comprar. Perigoso estado é esse, mas a Virgem, Senhora nossa, costuma tomar a seu cargo os negócios de seus devotos. Rezai o seu Rosário e, se tendes razão, não vos faltará justiça, porque o seu favor é tão superior a tudo que nenhuma cobiça o pode perverter, nem alguma dependência estorvar. Nesse mesmo perigo se viu uma viúva, a quem por demanda pretendiam tirar o remédio. As partes eram ricas e poderosas, e ela, vendo-se só e desamparada, recorreu ao patrocínio da Mãe de Misericórdia, a quem rezava o Rosário todos os dias. Fez-se o feito concluso e, vistos os autos com os olhos postos no poder e autoridade dos pleiteantes, e não no merecimento da causa, o juiz escreveu a sentença contra a viúva, e, subindo ao tribunal, também a pronunciou contra ela. Mas oh! maravilhas da soberana mão, que tudo pode e nunca desampara a quem se vale do seu patrocínio! As palavras com que o juiz pronunciou a sentença se lhe trocaram na boca de tal sorte que, imaginando que condenava a viúva, todos ouviram que condenou as partes contrárias, e indo-se reconhecer os autos, na sentença que ele escrevera com a mesma formalidade em que a quis pronunciar, se acharam também as letras trocadas e a causa julgada a favor da devota do Rosário. Assim mudou a Mãe de Deus a língua e a pena do injusto juiz, o qual, posto que tão semelhante a Pilatos, nem pôde dizer "O que escrevi, escrevi" (Jo 19,22), nem "O que eu disse, disse" — porque disse o contrário do que quis dizer, e se viu escrito o contrário do que escrevera.

Há alguma outra mulher queixosa da sua fortuna? Sim, e não viúva, mas casada. Queixa-se como honrada, não do seu estado, mas de lhe faltar o agrado de seu marido, o qual, divertido em outra parte, lhe não guarda a fé e lealdade devida. Grande dor e verdadeiramente desesperada, pois o vínculo que havia de ser de união se trocou em garrote da alma, e não o podendo desatar senão a morte, é o maior tormento da vida! Mas se para abrandar essa dureza de vosso marido, lhe aplicardes o remédio do Rosário, vereis como Deus lhe muda o coração. Assim o aconselhou S. Domingos a uma senhora francesa, que com ser do sangue real, padecia esses mesmos desprezos. Só quinze dias havia — número sagrado nos mistérios do Rosário — que ela o rezava por esta tenção, quando o marido, dormindo, foi levado em visão ao inferno, e lá lhe foram mostradas as penas que lhe estavam aparelhadas e padecem os adúlteros. Eram uns leitos abrasados em fogo, e labaredas escuras, que exalavam de si uns vapores intoleráveis ao cheiro, e aqui jaziam os miseráveis, acompanhados de serpentes feias, asquerosas e medonhas, umas que lhes roíam os olhos, outras a língua, outras o coração, e todas enroscadas neles os cingiam e apertavam com tal excesso de dores que, lançando horrendas maldições sobre si e sobre seus passados deleites, com gritos e alaridos desesperados atroavam todo o inferno. Isto viu o marido assombrado, atônito e tremendo. E a mulher, que viu? Viu de repente o mesmo marido prostrado a seus pés, pedindo-lhe perdão com infinitas lágrimas, e tão mudado e verdadeiramente arrependido, que ela enternecida se compadecia já mais das suas contrições do que tinha sentido os seus pecados.

§ VIII

Vou repetindo tantos exemplos, porque a variedade deles em todos os estados, e a maravilha com que a Virgem do Rosário acode a seus devotos, e lhes supre tudo aquilo de que se veem faltos, creio que vos não causará fastio, e mais sendo tão necessários ao assunto que seguimos, que sem eles não se pode provar nem persuadir. Quem mais temos queixoso e desconsolado de sua vida? Ele o dirá. Sou um homem do mar, que agora vim de Argel, onde dei por meu resgate e perdi em uma viagem quanto tinha ganhado em muitas, que, como se diz entre nós, a água o dá e a água o leva. Nem posso deixar o ofício, porque não tenho outro, nem este se pode aturar por falta de remédio a dois males, que o não têm. E quais são? Tempestades e mouros, porque os outros corsários, se roubam, não cativam. Ora, sabei que não há mal sem remédio, e eu vos darei um para esses dois males, que é o Rosário, se fordes devoto dele. Quanto aos mouros, já tereis ouvido que, passando da África à contracosta de Espanha, se emboscam ali para cativar os caminhantes. Fazia, pois, o mesmo caminho um religioso leigo português, quando se viu cercado de uma tropa deles. E que faria? Tirou o seu Rosário que todos os dias rezava, mostrou-lho, e como se de cada conta saísse um raio, subitamente ficaram todos cegos. Deu graças à Senhora, e rindo-se deles, continuou seu caminho. Contra as tempestades vos posso provar a mesma eficácia do Rosário com a própria experiência. Navegando eu do Maranhão para Portugal, se virou o navio de tal sorte que a quilha ficou fora da água, e o resto dentro do mar até as escotilhas. Éramos quarenta e um os que nele vínhamos e, passados todos ao costado, enquanto totalmente se não ia a pique, fizemos voto em voz alta de rezar todos os dias da vida o terço do Rosário — como tínhamos feito em toda a viagem — se a Senhora nos livrava das gargantas da morte, em que todos nos imaginávamos dentro de poucos instantes. Mas nem poucos se puderam contar, porque no mesmo ponto se tornou a voltar e endireitar o navio, e nós, como ressuscitados, tornamos a entrar nele. E porque não estava capaz de fazer viagem por falta de mastros e velas, apareceu logo outro, que nos tomou e lançou em terra. Nesta mesma carreira do Brasil caiu um marinheiro ao mar, a quem não puderam recolher os do navio. Era devoto do Rosário, encomendou-se à Senhora, e no cabo de quatro dias um grande peixe o trouxe a bordo sobre o espinhaço, e ele, subindo ao convés, com assombro de toda a companhia, tornou a encher o número e lugar em que tinha faltado. Maior maravilha ainda. O capitão Alano, famoso nas histórias do Rosário, de que era devotíssimo, indo-se ao fundo no meio do mar um navio em que navegava, e afogando-se todos, só ele no mesmo lugar se achou em uma praia e, caminhando por terra, a qual era desigual em pequenos outeiros e alguns montes, no fim deles advertiu — porque os ia contando — que os montes eram quinze e os outeiros cento e cinquenta, porque do mesmo Rosário que rezava lhe tinha feito a Senhora sobre as ondas do mar uma ponte de terra firme.

E porque entre tanta variedade de estados e exercícios se não queixem os professores das letras de os não metermos neste número, diga-nos um estudante o que lhe falta, que não é fácil confessar em gente desta profissão. Falta-me, pode dizer algum, a memória e a habilidade, e por mais que estudo e queimo as pestanas, não posso suprir estes dois defeitos. Tal era um sujeito chamado Alberto, que depois foi tão insigne nas letras que mereceu o nome de Magno, porque lhe supriu uma e outra falta a Virgem Senhora nossa. Rezai-lhe vós o seu Rosário, e logo experimentareis o mesmo favor, como se viu com prodigioso exemplo em um menino sem estudo. Não tinha outra livraria mais que um livrinho do Rosário, o qual lia e meditava com grande aplicação todos os dias, e com esta só lição aprendeu e soube tanto que em todas as faculdades era consultado e ouvido com admiração de todos os homens mais doutos. "Como este" — diziam — "sabe letras, não as tendo estudado?" (Jo 7,15). Mas se Deus ensinou quanto sabia em uma só palavra, que é o Verbo, que muito é que a Mãe de Deus ensinasse tanto nos quinze Mistérios do mesmo Verbo, que são outros tantos capítulos daquele livro? Outro estudante, a quem não faltava memória nem habilidade, era tão rude para a poesia que não sabia ajuntar três sílabas que corressem em verso, mas, ensinado, não de seu mestre, senão de sua mãe, que rezasse o Rosário, ele lhe abriu a veia com tal fecundidade que não só excedeu logo a todos os condiscípulos com grandes vantagens, mas igualou os poetas de maior fama.

Há ainda quem padeça alguma falta que haja de suprir a soberana Mãe de Misericórdia? Ainda. Mas porque se não acha nem pode achar neste auditório, falará por interposta pessoa. Que vos falta? Falta-me a liberdade, porque estou preso. Não vos pergunto se estais inocente ou culpado, porque ainda não está averiguado na escola das dores se é maior a dor na culpa ou na inocência. De qualquer sorte, porém, que seja, sede devoto da Virgem, Senhora nossa, e tende confiança, que o seu Rosário vos desatará as prisões e vos porá em liberdade. Atado estava a uma forte corrente, com os pés metidos em grilhões e as mãos em algemas, esperando pela sentença que o mesmo rigor da prisão prometia ser de morte, um homem verdadeiramente delinquente, o qual melhor aconselhado para aquele transe do que o tinha sido nos passos que a tal estado o trouxeram, fez voto à Virgem Maria, se o livrava, de rezar o seu Rosário todos os dias que lhe restassem de vida. Fulminou-se finalmente a sentença, e na noite da manhã em que havia de sair a ser justiçado, rotos milagrosamente todos os ferros que o prendiam, se achou fora do cárcere, e tão longe, que só deixou às justiças a admiração de quanto mais poderosas são as misericórdias da Senhora do Rosário. Mas não pararam aqui. Com este exemplo se começou a rezar o Rosário publicamente em todo o cárcere, e não se passaram muitos dias que todo ele — como o limbo dos Padres no dia da Ressurreição — amanheceu vazio e despovoado, porque, abertas sem violência nem outra indústria as portas, todos se puseram em salvo.

Enfim, pois falamos dos ausentes, infinitos são aqueles a quem falta a saúde, que é o fundamento de todos os bens e gostos da vida. E se as enfermidades que, ou molestam a mesma saúde, ou a tiram totalmente, não têm número, também o não têm os milagres de cada dia com que a Virgem, Senhora nossa, por meio do seu Rosário, supre e restitui esta falta inteiramente. Se estais doente de febres, ou sejam crônicas ou agudas, ou sejam éticas ou tísicas, de todas sara a devoção do Rosário. Se padeceis nos olhos, nos ouvidos, na língua, muitos cegos, muitos surdos, muitos mudos recuperaram o uso destes sentidos pela mesma devoção. Ela é o mais presente remédio contra a pedra, contra a gota, contra a hidropisia, e contra a mesma peste geral, de que tem livrado cidades e reinos inteiros. Que direi de chagas encanceradas, de feridas penetrantes nas partes mais vitais, e de acidentes súbitos e apopléticos? Que direi de mancos, aleijados e tolhidos, sem movimento nem sentido, e totalmente baldados? Que direi dos energúmenos, aos quais não valeram medicamentos nem exorcismos, livres pela virtude deste soberano remédio, universal sem exceção? Até de doidice confirmada, de que os milagres de Cristo nos não deixaram exemplo, são muitos os que pela mesma virtude se têm restituído a perfeito juízo. Assim que não há falta alguma de quanto pertence a esta vida, ou sejam bens da natureza ou da fortuna, em qualquer estado, que a Senhora do Rosário por meio dele não supra e remedeie tão liberal e misericordiosamente, como temos visto.

§ IX

*D*epois do que é conveniente e necessário à vida temporal, segue-se o que importa à eterna, que é a que só importa. Quatro coisas podem faltar a quem a deseja conseguir. Resistência contra as tentações, contrição para os pecados, graça e perseverança nela. E todas estas faltas, como da maior ou única importância, supre a Mãe da mesma graça pela devoção do seu Rosário.

Quanto à resistência das tentações, uma mulher, tão bem parecida como mal intencionada, tentou em México a um moço, o qual se rendeu facilmente a consentir na tentação. E saindo-se ambos, por conselho dela, a um lugar fora da cidade, acomodado à execução do que tinham concertado, a mulher lhe disse que primeiro havia de apartar de si um Rosário que trazia ao pescoço debaixo do vestido. Admirado o moço de que ela visse o que trazia tão oculto, começou a suspeitar mal, tanto da vista, como da condição que lhe punha, e respondeu que por nenhum acontecimento nem por todos os interesses do mundo apartaria de si o Rosário que todos os dias rezava à Mãe de Deus. Tão fortemente tinha arraigada na alma a devoção o mesmo que tão facilmente se tinha rendido a consentir no pecado. E que fez a mulher, ouvida esta resistência? Subitamente deixou de parecer o que parecia e se manifestou o que era, porque debaixo daquele disfarce era o demônio, o qual, transformado em um monstro de figura feiíssima e horrenda, lhe disse: — Esse Rosário te valha, e as muitas vezes que o tens rezado, porque se o apartaras de ti eu te havia de levar logo ao inferno. Ficou o moço tão penetrado do que vira e ouvira, e tão desenganado e arrependido da fraqueza em que tinha caído, que por mais diligências que depois fez o demônio, representando-se-lhe em outras figuras, com que o importunava a pecar, invocando sempre o patrocínio da Senhora do Rosário, a nenhuma tentação se rendeu jamais.

Outro moço em Paris, tendo solicitado uma mulher casada, e não a podendo reduzir, se valeu para isso de uns nigromantes, os quais, e os demônios com eles, o ajudassem. A tanto chega a temeridade furiosa do amor cego. Mas aqui se mostrou o Rosário em dois diferentes casos singularmente maravilhosos. O primeiro foi que, não podendo os demônios vencer a mulher em todos os dias em que rezava o Rosário, fizeram tais perturbações na casa, que um dia o não pôde rezar e logo se rendeu à tentação. O segundo que, rendida já, e saindo de noite a buscar o moço que a pretendia, a Senhora do Rosário tocou e trocou o coração do mesmo moço com uma inspiração tão eficaz que, chegando a mulher à sua presença, o que lhe disse foi que fizesse o sinal da Cruz contra os demônios que a traziam enganada, e a acompanhou outra vez para sua casa tão honrada como dela saíra, convertidos igualmente o tentador e a tentada.

Passando à segunda falta de contrição e arrependimento no pecado, não pode haver maior obstinação nele que a que agora direi. Andava muito triste um pobre homem, não por outra causa, senão por se ver pobre e sem remédio, quando o demônio, que o viu tão disposto, se lhe ofereceu para o remediar muito abundantemente, debaixo porém de três condições: primeira, que renunciasse o batismo; segunda, que arrenegasse de Deus; terceira, que lhe desse um escrito firmado com seu sangue de ser perpetuamente seu escravo. A todas estas condições tão horrendas se sujeitou o miserável, que tanto pode a força da necessidade em quem não põe a confiança em Deus. Assim passou muitos dias com a sua pobreza remediada, mas não por isso menos triste, porque os bens que dá o diabo mal podem alegrar a quem se vê cativo deles e dele. Sucedeu, pois, que andando neste estado, entrou a outro fim em uma igreja, a tempo que se estava pregando do Rosário, por ser o dia da sua festa. Não era o sermão como os que ordinariamente se costumam ouvir naquele dia, empregada toda a retórica na descrição da rainha das flores e excelências da rosa, sem mais substância que a aparência da metáfora e o som do nome, mas era o discurso sólido e útil — como verdadeiramente devem ser — fundado na virtude e poderes da mesma devoção e seus mistérios, e tudo confirmado com exemplos autênticos e experimentados, que são os que só provam e persuadem. E como o pregador provasse com evidência que por meio do Rosário se convertem a Deus e Deus recebe em sua graça os pecadores, por mais perversos e obstinados que sejam, ficou persuadido o escravo do demônio que sem embargo de o seu escrito estar firmado com o próprio sangue, o sangue de Cristo, que remiu o gênero humano do cativeiro do mesmo demônio, o livraria também a ele. No mesmo dia se resolveu a rezar o Rosário, tomando por advogada e intercessora a Virgem, Senhora nossa, e assim o fazia todos os dias com a maior devoção que lhe era possível. O demônio, porém, não se descuidava em procurar dissuadi-lo, zombando da sua nova esperança; e quando estava rezando, lhe aparecia e lhe mostrava o escrito e a firma, dizendo que debalde se cansava, porque era seu, e o havia de ser sempre. Mas como podem prevalecer as astúcias da serpente infernal contra aquela Senhora, que a tem debaixo do pé e lhe quebrou sempre a cabeça? E que importa a fraqueza ou pertinácia dos pecados passados, se a verdadeira contrição e arrependimento os detesta e pede a Deus perdão deles? Assim se desfazia em lágrimas o escravo, não já do demônio, senão da Rainha dos Anjos, até que um dia, prostrado diante de uma imagem da Senhora do Rosário, lhe viu cair da mão um papel. Levantou-o, e pela letra e pela firma reconheceu que era o mesmo com que se tinha entregue ou vendido ao demônio. Mas não parou aqui a maravilha. Tornou a olhar, e não viu sinal de letra ou escritura, porque tudo estava apagado. E isto é o que pode e faz a virtude do Rosário, comunicando primeiro a verdadeira contrição, e por meio da contrição, apagando e aniquilando os pecados, como se nunca foram cometidos.

Não há perdão de pecados sem graça, cuja falta é a terceira, como dizíamos, e a principal e total, que só pode impedir a vida eterna. E, posto que para prova de quão pontualmente a supre a devoção do Rosário, bastava o sucesso referido, quero que ouçais outro, ainda por suas circunstâncias mais prodigioso. Havia em Itália um famoso salteador de caminhos, o qual não só despojava aos caminhantes, mas era tão bárbaro e cruel que também lhes tirava a vida. Encontrou-se com este ladrão S. Domingos, e tendo empenhado com ele todo o seu zelo, espírito e eloquência para o converter, não foi possível. Por fim lhe disse: — Ao menos vos peço me concedais e prometais uma só coisa muito fácil, que é rezar todos os dias o Rosário da Virgem, Senhora nossa. Aceitou ele, e rezava, mas sem nenhuma emenda na vida, continuando como dantes os mesmos roubos e insultos. Neste estado adoeceu mortalmente, sem ato algum de cristão, e os companheiros da sua quadrilha o enterraram junto a uma daquelas estradas, tão ímpia e brutalmente como tinha vivido. Dois anos havia que estava ali sepultado quando, tornando a passar pelo mesmo caminho S. Domingos, se ouviram umas vozes confusas e lastimosas, sem se ver donde saíam ou cujas eram até que chegando ao mesmo lugar da sepultura, se conheceu distintamente que de dentro dela saíam. E o que diziam era: — Padre frei Domingos, servo de Deus, compadecei-vos de mim. — Aberta a sepultura, saiu de dentro, com assombro de todos os que acompanhavam o santo, um homem vivo. Perguntado quem era: — Eu sou — disse — Padre, aquele grande ladrão, a quem procurastes persuadir que se convertesse, e não quis, e só aceitou de vossos conselhos o rezar o Rosário. Aqui me sepultaram vivo meus companheiros, tendo-me por morto por ocasião de um largo paracismo. Sepultado e coberto de terra, naturalmente havia de morrer logo e ir padecer no inferno as penas a que estava condenado por minha vida; porém, a soberana Virgem me alcançou de seu bendito Filho que não morresse, e que estes dois anos, em que padeci terribilíssimas penas, me servissem de purgatório. — Isto disse em público. E confessando-se logo ao mesmo santo de todos seus pecados, no ponto em que recebeu a absolvição, o corpo caiu morto e a alma com a graça do sacramento, que só lhe faltava, subiu a gozar da glória. Assim acabou santo o que tinha vivido ladrão. E tanto importa para conseguir a graça final a devoção do Rosário.

Só resta, para os que vivem bem, a perseverança, cuja falta supre a Mãe da mesma graça tão conaturalmente, que não são necessários exemplos onde não há milagre. Com ser regra geral que à boa vida responde a boa morte, e a má morte à má vida, é tal a inconstância e fraqueza humana, e tão superior o poder da graça divina, que também a generalidade desta regra padece as suas exceções. Dimas viveu mal, e morreu bem; Judas viveu bem, e morreu mal. Dimas viveu como ladrão, e morreu como apóstolo; Judas viveu como apóstolo, e morreu como ladrão. Mas de quatro ladrões que concorreram na morte de Cristo, um se salvou e três se perderam, e de doze apóstolos que seguiram ao mesmo Cristo, um só se perdeu e onze se salvaram. Com tal diferença, porém, que se este mesmo que se perdeu recorresse à piedade da soberana Mãe do mesmo Filho que tinha vendido, não só recuperaria a graça perdida, mas, depois de recuperada, perseveraria nela até o fim, como os demais. Isto, pois, que ele não soube fazer, é o meio que devem tomar todos os que, reconhecidos da sua fraqueza e inconstância, temem que, depois de alcançada a graça, lhes falte a perseverança nela. Maravilhosa coisa foi que, caminhando os filhos de Israel quarenta anos por um deserto seco, estéril e falto de água, uma pedra do mesmo deserto lhes suprisse esta falta até entrarem na Terra de Promissão. E que água e que pedra do deserto é esta? A água disse Cristo à Samaritana que era a graça; a pedra do deserto diz o profeta Isaías que é a Virgem Maria: "Envia, Senhor, o cordeiro dominador da terra, mandado da pedra do deserto" (Is 16,1). Se queremos, pois, chegar à Terra de Promissão da glória, e tememos que a água da graça perseverante nos falte, recorramos à fecundíssima pedra de que nasceu a fonte da mesma graça e recorramos com firme e certa confiança, que assim como na pastora devota do Rosário supriu a mesma Senhora tudo o que lhe faltava para esta vida e para a outra, assim suprirá em nós, por meio do mesmo Rosário, tudo o que nos for conveniente para a vida temporal e necessário para a eterna. Onde, com perpétuos louvores da Mãe e do Filho, lhe cantemos sem fim o que a voz do Evangelho entoou no princípio: "Bem-aventurado o ventre que te trouxe, e os seios que te amamentaram" (Lc 11,27).

FIM

SERMÃO XXVII

Com o Santíssimo Sacramento exposto.

∽

"E Josias gerou a Jeconias e a seus irmãos, na transmigração de Babilônia.
E depois da transmigração de Babilônia, Jeconias gerou a Salatiel."
(Mt 1,11s)

Vieira toma como tema da pregação a transmigração da Babilônia e por analogia a aplica à história dos escravos. O presente estado tem a marca da escravidão e é de opressão, mas é também de esperança porque os trouxe à luz da fé. Assim, não existe cativeiro total, senão meio cativeiro. Cativos no corpo, livres na alma. Esta, porém, pode por algum modo ser cativa, por livre vontade do próprio cativo. Maior cativeiro é o cativeiro das almas, que só Deus por si mesmo as pode resgatar, tirando das mãos do demônio a escritura do cativeiro.

Os três pecados pelos quais os homens se vendem ao demônio são soberba, cobiça e sensualidade. A carta de alforria da Senhora alcança-se pelo Rosário. Quanto à escravidão do corpo, São Paulo diz: "Servi como se servísseis a Deus e São Pedro: a glória da paciência é sofrer sem culpa, à imitação de Cristo. Deus vos pagará como a livres e vos fará herdeiros como a filhos". Aqueles que se viram cativos em Babilônia eram pretos ou brancos? Eram cativos ou livres? Eram escravos ou senhores?

Nem na cor, nem na liberdade, nem no senhorio vos eram inferiores.

§ I

Uma das grandes coisas que se vêm hoje no mundo, e nós pelo costume de cada dia não admiramos, é a transmigração imensa de gentes e nações etíopes que da África continuamente estão passando a esta América. A armada de Eneias, disse o príncipe dos poetas, que "levava Troia à Itália"[1] — e das naus que dos portos do Mar Atlântico estão sucessivamente entrando nestes nossos, com maior razão podemos dizer que trazem a Etiópia ao Brasil. Entra por esta barra um cardume monstruoso de baleias, salvando com tiros e fumos de água as nossas fortalezas, e cada uma pare um baleato; entra uma nau de Angola, e desova no mesmo dia quinhentos, seiscentos e talvez mil escravos. Os israelitas atravessaram o mar Vermelho, e passaram da África à Ásia fugindo do cativeiro; estes atravessam o mar oceano na sua maior largura, e passam da mesma África à América para viver e morrer cativos. "Infeliz raça humana" — disse bem deles Mafeu[2] — "nascida para servir." Os outros nascem para viver, estes para servir. Nas outras terras, do que aram os homens e do que fiam e tecem as mulheres se fazem os comércios; naquela, o que geram os pais e o que criam a seus peitos as mães é o que se vende e se compra. Oh! trato desumano, em que a mercancia são homens! Oh! mercancia diabólica, em que os interesses se tiram das almas alheias e os riscos são das próprias!

Já se, depois de chegados, olharmos para estes miseráveis e para os que se chamam seus senhores, o que se viu nos dois estados de Jó é o que aqui representa a fortuna, pondo juntas a felicidade e a miséria no mesmo teatro. Os senhores poucos, os escravos muitos; os senhores rompendo galas, os escravos despidos e nus; os senhores banqueteando, os escravos perecendo à fome; os senhores nadando em ouro e prata, os escravos carregados de ferros; os senhores tratando-os como brutos, os escravos adorando-os e temendo-os como deuses; os senhores em pé, apontando para o açoite, como estátuas da soberba e da tirania, os escravos prostrados com as mãos atadas atrás, como imagens vilíssimas da servidão e espetáculos da extrema miséria. Oh! Deus! quantas graças devemos à fé que nos destes, porque ela só nos cativa o entendimento, para que à vista destas desigualdades reconheçamos, contudo, vossa justiça e providência. Estes homens não são filhos do mesmo Adão e da mesma Eva? Estas almas não foram resgatadas com o sangue do mesmo Cristo? Estes corpos não nascem e morrem, como os nossos? Não respiram com o mesmo ar? Não os cobre o mesmo céu? Não os aquenta o mesmo sol? Que estrela é logo aquela que os domina, tão triste, tão inimiga, tão cruel?

E se as influências da sua estrela são tão contrárias e nocivas, como se não comunicam ao menos aos trabalhos de suas mãos e, como maldição de Adão, às terras que cultivam? Quem pudera cuidar que as plantas, regadas com tanto sangue inocente, houvessem de medrar nem crescer, e não produzir senão espinhos e abrolhos? Mas são tão copiosas as bênçãos de doçura que sobre elas derrama o céu, que as mesmas plantas são o fruto, e o fruto tão precioso, abundante e suave, que ele só carrega grandes frotas, ele enriquece de tesouros o Brasil e enche de delícias o mundo. Algum grande mistério se encerra logo nesta transmigração, e mais se notarmos ser tão singularmente favorecida e assistida de Deus, que não havendo em todo o oceano navegação sem perigo e contrariedade de ventos, só a que tira de suas pátrias a estas gentes, e as traz ao exercício do cativeiro, é sempre com vento à popa e sem mudar vela.

Estas são as considerações que eu faço, e era bem que fizessem todos, sobre os juízos ocultos desta tão notável transmigração e seus efeitos. Não há escravo no Brasil, e mais quando vejo os mais miseráveis, que não seja matéria para mim de uma profunda meditação. Comparo o presente com o futuro, o tempo com a eternidade, o que vejo com o que creio, e não posso entender que Deus, que criou estes homens tanto à sua imagem e semelhança, como os demais, os predestinasse para dois infernos: um nesta vida, outro na outra. Mas quando hoje os vejo tão devotos e festivais diante dos altares da Senhora do Rosário, todos irmãos entre si como filhos da mesma Senhora, já me persuado sem dúvida que o cativeiro da primeira transmigração é ordenado por sua misericórdia para a liberdade da segunda.

De duas transmigrações faz menção o nosso Evangelho: uma, em que foram levados os filhos de Israel da sua pátria para o cativeiro de Babilônia: "Na transmigração de Babilônia" (Mt 1,11); e outra, em que foram trazidos do cativeiro de Babilônia para a sua pátria: "E depois da transmigração de Babilônia" (Mt 1,12). — A primeira transmigração, e do cativeiro, durou setenta anos; a segunda, e da liberdade, não teve fim, porque chegou até Cristo. E como ordenou Deus a primeira transmigração para a segunda? Assim como ordenou que de Josias nascesse Jeconias: "E Josias gerou a Jeconias e a seus irmãos" (Mt 1,11). Em todo este Evangelho, quando ele historialmente diz que um patriarca gerou outro patriarca, quer dizer, no sentido místico, que da significação do nome do pai nasceu a significação do nome do filho. Baste por exemplo o primeiro que se nomeia no mesmo Evangelho, que é Davi.

Davi, diz a série das mesmas gerações, que gerou a Salomão: "E o rei Davi gerou a Salomão" (Mt 1,6). E que quer dizer, que Davi gerou a Salomão? Davi significa o guerreiro, Salomão significa o pacífico; e nascer Salomão de Davi quer dizer que da guerra havia de nascer a paz. E assim foi. Do mesmo modo diz o Evangelho que Josias gerou a Jeconias no cativeiro de Babilônia: "E Josias gerou a Jeconias, na transmigração de Babilônia". Saibamos agora qual é a significação destes dois nomes, Josias do pai, e Jeconias do filho. Josias significa "o fogo de Deus"; Jeconias significa "a preparação de Deus". Diz, pois, o texto, ou quer dizer, que na transmigração de Babilônia o fogo de Deus gerou a preparação de Deus. Por quê? Porque o fogo queima e alumia; e no cativeiro de Babilônia, não só queimou Deus e castigou os israelitas, mas também os alumiou, e porque os castigou e alumiou no cativeiro da primeira transmigração: "Na transmigração de Babilônia" — por isso, e com isso, os dispôs e preparou para a liberdade da segunda: "E depois da transmigração de Babilônia".

Eis aqui, irmãos do Rosário pretos — que só em vós se verificam estas significações —, eis aqui o vosso presente estado e a esperança que ele vos dá do futuro: "E Josias gerou a Jeconias e a seus irmãos". Vós sois os irmãos da preparação de Deus e os filhos do fogo de Deus. Filhos do fogo de Deus na transmigração presente do cativeiro, porque o fogo de Deus neste estado vos imprimiu a marca de cativos; e posto que esta seja de opressão, também como fogo vos alumiou juntamente, porque vos trouxe à luz da fé e conhecimento dos mistérios de Cristo, que são os que professais no Rosário. Mas neste mesmo estado da primeira transmigração, que é a do cativeiro temporal, vos estão Deus e sua Santíssima Mãe dispondo e preparando para a segunda transmigração, que é a da liberdade eterna. Isto é o que vos hei de pregar hoje, para vossa consolação. E, reduzido a poucas palavras, será este o meu assunto: que a vossa irmandade da Senhora do Rosário vos promete a todos uma carta de alforria, com que não só gozeis a liberdade eterna na segunda transmigração da outra vida, mas também vos livreis nesta do maior cativeiro da primeira. Em lugar das alvíssaras que vos devera pedir por esta boa nova, vos peço me ajudeis a alcançar a graça, com que vos possa persuadir a verdade dela. *Ave Maria etc.*

§ II

Enquanto desterrados filhos de Eva, todos temos ou nos espera uma universal transmigração, que é de Babilônia para Jerusalém, e do desterro deste mundo para a pátria do céu. Vós, porém, que viestes ou fostes trazidos das vossas pátrias para estes desterros, além da segunda e universal transmigração, tendes outra, que é a de Babilônia, em que, mais ou menos moderada, continuais o vosso cativeiro. E para que saibais como vos deveis portar nele, e não sejais vós mesmos os que o acrescenteis, vos quero, primeiro que tudo, explicar qual ele é e em que consiste. Procurarei que seja com tal clareza que todos me entendais. Mas quando assim não suceda — porque a matéria pede maior capacidade da que podeis ter todos — ao menos, como dizia Santo Agostinho na vossa África, contentar-me-ei que me entendam vossos senhores e senhoras, para que eles mais devagar ensinem o que a vós e também a eles muito importa saber.

Sabei, pois, todos os que sois chamados escravos que não é escravo tudo o que sois.

Todo o homem é composto de corpo e alma, mas o que é e se chama escravo não é todo homem, senão só ametade dele. Até os gentios, que tinham pouco conhecimento das almas, conheceram esta verdade e fizeram esta distinção. Homero, referido por Clemente Alexandrino, diz assim: "E Júpiter retumbante partiu pelo meio ao varão que deve servir aos outros"[3]. Quer dizer, que aqueles homens, a quem Júpiter fez escravos, os partiu pelo meio, e não lhes deixou mais que uma ametade que fosse sua — porque a outra ametade é do senhor a quem servem. E qual é esta ametade escrava e que tem senhor, ao qual é obrigada a servir? Não há dúvida de que é a ametade mais vil, o corpo. Excelentemente Sêneca: "Erra aquele que julga que a escravidão ocupa toda a pessoa; a sua melhor parte é exceptuada"[4]: Quem cuida que o que se chama escravo é o homem todo erra, e não sabe o que diz: a melhor parte do homem, que é a alma, é isenta de todo o domínio alheio, e não pode ser cativa. — O corpo, e somente o corpo, sim: "É sim o corpo que a sorte entregou ao senhor. Este compra, este vende, mas aquela parte interior não pode ser dada em escravidão". Só o corpo do escravo — diz o grande filósofo — é o que deu a fortuna ao senhor: este comprou, e este é o que pode vender. — E nota sapientissimamente que o domínio que tem sobre o corpo, não lho deu a natureza, senão a fortuna: "Que a sorte entregou ao senhor" — porque a natureza como mãe, desde o rei ao escravo, a todos fez iguais, a todos livres. Falando S. Paulo dos escravos e com escravos, diz que "obedeçam aos Senhores carnais" (Ef 6,5). E que senhores carnais são estes? Todos os intérpretes declaram que são os senhores temporais, como os vossos, aos quais servis por todo o tempo da vida; e chama-lhes o apóstolo senhores carnais porque o escravo, como qualquer outro homem, é composto de carne e espírito, e o domínio do senhor sobre o escravo só tem jurisdição sobre a carne, que é o corpo, e não se estende ao espírito, que é a alma.

Esta é a razão por que os escravos entre os gregos se chamavam corpos. Assim o refere Santo Epifânio, e que o uso comum de falar entre eles era, não que tal ou tal senhor tinha tantos escravos, senão que tinha tantos corpos. O mesmo diz Sêneca que se usava entre os romanos. E é erudição que ele ensina a seu discípulo Lucílio, porque ainda que a notícia dos vocábulos é de todos, saber a origem deles é só dos que sabem as coisas e mais as causas: "Chamaram aos escravos corpos quando se dominam os corpos e não as almas, de modo que se mostra assim o uso dos corpos"⁵. Sabes, Lucílio, por que os nossos maiores chamaram aos escravos corpos? Porque o domínio de um homem sobre outro homem só pode ser no corpo e não na alma. Mas não é necessário ir tão longe como a Roma e à Grécia. Pergunto: neste vosso mesmo Brasil, quando quereis dizer que fulano tem muitos ou poucos escravos, por que dizeis que tem tantas ou tantas peças? Porque os primeiros que lhe puseram este nome quiseram significar sábia e cristãmente que a sujeição que o escravo tem ao senhor, e o domínio que o senhor tem sobre o escravo, só consiste no corpo. Os homens não são feitos de uma só peça, como os anjos e os brutos. Os anjos e os brutos — para que nos expliquemos assim — são inteiriços: o anjo porque todo é espírito, o bruto porque todo é corpo. O homem não. É feito de duas peças, alma e corpo. E porque o senhor do escravo só é senhor de uma destas peças, e a capaz de domínio, que é o corpo, por isso chamais aos vossos escravos peças. E se esta derivação vos não contenta, digamos que chamais peças aos vossos escravos, assim como dizemos uma peça de ouro, uma peça de prata, uma peça de seda ou de qualquer outra coisa das que não têm alma. E por este modo ainda fica mais claramente provado que o nome de peça não compreende a alma do escravo, e somente se entende e se estende a significar o corpo. Este é o que só se cativa, este o que só se compra e vende, este o que só tem debaixo de sua jurisdição a fortuna, e este, enfim, o que levou de Jerusalém a Babilônia a transmigração dos filhos de Israel, e este o que traz da Etiópia ao Brasil a transmigração dos que aqui se chamam escravos e aqui continuam seu cativeiro.

§ III

De maneira, irmãos pretos, que o cativeiro que padeceis, por mais duro e áspero que seja ou vos pareça, não é cativeiro total, ou de tudo o que sois, senão meio cativeiro. Sois cativos naquela ametade exterior e mais vil de vós mesmos, que é o corpo porém, na outra ametade interior e nobilíssima, que é a alma, principalmente no que a ela pertence, não sois cativos, mas livres. E, suposto este primeiro ponto, segue-se agora que saibais o segundo e muito mais importante, e que eu vos declare se essa parte ou ametade livre, que é a alma, pode também por algum modo ser cativa, e quem a pode cativar. Digo, pois, que também a vossa alma, como as dos mais, pode ser cativa, e quem a pode cativar não são vossos senhores nem o mesmo rei, nem outro algum poder humano, senão vós mesmos e por vossa livre vontade. Ditosos de vós aqueles que de tal modo se compuserem com a sorte do seu meio cativeiro, que se sirvam da sua própria servidão, e se saibam aproveitar do que nela e com ela podem merecer! Mas o mal e a miséria, que totalmente vos fará miseráveis, é que, fazendo-vos a vossa fortuna cativos só no corpo, vós, muito por vossa vontade, cativeis também a alma. Dois casos notáveis se viram na transmigração de Babilônia. Houve uns daqueles cativos e desterrados que, tendo licença e liberdade para tornar para a pátria, quiseram antes ficar no seu cativeiro e houve outros, e quase todos, que sendo aquele cativeiro só do corpo, eles se não contentaram com ser meios cativos, mas para o ser inteira e totalmente, cativaram também as almas. Com grande fundamento se pode pôr em questão se, para a natureza humana se sujeitar e precipitar aos vícios, é maior tentação a liberdade ou o cativeiro? O certo é que nesta mesma ocasião mostrou por experiência o cativeiro, não só ter maiores forças para tentar, senão também para vencer. Porque entre todos os cativos, que foram muitos mil, só um Tobias se achou que não cativasse a sua alma. Assim o diz e celebra dele por grande maravilha a Escritura Sagrada: "Não obstante encontrar-se no cativeiro, não abandonou o caminho da verdade" (Tb 1,2). Tão ordinária e universal miséria é que os meio cativos não sejam só cativos de meias, senão totalmente, e em uma e outra ametade cativos: cativos no corpo e cativos juntamente na alma.

E se me perguntardes, como deveis perguntar, de que modo se cativam as almas, quem são os que as vendem, e a quem as vendem e por que preço, respondo que os que as vendem é cada um a sua; a quem as vendem, é ao demônio; o preço por que as vendem, é o pecado. E porque a alma é invisível, e o demônio também invisível, e estas vendas não se veem, para que não cuideis que são encarecimentos e modos de falar, senão verdades de fé, sabei que assim está definido por Deus e repetido muitas vezes em todas as Escrituras Sagradas. S. Paulo, aquele grande apóstolo que foi levado em vida ao céu, e depois tornou do céu à terra para ensinar aos homens o que lá vira e aprendera, falando desta venda da alma diz assim: "A lei é espiritual, enquanto eu sou carnal, vendido como escravo ao pecado" (Rm 7,14). Sabeis, diz S. Paulo, como os homens vendem a sua alma? Ouvi-me com atenção, eu vo-lo direi: "a lei é espiritual"; "e o homem é carnal". A lei é espiritual, porque ordena o que convém ao espírito e à alma; o homem é carnal, porque naturalmente apetece o que pede a carne e o corpo. Da parte da lei está Deus mandando que seja obedecido, e prometendo que aos que a guardarem dará depois o céu; da parte da carne está o demônio aconselhando que se não guarde a lei, e prometendo ao homem que logo e de contado lhe dará o gosto ou interesse que pede o seu apetite. Posta, pois, a alma como em leilão entre Deus e o demônio, entre a lei e o pecado, que faz a vontade e o livre alvedrio, que é o senhor de todas as nossas ações e resoluções? Em vez de receber o lanço de Deus, aceita o do demônio, e tanto que, consentiu no pecado, ficou a alma cativa e rematada a venda: "Vendido ao pecado". É o que diz Santo Agostinho na exposição deste mesmo texto: "Quem peca vende a própria alma ao demônio, aceitando como preço a doçura de um prazer temporal"[6]. A primeira venda e o primeiro leilão de almas que se fez neste mundo foi no paraíso terreal. De uma parte estava Deus, mandando que se não comesse da fruta vedada; da outra parte estava a serpente instigando que se comesse. E que sucedeu? Eva, que representava a carne, inclinou à parte do demônio, e porque Adão, que fazia as partes do alvedrio, em vez de obedecer o preceito de Deus seguiu o apetite da carne, ali ficaram vendidas ao demônio as duas primeiras almas, e dali trouxe a sua origem a venda das demais.

Dizei-me, brancos e pretos, não condenamos todos a Adão e Eva? Não conhecemos que foram ignorantes, e mais que ignorantes, loucos, e mais que loucos, cegos, e mais que cegos? Não somos nós os mesmos que lhes lançamos pragas e maldições pelo que fizeram? Pois, por que fazemos o mesmo e vendemos as nossas almas, como eles as venderam? Ouçam primeiro os brancos um exemplo, em que vejam a sua deformidade, e logo mostraremos outro aos pretos, em que vejam a sua. De el-rei Acab afirma a História Sagrada que foi o mais mau rei que houve entre todos os de Israel, porque pecando, e para pecar, se vendeu: "Não houve outro tal como Acab, que se vendeu para fazer o mal" (3Rs 21,25). O mesmo lhe disse o profeta Elias na cara. Perguntou-lhe o rei: "Porventura, sou teu inimigo?" (3Rs 21,20). Porventura, Elias, achaste em mim alguma coisa, pela qual tenhas para ti que sou teu inimigo? — Sim, achei — respondeu o profeta, porque "achei que és tal porque te vendes para fazeres o mal na presença de Deus". Não se queixou Elias das ofensas que lhe tinha feito Acab, mas das que fazia contra Deus; nem se queixou de não ser o rei amigo do seu profeta, senão de que, sendo rei, se vendia e fazia escravo: "Porque te vendes para fazeres o mal".

E que males e pecados eram aqueles em que Acab se vendia? Dois principalmente, refere a Escritura: um geral, com que obrigava os súditos a que adorassem os ídolos de ouro de Jeroboão, proibindo que não fossem ao templo do verdadeiro Deus; e outro particular, em que naquela ocasião tinha consentido que falsamente fosse condenado à morte Nabot, para lhe confiscar e tomar a sua vinha. Vede se é bom exemplo este para os régulos do nosso Recôncavo. É possível que por acrescentar mais uma braça de terra ao canavial, e meia tarefa mais ao engenho em cada semana haveis de vender a vossa alma ao diabo? Mas a vossa, já que o é, vendei-lha, ou revendei-lha embora. Porém, as dos vossos escravos, por que lhas haveis de vender também, antepondo a sua salvação aos ídolos de ouro, que são os vossos malditos e sempre malogrados interesses? Por isso os vossos escravos não têm doutrina, por isso vivem e morrem sem sacramentos, e por isso, se lhes não proibis a igreja, com sutileza de cobiça que só podia inventar o diabo — para que o diga na frase do vulgo — não quereis que vão à porta da igreja. Consentis que os escravos e escravas andem em pecado, e não lhes permitis que se casem, porque dizeis que casados servem menos bem. Oh! razão — quando assim fora — tão digna do vosso entendimento como da vossa cristandade! Prevaleça o meu serviço ao serviço de Deus, e contanto que os meus escravos me sirvam melhor, vivam e morram em serviço do diabo. Espero eu no mesmo Deus que terá misericórdia da sua miséria e das suas almas; mas das vossas almas, e desta vossa que também é miséria, não tenho em que fundar tão boas esperanças.

Passemos ao exemplo mais próprio dos escravos, os quais por nenhum respeito devem vender a sua alma, ainda que lhes houvesse de custar a vida. Depois que el-rei Antíoco, por sobrenome o Ilustre, saindo da Grécia com poderoso exército, dominou a Jerusalém, e com ela a todas as relíquias que tinham escapado da transmigração de Babilônia — que nem sempre os homens levam consigo o cativeiro aos desterros, mas talvez o mesmo cativeiro os vem buscar à sua casa — mandou o bárbaro e insolente rei que em toda Judeia se não guardasse a lei de Deus, senão somente as suas, e que os deuses, a quem se oferecessem os sacrifícios, fossem os da gentilidade, que ele adorava (1Mc 1,43ss). Que vos parece que fariam em um tão apertado caso os miseráveis cativos? Mal fiz em lhes chamar miseráveis indistintamente. Uns foram miseráveis, fracos e vis; outros fortes, constantes e gloriosos. Os miseráveis, fracos e vis, diz o texto que por ganhar a graça dos senhores obedeceram e, fazendo-se gentios, venderam as suas almas: "E juntaram-se com as nações, e venderam-se para fazerem o mal" (1Mc 1,16); pelo contrário, os fortes, constantes e gloriosos, por não venderem as almas, perderam animosamente as vidas, que da graça dos senhores nenhum caso fizeram. Bem se viu aqui que os corpos somente são os cativos, as almas não. Eram os senhores tão tiranos, que lhes cortavam os dedos das mãos e dos pés, que lhes arrancavam os olhos e as línguas, que os frigiam e torravam vivos em sertãs ardentes, e com outros esquisitos tormentos lhes tiravam as inocentes vidas; mas eles antes queriam padecer e morrer que vender as almas. Julgai agora vós que vos achais na mesma fortuna de escravos, quais destes obraram melhor: se os que venderam as almas para agradar aos senhores, ou os que quiseram antes perder a vida que cativar a alma? Não estais dizendo todos que o valor e constância destes é digna de eternos louvores? Sim. Pois, a estes vos digo que imiteis. Por graça e mercê grande de Deus, ainda que escravos e cativos, não estais em terra onde vossos senhores vos hajam de obrigar a deixar a fé. Mas é certo que, sem se perder nem arriscar a fé, se pode perder e vender a alma. E no tal caso — que pode acontecer muitas vezes — tende bem na memória o exemplo que acabastes de ouvir, para que não falteis à vossa obrigação. Se o senhor mandasse ao escravo, ou quisesse da escrava coisa que ofenda gravemente a alma e a consciência, assim como ele o não pode querer nem mandar, assim o escravo é obrigado a não obedecer. Dizei constantemente que não haveis de ofender a Deus, e se por isso vos ameaçarem e castigarem, sofrei animosa e cristãmente, ainda que seja por toda a vida, que esses castigos são martírios.

§ IV

Temos visto que, assim como o homem se compõe de duas partes ou de duas ametades, que são corpo e alma, assim o cativeiro se divide em dois cativeiros: um, cativeiro do corpo, em que os corpos involuntariamente são cativos e escravos dos homens; outro, cativeiro da alma, em que as almas por própria vontade se vendem e se fazem cativas e escravas do demônio. E porque eu vos prometi que a Virgem, Senhora, nossa, do Rosário, vos há de libertar, ou forrar, como dizeis, do maior cativeiro, para que conheçais bem quanto deveis estimar esta alforria, importa que saibais e entendais primeiro qual destes dois cativeiros é o maior. A alma é melhor que o corpo, o demônio é pior senhor que o homem, por mais tirano que seja; o cativeiro dos homens é temporal, o do demônio eterno: logo, nenhum entendimento pode haver, tão rude e tão cego, que não conheça que o maior e pior cativeiro é o da alma. Mas como a alma, o demônio e este mesmo cativeiro, como já disse, são coisas que se não veem com os olhos, onde acharei eu um meio proporcionado à vossa capacidade, com que vos faça visível esta demonstração? Fundemo-la no mesmo cativeiro, que é a coisa para vós mais sensível. Pergunto: se Deus nesta mesma hora vos libertara a todos do cativeiro em que estais, e de repente vos vísseis todos livres e forros, não seria uma estranha e admirável mercê que Deus vos faria? Pois muito maior é, e de muito maior e mais subido valor, a mercê que a Senhora do Rosário vos fará em livrar vossas almas do cativeiro do demônio e do pecado. No nosso Evangelho o temos.

Faz repetida menção o Evangelho do cativeiro de Babilônia, e do cativeiro do Egito nenhuma memória faz. O cativeiro de Babilônia sucedeu no tempo de Jeconias, o do Egito no tempo de Judas; pois assim como diz o evangelista: "A Jeconias, e a seus irmãos, na transmigração de Babilônia" (Mt 1,11) por que não diz também: "A Judas, e a seus irmãos, no cativeiro do Egito"? O reparo e a resposta é de S. Crisóstomo, por estas palavras: "Por que se lembra do cativeiro de Babilônia, e não da descida ao Egito? Porque ao Egito não foram levados por seus pecados; mas à Babilônia foram levados por seus pecados"[7]. No tempo dos mesmos patriarcas que se referem na genealogia de Cristo, sucedeu o cativeiro do Egito e também o de Babilônia e se quereis saber por que o evangelista, na mesma genealogia, faz menção do cativeiro de Babilônia e passa em silêncio o cativeiro do Egito, a razão é, diz Crisóstomo, porque os do cativeiro de Babilônia foram lá levados por pecados, em castigo das grandes maldades que tinham cometido na sua pátria; porém, os do cativeiro do Egito não foram ao Egito por pecados, senão chamados por seu irmão José, e depois cativos pela tirania de Faraó. — E como o cativeiro do Egito foi só temporal e dos corpos, cativos não por pecados próprios, senão pela tirania alheia, e o cativeiro de Babilônia, pelo contrário, foi cativeiro espiritual e das almas, cujos pecados as tinham feito escravas do mesmo pecado e do demônio, por isso este só cativeiro se refere na genealogia de Cristo, o qual não veio libertar os homens do cativeiro temporal e do corpo, senão do espiritual e da alma. Excelentemente por certo assim ponderado como respondido.

E se buscarmos o princípio fundamental por que Cristo, sendo Redentor do gênero humano, só veio remir e libertar os homens do cativeiro das almas, e não da servidão dos corpos, o fundamento claro e manifesto é porque, para libertar do cativeiro dos homens, bastavam homens; para libertar do cativeiro do demônio e do pecado, é necessário todo o poder de Deus. Estes mesmos filhos de Israel, de que falamos, foram muitas outras vezes cativos de diversas nações: cativos logo em seu nascimento dos egípcios; cativos depois dos mesopotâmios; cativos dos amonitas, cativos dos cananeus, cativos dos madianitas, cativos dos filisteus. E de todos estes cativeiros os livrou sempre Deus por meio de homens. Do cativeiro dos Egípcios por Moisés; do cativeiro dos mesopotâmios por Otoniel; do cativeiro dos amonitas por Aod; do cativeiro dos Cananeus por Barac; do cativeiro dos madianitas por Gedeão; do cativeiro dos filisteus por Jefté[8]. Assim que, para libertar do cativeiro de homens, bastam homens. E se me instardes que os cativos da transmigração de babilônia não só eram cativos dos babilônios, senão também cativos do demônio e do pecado, como acabamos de ver, e que contudo os libertou um homem, que foi el-rei Ciro, agora entendereis o mistério, porventura até agora não entendido, das palavras de Isaías, falando deste mesmo cativeiro e desta mesma liberdade.

"Tu verdadeiramente és um Deus escondido, o Deus de Israel, o Salvador" (Is 45,15). Verdadeiramente, ó rei Ciro, em ti está escondido Deus, e não só escondido como Deus, senão como salvador e libertador de Israel. — Pois, se Isaías fala da liberdade do cativeiro de Babilônia, e Ciro, como rei da mesma Babilônia, foi o que libertou aos filhos de Israel daquele cativeiro, por que diz que Deus, como libertador de Israel, estava escondido no mesmo Ciro? Porque no cativeiro de Babilônia havia juntamente dois cativeiros, pelos quais os mesmos filhos de Israel eram dobradamente escravos: um cativeiro temporal e dos corpos, pelo qual eram cativos de el-rei Ciro, e outro espiritual e das almas, pelo qual eram cativos do demônio e do pecado; do cativeiro dos corpos libertou-os o rei homem, que como homem bastava para os libertar, e como rei podia; do cativeiro do demônio e do pecado, como os não podia libertar nenhum homem, foi necessário que concorresse também Deus como libertador: "O Deus de Israel, o Salvador", por que só Deus os podia libertar daquele cativeiro. E por que acrescenta o profeta que Deus estava escondido em Ciro: "Verdadeiramente és um Deus escondido"? Porque assim como um cativeiro era oculto, e o outro público, assim foram os dois libertadores um público outro escondido. O cativeiro dos corpos era público, e como público libertou Ciro os cativos publicamente; porém o cativeiro das almas e do demônio era oculto e invisível, e como oculto e invisível os libertou também Deus oculta e invisivelmente, e por isso escondido: "Verdadeiramente és um Deus escondido, o Deus de Israel, o Salvador".

Em suma, que é tal e tão imensamente maior que toda a infelicidade o cativeiro das almas escravas do demônio e do pecado, que só Deus por si mesmo as pode resgatar e libertar de tal cativeiro. E isto é, como dizem Santo Agostinho, S. Jerônimo, Santo Hilário e os mais Padres, o que Isaías quis ensinar historialmente no cativeiro de Babilônia e profeticamente no de todo o gênero humano, resgatado e libertado, não por outrem, senão pelo mesmo Filho de Deus em pessoa, quando com o preço infinito de seu sangue nos remiu na cruz. Os discípulos de Emaús, e os outros mais rudes da escola de Cristo, cuidavam que a sua vinda ao mundo fora para libertar os filhos de Israel da sujeição e cativeiro dos romanos: "Ora, nós esperávamos que ele fosse o que resgatasse a Israel" (Lc 24,21) — mas por isso mereceram o nome de homens néscios e de tardo e baixo coração: "Ó estultos e tardos de coração" (Lc 24,25). Porventura, para libertar os filhos de Israel do jugo dos romanos, faltava-lhe a Deus uma vara de Moisés, uma queixada de Sansão, uma funda de Davi, uma espada do Macabeu? Mas estas armas e estes braços só bastam para libertar do cativeiro dos corpos; porém, para o cativeiro das almas, e para as libertar do jugo do demônio e do pecado, só tem forças e poder o mesmo Deus, e esse com ambos os braços estendidos em uma cruz. Vede, vede bem, quanto vai de cativeiro a cativeiro, de resgate a resgate, e de preço a preço. Com admirável energia o ponderou S. Pedro, como se falara convosco, vendidos e comprados por dinheiro.

"Sabendo que haveis sido resgatados, não por ouro nem por prata, que são valores perecíveis, mas pelo sangue precioso de Cristo, como de um cordeiro imaculado" (1Pd 1,18s). Exorta o apóstolo a todos a que tratem da salvação de suas almas e de as conservar em graça, e para isso diz que consideremos que não fomos resgatados com ouro, nem com prata, senão com o preço infinito do sangue do Filho de Deus. Nas quais palavras é muito digno de ponderar que não só nos manda S. Pedro considerar o preço por que fomos resgatados, senão também o preço por que não fomos resgatados. O preço por que não fomos resgatados, que é o ouro e a prata: "Não por ouro nem por prata, que são valores perecíveis" — e o preço porque fomos resgatados, que é o sangue do Filho de Deus: "Mas pelo sangue precioso de Cristo, como de um cordeiro imaculado". Pois, se para tratarmos com todo o cuidado e vigilância da salvação de nossas almas, o único e maior motivo é a consideração de que Deus as resgatou com o sangue de seu próprio Filho, por que ajunta o apóstolo na mesma consideração o preço com que não foram resgatadas, que é o ouro e a prata? Porque o seu principal intento, nestes dois preços que nos manda considerar, foi para que da diferença dos resgates conhecêssemos a diferença dos cativeiros. Para resgatar do cativeiro do corpo, basta dar outro tanto ouro ou prata, quanto custou o escravo vendido. Mas para resgatar do cativeiro da alma, quanto ouro ou prata será bastante? Bastará um milhão? Bastarão dois milhões? Bastará todo o ouro de Sofala, e toda a prata de Potosi? Oh! vileza e ignorância das apreensões humanas! Se todo o mar se convertera em prata, e toda a terra em ouro, se Deus criara outro mundo, e mil mundos de mais preciosa matéria que o ouro e mais subidos quilates que os diamantes, todo este preço não seria bastante para libertar do cativeiro do demônio e do pecado uma só alma por um só momento. Por isso foi necessário que o Filho de Deus se fizesse homem, e morresse em uma cruz, para que com o preço infinito de seu sangue pudesse resgatar e resgatasse as almas do cativeiro do demônio e do pecado. E deste cativeiro tão dificultoso, e tão temoroso, e tão imenso é que eu vos prometo a carta de alforria pela devoção do Rosário da Mãe do mesmo Deus.

§ V

Para prova desta carta de alforria me perguntareis vós com razão, e também os que têm mais letras que vós, como pode isto ser? Respondo que pelo mesmo modo com que o Filho da mesma Senhora, Cristo, libertou do mesmo cativeiro do demônio e do pecado a todo o gênero humano. E se me instardes ainda que vos diga mais declaradamente qual é este modo, digo que não é dando a Senhora aos escravos a escritura da liberdade, senão tirando das mãos do demônio a escritura do cativeiro. Ouvi um texto tão grande como o mesmo assunto: "Cancelou o registro contrário a nós, e o aboliu inteiramente, encravando-o na cruz e despojando os principados e potestades" (Cl 2,14s). São palavras de S. Paulo, nas quais diz que quando Cristo morreu na cruz, despojou os demônios, tirando-lhes das mãos a escritura que tinham contra nós, e que depois de apagar quanto nela estava escrito, a afixou na mesma cruz. Agora resta saber que escritura era esta? E, posto que os Santos Padres e intérpretes declaram variamente o literal dela, todos uniformemente vêm a dizer que era escritura de venda, pela qual o homem, pelo pecado, entrega a sua alma ao demônio, e fica obrigado por ela às penas eternas que a justiça divina lhe tem decretadas. E assim como, paga a dívida, nenhuma força nem vigor tem já a escritura que o acredor tinha em sua mão, assim Cristo, morrendo na cruz, com o mesmo sangue com que pagou a dívida do pecado, apagou juntamente a escritura, pela qual o homem tinha vendido a sua alma ao demônio e se tinha feito seu escravo: "Aboliu o registro que nos era contrário". De maneira que, para Cristo libertar o homem do cativeiro do demônio, não deu ao homem nova escritura de liberdade, mas tirou ao demônio a escritura de cativeiro, pela qual o mesmo homem se lhe tinha vendido. E isto é o que a Virgem Senhora nossa faz, como agora veremos.

Os pecados pelos quais os homens se vendem ao demônio, como notou S. João, são três, em que se compreendem todos: soberba, cobiça, sensualidade (1Jo 1,16). E em todos três temos a prova das escrituras de cativeiro que a Mãe de Deus, como seu Filho, tira das mãos do demônio para pôr em liberdade os que lhe venderam as almas. É famoso e celebrado de todos os Padres antigos o caso de um chamado Teófilo, o qual, vendo-se afrontado por um falso testemunho, e não achando meio lícito com que se restituir à opinião e honra perdida, por intervenção de um feiticeiro se valeu do demônio e, depois de renegar de Deus e da Virgem Maria, lhe passou um escrito de sua letra e sinal, em que se lhe entregava por perpétuo escravo. Tanto pode com os soberbos a vã estimação da própria honra. Outro, que refere o Beato Alano, vendo-se em grande miséria de pobreza, e não lhe aproveitando nenhuma indústria para ser rico, como insanamente desejava, recorreu também ao demônio e, depois da mesma cerimônia herética e blasfema, com que renunciou a Deus e a sua Mãe, lhe passou na mesma forma escrito de perpétua servidão. A que sacrilégios não precipita os ânimos mortais a execranda fome da cobiça? Finalmente outro, referido por Torselino[9], depois de empregar e empenhar sem efeito na conquista de uma mulher honesta e constante todos aqueles extremos de que se costuma servir em semelhante desatino a cegueira e loucura do amor profano, acudiu por último remédio, ou por último precipício, aos poderes do demônio, ao qual com as mesmas cláusulas do seu formulário infernal, se vendeu e cativou para sempre. Ainda fizera mais, se mais lhe pudera pedir um escravo da sensualidade.

Todos estes escravos do demônio, em confirmação do pacto com que se tinham vendido, conseguiram o que o mesmo demônio lhes prometera: o soberbo, o crédito perdido; o cobiçoso, a riqueza desejada; o sensual, a torpeza resistida. Mas depois que o ardor do apetite esteve em todos satisfeito, e por isso já menos cego, que fariam as tristes almas, vendo-se vendidas? Maior era agora a força do arrependimento do que tinha sido a fúria do mesmo apetite. E não se descuidando o demônio em mostrar a cada um a sua forma e o seu escrito, pouco faltou que daquele infelicíssimo estado não caíssem todos no último da desesperação. Recorrendo, porém, todos, por extraordinária luz e mercê do céu, ao único patrocínio da Mãe de misericórdia, com gemidos, lágrimas, penitências e contínuas orações, ainda assim era justo que achassem fechadas as portas da misericórdia em Deus e na Mãe de Deus os que tinham negado a ambos. Mas, qual vos parece que seria o fim, se não de um, senão de três casos, tão dificultosos e horrendos? De dois ladrões na cruz, um se salvou para exemplo da misericórdia, e outro se condenou para exemplo da justiça. Porém, onde entra vossa soberana mão, ó Virgem piedosíssima, não há essas exceções, nem piedade de meias. A todos três restituiu a poderosíssima Senhora as suas escrituras, tirando-as por força das mãos do demônio, e entregando-as outra vez aos mesmos que as tinham escrito, para que metessem e apagassem no fogo as letras com que eles se tinham condenado ao fogo que se não apaga. É o que fez Cristo na cruz: "Aboliu o registro que nos era contrário". E é a proporção que achou entre Cristo e sua Mãe o antigo Geômetra, quando elegantemente chamou à mesma Senhora: "Esponja de nossa iniquidade contra a escritura do demônio"[10].

Este foi o modo com que a Virgem Senhora nossa, à imitação de seu Filho, não fazendo, senão desfazendo escrituras, deu carta de liberdade a estes três escravos do demônio. E eles, que fizeram? Todo o resto da vida empregaram em louvar e dar graças por tão singular e extraordinário benefício à soberana Autora dele. O escravo da cobiça, que foi em tempo de S. Domingos, rezava o Rosário; o escravo da soberba, que foi muito antes de haver Rosário, sem essa ordem, mas com perpétuas repetições, saudava a Senhora com a Ave-Maria; o escravo da sensualidade, que recebeu o seu escrito na mesma casa sagrada — hoje chamada do Loreto — onde o anjo começou a sua embaixada, dizendo: "Ave cheia de graça" — repetia o mesmo infinitas vezes. De sorte que todos três rezavam o Rosário, só com uma diferença: que no primeiro era o Rosário enfiado, nos outros desenfiado. E este exemplo devem tomar os pretos, para quando a força da ocupação ou do trabalho lhes não permitir enfiarem as suas Ave-Marias pela ordem dos mistérios, invocando, porém, sempre a mesma Senhora, para que os ajude no seu trabalho. E tem mais alguma coisa que imitar? Sim, e a maior. Pela carta de liberdade que receberam os três escravos do demônio, não se trataram como forros, senão como cativos de quem os libertou. Assim fizeram, e assim o deviam fazer, porque este é, não só o primor, senão a obrigação de todos aqueles a quem Deus livra do cativeiro do demônio e do pecado.

Quando Cristo morreu na cruz, já vimos como nela apagou as escrituras de todos os que em Adão e depois dele se tinham vendido ao demônio. Agora notai que, depois de ressuscitado, quando subiu triunfante ao céu, ao modo dos triunfadores romanos, levou diante de si todos os que até então tinha tirado das masmorras do mesmo cativeiro. Assim o canta Davi, mas por termos em que parece nega o que celebra e desdiz o que quer dizer. No texto da Vulgata diz que, quando Cristo subiu ao céu, "cativou o cativeiro" (Sl 67,19); na versão de S. Paulo diz que "levou os cativos" (Ef 4,8). Pois, se o Senhor não levou no seu triunfo senão os que tinha libertado e porque os tinha libertado, eles foram todo o despojo das suas vitórias, e eles a maior pompa, ostentação e majestade do mesmo triunfo, como diz Davi que então cativou o cativeiro e levou diante de si os cativos, não livres, senão cativos? Porque a mesma liberdade com que Cristo os libertou, foi novo cativeiro com que os tornou a cativar, e porque os levava libertados e livres, os levou novamente cativos. A liberdade é um estado de isenção que, uma vez perdido, nunca mais se recupera: quem foi cativo uma vez, sempre ficou cativo, porque, ou o libertam do cativeiro ou não; se o não libertam, continua a ser cativo do tirano; se o libertam, passa a ser cativo do libertador. E isto é o que sucedeu a todos os que Cristo libertou na cruz, apagadas as escrituras do seu cativeiro. Antes da liberdade cativos, e depois da liberdade também cativos; antes da liberdade cativos do demônio, a quem se venderam, depois da liberdade cativos de Cristo, que os resgatou; antes da liberdade cativos do pecado, depois da liberdade cativos de Deus, como diz o apóstolo: "Livres do pecado, feitos servos de Deus" (Rm 6,22).

Desta maneira se mostraram agradecidos à sua carta de alforria aqueles três cativos, cativando-se de novo e fazendo-se escravos da mesma Senhora que os libertara. E o mesmo devem fazer todos os que se acham ainda no cativeiro de Babilônia e querem sair dele. Cativem-se para se libertarem, e façam-se escravos da Senhora do Rosário, para não serem escravos do demônio, se ainda são, ou para se conservarem livres, se já estão fora do cativeiro. Apaguem a marca do demônio, que é marca de cativos, e ponham em seu lugar a marca do Rosário, que é marca de livres. E se quereis saber qual é a figura desta marca, digo que uma rosa. Conta-se no Segundo Livro dos Macabeus[11] que aos cativos de Jerusalém mandou o tirano marcar com uma folha de hera, para se professarem escravos do deus Baco, a quem era dedicada aquela planta. E que marca mais própria dos escravos do Rosário, que uma rosa, não só como ferrete glorioso do seu novo cativeiro, mas como público sinal e selo da sua carta de alforria? Os que sois, ou fostes marcados, trazeis uma marca no peito outra no braço. Assim quer que tragais a sua marca a Senhora do Rosário: "Põe-me a mim como um selo sobre o teu coração, como selo sobre o teu braço" (Ct 8,6). As voltas de contas que trazeis nos pulsos e ao pescoço — falo com as pretas — sejam todas das contas do Rosário. As do pescoço, caídas sobre os peitos, serão a marca do peito: "Põe-me a mim como um selo sobre o teu coração" — e as dos pulsos, como braceletes, serão a marca do braço: "Como selo sobre o teu braço" — e uma e outra marca, assim no coração como nas obras, serão um testemunho e desengano público para todos de que já estão livres vossas almas do cativeiro do demônio e do pecado, para nunca mais o servir: "E depois da transmigração de Babilônia".

§ VI

Livres, por este modo, do maior e mais pesado cativeiro, que é o das almas, ainda ficais escravos do segundo, que é o dos corpos. Mas nem por isso deveis imaginar que é menos inteira a mercê que a Senhora do Rosário vos faz. Que seja poderosa a Senhora do Rosário para livrar do cativeiro do corpo, se tem visto em inumeráveis exemplos dos que, estando cativos em terra de infiéis, por meio da devoção do Rosário se acharam livres, e depois de oferecerem aos altares da mesma Senhora os grilhões e cadeias do seu cativeiro quebradas, como troféus do seu poder e misericórdia, as penduraram nos templos. Quando Deus desceu a libertar o seu povo do cativeiro do Egito, por que cuidais que apareceu a Moisés na sarça (Ex 3,2)? Porque a sarça, como dizem todos os santos, era figura da Virgem, Senhora nossa, e quis Deus já então fazer manifesto ao mundo que a mesma Virgem Santíssima não só era o instrumento mais proporcionado e eficaz da divina onipotência, para libertar os homens do cativeiro das almas — que por isso a escolheu por Mãe, quando veio remir o gênero humano — senão também para os libertar do cativeiro dos corpos, qual era aquele que padecia o povo no Egito debaixo do jugo de Faraó. Assim que poderosa era a Mãe do Redentor para vos livrar também deste segundo e menor cativeiro. Mas é particular providência de Deus e sua que vivais de presente escravos e cativos, para que por meio do mesmo cativeiro temporal consigais muito facilmente a liberdade eterna.

Somos chegados à segunda parte da alforria, que vos prometi, e a um ponto no qual só vos falta o conhecimento e bom uso do vosso estado para serdes nele os mais venturosos homens do mundo. Sobre esta matéria só vos hei de alegar com os dois Príncipes dos Apóstolos, S. Pedro e S. Paulo, os quais a trataram muito de propósito em vários lugares, falando com os escravos tão seriamente como se falaram com os imperadores de Roma, e tão alta e profundamente como se falaram com os sábios da Grécia. Para que não cuidem os que desprezam os escravos que este assunto — e mais em terra onde há tantos — seja menos digno de se empregarem nele com todas as forças da eloquência e com toda a eficácia do espírito os maiores pregadores do Evangelho. Fala pois o apóstolo S. Paulo com os escravos, e diz assim em dois lugares: "Escravos, obedecei em tudo a vossos senhores, não os servindo somente aos olhos, e quando eles vos veem, como quem serve a homens, mas muito de coração, e quando não sois vistos, como quem serve a Deus. Tudo o que fizerdes não seja por força, senão por vontade, advertindo outra vez que servis a Deus, o qual vos há de pagar o vosso trabalho, fazendo-vos seus herdeiros. Enfim, servi a Cristo" (Cl 3,22ss; Ef 6,5ss).

Deixando esta última palavra para depois, só pondero agora aquelas: "O qual vos há de pagar o vosso trabalho, fazendo-vos seus herdeiros". Duas coisas promete Deus aos escravos pelo serviço que fazem a seus senhores, ambas não só desusadas, mas inauditas, que são paga e herança: "fazendo-vos seus herdeiros". Notai muito isto. Quando servis a vossos senhores, nem vós sois seus herdeiros, nem eles vos pagam o vosso trabalho. Não sois seus herdeiros, porque a herança é dos filhos, e não dos escravos, e não vos pagam o vosso trabalho, porque o escravo serve por obrigação, e não por estipêndio. Triste e miserável estado servir sem esperança de prêmio em toda a vida, e trabalhar sem esperança de descanso, senão na sepultura! Mas bom remédio, diz o apóstolo — e isto não são encarecimentos, senão fé católica. O remédio é que, quando servis a vossos senhores, não os sirvais "como quem serve a homens, senão como quem serve a Deus" — porque então não servis como cativos, senão como livres, nem obedeceis como escravos, senão como filhos. Não servis como cativos, senão como livres, "porque Deus vos há de pagar o vosso trabalho"; e não obedeceis como escravos, senão como filhos, porque Deus, com quem vos conformais nessa fortuna, que ele vos deu, "vos há de fazer seus herdeiros". Dizei-me: se servísseis a vossos senhores por jornal, e se houvésseis de ser herdeiros da sua fazenda, não os serviríeis com grande vontade? Pois, servi a esse mesmo que chamais senhor, servi a esse mesmo homem como se servísseis a Deus, e nesse mesmo trabalho, que é forçoso, bastará a voluntária aplicação deste como: "Como a Deus" — para que Deus vos pague como a livres, e vos faça herdeiros como a filhos: "O qual vos há de pagar o vosso trabalho, fazendo-vos seus herdeiros".

Isto diz S. Paulo. E S. Pedro, que diz? Ainda levanta e aperta mais o ponto. E depois de falar com os cristãos de todos os estados em geral, se dilata mais com os escravos, e os anima a suportarem o da sua fortuna com toda esta majestade de razões: "Escravos, estai sujeitos e obedientes em tudo a vossos senhores, não só aos bons e modestos, senão também aos maus e injustos" (1Pd 2,18). — Esta é a suma do preceito e conselho que lhes dá o Príncipe dos Apóstolos, e logo ajunta as razões, dignas de se darem aos mais nobres e generosos espíritos. Primeira, porque a glória da paciência é padecer sem culpa: "Se fazeis o mal e deveis tolerar maus-tratos, que mérito há nisso?" (1Pd 2,20). Segunda: porque essa é a graça com que os homens se fazem mais aceitos a Deus: "Mas se, fazendo bem, sofreis com paciência, isto é o que é agradável diante de Deus" (Ibid.). Terceira, e verdadeiramente estupenda: porque nesse estado, em que Deus vos pôs, é a vossa vocação semelhante à de seu Filho, o qual padeceu por nós, deixando-vos o exemplo que haveis de imitar: "Porque para isto é que vós fostes chamados, posto que Cristo padeceu também por nós, deixando-vos exemplo para que sigais as suas pisadas" (Ibid. 21). Justissimamente chamei a esta razão estupenda, porque quem haverá que não pasme à vista da baixeza dos sujeitos com quem fala S. Pedro e da alteza da comparação altíssima a que os levanta? Não compara a vocação dos escravos a outro grau ou estado da Igreja, senão ao mesmo Cristo: "Porque para isto é que vós fostes chamados, posto que Cristo padeceu também por nós". Mais ainda. Não para aqui o apóstolo, mas acrescenta outra nova e maior prerrogativa dos escravos, declarando por quem padeceu Cristo, e para que: "Posto que Cristo padeceu também por nós, deixando-vos exemplo". Sempre reparei muito da diferença daquele "por nós" e daquele "para vós". A Paixão de Cristo teve dois fins: o remédio e o exemplo. O remédio foi universal para todos nós: "padeceu também por nós" — mas o exemplo não duvida S. Pedro afirmar que foi particularmente para os escravos, com quem falava: "Deixando-vos exemplo". E por quê? Porque nenhum estado há entre todos mais aparelhado no que naturalmente padece, para imitar a paciência de Cristo e para seguir as pisadas do seu exemplo: "Deixando-vos exemplo para que sigais as suas pisadas".

Oh! ditosos vós, outra e mil vezes, como dizia, se assim como Deus vos deu a graça do estado, vos der também o conhecimento e bom uso dele! Sabeis qual é o estado do vosso cativeiro, se usardes bem dos meios que ele traz consigo, sem acrescentardes nenhum outro? É um estado, não só de religião, mas uma das religiões mais austeras de toda a Igreja. É religião segundo o instituto apostólico e divino, porque, se fazeis o que sois obrigados, não servis a homens, senão a Deus, e com título nomeadamente de servos de Cristo: "Como servos de Cristo, fazendo de coração a vontade de Deus, servindo-os com boa vontade, como ao Senhor, e não como a homens" (Ef 6,6s). Notai muito aquela palavra "servindo-os com boa vontade". Se servis por força, e de má vontade, sois apóstatas da vossa religião; mas se servis com boa vontade, conformando a vossa com a divina, sois verdadeiros servos de Cristo: "Servi a Cristo". Assim como na Igreja há duas religiões da redenção de cativos, assim a vossa é de cativos sem redenção, para que também lhe não faltasse a perpetuidade, que é a perfeição do estado. Umas religiões são de descalços, outras de calçados: a vossa é de descalços e despidos. O vosso hábito é da vossa mesma cor, porque não vos vestem as peles das ovelhas e camelos, como a Elias, mas aquelas com que vos cobriu ou descobriu a natureza, expostos aos calores do sol e frios das chuvas. A vossa pobreza é mais pobre que a dos menores, e a vossa obediência mais sujeita que a dos que nós chamamos mínimos. As vossas abstinências mais merecem nome de fome que de jejum, e as vossas vigílias não são de uma hora à meia-noite, mas de toda a noite sem meio. A vossa regra é uma, ou muitas, porque é a vontade e vontades de vossos senhores. Vós estais obrigados a eles, porque não podeis deixar o seu cativeiro, e eles não estão obrigados a vós, porque vos podem vender a outro quando quiserem. Em uma só religião se acha este contrato, para que também a vossa seja nisto singular. Nos nomes do vosso tratamento não falo, porque não são de reverência, nem de caridade, mas de desprezo e afronta. Enfim, toda a religião tem fim e vocação, e graça particular. A graça da vossa são açoites e castigos: "Isto é o que é agradável diante de Deus" (1Pd 2,20); a vocação é a imitação da paciência de Cristo: "Para isto é que vós fostes chamados, posto que Cristo padeceu também por nós" (Ibid. 21); e o fim é a herança eterna por prêmio: "Sabendo que recebereis o galardão da herança. Servi a Cristo, o Senhor" (Cl 3,24). E como o estado ou religião do vosso cativeiro, sem outras asperezas ou penitências mais que as que ele traz consigo, tem seguro, por promessa do mesmo Deus, não só o prêmio de bem-aventurados, senão também a herança de filhos, favor e providência muito particular é da Virgem Maria que vos conserveis no mesmo estado, e grandes merecimentos dele, para que por meio do cativeiro temporal consigais, como vos prometi, a liberdade ou alforria eterna.

§ VII

Crede, crede tudo o que vos tenho dito, que tudo, como já vos adverti, é de fé, e sobre esta fé levantai vossas esperanças, não só ao céu, senão ao que agora ouvireis que lá vos está aparelhado. Oh! que mudança de fortuna será então a vossa, e que pasmo e confusão para os que hoje têm tão pouca humanidade que a desprezam, e tão pouco entendimento que a não invejam! Dizei-me: se assim como vós nesta vida servis a vossos senhores, eles na outra vida vos houveram de servir a vós, não seria uma mudança muito notável, e uma glória para vós nunca imaginada? Pois, sabei que não há de ser assim, porque seria muito pouco. Não vos diz Deus que quando servis a vossos senhores "não sirvais como quem serve a homens, senão como quem serve a Deus"? Pois, esta grande mudança de fortuna que digo, não há de ser entre vós e eles, senão entre vós e Deus. Os que vos hão de servir no céu não hão de ser vossos senhores, que muitos pode ser que não vão lá; mas quem vos há de servir é o mesmo Deus em pessoa. Deus é o que vos há de servir no céu, porque vós o servistes na terra. Ouvi agora com atenção.

Antigamente entre os deuses dos gentios havia um que se chamava Saturno, o qual era deus dos escravos, e quando vinham as festas de Saturno, que por isso se chamavam saturnais, uma das solenidades era que os escravos naqueles dias eram os senhores que estavam assentados, e os senhores os escravos que os serviam em pé[12]. Mas, acabada a festa, também se acabava a representação daquela comédia, e cada um ficava como dantes era. No céu não é assim, porque tudo lá é eterno, e as festas não têm fim. E quais serão no céu as festas dos escravos? Muito melhor que as saturnais, porque todos aqueles escravos que neste mundo servirem a seus senhores como a Deus, não são os senhores da terra os que os hão de servir no céu, senão o mesmo Deus em pessoa o que os há de servir. Quem se atrevera a dizer nem imaginar tal coisa, se o mesmo Cristo o não dissera? "Bem-aventurados aqueles escravos a quem o Senhor no fim da vida achar que foram vigilantes" (Lc 12,37) em fazer sua obrigação. — E como lhes pagará o mesmo Senhor? Ele mesmo o diz e afirma com juramento: "Em verdade vos digo: Mandará assentar os escravos à mesa, e ele, como escravo, cingirá o avental e os servirá a ela". — Por este excesso de honra declara Cristo quanto Deus há de honrar aos escravos no céu, se eles servirem a seus senhores como se servissem a Deus. Servistes a vossos senhores na terra como a mim? Pois eu, que sou o Senhor de vossos senhores, vos servirei no céu como vós a eles. S. Pedro Crisólogo: "Oh! Tremenda mudança de servidão: porque ao escravo que serviu e esperou a Deus um pouco de tempo, e a quem se daria a pena do talião, a divindade se dissimula dentro de si mesma"[13] — e o mesmo Deus no céu sirva ao escravo! E isto faz Deus — diz elegante e discretamente o santo — porque assim como na terra há lei de talião para os delitos, assim no céu tem Deus lei de talião para os prêmios: "A pena do talião".

Mas, porque não pareça que excede os termos da rigorosa teologia dizer que servirá Deus como escravo no céu aos escravos que serviram a Deus na terra, ouvi ao príncipe dos teólogos, Santo Tomás, sobre este mesmo texto do Evangelho: "O Deus onipotente de tal maneira se sujeita a todos os que santamente o serviram, como se Deus fora escravo comprado de cada um, e cada um dos que assim o serviram fora Deus do mesmo Deus"[14]. Vede, vede se vos está melhor servir a vossos senhores como a Deus ou servi-los como a homens. Depois de os servirdes toda a vida como a homens, o mais que podeis esperar deles na terra é uma esteira de tábua por mortalha; e se os servirdes como a Deus, o que haveis de alcançar dele no céu é que vos servirá e honrará por toda a eternidade, como a vós, aqui miserável escravo, fôsseis seu Deus, e ele vosso escravo comprado: "Como se Deus fora escravo comprado de cada um, e cada um dos que assim o serviram fora Deus do mesmo Deus".

E para que do mesmo que experimentais e gozais na terra, julgueis o que será no céu, ponde os olhos naquele altar. O mesmo benigníssimo Senhor que no desterro e no cativeiro vos põe consigo à mesa, que muito é que no céu vos sirva a ela? Foi questão entre os filósofos antigos se era justo e decente que os senhores admitissem consigo à mesa e pusessem a ela os seus escravos? Os estoicos, que era a seita mais racional e entre os gentios a mais cristã, ensinava que os senhores deviam admitir os escravos à sua mesa, e louvavam a humanidade dos que isto faziam, e se riam da soberba dos que se desprezavam de o fazer. "São escravos" — dizia o maior mestre da mesma seita — "são escravos? Antes, são homens, são companheiros, são amigos humildes, tão escravos quanto nós. Por isso me rio dos que julgam humilhante admitir os escravos à própria mesa"[15]. Todas estas razões de Sêneca se reduzem a uma, que é serem também homens os que são escravos. Se a fortuna os fez escravos, a natureza fê-los homens; e por que há de poder mais a desigualdade da fortuna para o desprezo que a igualdade da natureza para a estimação? Quando os desprezo a eles, mais me desprezo a mim, porque neles desprezo o que é por desgraça, e em mim o que sou por natureza. A esta razão forçosa em toda a parte se acrescenta outra no Brasil, que convence a injustiça e exagera a ingratidão. Quem vos sustenta no Brasil, senão os vossos escravos? Pois, se eles são os que vos dão de comer, por que lhes haveis de negar a mesa, que mais é sua que vossa? Contudo, a majestade ou desumanidade da opinião contrária é a que prevalece, e não só não são admitidos os escravos à mesa, mas nem ainda às migalhas dela, sendo melhor a fortuna dos cães que a sua, posto que sejam tratados com o mesmo nome. Que importa, porém, que os senhores os não admitam à sua mesa, se Deus os convida e regala com a sua? "Ó coisa admirável" — exclama Santo Tomás, e com ele toda a Igreja —, "Ó coisa admirável, o escravo pobre e humilde, não só come à mesa com seu Senhor, mas come ao mesmo Senhor!" — Comparai agora mesa com mesa e senhor com Senhor, e ride-vos com Sêneca dos que ainda neste ponto se não descem da autoridade de senhores: "Por isso me rio dos que julgam humilhante admitir os escravos à própria mesa".

E se Deus, sendo escravos, vos põe à sua mesa na terra, que muito é que, tendo-o prometido e estando vós já livres do cativeiro, vos haja de servir à mesa no céu, sendo a mesa não outra, senão a mesma? Todos os reparos que podia ter esta admiração já Cristo os deixou desfeitos na instituição do mesmo Sacramento. Antes de Cristo instituir o soberano mistério do Santíssimo Sacramento, preparou-se a si e preparou os discípulos. E quais foram as preparações? Duas em uma só ação, que foi o lavatório dos pés. A sua, servindo-os como escravo, e a dos discípulos, obrigando-os a que se deixassem servir como senhores. E se Cristo serviu aos homens como escravo, porque os havia de pôr à sua mesa na terra, que muito haja de servir aos escravos já livres, quando os tiver à sua mesa no céu: "E os fará sentar à mesa e, passando por eles, os servirá" (Lc 11,37)? Esta é a mudança sobre toda a admiração estupenda, com que então vereis trocada a vossa fortuna, cá servindo aos homens, e lá sendo servidos do mesmo Deus. Mas o que agora importa é que de nenhum modo falteis à obrigação com que só se promete a felicidade desta mudança à presente miséria de vossa fortuna. E qual é, se não estais bem lembrados? É que vós também mudeis a intenção e troqueis os fins do vosso mesmo trabalho, fazendo-o de forçoso voluntário e servindo a vossos senhores como a Cristo, e, debaixo dos homens, a Deus: "Como ao Senhor e não aos homens. Servi a Cristo Senhor". Desta maneira ficareis duas vezes forros e livres: livres do cativeiro do demônio pela liberdade das almas, e livres do cativeiro temporal pela liberdade eterna, que são os dois cativeiros da primeira transmigração de Babilônia

e as duas liberdades da segunda: "Na transmigração de Babilônia. E depois da transmigração de Babilônia" (Mt 1,11s).

§ VIII

Tenho acabado o meu discurso, e parece-me que não faltado ao que vos prometi. E porque esta é a última vez que hei de falar convosco, quero acabar com um documento tirado das mesmas palavras, se muito necessário para vós, muito mais para vossos senhores: "A Jeconias e a seus irmãos, na transmigração de Babilônia". Este Jeconias e estes seus irmãos, quem foram? Todos foram reis e filhos de reis, e reis do reino de Judá, fundado pelo mesmo Deus, e o mais famoso do mundo, e nada disto bastou para que não fossem levados cativos a Babilônia, e lá tratados como vilíssimos escravos: um carregado de cadeias, outro com grilhões nos pés, outro com os olhos arrancados, depois de ver com eles matar em sua presença os próprios filhos. Em significação deste cativeiro, andava o profeta Jeremias pelas ruas e praças de Jerusalém com uma grossa cadeia ao pescoço (Jr 27,2). E a esta acrescentou depois outras cinco, as quais mandou aos reinos e reis confinantes, pelos seus embaixadores que residiam naquela corte. Uma ao rei de Edom, outra ao rei de Moab, outra ao rei de Amon, outra ao rei de Tiro, outra ao rei de Sidônia, porque todos no mesmo tempo haviam de ser cativos, como foram, pelos exércitos dos caldeus. Pois, se os cetros e coroas não livraram do cativeiro a tantos reis e, depois de adorados dos seus vassalos, se viram escravos dos estranhos, estas voltas tão notáveis da roda da fortuna vos devem consolar também na vossa. Se isto sucede aos leões e aos elefantes, que razão podem ter de se queixar as formigas? Se estes, nascidos em palácios dourados e embalados em berços de prata, se viram cativos e carregados de ferros, vós, nascidos e criados nas brenhas da Etiópia, considerai as grandes razões que tendes para vos compor com a vossa fortuna, tanto mais leve, e levar com bom coração os descontos dela. O que haveis de fazer é consolar-vos muito com estes exemplos, sofrer com muita paciência os trabalhos do vosso estado, dar muitas graças a Deus pela moderação do cativeiro a que vos trouxe e, sobretudo, aproveitar-vos dele para o trocar pela liberdade e felicidade da outra vida, que não passa, como esta, mas há de durar para sempre.

Este foi o documento dos escravos. E os senhores terão também alguma coisa que tirar deste cativeiro de Babilônia? Parece que não. Eu — está dizendo cada um consigo — eu, por graça de Deus, sou branco e não preto sou livre e não cativo, sou senhor e não escravo, antes tenho muitos. E aqueles que se viram cativos em Babilônia, eram pretos ou brancos? Eram cativos ou livres? Eram escravos ou senhores? Nem na cor, nem na liberdade, nem no senhorio vos eram inferiores. Pois, se eles se viram abatidos ao cativeiro, sendo necessário para isso descer tantos degraus, vós que com a mudança de um pé vos podeis ver no mesmo estado, por que não temeis o vosso perigo? Se sois moço, muitos anos tendes para poder experimentar esta mudança; e se velho, poucos bastam. Introduz Macróbio em um diálogo dois interlocutores, um chamado Pretextato, grande desprezador dos escravos, e outro que os defendia, chamado Evangelo[16]. Este, pois, que só uma letra lhe faltava para Evangelho, disse assim a Pretextato: "Se considerares, ó Pretextato, que tanto poder tem a fortuna sobre os escravos como sobre os livres, acharás que este, que tu hoje vês escravo, amanhã o podes ver livre, e que ele, que hoje te vê livre, amanhã te pode ver escravo". — "E se não dize-me: de que idade era Hécuba, Cresso, e a Mãe de Dario, e Diógenes, e Platão quando se viram cativos"?

Senhores, que hoje vos chamais assim, considerai que para passar da liberdade ao cativeiro não é necessária a transmigração de Babilônia, e que na vossa mesma terra pode suceder esta mudança, e que nenhuma há no mundo que mais a mereça e esteja clamando por ela à divina justiça. Ouvi um pregão da mesma justiça divina por boca do evangelista S. João: "Se alguém tem ouvidos, ouça" (Ap 13,9). Quem tem ouvidos, e não é surdo aos avisos de Deus, ouça. — E que há de ouvir? Poucas palavras, mas tremendas: "Todo aquele que cativar será cativo" (Ap 13,10). — Olhai para os dois polos do Brasil, o do Norte e o do Sul, e vede se houve jamais Babilônia nem Egito no mundo, em que tantos milhares de cativeiros se fizessem, cativando-se os que fez livres a natureza, sem mais direito que a violência, nem mais causas que a cobiça, e vendendo-se por escravos. Um só homem livre cativaram os irmãos de José quando o venderam aos ismaelitas para o Egito, e em pena deste só cativeiro cativou Deus no mesmo Egito a toda a geração e descendentes dos que o cativaram, em número de seiscentos mil, e por espaço de quatrocentos anos. Mas para que é ir buscar os exemplos fora de casa, e tão longe, se os temos em todas as nossas conquistas? Pelos cativeiros da África cativou Deus a Mina, Santo Tomé, Angola e Benguela; pelos cativeiros da Ásia cativou Deus Malaca, Ceilão, Ormuz, Mascate, Cochim; pelos cativeiros da América cativou a Bahia, o Maranhão e, debaixo do nome de Pernambuco, quatrocentas léguas de costa por vinte e quatro anos. E porque os nossos cativeiros começaram onde começa a África, ali permitiu Deus a perda de el-rei Dom Sebastião, a que se seguiu o cativeiro de sessenta anos no mesmo reino.

Bem sei que alguns destes cativeiros são justos, os quais só permitem as leis, e que tais se supõem os que no Brasil se compram e vendem, não dos naturais, senão dos trazidos de outras partes; mas que Teologia há ou pode haver que justifique a desumanidade e sevícia dos exorbitantes castigos com que os mesmos escravos são maltratados? Maltratados, disse, mas é muito curta esta palavra para a significação do que encerra ou encobre. Tiranizados, devera dizer, ou martirizados, porque serem os miseráveis pingados, lacrados, retalhados, salmourados, e os outros excessos maiores, que calo, mais merecem nome de martírios que de castigos. Pois, estai certos que vos não deveis temer menos da injustiça destas opressões que dos mesmos cativeiros, quando são injustos; antes, vos digo que mais vos deveis temer delas, porque é muito mais o que Deus as sente. Enquanto os egípcios somente cativavam os filhos de Israel, dissimulou Deus com o cativeiro; mas finalmente não pôde a divina justiça sofrer a sua mesma dissimulação, e depois das dez pragas, com que foram açoitados os mesmos egípcios, acabou de uma vez com eles, e os destruiu e assolou totalmente. E por quê? O mesmo Deus o disse.

"Vi" — diz Deus —, "a aflição do meu povo e ouvi os seus clamores, pela dureza das opressões com que os carregam e rigores com que os castigam os que presidem às obras em que trabalham" (Ex 3,7). — Notai duas coisas: a primeira, que se não queixa Deus de Faraó, senão dos seus Feitores: "Pela dureza daqueles que presidem às obras"— porque os feitores muitas vezes são os que mais cruelmente oprimem os escravos. A segunda, que não dá por motivo da sua justiça o cativeiro, senão as opressões e rigores com que, sobre cativos, os afligiam: "Vi a aflição do meu povo". E acrescenta o Senhor que "ouviu os seus clamores" — que é para mim um reparo de grande lástima, e para Deus deve ser uma circunstância que grandemente provoque a sua ira. Estão açoitando cruelmente o miserável escravo, e ele gritando a cada açoite, Jesus, Maria, Jesus, Maria, sem bastar a reverência destes dois nomes para moverem à piedade um homem que se chama cristão. E como queres que te ouçam na hora da morte estes dois nomes, quando chamares por eles? Mas estes clamores, que vós não ouvis, sabei que Deus os ouve, e já que não têm valia para com o vosso coração, a terão sem dúvida sem remédio para vosso castigo.

Oh! como temo que o oceano seja para vós Mar Vermelho, as vossas casas como a de Faraó, e todo o Brasil como o Egito! Ao último castigo dos egípcios precederam as pragas, e as pragas já as vemos, tão repetidas umas sobre outras, e algumas tão novas e desusadas quais nunca se viram na clemência deste clima. Se elas bastarem para nos abrandar os corações, razão teremos para esperar misericórdia na emenda; mas se os corações, como o de Faraó, se endurecerem mais, ainda mal, porque sobre elas não pode faltar o último castigo. Queira Deus que eu me engane neste triste pensamento, que sempre aqui, e na nossa corte, os mais alegres são os mais cridos. Sabei, porém, que é certo — e fique-vos isto na memória — que se Jeconias e seus irmãos creram a Jeremias, não seriam cativos (Jr 37, 2.18); mas porque deram mais crédito aos profetas falsos que os adulavam, assim ele, como seus irmãos, todos acabaram no cativeiro de Babilônia: "A Jeconias e a seus irmãos, na transmigração de Babilônia".

FIM

SERMÃO

XXVIII

❧

"Bem-aventurado o ventre
que te trouxe."
(Lc 11,27)

Vieira divide a citação de Lucas 11,27s entre os 18 sermões desta série mariana, tendo em conta sempre a totalidade do texto. Hoje, propõe-se fazer uma advertência particular sobre a palavra "trouxe", cujo significado ele amplia para "levou": Era levado o Filho e era a Mãe que o levava. Assim agora, estando ambos no céu, ela o leva e ele se deixa levar, e isto há de ser em benefício do seu Rosário. Com textos do livro dos Cantares e suas interpretações, ele se encanta com a glória de Maria. Três modos ou razões que explicam a sujeição de Deus à sua Mãe: o amor, como esposa, a obediência, como Mãe, e a força, como a mais poderosa.

E aos que assistem fora de suas portas, a promessa mais universal: conquista a vontade de seu Filho quem primeiro ganha a da Mãe. Peçamo à Mãe de Deus que deseje por nós, pois o Filho não deixará de querer o que a mesma Senhora desejar.

§ I

Havendo ponderado por tantos modos, e tão vários, as poucas cláusulas deste brevíssimo Evangelho, ainda não fizemos particular advertência sobre a palavra "trouxe". Bem pudera a eloquente oradora, como inspirada do céu, usar de outra, não só mais própria, mas ainda mais decente e decorosa. Porque a palavra "trouxe" significa naturalmente levar com peso, e assim o experimentam todas as outras mães; porém à Mãe Virgem, como diz Santo Agostinho: "Nenhum peso podia sentir a parturiente"[1]. De nenhum modo lhe podia ser pesado dentro em suas entranhas o filho que, sendo seu, era também de Deus. — Assim o ensina a razão e o tinha já mostrado a experiência. A experiência, nos levitas que levavam a Arca do Testamento, os quais nenhum peso sentiam nela, porque era figura de Cristo[2]; a razão, porque os corpos em seu elemento não pesam, como se vê na água do mar, e o elemento de Deus é Maria. Tirado, pois, o peso à palavra "trouxe", só lhe fica à Mãe a significação de levar, e ao Filho, a de ser levado. Era levado o Filho, e a Mãe a que o levava: "que te trouxe" — e este movimento, só ativo na Mãe e só passivo no Filho, é um grande e não advertido mistério, em que eu faço todo o meu reparo, e que só tem lugar no sagrado ventre, e só no tempo em que Cristo esteve encerrado nele.

Pergunta Hugo Cardeal: "Por que não disse a Mulher do Evangelho bem-aventurada a Mãe, senão bem-aventurado o ventre"? A razão e o mistério foi porque no nome da Mãe era muito menor o louvor e muito menor o sentido da palavra "levou" que no nome do ventre. A Virgem, Senhora nossa, tendo a Cristo dentro do sagrado ventre, ou fora dele, sempre era Mãe; mas, levando-o dentro ou fora, como o levou em seus braços ao Egito e pela mão ao Templo, era com grande diferença de levar a levar. Porque, sendo o Filho levado dentro do ventre, não tinha outro movimento mais que o da Mãe; e sendo levado fora, ou mais ou menos crescido, sempre tinha o seu próprio movimento. Muito mais diz logo a palavra "trouxe" junta com o "bem-aventurado ventre" que com o "bem-aventurada mãe, porque neste segundo caso não lhe estavam sujeitos todos os movimentos do Filho de Deus, e no primeiro sim. De Deus diz o apóstolo S. Paulo, por grande excelência, "que nele somos, nele vivemos e nele nos movemos" (At 17,28). E tal foi a excelência do ventre virginal em respeito do mesmo Deus, enquanto o concebeu e teve dentro em si, porque "nele" — deu a Senhora ao mesmo Deus "o ser" — deu ao mesmo Deus "a vida"— e deu ao mesmo Deus "o movimento".

Três jornadas maiores fez a Virgem Santíssima levando dentro em si a seu Filho: de Nazaré às montanhas, das montanhas a Nazaré, e de Nazaré a Belém. Mas, assim nas jornadas de mais tempo e de maior caminho, como nos passos domésticos e de cada dia, grande prerrogativa é da Virgem que fosse tão Senhora de todos os movimentos do Filho de Deus, que ela o levasse e ele se deixasse levar sempre para onde a mesma Senhora queria: "Que te trouxe". Arias Montano, em lugar de "te trouxe", treslada do original "te trazendo", reduzindo o tempo passado ao presente ou indefinido. E com este fundamento — ou também sem ele — questão é digna de se examinar e saber se este privilégio de levar a Senhora a seu Filho, e ele se deixar levar para onde a Mãe queria, acabou com os nove meses que viveu encerrado no sagrado ventre, ou se continuou e continua ainda hoje no céu, onde o Filho está à destra do Pai, e a Mãe à destra do Filho? O que determino ver se posso provar é que a palavra "te trouxe", que escolhi do Evangelho, não só se verificou daquele tempo, e na terra, senão que também hoje tem a mesma significação no céu. O argumento, pois, do meu discurso será este: Que assim como então a Senhora levava a Deus, e Deus se deixava levar da Senhora para onde ela queria, assim hoje, estando ambos no céu, ela o leva e ele se deixa levar para onde a mesma Senhora quer. E porque já se entende que isto há de ser em benefício e glória do seu Rosário, peçamos a graça. *Ave Maria etc.*

§ II

"Bem-aventurado o ventre que te trouxe." Entre as famosas fábricas de Salomão, é célebre um trono portátil, chamado férculo, no qual o grande monarca costumava sair em público, quando se queria mostrar aos vassalos com toda a ostentação de pompa e majestade. A matéria desta fábrica era dos cedros do Líbano: tinha colunas que eram de prata, sobre as colunas dossel que era de púrpura, e no espaldar cadeira, que era de ouro: "O rei Salomão fez para si um férculo de madeira do Líbano; fez-lhe as colunas de prata, o baldaquim de ouro; seu dossel de púrpura. Seu encosto, revestiu-o de ébano" (Ct 3,9s)[3]. Assim lemos no terceiro capítulo dos Cânticos. E porque naquele livro enigmático todo o material é metafórico e todo o literal místico, para inteligência do mistério que encerram as palavras referidas é necessário saber duas coisas: primeira, qual era a significação daquela fábrica; segunda, por que se chamava férculo.

Quanto à significação da fábrica, assim como Salomão significava a Cristo, assim a fábrica significava a Virgem Senhora nossa, Mãe do mesmo Cristo, a qual ele fez e criou dotada de todas as perfeições, como quem a fazia para si e para Mãe sua. Este é o sentido comum de todos os intérpretes[4], o qual eles explicam e aplicam por diferentes alegorias; mas eu o provo das partes da mesma fábrica, e argumento assim: a matéria de toda ela era o cedro do Líbano, que é o melhor de todos os lenhos; a do dossel, era a púrpura, que é a melhor de todas as lãs e de todas as cores; a das colunas e da cadeira era a prata e o ouro, que são os melhores de todos os metais; logo, o todo composto destas partes não significava nem podia significar a outrem, senão a Virgem Maria, porque nela unicamente ajuntou o supremo Artífice, não só o melhor de todas as criaturas, senão o melhor do melhor. A mesma Senhora o disse assim, não por si mesma, como tão humilde, mas por outra boca inspirada pelo Espírito Santo, com autoridade de fé.

"Elevei-me como o cedro do Líbano, e como o cipreste do Monte Sião. Cresci como a palmeira de Cades, e como as plantas das rosas de Jericó. Elevei-me como uma formosa oliveira nos campos, e como o plátano nas praças junto da água" (Eclo 24,17ss). Compara-se aqui a Senhora às árvores e plantas mais insignes e mais bem dotadas da natureza: ao cedro, ao cipreste, à palma, à rosa, à oliveira, ao plátano, mas é muito de notar que a todos estes nomes comuns acrescenta, como por sobrenomes, as terras ou sítios de que era ou havia de ser cada uma. Ao cedro, sim, mas não a qualquer cedro, senão ao do monte Líbano; ao cipreste, sim, mas não a qualquer cipreste, senão ao do Monte Sião: e por este modo às demais árvores. Pois se estas árvores e plantas, como dizíamos, eram as mais insignes e estimadas e as melhores que criou a natureza, por que razão lhes acrescenta a Senhora, dentro na própria espécie, aquela diferença ou preferência com que as distingue e singulariza das outras? Porque, ainda que pela primeira diferença eram as melhores entre todas as árvores, pela segunda eram as melhores entre todas as melhores. O cedro, pelo incorruptível e odorífero, era o melhor entre todos os lenhos cheirosos e que preservam da corrupção; mas o cedro do Líbano melhor que todos os cedros: "Elevei-me como o cedro do Líbano". O cipreste, por ser uma pirâmide verde que sobe direita ao céu, era melhor que todas as árvores consagradas ao culto divino, mas o cipreste do Monte Sião melhor que todos os ciprestes: "E como o cipreste do Monte Sião". A palma, pela prerrogativa triunfal de seus ramos, era melhor que todas as outras de que se tecem coroas aos vencedores, mas a palma de Cades melhor que todas as palmas: "Cresci como a palmeira de Cades". A rosa, como rainha, sem controvérsia era a melhor de todas as flores; mas a rosa de Jericó melhor que todas as rosas: "E como as plantações de rosa de Jericó". A oliveira, pingue e doce, era melhor que todas as que se destilam em óleos; mas a oliveira, não do monte, senão dos campos, melhor que todas as oliveiras: "Elevei-me como uma formosa oliveira nos campos". Finalmente, o plátano, copado e fresco, era melhor que todas as que fazem sombra e defendem do calor do sol; mas o plátano plantado nas estradas, e junto à corrente das águas, era melhor que todos os plátanos: "E como o plátano nas praças junto da água". E como as perfeições da Virgem Maria, não só são comparadas ao melhor de todas as criaturas, senão ao melhor do melhor, por isso no cedro, na púrpura, na prata e no ouro, que eram as partes de que se compunha o férculo de Salomão, não podia ser significada outra, senão a Mãe do verdadeiro Salomão, a mesma Virgem Maria.

Declarada a significação daquela famosa e formosa fábrica do rei mais poderoso e mais sábio, saibamos agora por que razão ele lhe chamou férculo, nome que só esta vez, e só neste lugar, se lê em toda a Escritura Sagrada. Todos os autores, latinos gregos e hebraicos, derivam a palavra "férculo" do verbo "*fero*", que significa levar. E não lhe chamou Salomão ou carroça, ou liteira, ou andor, senão férculo, para que não só o efeito, senão o mesmo nome, mostrasse que o intento com que fora fabricado era para o férculo o levar, e ele ser levado, que não tem outra diferença a singularidade do nome. Ajuntando, pois, a propriedade desta significação com a significação da mesma fábrica, que outra coisa vem a ser a palavra "férculo" dos Cânticos e a palavra "trouxe" do Evangelho, senão dois admiráveis sinônimos com que Salomão profetizou no "férculo" o sentido do "trouxe", e o Evangelho declarou no "trouxe" o mistério e sentido do "*ferculum*"? O sentido do "trouxe", enquanto Cristo esteve encerrado no sagrado ventre: "Bem-aventurado o ventre que te trouxe" — era — como vimos — para que o movimento ativo, e o levar, pertencesse só à Mãe, e o movimento passivo, e o ser levado, ao Filho; e o mesmo sentido e mistério, como diz Alberto Magno, é o do férculo: "Por férculo se indica o útero virginal, porque férculo se diz como veículo derivando do verbo '*fero, fers*'. Portanto, Salomão, isto é, Cristo, fez, isto é, preparou para si, isto é, para sua honra, o férculo, isto é, o útero da bem-aventurada virgem"[5]. E para que não pareça coisa nova ou menos decente em Cristo o ser levado, sendo Deus, tão antigo é no mesmo Deus o ser levado como o haver de ter Mãe que se chamasse Maria.

No princípio da Criação do mundo, diz o texto sagrado que o Espírito de Deus era levado sobre as águas: "Era levado sobre as águas" (Gn 1,2) — e logo diz mais que à congregação das águas deu o mesmo Deus por nome maria [mares]: "À reunião das águas chamou 'maria' [mares]" (Gn 1,10). E com que mistério este nome? Com mistério e significação, diz Santo Antonino, que aquela puríssima e imensa criatura em que Deus congregasse e ajuntasse todas as graças se havia de chamar Maria: "À reunião das águas chamou 'maria' [mares]; à reunião das graças chamou Maria". Mas nas mesmas palavras do texto "O Espírito de Deus era levado sobre as águas" — da palavra "espírito", e da palavra "era levado", e da palavra "águas" parece que resulta uma implicação manifesta contra a ordem da mesma natureza, que então nascia, porque "espírito", na significação natural, quer dizer vento, e as águas naturalmente são levadas do vento, e não o vento levado das águas. Como diz logo o texto "que o espírito de Deus era o levado das águas"? — Porque as águas, como acabamos de dizer, significavam o mar das graças, Maria, e não em outro estado ou tempo — como notou Santo Ambrósio — senão no mistério da Encarnação, do qual disse o anjo: "O Espírito Santo descerá sobre ti" (Lc 1,35). E como então é que Deus entrou no ventre virginal da Senhora, desde então, no mesmo sagrado ventre, começou a ser próprio da mesma Senhora o levar a Deus, e próprio do mesmo Filho Deus o ser levado: "Que te trouxe".

§ III

Isto é o que passou na terra em todo aquele tempo em que o Filho de Deus esteve encerrado no claustro virginal do ventre sacratíssimo, sendo a soberana Mãe a que o levava e ele o que era levado a qualquer parte onde ambos iam. E, posto que o mesmo Senhor, desde o instante de sua conceição, não teve as potências da alma impedidas, como os outros recém-gerados, senão perfeitissimamente livres, nunca, porém, quis usar da própria vontade, sujeito em tudo à da Mãe, sendo ele o que era levado, e a Senhora a que o levava para onde queria. Mas, porque o argumento que eu propus, e desejo provar, é que estes mesmos poderes ou privilégios tem e goza a Virgem Maria no céu, e que assim como nos nove meses que teve a Deus dentro em si, o levava cá na terra para onde queria, assim o leva hoje no céu para onde quer. Esta é a grande dificuldade desta nova e inaudita proposição.

Deixando pois a terra e pondo-nos no céu, diga-nos S. João o que lá viu em uma das revelações do seu Apocalipse. Chama ele ao céu Monte de Sião — conforme a frase de Davi: "Será visto o Deus dos deuses em Sião" (Sl 83,8) — porque só no céu se vê a Deus — e diz que viu no céu um grande número de bem-aventurados, os quais tinham escrito na testa o nome do Cordeiro, que é Cristo, e todos lhe cantavam uma letra que nenhum outro podia cantar. E declarando quem fossem estes, e que privilégio particular tinham entre os demais, diz que eram os virgens, e que só eles seguiam o Cordeiro para qualquer parte que ia: "Porque são virgens. Estes seguem o Cordeiro para onde quer que ele vá" (Ap 14,4). Entra agora S. Bernardo e, comparando as outras virgens com a Virgem das Virgens, dá-nos ocasião para duvidar com grande fundamento se a Virgem das Virgens no céu tem este mesmo privilégio das outras virgens, ou outro maior? Ter o mesmo somente, é pouco; ter outro maior, é muito devido; mas qual é ou pode ser? O mesmo santo o resolve por estas excelentes palavras: "Nos louvores das Virgens se canta que seguem o Cordeiro para qualquer parte que vai; que louvores julgas dignos para aquela que ademais precede?"⁶. Se é grande louvor das virgens dizer-se delas que no céu seguem o Cordeiro para qualquer parte que vai, qual será o louvor da Virgem das Virgens, à qual no céu não só segue o Cordeiro, mas o Cordeiro a segue a ela? — Não se podia dizer mais nem melhor. De sorte que as outras virgens no céu seguem o Cordeiro para onde vai o Cordeiro, mas a Virgem das Virgens no mesmo céu, não só segue o Cordeiro para onde vai o Cordeiro, mas o Cordeiro é o que segue a Virgem para onde vai a Virgem: "Ela precede". Ela é a que vai diante, e o Cordeiro o que a segue.

Mas porque não basta que um privilégio tão singular se funde só na autoridade de S. Bernardo, ouçamo-lo da boca do mesmo Cordeiro no céu. Fala com ele a mesma Mãe em figura de pastora na parábola dos Cânticos, e diz assim: "Dizei-me, Amado meu, onde apascentais as vossas ovelhas e onde descansais ao meio-dia?" (Ct 1,6). — O meio-dia, como diz Santo Agostinho, e todos os Padres, significa o tempo sem tempo da eternidade da glória, onde Deus, não já em sombras, como nesta vida, mas claramente, e com todos os resplendores da divindade, se mostra aos bem-aventurados, deixando-se ver como é em si mesmo, e com esta mesma vista apascenta todos aqueles que, como ovelhas da mão direita, predestinou para o descanso do céu. Deste tempo, e deste lugar, fala a pergunta da Mãe, à qual responde o Filho, e a resposta, tão notável como sua, foi esta: "Se ignorais, ou não sabeis de vós, segui as pisadas do vosso rebanho" (Ct 1,8). — Com razão chamei notável a esta resposta. Mas examinemos primeiro a pergunta, que também tem dificuldade naquele "onde" duas vezes repetido. Deus não tem "onde", ao menos duvidoso porque sua imensidade, nem muda, nem pode mudar lugar. Pois, se não muda nem pode mudar lugar, nem há *ubi*, ou onde, onde não esteja, como lhe pergunta a Senhora: "Onde apascentas, onde repousas" (Ct 1,6)? Daqui se vê claramente que não fala com Deus enquanto Deus, senão com Cristo enquanto homem. Porque Cristo no céu, sem deixar a destra do Pai, pode mudar e muda lugares, que por isso se diz do Cordeiro: "para qualquer parte que vá". — Pois, se o Cordeiro no céu muda lugares, e a Mãe lhe pergunta aonde está, por que lhe responde ele: "Se ignorais de vós" — quando parece que havia de dizer: "Se me ignorais"? Mas respondeu assim discretissimamente, como se dissera: — Se eu no céu, Mãe minha, vos sigo sempre, e não vou senão para onde vós me levais, perguntares-me agora aonde estou, mais é não saber de vós que não saber de mim: "Se ignorais". E se quereis saber por outra via o que me perguntais. Segui as pisadas do vosso rebanho", e logo o sabereis. — Mas pelas pisadas do seu rebanho, de que modo? Porque, assim como o rebanho segue a pastora, assim o Cordeiro segue a Mãe, e como vós souberdes onde está a Mãe, logo sabereis onde está o Cordeiro. Tão certo é que não dá passo o Cordeiro, senão para onde é levado de sua Mãe, e isto não na terra, senão no céu: "ao meio-dia". Vede como se correspondem bem o meio-dia da glória com a manhã da Encarnação. No primeiro horizonte da vida, quando Deus se vestiu de encarnado na guarda-roupa do ventre puríssimo, a aurora não seguia ao sol, senão o sol a aurora? Pois, assim como cá o sol seguia a aurora, assim lá o Cordeiro segue a Mãe: "Que ademais precede".

E para que se veja que nesta confirmação das palavras de S. Bernardo me não aparto do seu pensamento, tornemos a ouvir ao mesmo S. Bernardo sobre o mesmo S. João no mesmo Apocalipse. "Apareceu no céu um sinal maravilhoso e nunca visto: uma mulher vestida do sol" (Ap 12,1). Bem conhecido é o texto — O sol é Cristo, a mulher é a Virgem Maria, Senhora nossa; e por isso mesmo parece que não havia de estar a mulher vestida do sol, senão o sol vestido da mulher. É instância bem arguida do grande comentador do Apocalipse, Ansberto: "Talvez fosse mais lógico dizer não que a mulher estivesse vestida de sol, mas que antes vestisse o sol presente no ventre". Quando a Senhora trouxe a Deus no sagrado ventre, então o vestiu da tela de suas próprias entranhas, dando-lhe a humanidade; logo, o sol é o que havia de estar vestido da mulher, e não a mulher vestida do sol. Antes, por isso mesmo, replica S. Bernardo: porque agora o sol e a mulher estavam no céu: "Um grande sinal apareceu no céu". E esta foi a justa e condigna remuneração com que o Filho quis pagar à Mãe, no céu, o que dela tinha recebido na terra: "Assim como o vestes, sois por ele vestida: vestes a ele com a substância da carne, e sois por ele vestida com a glória de sua majestade"⁷. Porque a mulher vestiu ao sol na terra, por isso o sol veste a mulher no céu: ela na terra vestiu-o com a substância da humanidade, e ele no céu veste-a com a glória da sua própria majestade. — E isto é confirmar S. Bernardo o seu pensamento de que o Cordeiro seguia a sua Mãe "para qualquer parte que fosse"? Sim. Porque assim como a Virgem na terra levava a Deus para onde queria, porque o tinha dentro do sagrado ventre, assim agora, que Deus está fora dele no céu, quer o Senhor que o leve também para onde quiser, e para isso a vestiu de si mesmo. O vestido não tem outro movimento senão o da pessoa a quem veste; e como Deus veste no céu a Mãe que o vestiu na terra, assim como na terra seguia os seus movimentos, porque o tinha dentro em si, assim não pode deixar de os seguir também no céu, porque está vestida dele: "vestida de sol". E a razão desta justa e recíproca recompensa é porque não fora a paga igual à dívida, se o privilégio que a Senhora tinha na terra, levando a Deus para onde queria, o não tivesse igualmente no céu, deixando-se Deus também levar para onde a Senhora quisesse. Na terra, onde ela o vestiu, levado pela natureza da maternidade, e no céu, onde ele a veste, também levado pela glória da majestade: "Vestes a ele com a substância da carne e ele te veste com a glória de sua majestade". E, se queremos exemplo mais claro e mais breve, Deus não só era levado na Arca, e da Arca, na peregrinação do deserto, senão também na Terra de Promissão. E por quê? Porque o deserto significa este mundo, a Terra da Promissão o céu, e a Arca a Virgem Maria: e Maria não só neste mundo levou a Deus, senão também no céu o leva, e ele é levado: "Que te trouxe".

§ IV

Temos provado em geral o nosso assunto. E para que se entenda o modo com que Deus no mesmo céu, que é o trono da sua grandeza e majestade, se sujeita a ser levado de uma criatura sua, posto que a maior de todas, para onde ela quer ou quiser, desçamos em particular às razões desta voluntária sujeição, que não podem deixar de ser grandes. Digo, pois, que leva a Virgem Maria a Deus, e Deus se deixa levar da mesma Senhora para onde ela quer por três razões ou três modos: por amor, por obediência e por força. Por amor, como esposa; por obediência, como mãe; por força, como — ao parecer — mais poderosa. Sempre, porém, por vontade do mesmo Deus, e não só por vontade quando ele quer, senão também por vontade quando parecesse que não quer, que este é só o sentido em que prego este discurso. Tanta é a significação daquela grande palavra e tanto o respeito que deve Deus àquele "te trouxe", em que tudo se funda.

Primeiramente, sujeita-se Deus a ser levado da Senhora para onde ela quer por amor, como esposa, e o mesmo Senhor o confessa assim, com este mesmo nome: "Tu feriste o meu coração, irmã minha esposa, tu feriste o meu coração" (Ct 4,9). Depois veremos quando se celebraram estes desposórios, e onde; agora vejamos o que diz o Esposo Deus. Diz que a Virgem Maria, sua Esposa, lhe feriu duas vezes o coração: "Tu feriste o meu coração, tu feriste o meu coração". E para que duas feridas? O Original hebreu o declara profunda e admiravelmente. O primeiro "feriste" quer dizer: tirastes-me o coração", destes-me a primeira ferida para me tirar o meu coração; e o segundo "feriste" quer dizer: "destes-me o coração", destes-me a segunda ferida para me dar o vosso coração. De maneira que para esta troca foi necessário que as feridas fossem duas, e ambas no mesmo tempo, por que não ficasse o Esposo sem coração: uma ferida por onde saísse o seu, e outra por onde entrasse o da Esposa em seu lugar. E que se seguiu desta amorosa troca? Seguiu-se que dali por diante já o Esposo não queria o que queria pelo seu coração, senão pelo coração da Esposa, e como queria pelo coração da Esposa, não podia querer senão o que ela quisesse. Assim declara literalmente os efeitos desta troca de corações o doutíssimo A Lápide: "Como se dissesse: destes-me o teu coração para que ele opere em mim, e assim tudo o que eu fizer será o que o teu coração desejar". Tiraste-me do peito o meu coração, e introduziste-me em seu lugar o vosso, para que eu daqui por diante não possa querer nem fazer senão o que vós quiserdes. — Isto disse, não outrem, senão o mesmo Deus, nem a outrem, senão à sua Mãe enquanto Esposa: "Irmã e Esposa". E não se podia nem melhor explicar nem mais encarecer quanto a vontade divina, não em parte, senão em tudo, se conforma com a vontade da Virgem, não querendo nem tendo coração para querer senão o que ela quer.

Mas, se acaso com o coração que a esposa tirou a Deus: "Tirastes-me o coração" — tivesse Deus querido alguma coisa contrária à vontade da Esposa, que havíamos de dizer neste caso? O que havíamos dizer é que sempre se há de fazer o que a Esposa quiser, ainda que parecesse que o Esposo o não tivesse querido ou não quisesse. O caso é já sucedido em próprios termos e com o mesmo efeito que digo. Quis Isac dar a bênção e o morgado a seu filho Esaú, que era o primogênito, e Rebeca, Esposa de Isac, queria pelo contrário que a bênção e o morgado fosse de Jacó, que era o filho segundo, a quem ela mais amava. Fez as diligências tão extraordinárias que todos sabemos, e também sabemos que Jacó por meio delas efetivamente conseguiu a bênção. Mas não está aqui o reparo. O que muito se deve reparar e admirar é que, sendo aquela doação, não só involuntária e sub-reptícia, senão expressamente contra a tenção de Isac, e nomeadamente dada debaixo do nome de Esaú, nem Isac a revogasse, nem a tirasse a Jacó, nem a restituísse a Esaú, nem estranhasse a Rebeca as diligências que tinha feito, e que em tudo se conformasse com a sua vontade e se conseguisse o que ela quis contra o que ele queria. Santo Agostinho diz que em toda esta história não houve engano, senão mistério: "Não foi mentira, mas mistério". E, suposto que foi mistério, que mistério foi? Excelentemente S. Pedro Damião: "Portanto, ali prevaleceu ao seu marido a esposa carnal, Rebeca, na diversidade de sentença, e aqui prevaleceu a Esposa espiritual — Maria[8]. O mistério foi que assim como a vontade de Rebeca, mulher de Isac, prevaleceu contra a vontade de seu marido, e não se conseguiu o que queria Isac senão o que quis Rebeca, assim, no caso em que a Esposa de Deus, Maria, e o mesmo Deus quisessem coisas contrárias à vontade da Esposa — no sentido que já disse — havia de prevalecer contra a vontade do Esposo, e não se havia de conseguir o que quisesse ou tivesse querido Deus, se não o que quisesse Maria. — Quem podia imaginar que prevalecesse Jacó contra Esaú, tendo Esaú da sua parte a vontade do pai? Mas como a vontade da esposa estava da parte de Jacó, esta é a que prevaleceu e conseguiu quanto queria, representando-se então na terra, entre Isac e Rebeca, o que hoje passa no céu entre Deus e Maria. Deus como Esposo, e Maria como Esposa: "Minha irmã Esposa".

E agora é que havemos de saber, como deixei prometido, quando se celebraram estes desposórios, e onde. O tempo foi o dia da Encarnação, o lugar o tálamo virginal do sagrado ventre, que é o fundamento de quanto temos dito e havemos de dizer. Chama Deus à Virgem: "Irmã e Esposa". Irmã, porque então tomou Deus a natureza humana; Esposa, porque na união da natureza humana com a divina consistiram os desposórios; e aqui é que fez aquela troca dos corações e união ou sujeição das vontades. Qual vos parece que foi a razão por que, tendo Deus decretado de unir a si a natureza humana, e podendo-a tomar doutro modo e doutra parte, a tomou das entranhas da Virgem Maria? A razão foi, diz altissimamente S. Bernardo, porque pedia a conveniência e proporção natural que, onde se achava a maior união das vontades, se fizesse também a maior união das naturezas: "Deus está em todos os santos por concórdia da vontade; mas foi tão superior sobre todos a união que a vontade de Deus tinha com a vontade da Virgem, que o fim por que o mesmo Deus encarnou nela e dela foi para que, assim como da vontade de Deus e da vontade da Virgem se compunha uma só vontade, assim da substância do mesmo Deus e da substância da mesma Virgem se compusesse uma só pessoa, que foi a de seu Filho"[9]. — Oh! maravilha sobre todas as maravilhas, que as consequências da natureza e vontade, que só se achavam na divindade de Deus, com uma troca não menos admirável se achem também na natureza e vontade da Virgem! Entre o Pai e o Filho, porque é uma só a substância, é uma só a vontade, e entre Deus e a Virgem, porque era uma só a vontade, fez ele que se unissem em uma só substância. Lá dois supostos unidos em uma só vontade; cá duas vontades unidas em um só suposto. E como a união da vontade de Deus com a da Virgem é tão grande que dela resultou a do mesmo Verbo Encarnado no beatíssimo ventre, que muito é que a vontade da Virgem leve após si a vontade de Deus no céu, assim como levava ao mesmo Deus na terra, quando o tinha em si: "Que te trouxe"?

§ V

Ao título de Esposa, e por amor, segue o de Mãe, e por obediência, não menos poderoso para se deixar levar dele no céu aquele Senhor a quem no mesmo céu, e com nome de Deus e de obediente, a voz de Josué fez parar ao sol. Bem sei o que neste ponto disputam os teólogos, e a distinção que fazem "de direito" ou "de fato"; mas nós, deixadas as argúcias da especulação, ouçamos o que conformemente, e sem escrúpulo, escreveram e pregaram todos os Santos Padres.

Santo Ildefonso, sobre as palavras da mesma Virgem: "Fez-me grandes coisas o que é poderoso" (Lc 1,49), diz assim: "Isto fez de grande à Virgem, que por ela Deus se fez homem, o Verbo se fez carne, e o Filho de Deus, criador de todas as coisas, se fez Filho da mesma Mãe que ele criara, tornando-se o Dominador súdito de sua mesma escrava"[10]. E mais brevemente, noutro lugar: "Teve a escrava o Senhor como súdito, e o Senhor teve a escrava como superiora" — nas quais palavras, sem cláusula alguma de moderação no império ou exceção na obediência, pela ativa da parte da Mãe e pela passiva da parte do Filho, nela apregoa Ildefonso, com expresso nome de superiora a jurisdição de mandar, e nele reconhece com nome também expresso de súdito a sujeição de obedecer: "A escrava o Senhor como súdito, e o Senhor a escrava como superiora".

Toda esta jurisdição, todo este poder e todo este império logra hoje no céu a Senhora a título de Mãe, assim como o teve na terra, onde seu Filho não era menos Deus do que é no céu. E esta é a energia com que, estando hoje como está no céu, lhe canta toda a Igreja: "Mostrai-vos que sois Mãe". Cuidamos comumente, quando repetimos este verso, que pedimos à Senhora rogue por nós, assim como dizemos na Ave-Maria: "Mãe de Deus, rogai por nós". Mas, como bem notou Ricardo Laurentino, não é isso o que queremos dizer, senão muito mais. "Mostrai-vos que sois Mãe" é dizer à Senhora que exercite a autoridade da sua jurisdição, e que mostre que é Mãe, não rogando, senão mandando a seu Filho: "Não só pode suplicar ao Filho, pode também com sua autoridade maternal mandar-lhe. Por isso rezamos: Mostrai-vos que sois Mãe"[11]. Nos dois versos que se seguem: "Que, nascendo por nós, se sujeitou a ser teu Filho" — a dureza da palavra "se sujeitou", com que o ser Filho da Senhora se chama sofrimento, confirma com nova ênfase o mesmo sentido. Como se disséramos: já que sofreu, e se sujeitou a ser Filho, sofra também, e sujeite-se a ser mandado.

Mas ouçamos a S. Bernardo, que nos louvores da Mãe que a ele lhe deu o leite, sempre é singular. Considera a Deus obedecendo a uma mulher, e a uma mulher mandando a Deus, e, suspenso na comparação infinita de um e outro prodígio, rompe eloquentissimamente nesta apóstrofe: "Admirai destes dois prodígios qual quiserdes, e escolhei de ambos qual mais deveis admirar: ou do Filho de Deus a profundíssima benignidade, ou da Mãe de Deus a altíssima dignidade. De uma e outra parte não há senão pasmar, porque obedecer Deus a uma mulher é humildade sem exemplo, e mandar uma mulher a Deus é sublimidade sem companhia"[12].

Se alguma mãe pudera fazer companhia à Senhora era Betsabé, e se algum filho pudera imitar o exemplo de Deus era Salomão. Mas nem ele, sendo tão sábio, soube ser filho, nem ela, tendo-o tão obrigado, chegou à ventura de ser obedecida de tal rei como mãe. Vindo Betsabé a palácio, mandou-lhe pôr Salomão uma cadeira à sua mão direita, em que se assentasse. Então lhe disse Betsabé que trazia uma petição que lhe fazer, e Salomão respondeu que, sendo sua mãe, lhe não podia negar quanto pedisse: "Pede, minha mãe, porque não é justo que tu vás descontente" (3Rs 2,20). Até aqui disse bem, mas ainda pudera dizer melhor. Havia de responder que ela como mãe o podia mandar, e ele como filho a devia obedecer. Mas a verdade daqueles cumprimentos, posto que tão curtos, qual foi? Disse Salomão menos do que havia de dizer, mas não chegou a fazer o que disse: chamou-lhe mãe, mas não lhe obedeceu como filho; deu-lhe a cadeira, mas negou-lhe a petição. Este recebimento de Salomão a Betsabé em palácio, dizem as alegorias que foi figura do que Deus fez a sua Mãe no céu. Mas se foi figura, foi mal representada. A cerimônia no céu, como terra da verdade, foi menor, mas a realidade e a realeza foi a que havia de ser. Foi menor a cerimônia, porque diz Davi que a Senhora esteve em pé à mão direita do Filho: "Apresentou-se a rainha à tua destra" (Sl 44,10); mas a realidade foi a que devia ser, ou mais do que devia. Porque, se a Mãe está em pé, reconhecendo a divindade do Filho, o Filho faz tudo o que a Senhora quer, reverenciando-a como Mãe. Ela não tomou a cadeira, mas ele deu-lhe a vontade: ela manda-o, e ele obedece.

Expressa e animosamente o grande Cardeal S. Pedro Damião, falando com a mesma Senhora no céu: "Acedeis àquele trono de ouro e tribunal do juízo de Deus, não como quem suplica, mas como quem ordena, Senhora e não escrava". Vós, soberana Rainha do céu, quando lá representais a Deus, vosso Filho, que faça o que vós quereis, chegais ao trono de ouro e ao tribunal tremendo, não só de sua divina majestade, mas de sua severidade, e ali, não como súdita, senão como Senhora, não rogais ou pedis por favor, mas mandais e ordenais com império o que quereis que se faça, e assim se executa. E dando a razão o mesmo santo e doutíssimo Padre por que isto é no céu, e não pode deixar de ser, conclui com estas invencíveis palavras: "Porque não pode ser que encontre os vossos poderes aquele poder que de vossas mesmas entranhas tomou o ser". Grande e forte razão! Tudo pode o poder de Deus, mas só uma coisa parece não pode, que é deixar de seguir a vontade de sua Mãe, lembrado que dela recebeu o ser naquelas entranhas, nas quais o levava então para onde queria: "Que te trouxe".

§ VI

Somos chegados ao último título e modo com que a Senhora obriga a vontade de Deus a que não possa resistir à sua, que é por força, como mais poderosa, no modo que já dissemos. A proposição parece arrojada, mas tão certa como grande. Uma noite inteira lutou Jacó com Deus a braço partido, e o fim da batalha foi que Deus se confessou por vencido e que Jacó pudera mais e prevalecera contra ele: "Contra Deus foste forte" (Gn 32,28). Pois, Deus todo-poderoso pode ser vencido por força, e haver quem possa mais que ele? Naquele estado, sim. Deus abraçado com Jacó, e Jacó abraçado com Deus significavam o mistério que depois se obrou no sagrado ventre da Virgem puríssima, quando a natureza divina se abraçou com a humana e a humana com a divina. E neste abraço foram tais as forças que os braços de Deus comunicaram aos de Jacó, não na sua pessoa, senão na sua descendência, que dela nasceu finalmente uma filha, a qual por que trouxe a Deus nos braços, lhos apertou com tanta força, que pode mais que eles. Com razão se comparam as forças de Deus feito homem às do rinoceronte: "Os seus cornos são como os cornos do rinoceronte" (Dt 33,17). Enquanto o rinoceronte andava senhor do campo, livre e solto, era tão formidável como forte; mas depois que aquela animosa e formosíssima donzela, a Virgem, lhe apertou os laços, assim como lhe dominou as forças, lhe atou também a liberdade.

Começa Davi o Salmo noventa e três bradando e repetindo a grandes vozes: "Deus é o Senhor dos castigos", "O Deus dos castigos obra livremente" (Sl 93,1). Homens, que não temeis a Deus, adverti uma e outra vez que "Deus é o Senhor dos castigos; Deus é o Senhor dos castigos; Deus é o Senhor dos castigos" — e sabei que o mesmo Deus obra livremente, sem haver quem o possa impedir quando quer castigar: "O Deus dos castigos obra livremente". — E de que dúvida nos tira Davi em dizer que Deus obra livremente? Houve porventura alguém que atasse a liberdade divina, ou pudesse mais que sua onipotência? Não houve, mas havia de haver. Davi, como profeta, e o maior dos profetas, estava vendo todos os tempos, presentes, passados, futuros, e que via? Via o Paraíso terreal perdido por um pecado; via o mundo todo alagado, e todo o gênero humano afogado no dilúvio; via a sua nação desterrada e cativa no Egito, desterrada e cativa em Babilônia, desterrada e cativa nos assírios; via a sua mesma corte de Jerusalém tantas vezes sitiada, destruída e abrasada, e infinitas outras assolações de cidades, reinos, províncias, com que Deus vingava as suas injúrias, e justamente se chamava Deus das vinganças. Isto é o que via Davi por muitos anos e séculos, antes de chegar o tempo da Encarnação do Verbo. Mas depois que o mesmo Deus se fez homem e teve Mãe, via pelo contrário que todos aqueles castigos extraordinários tinham cessado, e que já não era Deus das vinganças, senão Pai das misericórdias. Combinando, pois, o profeta tempos com tempos, e ao mesmo Deus consigo mesmo, que conceito ou juízo faria de uma tão notável mudança? O conceito e juízo que fez foi que, antes de Deus ter Mãe, obrava livremente: "O Deus das vinganças sempre obrou livremente" (Sl 93,1) — porém, depois que teve Mãe, teve também quem lhe atasse as mãos, e por isso obrava já como sem liberdade, porque a tinha sujeita a outro querer. E isto é o que pode hoje no céu a Mãe do Todo-Poderoso. Tanto assim, que não duvidou dizer S. Bernardino que "a mesma Senhora por nós faz de Deus o que quer"[13].

Parece que se não podia dizer mais nem tanto. Mas eu acrescento, ou declaro, que aquele fazer de Deus quanto quer, não só se entende de quando Deus quer, senão também de quando, a nosso parecer, repugnasse ou não quisesse. Caso foi notável na Bretanha que, dizendo Missa S. Domingos, a imagem da Senhora, que tinha a seu Filho nos braços, lhe disse em voz que todos ouviram, que fosse ele o que lançasse a bênção ao povo. Viram também todos que o Menino Jesus retirava o braço, como quem não queria, porém a Senhora, lançando-lhe a mão à sua, obrigou a que com ela lançasse a bênção: "A mesma Senhora de piedade, tomando a mão do Filho, embora resistente, abençoou o povo com o sinal da cruz", — são palavras do Beato Alano, referindo o caso. Onde se devem notar muito aquelas "embora resistente". O Filho repugnava e não queria, mas a Senhora o obrigou, como por força, a que quisesse, dobrando-lhe a mão com a sua. Considerai-me agora a mão da Senhora pegada na mão do Filho, a do Filho resistindo, e a da Senhora prevalecendo, e se vos admirais da força de uma mão e do rendimento da outra, ouvi a razão. Fez Davi a Deus uma petição notável, e foi esta: "Faça-se, Senhor, a vossa mão, para que me ajude e me salve" (Sl 118,173). — E que mistério ou sentido pode ter dizer a Deus que a sua mão se faça? A mão de Deus, que foi a que fez o mundo, necessitava de ser feita ou podia-se fazer? Sim, podia — diz S. Gregório — e assim foi: "A mão de Deus, quanto à divindade, não podia ser feita, porque é mão incriada; porém a mão do mesmo Deus, quanto à humanidade, podia ser feita, e foi feita"[14], e quem a fez e formou em suas entranhas foi a Virgem Maria. — E como ela foi a que fez aquela mão, por isso tinha tanta mão com ela e tanta força sobre ela. Tanta mão com ela que não duvidou de a querer dobrar, e tanta força sobre ela que, repugnando, a trouxe ao que queria.

E para que se veja que render o Filho de Deus o seu braço a esta força não era forçada, senão voluntariamente, saibamos por fim de todo o discurso que então tem o mesmo Filho por mais gloriosas e mais suas as ações do seu braço quando ele não só as governa pelos próprios movimentos, senão levado também pelos impulsos de sua Mãe. Estando para nascer de Tamar dois filhos gêmeos, um que se chamou Zarão, outro Farés, Zarão lançou primeiro fora um braço, o qual a parteira lhe atou com um fio de escarlata. E que fez o menino, vendo-se com o braço atado? Desistiu do movimento natural com que ia nascendo e "tornou a recolher o braço para o ventre da mãe" (Gn 38,29). Esta foi a breve mas prodigiosa história em que a profecia escreveu ou rubricou o grande mistério que digo. Zarão, cujo nome significa "oriente", foi figura do Filho de Deus e da Virgem, de quem disse Zacarias: "O homem que tem por nome o Oriente" (Zc 6,12). A escarlata atada no braço, como diz S. Bernardo, denotava a obra da Redenção, da qual cantou a mesma Virgem: "Ele manifestou o poder do seu braço" (Lc 1,51). E, como o Filho de Deus viu empenhado o seu braço na maior empresa que nunca houve nem haverá no mundo, tornou a recolher o braço para o mesmo ventre donde saíra, porque entendia, e queria que entendessem todos, que a maior honra e glória das ações do seu braço, não era serem só governadas pelos próprios movimentos, senão também pelos impulsos de sua Mãe. Que muito, logo, que ainda quando nos primeiros movimentos, e como naturais, mostra Deus querer o contrário, seja tão poderosa a vontade da Soberana Virgem que, ou voluntariamente forçado, ou forçosamente voluntário, se deixe levar para onde a mesma Senhora quer, como se de novo se tivesse recolhido ao mesmo ventre santíssimo, de que era levado: "Que te trouxe".

§ VII

Posto que até agora não tenho nomeado o Rosário, sempre falei nele, porque, assim como a Senhora levava a Deus quando o tinha dentro do sacratíssimo ventre, e o leva hoje para onde quer, assim nós, por meio do Rosário, levaremos a Mãe e o Filho para onde quisermos, fazendo nossa a sua vontade. Naquele texto tão repetido: "O teu ventre é como um monte de trigo cercado de açucenas" (Ct 7,2)[15] — são certas duas coisas. A primeira, que fala literalmente do ventre virginal, como dizem todos os intérpretes. A segunda, que debaixo da palavra "açucenas" se entendem Rosas, como se lê no original do mesmo texto: "cercado de rosas". De sorte que temos aqui dois círculos e dois cercos: o círculo do sagrado ventre, com que a Senhora cercava ao Filho Deus, que tinha dentro em si; e, por fora deste círculo, outro círculo de rosas, com que as rosas cercavam o mesmo ventre: "O teu ventre cercado de rosas". Que o círculo das rosas signifique o Rosário, e o círculo de que o mesmo Rosário é formado, seria negar-lhe o nome e a figura, se alguém se atrevesse a o negar. Sendo, pois, este círculo o do Rosário, qual é a razão por que está cercado com ele o círculo do ventre sacratíssimo? A razão é porque faz um círculo o que fazia o outro. Assim como com o círculo do sacratíssimo ventre, porque cercava a Deus que tinha dentro em si, levava a Senhora a Deus para onde queria, assim nós, com o círculo do Rosário, de que está cercado o mesmo ventre, levaremos a Mãe e o Filho para onde quisermos. Diga-o a mesma Mãe, que é a que melhor conhece a vontade do Filho.

Fala a Senhora de cada um dos seus devotos, e diz que estes têm cuidado de assistir cada dia fora de suas portas: "Que vela todos os dias à entrada da minha casa, e que está feito espia às ombreiras da minha porta" (Pr 8,34). O não entrar, mas estar fora das portas, é próprio de quem cerca; e o ser esta assistência cuidado de "cada dia", também é próprio da devoção do Rosário. E que alcançarão aqueles, de quem a Senhora se achar assim cercada e assistida? É maravilhosa a resposta do texto original, o qual afirma e promete que certamente alcançarão de Deus quanto dele quiserem. Assim o dizem conformemente as versões de todos. Vatablo: "Alcançarão de Deus quanto dele quiserem". Pagnino: "Levarão do Senhor o que dele quiserem". Caetano: "Facilmente obterão de Deus o que dele quiserem"[16]. Apenas se achará em toda a Escritura Sagrada promessa tão universal e tão estabelecida como esta! Mas assim conquista a vontade do Filho quem primeiro ganha a da Mãe. E porque dissemos dos poderes da mesma Mãe, que não só alcançava de Deus quanto queria, quando o mesmo Deus queria, senão ainda no caso em que ele não quisesse, vejamos o mesmo, com assombro, nos poderes do Rosário.

Pelo pecado da idolatria do bezerro determinou Deus acabar de uma vez com aquele povo tão ingrato e rebelde, e assim o manifestou a Moisés, prometendo-lhe que o faria governador de outro, não só melhor, mas maior. Porém Moisés, que amava tanto os súditos, como devem fazer e não fazem todos os que têm o mando e governo supremo, não só rogou a Deus instantemente que lhe perdoasse, mas tomou por terceiros e valedores a Abraão, Isac e Jacó, dizendo: "Lembra-te de Abraão, de Isac, de Jacó etc.". (Ex 32,13). Admira-se muito neste passo Teodoreto, não da oração de Moisés, senão da intercessão de que se valeu nela, a qual não só parecia desnecessária, sendo tão particular e tão íntimo o seu valimento com Deus, mas ainda muito alheia da confiança que o mesmo Deus lhe tinha dado na cominação daquele castigo. As palavras que Deus lhe disse foram: "Deixa-me para que execute neles a minha ira, e eu os acabe" (Ex 32,10). — A palavra "deixa-me" bem mostrava que era bastante Moisés para ir à mão a Deus e ter mão na sua ira, com que não executasse o que queria. Pois, por que não confia Moisés tanto da sua oração, e se vale das intercessões de Abraão, Isac e Jacó? Porque entendeu que para conseguir uma coisa tão grande, contra o que Deus queria e tinha determinado, não bastaria qualquer outra oração, ainda que fosse a sua, se não fosse acompanhada com a força dos mistérios do Rosário. Ora, notai.

Naqueles três grandes patriarcas estavam representados os mistérios do Rosário, segundo as três distinções de que são compostos. Abraão, a quem Deus mandou deixar a pátria e os parentes: "Sai da tua terra e da tua parentela" (Gn 12,1) — representava os primeiros mistérios, em que o Filho de Deus deixou o céu e a seu Eterno Pai, e veio peregrino ao mundo para o remir. Isac, a quem Deus mandou sacrificar em um monte: "Toma a teu filho Isac, e o oferecerás em holocausto sobre um dos montes" (Gn 22,2)

— representava os segundos mistérios, em que o mesmo Filho de Deus, levando a cruz às costas, foi pregado e crucificado nela no Monte Calvário. Jacó, a quem Deus mostrou a escada que chegava da terra ao céu: "Viu uma escada posta sobre a terra, e a sua sumidade tocava no céu" (Gn 28,12) — representava os terceiros mistérios em que o mesmo Filho de Deus, depois de ressuscitado, subiu glorioso ao céu e se assentou à destra do Pai. Para aqui toda a representação? Não. Ainda é mais expressa e mais distinta, porque os primeiros, segundos e terceiros mistérios do Rosário, em cada uma das suas distinções se repartem de cinco em cinco. Abraão, quando representou os primeiros saindo peregrino da sua pátria, não se chamava Abraão, senão Abrão: "Saiu pois Abraão, como o Senhor lhe tinha ordenado" (Gn 12,4). E como o nome de Abrão é composto de cinco letras, e o nome de Isaac de cinco, e o de Jacob também de cinco, não só representaram os três patriarcas as três diferenças dos mistérios do Rosário, senão os números de cada diferença. Os cinco primeiros, e Gozosos, no nome de Abraão; os cinco segundos, e Dolorosos, no nome de Isac: e os cinco últimos, e Gloriosos, no nome de Jacó. Junta, pois, a oração de Moisés com a representação dos mistérios do Rosário, tão distinta, enquanto três, nos três patriarcas, e tão repartida, enquanto cinco, nas letras de cada nome, e tão inteira, enquanto quinze, na união de todos juntos, só então teve confiança Moisés para esperar e supor que a vontade de Deus se renderia à sua, e que não levaria por diante o que tinha determinado: e assim foi: "Então se aplacou o Senhor, para não fazer contra o seu povo o mal que tinha dito" (Ex 32,14). Rezai, rezai o Rosário, e tende firme confiança nos poderes seus e da soberana Autora dele; que assim como a Senhora, quando tinha a Deus em suas entranhas, o levava para onde queria, vós também levareis a Mãe e o Filho para onde quiserdes, e não só para lhe atardes as mãos com o mesmo Rosário na ocasião dos castigos, mas também para vos encher de todas as graças.

§ VIII

Já dissemos no princípio que, com o Filho Deus em suas entranhas, fez a Senhora três jornadas maiores: a primeira, de Nazaré às montanhas; a segunda, das montanhas a Nazaré; e a terceira, de Nazaré a Belém. Estes foram os três lugares santificados com os três primeiros mistérios do Rosário, não em figura ou representação, mas realmente. Em Nazaré se obrou o mistério da Encarnação, nas montanhas o da Visitação, em Belém o do Nascimento. E, posto que estes mistérios não foram nem podiam então ser mais que três, nestes três se representaram as diferenças de todos. Em Nazaré, os Gozosos: "O meu espírito se alegrou por extremo em Deus, meu Salvador" (Lc 1,47); nas montanhas, os ásperos e Dolorosos: "Foi com pressa às montanhas" (Ibid. 39); em Belém, os celestiais e Gloriosos: "Glória a Deus no mais alto dos céus, e paz na terra aos homens" (Lc 2,14). Agora vede, como levando a Senhora a Deus em suas entranhas a todos estes lugares, todos enriqueceu de extraordinárias graças. Indo de Nazaré às montanhas, santificou nelas ao Batista, encheu de espírito de profecia a Isabel, restituiu a fala a Zacarias mudo, e sobre todos os corações dos montanheses derramou júbilos de verdadeira alegria, e os deixou cheios de altas esperanças. Tornando das montanhas a Nazaré, como S. José, dos sinais de mãe, que via na Senhora, julgasse que tinha concebido, ali se tirou a confusão e tristeza daquela perplexidade, ali teve a revelação do anjo, ali conheceu o altíssimo mistério da Encarnação, e ali soube o que nem imaginar podia, que era Esposo da Mãe de Deus, e que o mesmo Deus lhe havia de chamar Pai. Indo, finalmente, de Nazaré a Belém naquela claríssima noite, em que os céus feitos de mel choveram as maiores doçuras sobre a terra, mandando anjos aos pastores e estrelas aos reis, aos grandes e aos pequenos, aos naturais e aos estranhos, aos de perto e aos de longe, a todos encheu de luz, de consolação, de verdade e de espíritos de nova vida. Isto obrou maravilhosamente a Senhora do Rosário quando lhe deu princípio nos primeiros três mistérios, e neles significação a todos, levando sempre a Deus, e deixando-se Deus levar para onde a mesma Senhora queria, para que nós também entendamos que, por meio do mesmo Rosário, teremos a vontade do mesmo Deus, não só propícia, senão em certo modo, ou por modo certo, sujeita a quanto quisermos e desejarmos.

 E que faremos para que assim seja sem falta? Rezemos o Rosário, e digamos em cada Ave-Maria à Mãe de Deus, não já que rogue, senão que deseje por nós. Começamos a Ave-Maria por esta palavra "Ave". E que quer dizer "Ave"? Disse-o com natural e fácil explicação, mas com altíssimo pensamento, o doutíssimo Salmeirão: "Sobre a primeira palavra 'Ave', observai que deriva do verbo *aveo*, que significa desejar, e assim é o mesmo dizer 'Ave' ou dizer 'Deseja'. Portanto, Ave, beatíssima Virgem, significa 'Desejai', porque obterás tudo o que desejas e muito mais do que desejas"[17]. Desejava a Virgem, Senhora nossa, ardentissimamente o mistério da Encarnação do Filho de Deus, e que chegasse já o tempo em que se cumprisse a promessa de Isaías: "Eis que uma virgem conceberá" (Is 7,14) — não presumindo nem vindo ao pensamento de sua humildade que ela era, ou podia ser, o felicíssimo objeto daquela profecia. Aludindo, pois, a este desejo, começou o anjo a sua embaixada, dizendo: "Ave", que quer dizer "desejai". Desejai, oh! cheia de graça, desejai: que não só tem Deus satisfeito vossos desejos, mas tudo o que quiserdes e muito mais do que quiserdes alcançareis sempre dele. Isto disse o anjo dizendo Ave; e por isso digo eu que peçamos à Mãe de Deus, não já que rogue, senão que deseje por nós. Esta petição é a primeira com que começamos a Ave-Maria, esta a que repetimos cento e cinquenta vezes no Rosário, e podemos estar certos que nem a Senhora deixará de desejar por nós, nem o Filho, que quer pelo coração da mesma Mãe, deixará de querer quanto a mesma Senhora desejar; e assim como encheu de tantas graças a todos aqueles aonde levou a Deus quando o trazia em seu sacratíssimo ventre, assim nos alcançará aquela última, que só abre as portas do céu, e leva os que dela são levados ao porto do eterno descanso: "Que te trouxe".

FIM

SERMÃO XXIX

~

"E os seios que te amamentaram."
(Lc 11,27)

Vieira justifica o tema deste sermão apelando inicialmente para a razão,
a Escritura e a experiência: o leite com que a Virgem Maria sustentou ao Filho de Deus
não é somente seu, senão também nosso; não para a vida ou saúde temporal, que é pouco,
mas para a eterna. O Rosário é uma nova Via Láctea, pela qual subimos facilmente ao céu.
Não falará do Rosário como alimento, mas como um caminho: via. Aproveita-se dessa
imagem para se fundar nas referências astrológicas antigas de Ovídio, Aristóteles,
Pitágoras, Ptolomeu, Teofrasto e outros e assim entendermos porque é via e láctea.
Suas fontes principais são, no entanto, a Escritura e os Santos Padres,
por isso retomará em seguida a temática tradicional rosariana com os exemplos mais
diversos, destacando os proveitos dessa devoção. E terminará com uma série de testemunhos
de santos que foram particulares devotos do Rosário: Inácio de Loyola, Francisco Xavier,
Francisco de Borja, Luís Beltrão, Rosa, Madre Teresa, Filipe Neri e outros.

§ I

Ricardo a Sancto Laurentio — um dos autores mais devotos e mais beneméritos da Virgem Maria, Senhora nossa, que com igual estudo e engenho aplicou a seus louvores quase toda a Escritura Sagrada — combinando dois lugares dos Cânticos, diz assim: "Cristo disse: Bebi o meu vinho com o meu leite virginal, que todo era meu, e do qual ninguém bebeu. Igualmente quando se diz à beatíssima Virgem: O vosso nome é óleo derramado, não se diz que os seus peitos tenham sido derramados"[1]. Quer dizer que ao leite virginal da Senhora chama Cristo própria e singularmente seu: "com o meu leite" — porque de tal sorte foi somente seu que nenhuma outra pessoa o gostou nem participou dele. E que sendo comparado o nome da mesma Virgem ao óleo derramado pela largueza com que se comunica dos sacratíssimos peitos da Senhora não se diz tal comunicação ou efusão: "Não se diz que os seus peitos tenham sido derramados" — porque também não foram comunicados mais que ao próprio Filho de Deus e seu: "E os seios que te amamentaram".

Assim o diz este grave autor, comumente aplaudido e alegado de todos. Porém a mim — que nos peitos da Virgem Maria considero duas fontes de misericórdia, e a mesma misericórdia estilada no seu leite — nem a razão, nem a Escritura, nem a experiência me consente aprovar estas limitações. A razão não; porque, sendo propriedade do sumo bem ser sumamente comunicável, como podiam ser incomunicáveis os peitos que criaram o mesmo sumo bem, o qual, quando criou todas as coisas, a todas deu virtude de se comunicarem? É certo que com o leite se bebem juntamente as inclinações e afetos. Donde se segue que não só foi conveniente e decente, mas necessário, que a segunda geração do Verbo se parecesse com a primeira, e que o mesmo Verbo criado trouxesse dos peitos da Mãe a propensão natural de se comunicar que tinha recebido incriado do seio do Pai. A mesma Virgem não só foi Mãe de Cristo, cabeça da Igreja, senão também Mãe de todos os membros do mesmo Cristo, que são os fiéis; e se a Senhora nos negasse a nutrição dulcíssima de seus peitos, não seria Mãe inteira nossa, senão meia Mãe, como o são, diz S. Crisóstomo, as que geram os filhos e os dão a criar a outrem. Finalmente, o leite virginal dos mesmos peitos foi aquele que se converteu no mesmo sangue, o qual se derramou até a última gota pela salvação do gênero humano; e, se foi nosso, e se derramou por nós enquanto sangue do Filho, como havia de ser só seu, e não também nosso, enquanto leite da Mãe?

Passando da razão à Escritura, a Esposa ou pastora principal do mesmo livro dos Cânticos alegado é a Virgem Senhora nossa. E falando o divino Esposo dos peitos virginais, que o criaram e amamentaram Menino, diz que são semelhantes a "dois cabritinhos monteses, filhos gêmeos da mesma mãe" (Ct 4,5). É comparação pastoril própria daquele gênero de poesia. E com ser o autor dela Salomão, parece não só pouco acomodada, senão contrária ao que quer dizer. Os filhinhos são os que tomam os peitos, e os peitos, como duas fontes ou esponjas de neve, são os que docemente espremidos se destilam no licor vital com que os alimentam. Da parte dos peitos está o leite, e da parte dos filhos a fome ou sede impaciente, com que tiram por eles. Pois, se os afetos e os efeitos, assim nos peitos da mãe como nos filhos que deles se sustentam, são tão diversos e verdadeiramente contrários, como diz Salomão que os peitos da Senhora são semelhantes, não aos que dão e comunica o leite, senão aos que o recebem e se alimentam com ele? Não se pudera encarecer com maior elegância e energia a liberalidade maternal com que os peitos da Senhora se nos comunicam, e o desejo e gosto que têm de se comunicar. Se os filhos sedentos e famintos, correndo e saltando — como é próprio daqueles animalinhos, mais que de nenhuns outros — buscam as peitos da mãe com fome e sede ardente, muito maior é a fome e muito mais ardente a sede com que os peitos da Mãe de Deus e nossa se comunicavam ao Filho natural, que é Cristo, e se desejam comunicar aos adotivos, que somos nós. Por isso nos mesmos Cânticos se compara a mesma Senhora a "uma fonte cerrada" (Ct 4,12) — porque assim como a água na fonte fechada está rebentando por sair, e padece violência enquanto se não desafoga no manancial da corrente, assim o leite da Virgem, represado nos sagrados peitos, está violento, e quando este se comunica, então eles se aliviam, e como de um peso amorosamente impetuoso se descarregam e descansam.

Até aqui a razão e a Escritura; só resta a experiência, a qual, porém, se tem visto em muitos casos e aparições milagrosas, em que a Soberana Virgem se dignou regalar visivelmente a seus devotos com o néctar celestial de seus sagrados peitos. Quando S. Bernardo, na igreja de Espira prostrado por terra entoou: "Mostrai que sois Mãe", passando a imagem da Senhora o Menino Jesus de um braço para o outro, com um raio de leite estilado na boca melíflua de Bernardo, bem claramente lhe mostrou que também era Mãe sua. Do santo Abade Fulberto refere Barônio que ainda gozou de mais perto este soberano favor, porque não só lhe concedeu a Virgem que gostasse a suavidade do leite com que tinha criado a Deus, como orvalho da aurora caído do céu, mas apartando a roupa de sobre os peitos, lhe permitiu que o bebesse nas próprias fontes. Quase expirando estava um sacerdote muito devoto da mesma Rainha dos Anjos, com acerbíssimas dores, e conta S. Pedro Damião que a Senhora lhe apareceu visivelmente, e fazendo-lhe o lenitivo de seu próprio leite, no mesmo instante não só se abrandaram, mas cessaram totalmente as dores, e restituído à vida, de que já tinha perdido as esperanças, conservou sempre nos beiços a cor do medicamento com que fora curado. O mesmo refere Vincêncio Belvacense de outro também sacerdote e também agonizante, não permitindo a Mãe de misericórdia que a boca e língua com que era louvada a acabasse de comer o câncer, de que já estava emudecida e corrupta; e, pagando com o leite vital de seus virginais peitos a devoção com que o mesmo sacerdote, todas as vezes que via alguma imagem da Senhora, a saudava, dizendo: "Bem-aventurado o ventre que te trouxe e os peitos a que foste criado" (Lc 11,27). Em suma, que não só a razão e a Escritura, senão também a experiência nos ensina que o leite com que a Virgem Maria sustentou ao Filho de Deus, não é somente seu, senão também nosso, e também nossas as duas fontes suavíssimas de seus peitos, as quais, quando a mesma Senhora é servida, se desfecham liberalmente e manam para nosso remédio.

Mas porque este soberano favor, como mostram as mesmas experiências referidas, é particular e de poucos, o meu intento hoje será provar que também pode ser universal e de todos, se nós quisermos. E não quero que me pergunteis o como, porque já se entende que há de ser por meio do Rosário. Digo pois — ou direi — que a todos os devotos do Rosário comunica a Virgem, Senhora nossa, o leite celestial de seus piedosíssimos peitos, não para a vida, ou saúde temporal, que é pouco, mas para a eterna. E por quê? Agora vai o assunto em próprios termos. Porque o Rosário é uma nova Via Láctea, a qual abriu e regou a Senhora com seu próprio leite na terra, para que por ela subamos facilmente ao céu. A novidade e dificuldade da proposta necessita de muita graça. *Ave Maria etc.*

§ II

Da Via Láctea, famosa entre filósofos e poetas, parte a filosofia em verso e parte a poesia em fábula, dizem elegantemente assim.

"Existe uma via sublime manifesta no céu sereno,
Tem o nome de Láctea, notável pela própria brancura:
Por ela sobe-se aos palácios do grande Júpiter[2].

Vem a dizer na nossa prosa que no céu há um caminho claro e manifesto, ao qual, pela brancura, tomando o nome de leite, chamaram Via Láctea, e que esta é a estrada por onde os habitadores do céu sobem aos altos palácios do grande Tonante, isto é, gentilicamente, de Júpiter e, cristãmente, de Deus. Vamos agora dividindo este pequeno ou grandíssimo mapa, e veremos como tudo o que dele disseram filósofos, matemáticos e poetas se verifica com admirável propriedade no Rosário.

Primeiramente, deixando o nome de via para seu lugar, assim como os gregos pela cor lhe chamaram galáxia, assim todos pela figura lhe chamam círculo, e com particular razão[3]. Porque sendo onze os círculos em que os matemáticos, por várias partes e com diferentes considerações cortam e dividem o céu, os dez todos são imaginários, e só o círculo lácteo, real e visível. E tal é o Rosário, formado em figura circular, o qual trazemos nas mãos, não só visível, mas palpável. Ptolomeu[4] observou que a Via Láctea não é simples, senão composta de duas como ametades sensivelmente divididas, mas sempre continuadas e uniformes. E estas são as duas partes de que tantas vezes temos dito se compõe o Rosário, uma vocal, outra mental, de tal modo, porém, diversas e distintas, que sempre se acompanham, porque nem a voz sem a meditação, nem a meditação sem a voz fazem perfeito Rosário. Teofrasto[5], com opinião singular, teve para si que a via ou círculo lácteo é a união com que na esfera celeste se ajuntam os dois hemisférios, superior e inferior, dos quais assim juntos e unidos resulta e se faz um só globo. E quem não vê nesta semelhança que tal é a matéria mental do Rosário, disposta toda e ordenada pelos mistérios da Vida, Morte e Ressurreição de Cristo, em quem o hemisfério superior, que é a natureza divina, e o inferior, que é a humana, se ajuntam inefavelmente em um só suposto. Aristóteles, filosofando diversamente sobre a mesma matéria, diz que não é outra coisa senão as exalações da terra que, subidas e elevadas ao alto, concebendo fogo, se acendem, e deste incêndio natural e contínuo, se difunde ou reverbera a claridade que vemos. E que outra coisa é com a mesma propriedade a parte vocal do Rosário, cujas orações, se as rezamos com aquele fervor a que as suas mesmas palavras nos excitam, sobem ao céu acesas e ardentes, qual é o estado do coração donde devem sair? Porque, se o coração está frio, se convertem em regelo, se distraído, em fumo, e se fervoroso, em fogo. Finalmente S. João Damasceno com a sentença mais recebida nas escolas, diz que a Via Láctea é no oitavo céu um agregado ou multidão de estrelas, umas grande que se distinguem e veem, e outras pequenas, que por sua menoridade, número e distância, se não podem ver nem contar. Nós, porém, no círculo do Rosário, que vemos de mais perto, as distinguimos e contamos, porque as grandes e as pequenas se reduzem nele a certo número, sendo as pequenas as Ave-Marias, a que vulgarmente chamamos contas, e as grandes os Pais-nossos, a que chamamos extremos. De sorte que quanto os sábios disseram, ou afirmando com certeza, ou opinando com probabilidade, ou imaginando e fantasiando sem ela, ou na matéria, ou na forma, ou na figura da Via Láctea, tudo com as mesmas propriedades se verifica no Rosário.

§ III

*P*assando agora às causas porque é via e porque é láctea, em ambas veremos o mesmo Rosário mais naturalmente ainda e mais ilustremente retratado. Alguns filósofos da escola de Pitágoras, como refere Aristóteles, dizem que "por aquela parte, onde hoje se mostra o círculo láctico, passou antigamente um astro, cujos vestígios ficaram impressos e sinalados no céu, e deles, sem nunca mais se apagarem, se formou a via ou estrada que por sua brancura se chama láctea. Não convêm, porém, entre si estes mesmos filósofos na declaração de que astro fosse este, porque uns dizem que foi o sol, outros que foi nascido do mesmo sol, e por isso deu ocasião à fábula de Faetonte"[6].

De maneira que na sentença dos pitagóricos a causa e origem da Via Láctea ou foi o sol ou o filho do sol, o qual, passando circularmente por aquela parte, e deixando nela impressos os vestígios de seus passos, estes são os que sinalaram e propriamente fizeram o mesmo caminho ou via. E quem é o sol, e o filho do sol, senão Cristo? Ele o sol, porque é Deus, e ele o filho do sol, porque é filho do mesmo Deus. Pois, assim como a filosofia pitagórica, dividida em duas opiniões, diz que o sol ou o filho do sol com seus passos fez a Via Láctea, assim a fé católica, unida em uma verdade, nos ensina que os passos de Cristo Deus, e do mesmo Cristo Filho de Deus são os que, formando outra nova via semelhante àquela, fizeram o Rosário. O círculo da Via Láctea, como diz Manílio, "começa na Cassiopeia e acaba na Cassiopeia"[7]. E Cristo diz, falando de si, que o círculo do seu caminho começou no Pai e acabou no Pai: "Eu saí do Pai e vim ao mundo; outra vez deixo o mundo, e torno para o Pai" (Jo 16,28). Assim, pois, como o sol fez aquela via, deixando nela impressos os vestígios dos seus passos, assim Cristo fez a via do Rosário, e deixando nele expressos os mesmos passos e os mesmos vestígios: "Deixando-vos exemplo para que sigais as suas pisadas" (1Pd 2,21).

Tudo disse admiravelmente Davi debaixo da mesma metáfora do sol: "No sol pôs o seu tabernáculo, e ele é como o esposo que sai do seu tálamo (Sl 18,6). Assim como o sol, saindo do oriente, começa o seu caminho circular, assim Cristo, encarnando, começou o seu, e começou-o "como Esposo" — porque o primeiro passo com que deu princípio ao círculo do Rosário foi o mistério da Encarnação, em que se desposou com a natureza humana. Depois deste primeiro passo foi continuando a sua carreira e de que modo e a que fim? O fim foi com notável propriedade, até no nome, para fazer outra via como aquela do sol: "Para correr o caminho". E o modo foi também como o do mesmo sol, com igual correspondência: "A sua saída é desde uma extremidade do céu, e corre até a outra extremidade dele". Assim como o sol fez a Via Láctea caminhando circularmente até tornar ao mesmo lugar donde saíra, assim Cristo fez a via do Rosário, começando-a quando saiu do seio do Pai e acabando-a quando se assentou à destra do mesmo Pai. O sol passou por diferentes constelações, que são as que se mostram na Via Láctea, umas benignas e humanas, como Gêminis e Perseu; outras monstruosas e feras, como o Escorpião e o Centauro; outras canoras e sublimes, como o Cisne e a Águia. E nos passos com que Cristo fez a via do Rosário também se veem e distinguem as mesmas diferenças, umas humanas e benignas, que são os mistérios Gozosos; outras monstruosas e feras, que são os da Paixão e Dolorosos; outras canoras e sublimes, que são os da Ascensão e Gloriosos. Mas por que podia causar dúvida e estranheza que, sendo os passos e mistérios do Rosário só quinze, bastassem tão poucos passos para fazer uma via tão comprida, a esta objeção acudiu o mesmo Davi, advertindo que os passos com que Cristo fez este grande círculo e correu esta grande via eram passos de gigante: "Deu saltos como gigante para correr o caminho" (Sl 18,6).

É gigante Cristo, porque não só é homem, senão homem e Deus juntamente. Mas posto que os seus passos, por serem de tão estranha e agigantada medida, pudessem igualar a grandeza do círculo, contudo, para o sinalarem e mostrarem aos que haviam de caminhar por ele, ainda lhe faltava o serem impressos e estampados como estão no Rosário, por que na mesma Via Láctea, assim como foi necessária a cor para ser láctea, assim foram necessários os vestígios para ser via: "por aquela parte passou antigamente um astro, cujos vestígios ficaram impressos e sinalados no céu". Diz Salomão que "três coisas ou três vias lhe são muito dificultosas de entender: a via da serpente na pedra, a via da nau no mar, a via da águia no ar" (Pr 30,18s). E que dificuldade têm estas três vias, para que a sabedoria do mesmo Salomão as não entenda? A dificuldade é uma só e a mesma em todas três, porque todas são via sem rasto nem vestígio. A via da serpente na pedra é via sem rasto nem vestígio, porque a pedra o não admite, por ser dura e sólida; a via da nau no mar é via sem rasto nem vestígio, porque o mar o não conserva, por ser inquieto e confuso; e a via da águia no ar é via sem rasto nem vestígio, porque o ar o não demonstra, por ser diáfano e invisível. E tudo isto, que assim havia de suceder naturalmente, se venceu e trocou na via do Rosário.

Neste mesmo texto, como comenta Santo Ambrósio em diferentes lugares, Cristo é a serpente, Cristo a nau e Cristo a águia. A serpente: "E como Moisés no deserto levantou a serpente" (Jo 3,14); a nau: "Como a nau do negociante, que traz de longe o seu pão" (Pr 31,14); a águia: "Uma águia corpulenta de grandes asas" (Ez 17,3). A serpente nos mistérios da Encarnação, em que Deus se fez visível para nos dar vida: "Todo o que, ferido, olhar para ela viverá" (Nm 21,8). Nau nos mistérios da Paixão, em que a tempestade dos tormentos o meteu no fundo do mar: "Cheguei ao alto mar, e a tempestade me submergiu" (Sl 68,3). Águia nos mistérios da Ressurreição e Ascensão, em que, subindo, nos abriu o caminho do céu e no-lo mostrou voando: "Como uma águia provoca seus filhos a voar, e de contínuo voa sobre eles" (Dt 32,11). E porque há muitos corações, nem cristãos, nem ainda humanos, uns duros e rebeldes, como as pedras, outros inquietos e perturbados, como o mar, outros leves e inconstantes, como o ar, nos quais os passos da Vida, Morte, e Ressurreição do Filho de Deus não imprimem os vestígios que na passagem que fez por este mundo, deixou seu exemplo nele, para acudir a este descuido, a este esquecimento e a esta grande ingratidão, a soberana Mãe do mesmo Senhor os tornou a estampar pela mesma ordem no seu Rosário, abrindo nele de novo o caminho do céu e fazendo daquelas três vias cerradas uma via patente e manifesta:

"Existe uma via sublime manifesta no céu sereno"[8].

"A via da serpente na pedra, a via da nau no mar, a via da águia no ar" (Pr 30,18s).

§ IV

Mas porque o apóstolo S. Pedro, fazendo menção destes mesmos vestígios, insiste mais nos da paciência, que são os mistérios Dolorosos e da Paixão: "Padeceu por nós, deixando-vos exemplo para que sigais as suas pisadas" (1Pd 2,21) — ainda que no Rosário temos bem sinalada e expressa a via, parece que esta não pode ser láctea. Via sim, mas láctea não, senão sanguínea, porque os vestígios que a sinalaram foram estampados em sangue. Se Cristo remira o mundo morrendo a mãos de Herodes quando, pendente dos braços e peitos da Virgem Mãe, se alimentava de seu leite, no tal caso a via, que juntamente começava e acabava com a vida, bem se podia chamar láctea. Mas isto nem foi nem havia de ser, porque já estava vedado na lei em que Deus mandava que o cordeiro se não cozesse no leite de sua Mãe: "Não cozerás o cordeiro no leite de sua mãe"[9] — no qual preceito, como notaram S. Crisóstomo e Santo Agostinho, se declarou o decreto divino de que Cristo não morresse na infância, senão na idade de varão perfeito[10]. Logo os vestígios que o mesmo Senhor nos deixou de sua Paixão, ainda que nesta parte sinalam e demonstram bem a via como estampados em sangue, com a cor, porém, do mesmo sangue, parece que lhe tiram o nome de láctea.

Assim parece, mas não é assim. Ainda na parte em que o Rosário se compõe dos mistérios Dolorosos, e da Paixão e sangue de Cristo, digo que propriissimamente é Via Láctea, e por quê? Porque assim como todo o leite é sangue branco, por ser sangue convertido em leite, assim o sangue da Paixão de Cristo, por ser sangue também convertido em leite, é propriissimamente sangue branco. Viu S. João no seu Apocalipse uma grande multidão de todas as nações e gentes do mundo, todos "vestidos de estolas ou roupas brancas" (Ap 7,9) — e a razão desta brancura dos vestidos lhe disse um dos vinte e quatro anciãos que era porque "todos tinham lavado as suas estolas no sangue do Cordeiro, e as tinham branqueado nele" (Ap 7,14). A dúvida que traz consigo a palavra "branqueou" até os olhos a estão vendo. Os vestidos de branco, que S. João viu, são todos os bem-aventurados, dos quais se diz, com grande propriedade, que lavaram as suas estolas no sangue do Cordeiro, porque o sangue de Cristo nos lavou e lava das manchas do pecado, com as quais não pode haver graça, nem glória; mas que se diga que o mesmo sangue, sendo vermelho, as branqueou: "e as tinham branqueado no sangue do cordeiro"? Sim, porque o sangue com que Cristo nos remiu na cruz é sangue convertido em leite. Assim responde Alberto Magno, comentando o mesmo texto, e dá a razão desta sua filosofia: "O sangue" — diz o grande Alberto — "converte-se em leite pela muita decocção, como se vê na geração natural do mesmo leite; e porque o sangue de Cristo teve esta muita e última decocção na cruz, por isso nela adquiriu a natureza e cor de leite, com que se pode fazer branco". — O mesmo pensamento tinha já declarado S. Bernardo — que foi o primeiro autor desta sutileza — dizendo em mais breves palavras que aquelas estolas "se fizeram brancas no sangue do Cordeiro porque é sangue lácteo"[11]. E se o sangue de Cristo, por virtude do leite que recebeu dos peitos de sua Mãe quando recém-nascido — que a isso alude o aditamento de "Cordeiro novo" — foi sangue convertido em leite e sangue lácteo, os vestígios que nele imprimiram os mistérios da Paixão de nenhum modo impedem a cor nem o nome de láctea à via do Rosário, antes também nesta parte a fazem láctea.

§ V

Removido, pois, este impedimento, e vindo à ocasião e origem por que a antiguidade deu à Via Láctea um tal sobrenome, derivado mais do leite que da neve ou açucena ou de alguma outra espécie igualmente branca, mais parece o caso inventado e fingido por mim que referido pelos autores da mesma antiguidade, entre os quais o já alegado Manílio o conta desta sorte:

"Nem devo omitir a antiguidade vulgar da tradição difundida
Segundo a qual o líquido de leite derramou-se
Do cândido seio da rainha dos deuses, e tingiu o céu de sua cor;
Por isso chamou-se círculo de leite e o seu nome deriva desta mesma causa"[12].

Torno a repetir que mais parece a propriedade do caso, e as mesmas palavras com que se refere, fingidas e inventadas para o presente assunto, que escritas, como foram, mil e quinhentos anos antes. Querem dizer: que a origem da Via Láctea, e ocasião de se chamar assim o círculo celeste, de que falamos, foi porque a rainha do céu e dos santos a fez e sinalou com o leite dos seus peitos:

"...Derramou-se o líquido de leite
Do seio da rainha dos deuses".

E que este mesmo leite lhe deu o nome de láctea:

"...Por isso
Chama-se o círculo de leite,
e o seu nome deriva desta mesma causa".

Quem é, pois, a Rainha do céu e dos santos, senão a Virgem Maria, Senhora nossa? E qual é o círculo da Via Láctea, senão o do seu Rosário? E qual é ou foi o leite com que deu princípio a esta via, senão o que, manando de seus benditíssimos peitos, sustentou o Filho de Deus nos gozosos rudimentos de sua infância, que foram os primeiros mistérios do mesmo Rosário? Por isso disse judiciosamente Tertuliano que na crença dos acontecimentos fabulosos dispôs Deus a gentilidade para a fé dos mistérios verdadeiros.

E para que se veja quão propriamente se correspondem no mesmo Rosário a falsa crença com a fé, o fingimento com a verdade e a pintura fabulosa com a realidade do caso, ouçamos o que fez a mesma Senhora do Rosário para o tornar a introduzir no mundo, quando o viu quase esquecido e apagado da memória dos mesmos homens que com tanta devoção e aplauso o tinham abraçado em seus princípios. Elegeu por restaurador dele ao Beato Alano, religioso da sagrada família dos Pregadores, natural da Baixa Alemanha; e, constituindo-o por sua própria pessoa naquela grande dignidade cuja soberania só conhecia quem a dava, quais vos parece que seriam as cerimônias de um ato tão solene? Primeiramente, tirando a Senhora um colar, de que vinha adornada, em que as joias preciosíssimas, e o número delas, formavam um Rosário de inestimável valor, o lançou ao pescoço de Alano, o qual, mais prostrado que de joelhos, o recebeu com profundíssima humildade. Então, abrindo a Rainha dos Anjos, como sai o sol de entre as nuvens, um e outro peito sacratíssimo, com o mesmo leite com que tinha criado o Criador, copiosamente estilado de ambos, melhor que o serafim de Isaías, lhe purificou a boca e língua com que havia de pregar o Rosário. Por fim, com breves palavras, e de grande majestade, lhe declarou como aquele era o caminho do céu, e lhe encarregou que assim o ensinasse a todo o mundo. Com isto desapareceu a visão e se acabou o ato. De maneira que quando a Virgem, Senhora nossa, manda pregar e apregoar o Rosário em todo o mundo, como via e caminho certo do céu, não só dá ao pregador de sua mão o mesmo Rosário, senão também o leite de seus peitos, para que ele e todos entendamos que aquela via, não só tem da mesma Senhora o ser via sua, senão também o ser Via Láctea.

E quanto a ser caminho do céu, também esta observação não faltou à antiguidade tão fabulosa como crédula. Criam os antigos que aquela deidade, entre todas as femininas suprema, a quem eles chamavam rainha dos deuses, tinha feito a Via Láctea, para que por ela subissem os que fossem dignos do céu. Assim o diz o mesmo Manílio, acrescentados aos versos que recitei, estes:

"Por acaso generosas almas, dignas do céu,
Livres de seus corpos e reenviadas à terra
Migram deste círculo?"[13].

É o que disse com a mesma crença Ovídio:

"Esta é a estrada por onde os habitantes do céu sobem aos altos palácios do grande Júpiter"[14].

Mas antes deles o tinha já dito e profetizado Davi, com o próprio sentido e quase com as próprias palavras: "E ali o caminho por onde lhe mostrarei a salvação de Deus" (Sl 49,23). Eles falaram do caminho e via fabulosa, e Davi da verdadeira e certa, pela qual sem dúvida se sobe ao céu, se consegue a salvação e se vai ver a Deus. Mas qual é este caminho, e via certa? Ouçamos todo o texto, e ele nos dirá que é o Rosário: "Entendei este grande segredo, vós, que tão esquecidos andais de Deus, para que vos não aconteça ir ao inferno, donde não haverá quem vos livre. Honrai a Deus com o sacrifício de seus louvores, porque este é o caminho que vos levará ao céu" (Sl 49,22s). — Já no mesmo salmo tinha Deus renunciado os sacrifícios de sangue, que eram bezerros e cordeiros mortos, os quais não tinham virtude de levar ao céu. Porém, agora que ensina o verdadeiro caminho do mesmo céu: "Porque este é o caminho que vos levará ao céu", — comuta o mesmo Deus todos aqueles sacrifícios em um só sacrifício, que chama sacrifício de louvor: "O sacrifício de louvor me honrará" (Ibid.). — o qual sacrifício consistia, em quê? Consistia na memória de Deus e dos benefícios divinos — que por isso se queixa do esquecimento: "Os que vos esqueceis de Deus" (Ibid. 22) — e no louvor e ação de graças, com que reconhecemos, veneramos e louvamos a Deus como autor dos mesmos benefícios, que são os dois atos de religião em que se contém o próprio e total instituto, assim vocal como mental do Rosário.

Depois de perdido o gênero humano, os benefícios inefáveis com que Deus o restaurou e restituiu ao fim altíssimo para que o tinha criado foram três: fazer-se homem como nós, morrer por nós e franquear-nos por este meio o caminho e portas do céu, onde o gozássemos. E na consideração e agradecimento destes três benefícios se empregam e dividem as três partes de todo o Rosário. A primeira nos mistérios Gozosos, que são os da Encarnação; a segunda nos Dolorosos, que são os da Paixão; a terceira nos Gloriosos, que são os da Ressurreição e Ascensão. A cada um destes benefícios divinos levantou o Rosário cinco altares, em que se veem historiados os cinco principais mistérios e passos deles. E em cada um oferece o mesmo Rosário o sacrifício que Deus antepôs e estima sobre todos: mentalmente, na memória e consideração de cada mistério, e vocalmente, no louvor e ação de graças por cada um em particular. E por que não pareça que, ao menos na parte vocal e exterior das palavras e vozes, com que em uma e outra oração do Rosário louvamos a Deus, se não verifica com propriedade o nome de sacrifício, a estas mesmas palavras chamou o profeta Oseias, com singular energia e maior do que cabe na nossa língua: "Vítimas da boca" (Os 14,3). — Levai convosco aos altares — diz o profeta — não bezerros ou cordeiros, senão palavras somente: "Levai convosco palavras" — e estas palavras, nas quais vos ofereceis a vós mesmos — que por isso diz: "Levai convosco" — serão as vítimas e sacrifícios, com que melhor pagareis a Deus todo o bem que receberdes de sua divina mão: "Recebe este bem, e nós te ofereceremos novilhos em sacrifício, com os louvores dos nossos lábios"[15]. A razão desta diferença e vantagem é manifesta, porque nos outros sacrifícios derrama-se o sangue de animais sem alma, e nestes — segundo o texto: "Derramai ante ele os vossos corações" (Sl 61,9) — derramam-se os corações e as almas em afetos de gosto, de dor, de júbilo, de louvor e ação de graças, que são os que mais honram a Deus e de que Deus mais se honra: "O sacrifício de louvor me honrará". Assim declara a preferência deste sacrifício o Doutor Máximo, S. Jerônimo, mas eu ainda tenho outro doutor maior que o Máximo, que é S. Paulo, o qual, com o mesmo texto de Oseias, declarou o nosso de Davi: "Ofereçamos pois por ele a Deus, sem cessar, sacrifício de louvor, isto é, o fruto dos lábios" (Hb 13,15). "A hóstia de louvor" é o "sacrifício de louvor" de Davi: o "fruto dos lábios" é o "novilho com os lábios" de Oseias; e um e outro juntos, com S. Paulo, nos asseguram na Via Láctea do Rosário o caminho certo do céu: "Porque este é o caminho que vos levará ao céu" (Sl 49,23).

§ VI

Temos mostrado como o Rosário, trazendo sua origem dos peitos e leite puríssimo da sempre Virgem, é a verdadeira Via Láctea, em que a Rainha dos Anjos nos abriu um novo caminho ou estrada real, por onde todos os que quiserem podem ir ao céu. Mas porque o mesmo céu, em que S. João viu muitas portas, pode ter outros caminhos, agora entra aqui o preceito ou conselho de Jeremias, em que, a todos os que fazem conta de ir ao céu, exorta desta maneira: "Tende-vos sobre os caminhos, e vede, e perguntai quais são as antigas veredas, para conhecerdes o bom caminho, e andai por ele, e achareis refrigério para as vossas almas" (Jr 6,16). Homens cristãos, que tendes fé e esperança, que sabeis que haveis de morrer e que depois da morte podeis ir ou não ir ao céu, vede o caminho que levais, e antes que façais eleição do que deveis seguir: "parai à vista dos caminhos que se vos oferecem e vede bem quais são". "Perguntai quais foram os caminhos que seguiram os antigos que viveram antes de vós" e qual foi também a sua vida e a sua morte. Perguntai — e pode ser que não seja necessário perguntar, porque as nossas experiências e os nossos olhos nos podem bem informar dos que vimos, se acaso não formos tão cegos como eles. Finalmente, examinai bem "qual é a boa e melhor via". "E caminhai por ela", e ela vos levará ao bom fim e descanso de vossas almas: "E encontrareis refrigério para as vossas almas".

Isto é o que Jeremias aconselha a todos os que têm fé, se têm juízo, e este é o ponto em que estamos à vista da Via Láctea do Rosário da Virgem, Senhora nossa, caminho muito menos antigo e muito diverso dos que nos mostrou o próprio Filho de Deus e seu, mil e duzentos anos antes. Cristo, Redentor e Mestre do mundo, distinguindo os vários caminhos por onde todo ele vai ou é levado, reduziu-os a duas estradas gerais ou vias. Neste mundo, diz o Senhor, há duas portas e duas vias: "Uma via muito larga e espaçosa, que leva à perdição, e são muitos os que entram por ela; outra via muito estreita e muito apertada, que guia à vida eterna, e são poucos os que a acham" (Mt 7,13s)! — Notai que da via larga e da perdição, que é a de muitos, diz o Senhor que entram por ela "E são muitos os que entram por ela" — e da via estreita e da salvação, que é a de poucos, diz que a acham: "E são poucos os que a acham" — porque o achar é ventura, e estes são os venturosos; os outros, desventurados. Sendo, pois, tão grande e tão clara a diferença destes dois caminhos, e sendo forçoso fazer eleição de um deles, nenhum homem há nem pode haver, se tem uso de razão, que não haja de escolher o da via estreita. Se é cristão, porque assim o resolveu Cristo neste mesmo lugar, dizendo: "Porfiai a entrar pela porta estreita" (Lc 13,24); se é gentio, porque assim o entenderam e ensinaram os filósofos, em que é famoso o bívio de Pitágoras; e se ama e não se tem ódio a si mesmo, porque a via estreita tem por fim a salvação, e a larga a perdição. Pois, se os motivos e razões desta eleição são tão evidentes e manifestos, como há tantos que caminhem pela via larga e tão poucos pela estreita? Porque tanto pode e tanta é a força que tem contra a fraqueza humana o presente e o deleitável. A fé olha para o futuro, os sentidos para o presente; o deleitável da fé representa-se ao longe, o dos sentidos goza-se de perto; e como este na via larga se gozam e na estreita se mortificam — posto que na via larga não faltem pesares, como na estreita consolações — são poucos aqueles em que com prudência e valor prevaleça o espírito contra a carne, e a sujeite aos rigores da via estreita; e muitos, pelo contrário, os fracos e cegos, em que a carne prevalece contra o espírito, e não já cativo e violento, mas voluntário e contente, os leva aos falsos gostos da via larga.

Tudo isto significa aquela grande palavra de Cristo. Não diz entrai pela via estreita, mas "contendei a entrar por ela" (Lc 13,24). E onde se faz esta contenda, e entre quem? Dentro em nós mesmos, e entre a carne e o espírito. Como os caminhos são somente dois, sobre a eleição de qual se há de seguir é que se arma esta contenda, estando o espírito com o anjo da guarda por parte da via estreita, e a carne com o demônio por parte da larga. Mas aqui entrou a Virgem, Senhora nossa, a partir a contenda com o seu Rosário. Compadecida a Virgem Maria, como Mãe de piedade e misericórdia, dos poucos que caminham à salvação pela via estreita, e dos muitos que se precipitam à perdição pela via larga, fez outra terceira via, que é a láctea do seu Rosário, da qual se pode fazer nova eleição, sem os receios de uma e outra. Como se dissera a Senhora: "Mas eu ainda vou a mostrar-vos outro caminho mais excelente" (1Cor 12,31). É o Rosário uma via meia, entre a larga e a estreita, a qual, abraçando as conveniências de ambas, não padece os inconvenientes de cada uma. Na via larga receia-se o perigo, na estreita receia-se o trabalho; e a via do Rosário tem o útil da estreita, sem o trabalho, e o fácil da larga, sem o perigo. O útil da estreita, que é a salvação, sem o trabalho, porque é muito fácil; e o fácil da larga sem o perigo, que é a perdição, porque não é trabalhosa, senão suave, por isso mesmo láctea.

Para aceitar esta terceira via e entrar por ela não são necessárias contendas nem disputas entre a carne e o espírito, porque cessam as razões da via estreita e as da larga, e sem discurso, nem ainda uso da razão, a podem abraçar até os mais fracos e mais mimosos. Notáveis são os termos com que o Príncipe dos Apóstolos, S. Pedro, exorta aos novos cristãos do Ponto, Galácia e Capadócia, a abraçar o jugo suave da lei de Cristo e crescer na perfeição dela: "Como infantes recémnascidos apetecei o leite racional da lei e doutrina de Cristo, para que com ela cresçais, se é que tendes gosto para perceber quão suave é o Senhor" (1Pd 2,2s). — Em duas coisas reparo aqui: a primeira, em chamar ao leite "racional" — a segunda, em dizer que o apeteçam, sendo homens adultos, "como meninos recém-nascidos". Os meninos recémnascidos não têm uso de razão; pois, se quer que eles apeteçam o leite sem uso de razão, por que chama ao leite racional? Porque é tão racional o mesmo leite em si mesmo que não é necessário uso de razão para o apetecer. O mesmo digo da Via Láctea do Rosário. As outras duas vias, larga e estreita, cada uma tem suas razões para serem ou não serem apetecidas; porém, o Rosário é tão racional em si mesmo, por abraçar as utilidades e conveniências de ambas, que não é necessário discurso nem uso da razão para se apetecer e para se antepor na eleição a cada uma das outras. Não é necessário o discurso, basta o gosto: "se é que tendes gosto". S. Pedro diz: "Quão doce é o Senhor" (1Pd 2,3); e nós digamos: "Porque doce é a Senhora".

E para que isto se julgue com a experiência dos olhos, sendo a via que Cristo antepõe à estreita, comparemos a via estreita de Cristo com a láctea de sua Mãe, e vejamos qual se deve mais seguramente seguir. O beato Leão, que foi um dos companheiros de S. Francisco, teve uma visão, a que assistiu o mesmo patriarca seráfico, desta maneira. Representou-se-lhe o grande teatro do dia do juízo, e que de uma e outra parte estavam arrimadas desde a terra ao céu "duas escadas, uma vermelha, no alto da qual se via inclinado Cristo, e outra branca, e nela do mesmo modo a Virgem Maria"[16]. Vendo pois S. Francisco estas duas escadas, como ele sempre fora o mais exato seguidor da aspereza e da cruz, exortou a todos seus religiosos que subissem pela escada vermelha, o que eles também fizeram com grande resolução. Mas com que sucesso? "Caíam miseravelmente um do terceiro degrau, o outro do quarto e o outro de cima". Turbados com o aspecto terrível do supremo Juiz que no fim da escada os esperava, uns caíam logo ao terceiro degrau, outros ao quarto, outros, tendo subido mais alto, também caíam todos miseravelmente. E que fez então a caridade e prudência de Francisco, à vista desta ruína de seus filhos? Mudou com a experiência de parecer: "disse-lhes que todos se passassem à escada branca, e foi com tanta felicidade que, recebendo-os por ela com grande benignidade a Virgem Santíssima, todos, sem nenhum cair, subiram ao céu". — Aqui não temos necessidade de antepor o nosso juízo, pois temos, e tão declarado, o do maior serafim da terra. A escada vermelha é a via estreita de Cristo, a branca é a Via Láctea de sua Mãe; e na comparação de uma e outra, depois de S. Francisco escolher a estreita, convencido da experiência, o mesmo S. Francisco escolheu a láctea.

O tempo em que sucedeu esta visão foi o mesmo em que S. Domingos, irmão e companheiro de S. Francisco, começava a publicar o Rosário. E que este fosse a Via Láctea da Senhora se prova por dois argumentos. O primeiro, a cor branca da escada: "a outra de cor branca" — que é a que deu o nome de láctea à mesma Via:

"Tem o nome de Láctea notável pela própria brancura"[17].

A segunda, e mais própria e sem metáfora, o modo com que a mesma Senhora encaminhou para o céu, por outra semelhante escada, a Beata Paula Florentina. Era muito devota esta santa do Menino Jesus aos peitos de sua Santíssima Mãe, e pagou-lhe a Virgem esta devoção com dois notáveis favores. Não só lhe deu a gostar a suavidade do leite de seus peitos, senão que da boca do mesmo Menino o passasse à sua, e logo lhe disse que Saluctoro Camaldulense lhe mostraria o caminho do céu, o qual caminho foi uma escada, pela qual subiam vestidos de branco os discípulos de S. Romualdo, de que ela também se fez discípula, e subiu pela mesma escada. De sorte que o leite da Senhora foi a disposição do caminho do céu, e o caminho do céu a consequência do leite da Senhora, para que ninguém duvide ser esta a verdadeira Via Láctea, e a mais fácil e segura de todas as vias. Da via larga nota Santo Ambrósio que nela, como no mar largo, são grandes as tempestades; na via estreita, como nos estreitos do mar, se levantam também muitas ondas, e andam os mares cruzados: só pela Via Láctea da Senhora, que é o seu Rosário, se navega sempre por mar de leite e com maré de rosas.

§ VII

Mas, porque estes dois exemplos, o do Beato Leão, entre os homens, e o da Beata Paula, entre as mulheres, por serem ambos de almas justas e santas, não façam algum escrúpulo ou causem alguma desconfiança aos pecadores, saibam que se o estado da graça e do pecado são dois, e tão diferentes, os peitos da Mãe de Misericórdia também são dois, mas sem diferença alguma. "Bem-aventurada Virgem tem dois seios que derramam o leite da caridade porque pede o perdão para os réus e a graça para os justos" — diz Ricardo Victorino[18]. Os dois peitos da Virgem puríssima são duas fontes de piedade e amor, que igualmente comunicam o leite a justos e pecadores: aos pecadores, alcançando-lhes o perdão, e aos justos a graça. — E se alguém me perguntar: donde tem o leite da Senhora esta grande virtude sobre os pecados, os quais só pode perdoar seu Filho, respondo que é qualidade natural e própria do mesmo leite, o qual, quando Cristo tomava os peitos de sua Mãe, juntamente bebia com ele o esquecimento de nossos pecados. Grande dito é este, se se provara, mas a prova não é de outra boca, senão da mesma que gostou o leite e do mesmo Filho que se nutriu com ele.

No capítulo quinto dos Cânticos, em que se manifestam os afetos e os efeitos mais interiores do amor de Cristo e sua Mãe — que são o Esposo e a Esposa daquele epitalâmio — diz Cristo que no tempo em que se alimentava dos peitos virginais, "com o seu leite bebia juntamente vinho" (Ct 5,1). Estas palavras tão notáveis podem ter dois sentidos: ou que o vinho e o leite fossem dois licores distintos, ou que o leite por si só tivesse o sabor e efeito de ambos. Esta segunda inteligência é mais própria e natural, e se prova de outros dois textos dos mesmos Cânticos: "Os teus seios são mais formosos do que o vinho" (Ct 4,10) — "Lembrados de que os teus peitos são melhores do que o vinho" (Ibid. 1,3). E melhor ainda do terceiro: "Os teus seios serão como dois racimos de uvas" (Ibid. 7,8) — onde os peitos da Senhora, com outra semelhança também camponesa, se comparam a dois racimos de uvas, para significar que o leite e o vinho se espremiam e bebiam juntamente das mesmas fontes. Isto posto, que é o certo e literal, saibamos agora qual é o mistério, e por que diz Cristo que os efeitos que causava nele o leite de sua Mãe, não só eram de leite, senão também de vinho: "Bebi vinho com o meu leite" (Ct 5,1)? Porque o leite tem só por efeito alimentar e nutrir, e o vinho tem de mais subir e alterar o juízo, e fazer perder a memória do que dá desgosto e pena. Assim o diz e receita o melhor intérprete das qualidades naturais, Salomão: "Aos que têm desgosto e pena, dai-lhes vinho, para que, bebendo, se esqueçam e não se lembrem mais da sua dor" (Pr 31,6s). — E como nenhuma coisa pode causar dor e desgostar e dar pena a Deus senão aquela que só o ofende, que são os pecados, por isso diz o mesmo Senhor que, quando tomava os peitos de sua Mãe, o leite que bebia tinha para com ele os efeitos da doçura do vinho: "com o seu leite bebia juntamente vinho" — porque é qualidade e virtude natural daquele néctar puríssimo causar em Deus um como esquecimento total dos pecados dos homens, e trocar-lhe de tal modo o juízo que os não haja de castigar, como se nunca foram. Não é o comento e declaração minha, senão do Cardeal Hailgrino[19], por estas excelentes palavras: "Os seios de Maria Virgem tem uma eficácia maior e mais ampla do que o vinho. O vinho pode inebriar o homem de modo que se faça esquecido das faltas passadas e seja fácil para perdoar e largo para dar. Os seios da Virgem puderam inebriar Deus, porque depois que sugou o leite dos seios da mãe como se bebesse com a doçura do leite a doçura da misericórdia, lançou os nossos pecados de seus olhos para trás e se fez largo para dar o perdão dos pecadores, largo para dar a graça e a justiça das obras". É o que dos dois peitos da Senhora tinha dito Ricardo em duas palavras: "O perdão para os pecadores, a graça para os justos".

Assim que não só os justos, senão igualmente os pecadores, subindo pela Via Láctea, que com seu leite começou e com seu leite aperfeiçoou a verdadeira Rainha do céu, seguros podem estar de que por graça e merecimento do mesmo leite, e purificados nele, chegarão a ver e gozar no mesmo céu, a clara e bem-aventurada vista, que só se concede aos olhos puros. Destes olhos — falando do corpo místico de Cristo, que são todos os fiéis — diz assim o Espírito Santo: "Os seus olhos são como as pombas, que sobre as correntes das águas se lavaram em leite" (Ct 5,12). — De sorte que estes olhos, semelhantes na brancura e pureza às pombas, não só se lavaram uma vez, senão duas: uma vez nas correntes das águas, e outra vez sobre esta, em leite. E que dois lavatórios são estes, um depois do outro? O primeiro, e de água, é o do batismo, o qual basta para os olhos verem a Deus, mas somente os dos justos que, depois de batizados, conservaram a graça; o segundo, e de leite, é o dos peitos e piedade da Virgem Santíssima, o qual, como segundo batismo, é necessário aos olhos dos pecadores, para que outra vez purificados e perdoados, possam também gozar da mesma vista. Mas ainda resta saber por que meio se consegue esta segunda purificação ou segundo batismo do leite da Senhora? Digo que caminhando pela Via Láctea do seu Rosário. Assim o disse sem querer, ou sem saber o que dizia, comentando este lugar, o Doutíssimo Cornélio. Diz que o texto se entende de qualquer alma: "Aquela que, orando e meditando, se aplica ao único Deus". E que almas são estas que atendem e se ocupam em meditar e orar a Deus, senão as dos devotos do Rosário, cujo exercício própria e totalmente consiste em orar a Deus e meditar seus mistérios? Estes olhos, pois, que orando se levantam e meditando se fixam em Deus, posto que tenham sido pecadores, são os que, purificados no leite da Senhora e caminhando pela sua Via Láctea, sobem a o ver no céu.

§ VIII

E u bem sei que os primeiros intérpretes da Via Láctea só concederam o privilégio desta estrada aos heróis e varões famosos que por ela subiam a ser semideuses, como Hércules, os dois Atridas, alguns dos Césares, por lisonja, e os Cipiões, por façanhas. Mas a alegoria desta fábula — da qual falou mais sisudamente Marco Túlio — muito melhor se vê cumprida nos que, por virtude do Rosário, obraram heroicamente maiores maravilhas. É admirável a este propósito a vitória de Barac contra Sisara, por todas suas circunstâncias. O nome de Barac,

capitão do Exército Israelítico, quer dizer raio, no sentido em que disse o poeta:

"Aqueles dois raios de guerra, os Cipiões"[20].

Mas não lhe bastaria ser raio na guerra para alcançar uma tão prodigiosa vitória, se não fosse socorrido e ajudado do céu e mais da terra, como conta a Escritura no epinício do seu triunfo. Do céu diz que pelejaram contra os inimigos as estrelas, postas todas por sua ordem: "Do céu se pelejou contra eles: as estrelas persistindo na sua ordem" (Jz 5,20). Da terra diz que, fugindo da batalha Sisara vivo, Jael, com o leite que lhe deu a beber, o matou a seu salvo: "Ela deu leite ao que lhe pedia água. Feriu a Sisara" (Ibid. 25s). Agora saibamos que estrelas foram aquelas e quem é esta Jael? Jael, que por meio do leite acabou de consumar a vitória, é a Virgem, Senhora nossa, diz S. Bernardo. E antes dele, e com maior elegância, o tinha já dito o mesmo texto, o qual chama a Jael bendita entre todas as mulheres: "Bendita seja entre as mulheres Jael" (Ibid. 24). Donde o anjo tomou as palavras com que saudou a Senhora no primeiro mistério do Rosário e nós a saudamos em todos. E as estrelas, que pelejaram postas em sua ordem: "As estrelas que permanecem em sua ordem" — são as contas e orações maiores e menores, enfiadas e ordenadas no círculo do mesmo Rosário, com que ele admiravelmente representa a Via Láctea, e se vê na mais certa e recebida sentença de S. João Damasceno: "O círculo de leite tem em abundância grandes e esplêndidas estrelas e por isso seja pela situação seja pela multidão e grandeza das estrelas que nele estão multiplicou-se nele a presença do leite"[21].

Esta é, pois, a verdadeira Via Láctea, por onde os mais insignes heróis da Igreja Católica, tão famosos pelos exemplos de suas virtudes como admiráveis pelos prodígios de seus milagres, carregados de gloriosos despojos, não só subiram ao céu, mas nos ensinaram o fácil e mais seguro caminho. Quando na morte de alguma notável personagem, como se viu na de Júlio César, aparecia no céu algum novo meteoro, daqueles sinais inferia a gentilidade que estava tresladado às estrelas e colocado entre os deuses[22]. E que diremos nós, se advertirmos, como notou o doutíssimo Ricciolo, que todas as estrelas novas que neste século e no passado apareceram no céu foram vistas e no-las mostrou Deus dentro do círculo da Via Láctea? "Como se a mesma Via Láctea fosse o prontuário ou tesouro onde Deus tem depositados estes portentos de luz, para os mostrar ao mundo quando é servido"[23]. — Isto diz este grande matemático, feliz reformador do antigo Almagesto. Mas nós digamos, alegorizando com grande fundamento estas mesmas novidades, que nelas e com elas nos quis significar o Autor da natureza e da graça, que o Rosário de sua Santíssima Mãe é a verdadeira Via Láctea, pois todos os santos que a Igreja, pelos infalíveis decretos da canonização, colocou no céu e nos mandou venerar neste mesmo século, e no passado, todos, sem excetuar nenhum, foram particulares devotos do Rosário. Meu santo patriarca Inácio, tendo sete horas de oração cada dia, o Rosário era a primeira, por onde começava. S. Francisco Xavier, quando mandava a saúde aos enfermos ausentes, com o seu Rosário lha mandava. S. Francisco de Borja, com três novos atos de confusão, de admiração e de ação de graças, o meditava e oferecia. Em S. Luís Beltrão e Santa Rosa, não só era devoção o Rosário, mas profissão. A Santa Madre Teresa, como mestra do mais elevado espírito, o ilustrou com seus comentários. S. Filipe Neri, que todo era oração e vivia dela, Santo Tomás de Vila Nova, S. Caetano, S. Francisco de Sales, S. Felipe Benisi, devotíssimos todos da Santíssima Virgem e seus mistérios, todos pregavam o Rosário com a voz, todos o ensinavam com a pena, todos o persuadiam com o exemplo. Mas assim como na Via Láctea umas estrelas são grandes e notáveis, que se veem, outras pequenas e inumeráveis, que se não podem ver nem contar, assim no céu, além destes grandes astros canonizados, que conhecemos e veneramos, há infinitas outras almas bem-aventuradas, que lá subiram pela Via Láctea do Rosário, as quais, prostradas diante do trono da soberana Rainha dos Anjos, e não esquecidas dos que ainda militamos neste vale de lágrimas, a nós nos dizem: "Este é o caminho, andai por ele" (Is 30,21); e à mesma Senhora, e a seu bendito Filho, cantam e cantarão eternamente: "Bem-aventurados os peitos a que foste criado" (Lc 11,27).

FIM

SERMÃO

XXX

Com o Santíssimo Sacramento exposto.

∽

"E Jacó gerou a José, esposo de Maria,
da qual nasceu Jesus."
(Mt 1,16)

Vieira constrói neste último sermão a ponte entre a rosa natural [rainha das flores] e a Rosa Mística [rainha do céu]. O mistério da Rosa Mística não está tanto na proporção com que é parecida à rosa natural, quanto na diferença com que a excede. Ela é rosa sem espinhos, porque só ela foi preservada dos espinhos do pecado. Ela é rosa com fruto, porque antepôs a honra e a honestidade ao fruto; por isso foi flor com fruto, sem perder a honra e a honestidade da flor: o fruto é Jesus e a flor é Maria. E quais são os frutos que se hão de colher?
No rosário têm seguros seus devotos todos os bens, da natureza, da fortuna, da graça e da glória. E de que espinhos nos livra o rosário? De todos os males, trabalhos, desgraças e misérias desta vida. É maio de 1686, e Vieira tem 78 anos. Termina com o pensamento da morte: "Finalmente, se há de morrer; e que deve fazer cada um neste universal desengano da vida, senão tratar da eterna? ... E esta foi e é a razão por que no princípio ofereci, e agora torno a oferecer à Soberana sempre Virgem, minha Libertadora e Senhora, estes dois pequenos e mudos tributos da já cansada pena, debaixo do nome de Rosa Mística".

§ I

No princípio deste formoso mês, em que a terra, ostentando suas galas, nos montes se mostra vestida e nos vales calçada de flores, com razão se dedica também a Deus a Rainha de todas, a rosa. De rosas vemos alcatifados os templos, de rosas adornados os altares, de rosas coroadas as imagens dos santos, e até entre a fragrância das rosas subir ao céu o cheiro dos sacrifícios. E quem deu tanto lugar nos lugares sagrados à que só tinha seu império e dignidade nos campos? Tudo isto mereceu a rosa natural por servir à Rosa Mística: a rosa natural, que é a que deu o nome ao Rosário, por servir à Rosa Mística, que é a Virgem, Senhora nossa, que do mesmo Rosário tomou o sobrenome. Assim vem a servir uma rainha a outra Rainha, e uma rosa a outra rosa, e não só a servir, senão a receber mercês. Vê-se hoje a rosa natural levantada sobre sua própria natureza porque, se a natureza a tinha dotado de muitas virtudes naturais, a liberalidade e poder soberano da Rosa Mística lhas comunica, não só novas, mas sobrenaturais e milagrosas. Vede que bom pagador é o Rosário. Porque se a rosa deu ao Rosário o seu nome, comunica o Rosário à rosa os seus poderes. Antes de benta ou abendiçoada a rosa natural, era formosa para a vista, cheirosa para o olfato e saborosa para o gosto; mas hoje, depois de receber a bênção com que a santifica o Rosário, levantando-se sobre a esfera de todos os sentidos, para as enfermidades é a mesma rosa saúde, para os venenos antídoto, para as dores refrigério, para os corações tristes alívio, e até para os espíritos infernais terror e assombro. Estas e outras grandes maravilhas, de cujos exemplos estão cheias as histórias eclesiásticas, são as que obra a rosa, depois que neste formoso dia, a que também deu o nome, se benze. Mas porque o assunto deste último sermão — em que é bem declaremos por fim o título de todos — pertence principalmente à Rosa Mística, e o místico se funda no natural, o que só posso prometer nesta breve proposta é que de tal maneira falarei de ambas as rosas, comparando-as entre si, que tudo o que disser da Rosa Mística será o que nos ditarem as palavras do tema. *Ave Maria etc.*

§ II

"José, esposo de Maria, da qual nasceu Jesus" (Mt 1,16).

Assim como a forma supõe a matéria, assim como o retrato imita o original, assim como o edifício se levanta sobre os fundamentos, assim tudo aquilo que se chama místico supõe, imita e se funda sobre o natural. Cristo neste mundo foi o Davi místico, porque a vitória, com que sem armas triunfou do mesmo mundo, foi representada no desafio e vitória com que Davi triunfou do gigante (1Rs 17,50). Cristo na cruz é a serpente de Moisés mística, porque, assim como os mordidos das serpentes, olhando para a de Moisés saravam, assim saram do veneno da serpente infernal, os que com fé e contrição põem os olhos em Cristo crucificado (Jo 3,14). Cristo no Sacramento é o maná místico, porque, assim como com o maná descido do céu se sustentaram no deserto os que caminhavam para a Terra de Promissão, assim com o verdadeiro pão do céu, Cristo sacramentado, se sustentarão na peregrinação desta vida os que caminham para a glória de que o mesmo sacramento é penhor (Jo 6,59). Daqui se segue que, sendo a Virgem Maria, Senhora nossa, a Rosa Mística, como lhe chama a Escritura e canta a Igreja, pela correspondência que tem a Rosa Mística com a rosa natural se deviam conhecer as excelências da mesma Senhora, enquanto Senhora do Rosário (Eclo 24,18). Assim o fizeram até agora todos os que trataram esta grande matéria, considerando na formosura, na fragrância, nas virtudes medicinais e na mesma majestade natural com que a rosa mereceu o império e coroa de todas as flores, não só a eminência suprema, com que a Mãe do Criador se levanta inacessivelmente sobre todas as criaturas, mas os benefícios e graças, em todo o gênero singulares, com que por meio do seu Rosário socorre, favorece, ampara e livra, assim nos trabalhos e enfermidades do corpo, como principalmente nas espirituais e da alma a todos seus devotos. A este fim se trazem hoje em louvor da rosa os versos de Anacreonte, as descrições de Plínio, os exemplos de Cleópatra, os aforismos de Galeno, as elegâncias gregas e latinas de S. Basílio e Santo Ambrósio, e até as fábulas de Vênus e Adônis feridos, que sobre a coroa real lhe deram à rosa a púrpura.

Eu, contudo, debaixo desta superfície geral e comum, examinando mais interiormente qual seja o místico ou misterioso da nossa Rosa Mística, acho que não consiste tanto na proporção e semelhança com que é parecida à rosa natural, quanto na dessemelhança e diferença com que se distingue dela e a excede. Naquela série juntamente panegírica e oratória com que a Igreja invoca a intercessão da Virgem Maria, alegando diversos títulos de suas excelências e louvores, e pedindo por cada um deles à mesma Senhora se digne de rogar por nós, é advertência digna de todo reparo que, sendo todos aqueles títulos verdadeiramente místicos, só à rosa unicamente se dê o nome de mística. Chama-se ali a "Senhora Estrela da Alva"; chama-se "Arca do Testamento"; chama-se "Torre de Davi"; chama-se "Porta do Céu"; chama-se finalmente, e é invocada com tantos outros títulos; e sendo a Virgem misticamente Estrela da Alva, porque ela, nascendo como precursora do Sol, nos anunciou o nascimento de Cristo; sendo misticamente Arca do Testamento, porque ela só como Arca do Testamento encerrou a Deus em si, e o trouxe em suas entranhas; sendo misticamente Torre de Davi porque nela, como de Torre de Davi, estão pendentes todos os escudos e armas de nossa defensa; sendo misticamente Porta do Céu, porque por ela entram a gozar a bem-aventurança todos os predestinados; e sendo finalmente místicos todos os outros títulos que naquela larga ladainha se alegam, por que razão nenhum deles se chama místico, senão só e unicamente a rosa, dizendo a Igreja: "Rosa Mística, rogai por nós"? A razão sem dúvida é porque nos outros títulos considera-se somente a semelhança que tem o místico com o natural: na Rosa Mística há de se considerar, não só a semelhança que tem com a rosa natural, senão também a diferença e vantagens com que a excede. Há místico comum e místico por excelência. O místico comum consiste por modo geral nas propriedades da semelhança: o místico por excelência, sobre as propriedades da semelhança; acrescenta por modo particular e mais sublime as vantagens da diferença. E como entre todos os outros títulos da Senhora só o da rosa é místico por excelência, por isso só nele singular e unicamente se lhe dá o nome de Mística: "Rosa Mística". Mística, porque imita a rosa natural no que é; e mística, ou sobre mística, por que a excede no que não é.

No Diviníssimo Sacramento — que só a este fim era bem que honrasse a Festa da Rosa com sua presença — no diviníssimo Sacramento, digo, temos maravilhosamente expressa esta distinção ou excelência de místico a místico. Pouco há dissemos que Cristo no Sacramento é o maná místico; e declarando o mesmo Senhor esta famosa figura do Sacramento, diz assim: "Aqui está o pão que desceu do céu. Não como vossos pais que comeram o maná e morreram. O que come deste pão viverá eternamente" (Jo 6,59). Não sei se reparais e dividis bem estas palavras. Nas primeiras diz que o Sacramento é como o maná; nas segundas, sem desdizer o que tinha dito, diz que não é como o maná. Nas primeiras diz que o Sacramento é como o maná, porque diz que o Sacramento é o pão que desceu do céu, assim como o maná descia do céu: "Este é o pão que desceu do céu" (Jo 6,59) — nas segundas diz que o mesmo Sacramento não é como o maná: "Não como o maná que vossos Pais comeram", porque os que comiam o maná "morriam" — e os que comem o Pão do Sacramento "vivem eternamente". — Pois, se Cristo quer declarar a virtude do Sacramento como maná místico pelo mesmo maná natural, por que diz o que era o maná e o que não era? Porque o Sacramento não é maná místico pelo modo comum, senão maná místico por excelência. E o místico por excelência, não só consiste na semelhança que tem com o natural, senão nas vantagens com que o excede. A primeira propriedade, e ordinária, é ser como ele; a segunda, e excelente, é "não ser como ele".

No mesmo Sacramento, e neste mesmo lugar, distinguiu maravilhosamente o mesmo Senhor este como e não como: o como da semelhança e o não como da diferença. E para que um e outro se distinguissem e entendessem melhor divididos em duas comparações, à comparação do maná acrescentou outra muito mais excelente e mais alta. E qual é? "Assim como eu recebi a vida do Pai, e vivo por ele, assim quem me come no Sacramento recebe a vida de mim, e vive por mim" (Jo 6,58). — Combinemos agora estas duas comparações, e na primeira veremos claramente o como, e na segunda o não como: na primeira o como: "Assim como o Pai, que é vivo, me enviou" (Jo 6,58); e na segunda o não como: "Não como vossos pais que morreram" (Jo 6,59). De sorte que toda a semelhança e diferença do Sacramento com o maná se reduz a um "como" e a um "não como", a um assim como e a um não assim como. E isto mesmo que Cristo declarou no Sacramento, com duas comparações, temos nós em uma só comparando a Rosa Mística com a rosa natural. Porque a Rosa Mística em muitas propriedades é como a Rosa natural "como", mas em outras mais altas e sublimes, excede muito a rosa natural, e não é como ela: "não como".

§ III

Suposta, pois, esta semelhança e esta diferença da mesma rosa duas vezes e por dois modos mística, não determino tratar hoje do místico comum, que consiste nas propriedades da semelhança, senão do místico por excelência, que consiste nas vantagens da diferença. O "como" e a semelhança que tem a Rosa Mística com a rosa natural, como matéria muitas vezes tratada, deixo-a, porque a suponho sabida; o "não como", e a diferença com que a mesma rosa natural é excedida da Rosa Mística, esse será o emprego do discurso presente e a razão mais alta e mais sublime por que a Virgem, Senhora nossa, se chama Rosa Mística. Digo, pois, que excede muito a Rosa Mística à rosa natural. Em quê? Em dois defeitos que tem a rosa natural, e em duas perfeições que só se acham na Rosa Mística; em dois defeitos da rainha das flores, e em duas perfeições da Rainha dos Anjos. E quais são? São tão vistas pelos olhos que quase não era necessário que se dissessem. A rosa natural é uma flor que não dá fruto e produz espinhas; a Rosa Mística é rosa sem espinhas, e rosa com fruto. Não é o assunto meu, senão do mesmo tema que propus.

"E Jacó gerou a José, esposo de Maria, da qual nasceu Jesus" (Mt 1,16). Nesta cláusula do Evangelho, tantas vezes e por tantos modos batida e debatida, o que sempre se notou, e sempre se deve notar, é o que diz o evangelista e o que não diz. Diz que de Maria nasceu Jesus, mas não diz de quem nasceu Maria; diz de quem é Mãe, mas não diz de quem é filha. E não só o título do mesmo Evangelho, mas todas as grandes personagens que nele se nomeiam, com quarenta e duas vozes estão bradando contra este silêncio. O título do Evangelho é: "Livro da geração de Jesus"; e se é livro da geração de Cristo, e tudo quanto neste livro se contém e deve conter não é mais que uma continuada descendência de pais a filhos, por que no fim, onde era mais necessária esta clareza, o que só se refere é a geração do Filho, e se cala a geração da Mãe? Desde o primeiro ascendente, que é Abraão, até o último, que é José, todas estas gerações vão encadeadas com aquele "gerou": "Abraão gerou a Isac, e Isac gerou a Jacó, e Jacó gerou a Judas" (Mt 1,2), até que chegando a outro Jacó, diz do mesmo modo o evangelista: "E Jacó gerou a José, esposo de Maria". Pois, se desde Abraão até José chega o continuado e repetido "gerou", por que razão em chegando, e antes de chegar a Maria, se cala totalmente esse "gerou", e só se diz "da qual nasceu"? Por que no "gerou", estavam as espinhas, e no "nasceu", está o fruto; e como a Rosa Mística, Maria, é rosa com fruto e rosa sem espinhas, por isso, em se nomeando Maria se cala o "gerou", e só se diz e apregoa o "nasceu".

A origem das espinhas é quase tão antiga como o homem, e tem a mesma antiguidade que o pecado original. Assim o pronunciou Deus na sentença que fulminou contra Adão: "A terra será maldita na tua obra. Ela te produzirá espinhos e abrolhos" (Gn 3,17s). Eva colheu o fruto, e Adão as espinhas. E como passaram estas espinhas do pecado original, desde o primeiro homem a todos os outros, e se continuam neles? Por meio da geração. Este é aquele e, ou aquele mas, que em toda a série das gerações do nosso Evangelho anda sempre, como espinha, pegado ao "gerou". Não há "gerou", nos filhos de Adão que não traga consigo o seu mas e a sua espinha. "E Isac 'gerou' Jacó"; mas ainda que Isac foi santo, de seu pai Abraão trouxe a espinha do pecado original: "E Isac". "E Jacó 'gerou' Judas", mas, ainda que Jacó foi santo, de seu pai Isac trouxe a espinha do pecado original: "E Jacó". — "E Jessé 'gerou' a Davi"; mas ainda que Jessé foi santo, de Obed, seu pai, trouxe a espinha do pecado original: "E Jessé". — "E Davi 'gerou' a Salomão"; mas ainda que Davi foi santo, de seu pai Jessé trouxe a espinha do pecado original: "E Davi". Assim o confessou em nome de todos o mesmo Davi: "Eis aqui sabes que eu fui concebido em iniquidades, e em pecados me concebeu minha mãe" (Sl 50,7). E como entre todos os filhos de Adão só a Virgem Maria, por graça e privilégio singular, foi isenta do pecado original, por isso o Evangelista, tendo continuado com o mesmo "gerou", com o mesmo mas e com a mesma espinha até "Jacó, que gerou a José, esposo da Virgem", — em chegando ou antes de chegar a nomear Maria, calou totalmente o "gerou" e o "mas", porque só Maria, como rosa por excelência mística, foi rosa sem espinha.

§ IV

*E*sta foi a primeira diferença, e singularmente sua, com que a soberana Rosa Mística excedeu gloriosamente a rosa natural. Falando da mesma rosa natural S. Basílio, e reconhecendo nela todos os dotes com que sobre as outras flores a enriqueceu a natureza, diz que todas as vezes que a via lhe causava tristeza e dor. "A rosa" — diz Basílio —, "que, com a sua formosura, para todos é alegre, para mim é triste. E por quê? Porque todas as vezes que vejo esta flor me está trazendo à memória o pecado pelo qual a terra foi condenada a produzir espinhos"[1]. — E como as espinhas foram pena e efeito do primeiro pecado, só aquela soberana Senhora, que unicamente foi isenta dele, é rosa sem espinhas. Nas sentenças da condenação do mesmo pecado temos a prova. Para o primeiro pecado do mundo, que foi o do Paraíso, concorreram três cúmplices: a serpente, Eva, Adão. Pela mesma ordem os condenou Deus a todos três, e nesta ordem tem grande mistério a primeira sentença e a última. Na primeira sentença foi condenada a serpente a que a mulher lhe quebrasse a cabeça: "Eu porei inimizades entre ti e a mulher: ela te pisará a cabeça" (Gn 3,15). Na última foi condenado Adão, a que a terra lhe produzisse espinhos: "A terra será maldita na tua obra. Ela te produzirá espinhos e abrolhos" (Gn 3,17s). A mulher que quebrou a cabeça à serpente todos sabemos que foi a Virgem Maria, no instante de sua conceição, que é o ponto preciso em que a serpente morde a todos os filhos de Adão concebidos por geração natural. Por isso o texto, com os termos admiravelmente trocados, primeiro diz que a mulher quebraria a cabeça à serpente, e depois que ela a quereria morder: "Ela te pisará a cabeça, e tu armarás traições ao seu calcanhar" (Gn 3,15). Vindo, pois, à ordem das sentenças, qual foi a razão e mistério por que na primeira quebrou a mulher a cabeça à serpente e na última produziu a terra as espinhas a Adão? O pecado original não foi o da serpente, senão o de Adão; pois, por que não foi o primeiro condenado Adão, senão a serpente? Porque na condenação e sentença da serpente venceu a mulher o pecado: na condenação e sentença de Adão produziu a terra as espinhas; e como a mulher que venceu a serpente foi a Rosa Mística, rosa sem espinhas, por isso as espinhas vieram tanto depois da mulher, que quando a terra produziu as espinhas, já a mulher tinha quebrado a cabeça à serpente. Antes da última sentença, ainda na terra não havia espinhas: "Ela te produzirá espinhos e abrolhos" — e quando o pecado produziu as espinhas na última sentença, já a Rosa Mística na primeira "tinha quebrado a cabeça ao mesmo pecado", — e por isso rosa sem espinhas.

Desta antecipada vitória com que a mulher venceu o pecado e a serpente, não depois de mordida, senão antes de a poder morder, se entenderá o altíssimo e oculto mistério com que Cristo, no dia da Redenção se coroou de espinhas. A Virgem, Senhora nossa, ainda que isenta de todo o pecado, também foi remida por meio da Paixão de seu Filho. Não remida como curada depois de ferida; nem remida como levantada depois de caída; nem remida como resgatada depois de cativa; mas remida como preservada da ferida, como preservada da queda e como preservada do cativeiro, que é o mais nobre e o mais excelente modo de remir e livrar. No princípio deste Evangelho, que é o livro da geração de Cristo enquanto Redentor — que isso quer dizer: "Livro da geração de Jesus" — chama-se o mesmo Senhor Filho de Davi e Filho de Abraão, os quais também foram redentores, porque Davi livrou a Saul do gigante e dos exércitos dos filisteus, e Abraão livrou a Lot dos quatro reis Babilônios, que fizeram guerra ao da sua cidade, e outros (1Rs 17,50; Gn 14,15ss). Mas se Abraão e esta sua vitória foi muito primeiro que a de Davi, por que se dá neste livro do Redentor o primeiro lugar a Davi e o segundo a Abraão: "Filho de Davi, filho de Abraão" (Mt 1,1)? Porque Abraão livrou a Lot do cativeiro, Davi livrou a Saul do perigo; Abraão livrou a Lot depois de estar vencido e cativo dos babilônios, Davi livrou a Saul de que o vencessem nem cativassem os filisteus. Ambos remiram e ambos foram redentores, mas só Davi antecipadamente, e preservando. "Libertou o rei com medo e afastou os da sua gente antes que provassem a escravidão" — diz S. Basílio de Selêucia[2]. E porque este modo de redenção antecipada é muito mais nobre e glorioso, por isso no livro do Redentor, sendo Abraão primeiro que Davi, se dá o primeiro lugar a Davi e o segundo a Abraão. Na mesma terra que produziu as espinhas temos a primeira parte desta diferença com alusão à segunda. A terra que produziu as espinhas foi a terra maldita pelo pecado: "A terra será maldita na tua obra. Ela te produzirá espinhos e abrolhos" — e a terra que sem espinhas produziu o fruto foi a terra bendita e sem pecado, na qual e da qual nasceu o mesmo Deus: "Abençoaste, Senhor, a tua terra" (Sl 84,2). Assim o cantou o real profeta, e logo acrescenta a diferença das duas redenções ou dos dois modos de remir, um por resgate depois do cativeiro, e outro por preservação antes dele: "Abençoaste, Senhor, a tua terra; desviaste o cativeiro de Jacó. Perdoaste o pecado do teu povo" (Sl 84,2s). Notai a diversidade dos termos. No primeiro diz: "Desviaste o cativeiro". — No segundo diz: "Remitistes e perdoastes o pecado". — O desviar é por preservação de perigo; o remitir é por remédio e perdão do pecado. Mas o desviar o perigo e o remir por preservação foi privilégio singular concedido a uma só pessoa: "Desviaste o cativeiro de Jacó". — E o perdão do pecado, depois de incorrido, foi indulgência universal que se estendeu a todos: "Remitistes e perdoastes o pecado do teu povo".

E como o modo de remir por preservação é muito mais nobre e glorioso, e a maior glória de Cristo Redentor foi preservar a sua Mãe de que não fosse tocada das espinhas do pecado, por isso no dia da Redenção formou delas a sua coroa e se coroou das mesmas espinhas de que a tinha preservado. Clemente Alexandrino, dando a razão por que Cristo, no dia da Redenção, se coroou de espinhas, diz que "assim como tinha aparecido entre espinhas quando remiu o povo de Israel do cativeiro do Egito (Ex 3,2), assim se quis também coroar de espinhas quando remiu o gênero humano, para mostrar que uma e outra redenção fora obra do mesmo poder"[3]. Não me atrevo a censurar um tão grande e antiquíssimo mestre da Igreja de que não disse bem, mas digo que disse pouco, e menos do que devera, em afirmar que uma e outra redenção fora obra do mesmo poder, porque na redenção do Egito remiu Deus os que estavam cativos e feridos das espinhas, que por isso apareceu na sarça, porém na redenção do gênero humano, não só remiu os feridos das espinhas, que eram todos os filhos de Adão, mas preservou a sua Mãe de que elas a não ferissem, e esta obra não foi do mesmo poder, senão de muito maior. Curar as feridas é remédio da arte e obrar como médico; preservar delas é privilégio do poder e obrar como Senhor. Por isso quando remiu o povo não apareceu coroado das espinhas, e agora que preservou delas a sua Mãe, sim. Há quem o diga? Não menos que Salomão, figura do mesmo Cristo: "Saí, filhas de Sião, e vede ao rei Salomão com o diadema de que sua mãe o coroou" (Ct 3,11): Saí, saí, filhas de Jerusalém, e vede a coroa com que Maria, Mãe de Jesus, coroou a seu Filho, assim como Bersabé, mãe de Salomão, coroou o seu. — Da coroa de espinhas entendem o passo Santo Atanásio, Santo Isidoro Pelusiota, e outros[4]. Pois, Maria, Mãe de Jesus, Maria, Mãe do Redentor, é que coroou a seu Filho com a coroa de espinhas? Sim. Porque quando ele preservou e livrou a sua Mãe das espinhas, então é que mereceu esta gloriosa coroa[5]. Quando o soldado na guerra preservava da morte e livrava algum cidadão romano de que o não matassem, recebia uma coroa, que por isso se chamava cívica. Assim Cristo, porque livrou e preservou do pecado a sua Mãe, mereceu a coroa, que por isso se deve chamar materna: "A sua mãe o coroou". E não tem menor ilusão nem menor energia o nome do diadema: "Com um diadema". Vendo Alexandre Magno ferido a Lisímaco, valente soldado, tirou da cabeça o diadema, que naquele tempo era uma faixa, para que com ela lhe atassem a ferida[6]. E nunca a coroa de Alexandre esteve mais gloriosa que nesta famosa ação, tirada da cabeça do rei para atar as feridas do soldado. Se Cristo tirara o diadema para atar as feridas de sua Mãe, não obrara como rei, nem como filho; mas, porque obrou como filho, não atando-lhe as feridas, senão preservando-a delas, por isso com as mesmas espinhas de que foi preservada "lhe teceu a Mãe o diadema com que o coroou como rei".

Finalmente, para que se veja sem réplica que esta coroa de espinhas lhe foi devida a Cristo, e Cristo se coroou com ela porque remiu e preservou a sua Mãe das espinhas do pecado de Adão, ponhamo-nos no monte Mória, onde a primeira vez se representou este mesmo ato, com as figuras mais vivas e todas as ações mais próprias. Foi Abraão por mandado de Deus sacrificar seu filho naquele monte, e quando, levantada já a espada, não faltava mais que a execução do golpe, teve-lhe mão no braço um anjo; e para que ficasse o sacrifício perfeito, foi substituído em lugar de Isac um grande cordeiro, o qual ali apareceu atado e coroado de espinhas. Digo coroado, porque para o atarem as espinhas, bastava que lhe enlaçassem os pés, e elas não o prenderam senão pela cabeça, rodeando-a como coroa. Assim o diz expressamente Santo Agostinho, acrescentando que o mesmo cordeiro foi figura de Cristo coroado de espinhas na sua Paixão: "Aquele cordeiro, que estava preso pelos chifres entre espinhos, significava Jesus Cristo coroado de espinhos pelos judeus antes que fosse imolado"[7]. Mas vamos ao texto, e acharemos nele todas as circunstâncias e propriedades do caso na idade, na coroa, na redenção e no modo de remir. "Levantou Abraão os seus olhos, e viu atrás de si um carneiro que estava embaraçado pelos seus chifres entre os espinhos, e, pegando nele, o ofereceu em holocausto em lugar do filho" (Gn 22,13). Foi o cordeiro semelhante a Cristo na idade: *arietem* — porque Cristo padeceu em idade de varão perfeito; foi semelhante na coroa: "Embaraçado pelos seus chifres entre os espinhos" — porque Cristo foi coroado de espinhas; foi semelhante na redenção: "E o ofereceu em holocausto em lugar do filho" — porque o cordeiro remiu o filho, como Cristo a Mãe; sobretudo foi semelhante no modo de remir, porque Isac foi remido por preservação. O pai, como diz S. Paulo, imaginou que Deus o havia de ressuscitar: "Considerando que Deus o podia ressuscitar até dentre os mortos" (Hb 11,19). Mas ele não foi ressuscitado depois de morto, senão preservado da morte para que não morresse. Agora pergunto: e a quem remiu Cristo por modo de preservação entre todos os nascidos? Não há dúvida que só e unicamente a sua Mãe, porque só ela foi preservada do pecado de Adão e da maldição das espinhas, a que por ele foi condenada a terra. Logo na preservação de Isac foi representada a preservação de Maria no sacrifício do cordeiro, o de Cristo, e nas espinhas da coroa, as espinhas com que o Filho se quis coroar por ter preservado delas a sua Mãe. E porque a Virgem, Senhora nossa, por este privilégio singular e só a ela concedido, foi preservada das espinhas do pecado, por isso só a Rosa Mística é rosa sem espinhas, nem teve lugar nela o "gerou" espinhado e espinhoso de todos os filhos de Adão: "E Jacó gerou a José, esposo de Maria".

§ V

A segunda excelência, não só igual, mas ainda maior, com que a Rosa Mística excede gloriosamente a natural, é ser rosa com fruto. A rosa natural é formosa, mas estéril, como Raquel; a Rosa Mística é formosa como Raquel e fecunda como Lia. A rosa natural é rainha das flores, mas somente flor; a Rosa Mística, sobre ser a Rainha das rainhas, é flor com fruto, Mãe com Filho e Maria com Jesus nos braços: "Maria, da qual nasceu Jesus" (Mt 1,16).

Nesta diferença de dar fruto ou não dar fruto vai tanto de flor a flor como de ser a não ser. Quando Deus lançou a bênção de fecundidade à terra, dando-lhe virtude de produzir e criar, as palavras da bênção foram estas: "Brote a terra as ervas verdes, e as árvores que produzem fruto"(Gn 1,11). — De sorte que na bênção de Deus entraram nomeadamente as ervas, as árvores e os frutos, e só das flores parece que se não fez menção; mas sim fez. As flores que produzem fruto foram compreendidas nos mesmos frutos que produzem; as que não produzem fruto ficaram contadas entre as ervas. O cravo, o lírio, o jasmim, a rosa, e todas as outras flores que não dão fruto, por mais pintadas, por mais formosas, por mais mimosas e afidalgadas que sejam, todas pertencem ao predicamento das ervas. Este é o lugar que lhe sinalou Davi, sem outra maior dignidade: "De manhã passa como a erva, pela manhã floresce, e passa; à tarde cai, endurece, e se seca" (Sl 89,6). Pelo contrário, as flores que dão fruto, estas são as de que faz todo caso o soberano agricultor da natureza. Assim o entendeu a lavradora das églogas de Salomão, tão entendida como ele. Exortava não a outrem, senão ao mesmo Agricultor divino a que madrugassem: "Levantemo-nos de manhã" (Ct 7,12) — e a que saíssem ao campo: "Saiamos ao campo" (Ibid. 11). E para que com tanto cuidado e desvelo? Não para ver se os prados se vestiam de flores, senão para saber se as flores produziam frutos: "Vejamos se as flores produzem frutos" (Ibid. 12). Os frutos são os partos das flores, e as flores que não chegam a este parto são abortos. São geradas, como diz Plínio, "para o dia", porque no mesmo dia em que a vida lhes dá a cor, a fragrância lhes exala a vida. Pela manhã nascem, ao meio-dia adoecem, à tarde morrem, e nem permanecem em si nem no fruto, porque o não produzem. Logo, não bastava só à Rosa Mística, para exceder cabalmente a rosa natural, a primeira excelência de ser rosa sem espinhas, se não tivesse também a segunda, de ser rosa com fruto. Já muito antes de isto ser, estava pintado assim nas ideias do Testamento Velho.

Querendo Moisés nomear a tribo e a pessoa a que havia de pertencer o estado eclesiástico e a tiara do Sumo Sacerdócio, para evitar os ciúmes da emulação, tão perigosa entre iguais, ordenou que todos os príncipes e cabeças de cada tribo trouxessem a sua vara ao Tabernáculo, para que, postas no *Sancta Sanctorum* [Santo dos Santos] e na presença da Arca, aquela que milagrosamente florescesse, declarasse qual era a eleição de Deus, e a confirmasse. Fez-se assim, e na manhã seguinte, vindo Moisés e os demais a reconhecer as suas varas, acharam que a de Arão reverdecida, não só tinha produzido flores, mas flores e frutos: "Achou que tinha brotado a vara de Arão, e que, inchando os gomos, tinham saído flores que se transformaram em amêndoas" (Nm 17,8). Este milagre teve duas partes: a primeira necessária, e a segunda parece que não. Que a vara florescesse era necessário, porque este era o sinal da eleição divina em que todos se tinham comprometido; que além das flores desse também frutos não era necessário, porque nem Moisés tinha proposto esta condição nem os demais a esperavam. Pois, se Deus não faz nem multiplica milagres sem necessidade, por que acrescentou o segundo milagre ao primeiro, e não só fez que a vara de Arão florescesse, mas que juntamente com as flores produzisse também frutos? S. Bernardo e Ruperto, seguindo a Santo Agostinho[8], respondem que aquela vara era uma e representava outra: era a vara do Arão, e representava a vara de Jessé, a Virgem Maria, Senhora nossa. E para significar Deus que escolhia a Arão entre todos os homens para o Sumo Sacerdócio, bastava que a vara, enquanto vara de Arão florescesse; porém, para significar que o mesmo Deus havia de escolher a Virgem Maria entre todas as mulheres para Mãe de seu Filho, era necessário que a mesma vara, enquanto representava a vara de Jessé, não só produzisse flores, senão flores e frutos juntamente. É o que a Igreja canta da mesma Virgem e da mesma vara: "A vara de Jessé floresceu, e a Virgem gerou a Deus Homem". — "A vara de Jessé floresceu": eis aí a flor; "E a Virgem gerou a Deus Homem". Eis aí o fruto.

No mesmo mistério temos tudo, e não com uma só, senão com dobrada confirmação. O anjo que trouxe ao mundo a embaixada de que Deus se queria fazer homem, não só veio dirigido à Mãe, senão também à pátria de que havia de nascer. Veio dirigido — diz o texto — à Pátria, que era Nazaré: "Foi enviado por Deus o anjo Gabriel a uma cidade de Galileia, chamada Nazaré" (Lc 1,26) — e veio dirigido à Mãe, que era Maria: "A uma virgem desposada com um varão etc. e o nome da virgem era Maria" (Ibid. 27). E por que razão, ou com que mistério, não só se encaminhou o embaixador e a embaixada nomeadamente à Mãe, senão também nomeadamente à pátria? Porque o Filho que havia de nascer, sendo um, havia de ser fruto de duas flores: uma flor, que era a pátria, e outra flor, que era a Mãe. Ora, vede. Nazaré quer dizer flor: e assim a cidade de Nazaré, como a Virgem de Nazaré, ambas eram flores sem esperança de fruto. A Virgem de Nazaré era flor sem esperança de fruto pelo voto com que se tinha consagrado a Deus de Virgindade perpétua, no qual renunciou voluntariamente toda a esperança de haver de ter filho, sacrifício em que a Senhora foi a primeira entre todas as mulheres, e a única entre todas as daquele tempo, as quais ansiosamente pelo fruto de sua fecundidade esperavam ter parte na geração do Messias. A cidade de Nazaré também era flor sem esperança de fruto, e com nota bem particular, ou particularidade bem notável, porque era provérbio antiquíssimo em toda a Galileia que de Nazaré se não podia esperar coisa boa. Esta é a razão por que, dizendo o apóstolo S. Filipe a Natanael que tinha achado o Messias, e que era Jesus de Nazaré, Natanael, como letrado tão douto em todas as tradições hebreias, lhe respondeu: "Porventura de Nazaré pode sair alguma coisa boa?" (Jo 1,46). — Tal era o estado em que se achavam a cidade de Nazaré e a Virgem de Nazaré, cada uma delas flor, e ambas sem esperança de fruto, quando à cidade e à Virgem chegou a embaixada celestial, de que na mesma cidade e da mesma Virgem havia de nascer o Filho de Deus. E que se seguiu daqui? Que a Virgem, como Mãe, deu a Cristo o nome de Jesus: "E pôr-lhe-ás o nome de Jesus" (Lc 1,31) — e a cidade, como pátria, deu ao mesmo Cristo o sobrenome de Nazareno: "Que será chamado Nazareno" (Mt 2,23). — E por este modo, sendo Jesus Nazareno, um só fruto foi fruto juntamente de uma e outra flor: fruto da flor Nazaré, enquanto nazareno, e fruto da flor Maria, enquanto Jesus: "Da qual nasceu Jesus".

Mas, se bem a Virgem de Nazaré — como a mesma Nazaré — foi flor com fruto, nesta grande prerrogativa teve a Rosa Mística uma tão singular excelência, que não só excedeu a rosa natural, estéril e infrutífera, mas a todas as flores que dão fruto fez perder a cor de corridas. As flores que produzem fruto todas morrem de parto. Custa-lhes o parto a vida, e o chegar a dar fruto o deixar de ser flor. É o que disse elegantemente em duas palavras Plínio: "Perecem para darem à luz". São as flores como Raquel, que morreu de parto de Benjamim. Viveu o filho e morreu a mãe; nasceu o fruto e pereceu a flor. O princípio do frutificar foi o fim do florescer, e esta é a triste pensão com que todos os filhos das flores nascem póstumos, porque nem o fruto viu a flor de que nasceu, nem a flor o fruto que produziu. Na vara florescente de Arão é notável a palavra com que o texto sagrado declara que as flores deram fruto: "Flores que se deformaram em amêndoas". Não diz que as flores produziram, ou se transformaram, senão "que se deformaram em frutos". O deformar-se é deformidade, porque é perder a própria forma. Havemos, pois, de dizer que é deformidade das flores o produzir frutos? Sim, porque quando o fruto recebe a forma, perde a flor a sua. Por mais formosas que fossem as flores, em chegando a produzir fruto, já o que era formosura fica deformidade, perdida a gala, perdida a cor, perdida a forma, e caído e perdido tudo o que lhe dava o nome e ser de flor.

Não assim a flor de Nazaré, Maria, como falando com a mesma Senhora argui discretamente S. Pedro Crisólogo: "Na vossa conceição e no vosso parto, Senhora, cresceu a pureza, aumentou-se a castidade, fortificou-se a inteireza e confirmou-se a virgindade. Pois, Virgem, se nada perdestes, que é o que destes?"[9]. — Bem perguntado e bem arguido, se a obra fora da natureza. A natureza não sabe dar sem tirar: tira e destrói uma forma para dar e introduzir outra. Mas não assim na Cheia de Graça, em que as leis da natureza não tiveram parte. Deu a graça e recebeu o Filho a forma de fruto, sem tirar nem perder a Mãe a forma de flor. Se a rosa natural tivera entendimento, e lhe perguntassem por que era flor sem fruto, responderia sem dúvida, com majestade de rainha, que antes não queria ter fruto que perder a honestidade e a honra. O mesmo respondeu a Rosa Mística, não em outro, senão no mesmo caso. Quando o anjo disse à Senhora: "Eis conceberás e parirás um filho" (Lc 1,31) — respondeu a Virgem conforme o voto e pressuposto em que estava firme: "Como se fará isso, pois eu não conheço varão?" (Ibid. 34). E porque antepôs a honra e a honestidade ao fruto, por isso foi flor com fruto, sem perder a honra e honestidade de flor. Assim o diz a mesma Virgem, e pelas mesmas palavras: (Eclo 24,23): "As minhas flores são frutos de honra e de honestidade" (Eclo 24, 23). — "Nas árvores" — comenta Cornélio — "as flores não podem existir com os frutos, assim quando brota o fruto cai a flor, mas somente com a Mãe de Deus, a flor e o fruto se encontram juntos sobrepondo-se ao curso da natureza". Diz, pois, a Virgem que as suas flores são frutos da honra e da honestidade, porque, se os frutos não fossem da honra e da honestidade, quando nascessem os frutos cairiam as flores. E como só o fruto bendito da bendita entre todas as mulheres foi fruto da honra e da honestidade, só e unicamente nela se acha o fruto junto com a flor e a flor junto com o fruto: o fruto Jesus, e a flor Maria: "Maria, da qual nasceu Jesus".

§ VI

Temos visto como a soberana Rosa Mística é rosa sem espinhos e rosa com fruto. De um fruto parece que se não podem colher outros frutos, e muito menos das espinhas, das quais disse Cristo: "Porventura os homens colhem uvas dos espinhos, ou figos dos abrolhos?" (Mt 7,16). Contudo, assim das espinhas, de que careceu a mesma Rosa Mística, como do fruto que produziu, havemos nós de colher, não só copiosos, mas preciosos frutos. "Venha o meu amado" — diz a Virgem, Senhora nossa — "ao seu jardim e colha os frutos de seus frutos" (Ct 5,1), que são os mesmos de que tinha dito: "Com frutos de macieiras" (Ct 4,13). E já temos frutos de frutos, que era a primeira coisa que parecia nova, dificultosa ou imprópria. O Amado todos sabemos que é por antonomásia Cristo; o seu jardim também temos dito muitas vezes que é o Rosário. E quais são os frutos de que se hão de colher ou de que se colhem outros frutos? São os mistérios do mesmo Rosário, nos quais está repartido o bendito fruto do ventre sacratíssimo, e por isso, sendo um só fruto, se chama frutos. Para colher, pois, agora, ou para recolher estes frutos, e para saber e compreender quais, quantos, quão grandes, quão úteis e maravilhosos sejam, basta só a memória do que temos tão largamente historiado e discorrido nestes trinta sermões, nos quais, reduzidos ao epílogo de uma só palavra, mostramos que no Rosário da Virgem, Senhora nossa, têm seguros seus devotos todos os bens. Todos os bens, ou são da natureza, ou da fortuna, ou da graça, ou da glória. Os da natureza são a vida e a saúde; os da fortuna, a riqueza e a honra; os da graça, o perdão dos pecados e aumento das virtudes; os da glória, a vista de Deus e bem-aventurança eterna. E quantos vimos que, desconfiados de todo o remédio humano, por virtude do Rosário recuperaram a saúde e, estando para morrer ou condenados à morte, e ainda depois de mortos, tornaram à vida? Quantos que, perdida a fazenda, ou não tendo que perder, da miséria da extrema pobreza surgiram subitamente à opulência de ricos e, abatida na opinião dos homens a honra, se viram mais honrados do que dantes eram? Quantos que, pela continuação e enormidade dos pecados, quase desesperados do perdão, se restituíram à graça? Ou tíbios e imperfeitos nas virtudes, subiram ao grau mais alto da perfeição? E quantos, finalmente, que morrendo impenitentes, e segundo a presente justiça, ou dignos da condenação, ou já condenados, aos quais, arrancados das unhas do demônio e das gargantas do inferno, se lhes concedeu nova vida, com que mereceram a eterna? Estes são os frutos que se colhem do fruto da Rosa Mística, enquanto rosa com fruto.

E enquanto rosa sem espinhas, livra-nos também delas? Sim. E pelo mesmo modo e privilégio singular com que seu Filho a livrou, que é o da preservação. Todos os males, trabalhos, desgraças e misérias desta vida são feridas mais ou menos penetrantes, com que nos picam ou trespassam as espinhas de Adão. Assim o confessou Davi: "Converti-me nos meus trabalhos, quando neles e com eles se pregavam em mim as espinhas" (Sl 31,4), que nasceram do primeiro pecado. — Para evitar estas espinhas, nenhuma prudência, nenhuma cautela basta, porque os casos súbitos e as desgraças se levantam debaixo dos pés, e não estão na mão do homem. Que lavrador há de imaginar que, semeando trigo e plantando vides, da seara e da vinha lhe hão de nascer espinhas? Pois, isto é o que sucede aos homens, que donde tinham razão de esperar a conveniência, lhes nasce a desgraça, e em vez de colher frutos, colhem espinhas. Jeremias, falando da sementeira do trigo: Semearam trigo, e colheram espinhas" (Jr 12,13), e Isaías, falando da planta das vides: "Esperava que da minha vinha houvesse de colher uvas, e colhi espinhas" (Is 5,2 *secundum* LXX). — Destas espinhas, pois, nascidas donde menos se podiam esperar ou temer, e destes casos inopinados, que nenhuma providência pode prevenir e de que nenhuma cautela nos pode livrar, nos livra a Mãe de Deus por meio do seu Rosário, preservando-nos das mesmas desgraças e dos mesmos trabalhos, sem nós o sabermos nem advertirmos.

Muitos anos havia que um devoto bem intencionado rezava o Rosário, quando o demônio o tentou, com pretexto de maior serviço de Deus, não a que deixasse a devoção, mas a que trocasse esta por outra. — Há tantos anos — dizia consigo — que rezo o Rosário, sem que por este serviço receba nenhuma mercê ou favor da Virgem Maria, sinal certo que lhe não agrada; e assim parece que será mais conveniente que eu sirva a mesma Senhora e lhe ofereça outro tributo que lhe seja mais agradável, com que mereça alguma remuneração, que em tanto tempo não tenho merecido. Assim estava este homem, não deliberado, mas inclinado e vacilante, quando ouviu uma voz que o chamou por seu nome. — Quem me chama? — disse espantado. — Chama-te — continuou a voz — quem quer saber de ti por que te queixas da Senhora do Rosário. — Não me queixo, respondeu, mas descontenta-me esta devoção porque, havendo tantos anos que a continuo, nenhum favor tenho alcançado por ela. — Oh! ingrato e desconhecido — replicou então a mesma voz e com maior aspereza — já que dizes que nenhum favor alcançaste pela tua devoção, responde-me ao que te quero perguntar. Dize-me: onde estão teus irmãos? Não morreram todos, e tu estás vivo e são? Tal e tal casa de teus vizinhos não arderam, e a tua está em pé? Tantos outros não padeceram tantas desgraças e infortúnios, na fazenda, na honra, na vida, na mulher, nos filhos? Pois, se a Virgem Maria, como Senhora do Rosário, pelo que tu lhe rezavas, te preservou de tantos trabalhos, desastres e perigos, como dizes que te não tem aproveitado esta devoção, nem a Senhora por ela te tem feito mercês, sendo estas tão grandes? — Ouvindo isto, ficou corrido e confuso o bem intencionado mas mal entendido devoto do Rosário. Conheceu que querer trocar esta devoção por outra era tentação do demônio, e viu claramente que as mercês, que sem reparar nem advertir tinha recebido, eram mais e maiores, e muito mais singulares, que quantas ele podia desejar nem pedir. De sorte que os bens que nos faz, e os males de que nos livra a Virgem Santíssima do Rosário, respondem às duas propriedades da Rosa Mística, rosa sem espinhas, e rosa com fruto. Rosa sem espinhas, de que foi preservada, preservando-nos dos males, e rosa com fruto, de que foi fecundíssima, comunicando-nos os bens, e em uma e outra excelência como Mãe do Autor de todos os bens e Redentor de todos os males, que é Jesus: "Maria, da qual nasceu Jesus".

§ VII

Tenho provado o que prometi, e mostrado em uma e outra rosa, não tanto a semelhança da natural, quanto a diferença e vantagens da mística. E, pois, este último Sermão é o fim dos demais, justo será que também nele e com ele demos o fim a todos. Mas, que direi eu aos devotos e não devotos do Rosário por conclusão e remate de quanto lhes tenho dito? Sejam por despedida dois desenganos: um com que nos admoesta a rosa natural, a brevidade desta vida; e outro com que nos lembra a Rosa Mística os riscos e eternidade da outra.

Estava calado o mais eloquente de todos os profetas, Isaías, quando ouviu uma voz do céu, "a qual lhe mandava que bradasse" (Is 40,6). E como o profeta perguntasse "o que havia de bradar?" — respondeu a voz: O que hás de bradar, com tais vozes que todos te ouçam, é "que a vida do homem é como o feno verde, e toda a sua glória como a flor do campo: secou-se a verdura, caiu a flor". — Tal é a brevidade da nossa vida; e não há flor que não esteja bradando: Homens, aprendei de mim. — Por isso dizia o mais desenganado de todos: "O homem nascido da mulher vive breve tempo etc. Que como flor sai, e é pisado" (Jó 14,1s). E se qualquer flor é espelho para a vida humana e desengano para a brevidade dela, quanto mais a que mais floresce e menos dura que todas, e a que é a flor das flores, a Rosa?

"Quanto dura um dia, tanto dura a idade das rosas:
Abre em um dia e nele mesmo acaba."[10]

Toda a idade ou idades da rosa, não tem mais duração que de um só dia, em que nasce, vive e morre. — O mesmo sol que a viu de manhã fresca e formosa, de tarde a deixou murcha e seca. Com tão apressado voo passa a rosa a carreira da vida, sendo nova pregadora cada dia da brevidade da nossa. Tal é o documento e desengano que nela consideram poetas, oradores e santos, moralidade que algum dia me pareceu demasiadamente encarecida e estreita, mas hoje vejo que ainda é larga. Neste mesmo maio de mil seiscentos e oitenta e seis, em que escrevo esta regra, e não sei se chegarei a acabá-la, mais larga vida é a da rosa na Europa que a dos homens na América. Lá toda a rosa tem de vida um dia inteiro; cá muitos homens que — tal é a força do mal presente — não chegam a ter ametade do dia, nem duas horas, nem uma, arrebatados da saúde à morte sem passar pela enfermidade. Este é o clima mais benigno, estes os ares mais puros, esta a terra mais sadia, esta é hoje a Bahia. Mas, que importa que a terra, o ar e as influências dos astros se mudem ou não mudem, se todos trazemos dentro em nós o veneno da própria mortalidade? As tréguas da vida, sempre duvidosa e incerta, poderão durar mais ou menos; mas finalmente se há de morrer. Finalmente — torno a dizer — se há de morrer. E se a disposição mais robusta e a idade mais florente não têm um dia, nem uma hora, nem um momento seguro, que deve fazer cada um neste universal desengano da vida, senão tratar da eterna?

Este é o fruto, e de suma importância, que da rosa natural, que não dá fruto devem colher os que têm fé e juízo. E porque dos riscos da eternidade só nos pode livrar a Rosa Mística, seja a segunda conclusão e último desengano que só debaixo do patrocínio da Virgem Maria, Senhora nossa, se pode esperar e conseguir a vida eterna com firme e segura confiança. Nela e por ela se salvam todos os que se salvam, e sem ela, e porque sem ela, por isso se perdem quantos se perdem. Ouvi concordes na mesma e admirável sentença a dois insignes intérpretes dos arcanos divinos, Santo Anselmo e S. Boaventura: "Assim como, ó Virgem beatíssima, todo aquele que se aparta de vós, e que vós apartais dele vossos misericordiosos olhos, necessariamente se perde, assim aquele que se converte a vós, e que vós pondes nele os olhos de vossa misericórdia e piedade, impossível é que se não salve"[11]. — As palavras "é necessário" e "é impossível" são as mais apertadas que se podem dizer nem imaginar. E estes são os termos por que falam, com aprovação geral dos teólogos, aqueles grandes doutores e tão alumiados do céu. Quanto à primeira parte, é notável a consequência da terceira e quarta palavra de Cristo na cruz; a terceira foi: "Mulher, eis aí teu filho" (Jo 19,26) — na qual Cristo deixou a S. João sua Mãe; a quarta foi: "Deus meu, Deus meu, por que me desamparaste?" (Mt 27,46). — na qual se queixou de se ver deixado de Deus. — Pois, quando Cristo deixa sua Mãe, então se vê deixado de Deus? Sim. Porque Cristo na cruz, como tinha tomado sobre si nossos pecados, fazia figura de pecador, e segundo a propriedade desta figura que representava — nesta representação digo, e segundo a propriedade desta figura que representava — foi consequência natural que se visse deixado de Deus quando acabava de deixar a sua Mãe, porque todo o pecador que deixar a Mãe de Deus, necessariamente se verá também deixado de Deus: "É necessário que pereça". Pelo contrário — quanto à segunda parte — S. João, no mesmo teatro do Calvário, fazia figura dos predestinados, que por isso nomeadamente se chama ali o amado: "Ao discípulo que ele amava" (Jo 19,26). — E aquele a quem Deus dá a Virgem Maria por Mãe: "Eis a tua Mãe" — e ele a aceita e serve como tal: "E desta hora por diante a tomou o discípulo para sua casa" — assim como os predestinados não podem deixar de se salvar, assim "é impossível que ele se perca".

Supostos estes dois desenganos, um do fim desta vida, que não pode tardar muito, e outro da vida sem fim, que só se pode assegurar ou perder no patrocínio da Mãe de Deus ou falta dele, o que resta é que todos, servindo com verdadeira devoção à mesma Senhora, procuremos merecer e alcançar o patrocínio e amparo de sua poderosíssima graça. Oh! quem me dera nesta última despedida poder persuadir e meter na alma de todos esta resolução! Mas, porque não fio tanto da fraqueza do meu espírito, ouvi ao devotíssimo e espiritualíssimo Tomás de Kempis, exortando a seus ouvintes em semelhante caso: "Elegei a benigníssima Mãe de Jesus por especial Mãe vossa e advogada antes da morte, e saudai-a frequentemente com a oração da Ave-Maria e saudação do anjo, cuja voz sempre ouve com grande vontade e lhe agrada muito"[12] — por mais que se repita muitas vezes, como fazemos no Rosário. — Saudai a Maria; invocai a Maria; meditai em Maria; nomeai a Maria; honrai a Maria; glorificai a Maria. — E porque não bastam só as vozes e louvores da boca, "acompanhai a Maria em todos os passos de sua vida e de seu Filho", — que é a segunda e mais interior parte do mesmo Rosário. "Com Maria buscai a Jesus"; "Com Maria trazei a Jesus nos braços"; e com Maria e Jesus morai em Nazaré, que são os mistérios Gozosos. Com Maria ide a Jerusalém; com Maria estai junto da cruz de Jesus; com Maria lamentai a morte de Jesus; e com Maria o sepultai — que são os mistérios Dolorosos. Com Maria e Jesus ressuscitai; com Maria e Jesus subi ao céu; e com Maria e Jesus desejai viver e morrer nesta vida, para os gozar na outra — que são os mistérios Gloriosos.

Assim deu fim à sua exortação o espírito extático de Tomás, sem nomear o Rosário nem cuidar nele, porque o espírito e alma desta devoção não consiste no nome que lhe deu a rosa natural, senão no místico dos mistérios, de que é composto. E esta foi e é a razão por que no princípio ofereci, e agora torno a oferecer à Soberana sempre Virgem, minha Libertadora e Senhora, estes dois pequenos e mudos tributos da já cansada pena, debaixo do nome sem voz de Rosa Mística.

§ VIII

Três defeitos grandes reconheço e confesso neles, os quais, posto que tarde, como contrição na hora da morte me há de ensinar a emendar a mesma Senhora e mestra do Rosário. O primeiro defeito é a largueza dos sermões; o segundo, a eleição dos assuntos; o terceiro, a indignidade do pregador. A largueza dos sermões, que sendo no número trinta, na extensão são mais de sessenta, e por isso molestos a quem os ler. A eleição dos assuntos, que para os doutos poderiam ser mais levantados, para o vulgo mais claros, e para todos mais úteis. A indignidade do pregador, que tanto diminui o crédito na doutrina como a fé em quem a ouve. Mas todos estes defeitos suprirá um só sermão sumamente breve, sumamente útil e de suma autoridade e dignidade. Assim como Deus, "tendo falado primeiro pelos profetas, depois", como notou S. Paulo, "falou pelo seu próprio Filho" (Hb 1,1), — assim também, tendo muitas vezes pregado o Rosário por S. Domingos e seus filhos, "ultimamente o pregou e ensinou a pregar por sua própria Mãe". Quando S. Domingos, na festa de S. João Evangelista, tendo estudado um doutíssimo sermão para pregar na Catedral de Nostra Dama a toda a corte e universidade de Paris, lhe mandou a Soberana Virgem que pregasse do Rosário, como já referi: meteu-lhe na mão a Senhora um livro, dizendo que ali estava escrito um sermão do Rosário, e que assim lhe mandava que o pregasse e se devia pregar. Este sermão, pois, brevíssimo, utilíssimo e digníssimo, reservei e poupei para este último lugar, não como coroa, mas como retratação e emenda dos meus, desejando, quando menos, acabar bem.

O modo de pregar de Cristo, Sabedoria infinita, todo era por parábolas, e este sermão da Mãe da mesma Sabedoria todo é por suposições e perguntas, para que nós tiremos as consequências. Fortíssimo modo de persuadir, e evidentíssimo. Diz, pois, ou pergunta assim a soberana pregadora do Rosário: — Dizei-me: se um reino estivesse falto de sucessão, por ser a rainha estéril, e lhe oferecessem uma pedra preciosa, por virtude da qual ficasse fecunda, não a aceitaria com muito gosto? — Nesta pergunta aludia a Senhora à rainha Dona Branca de França, que por virtude do Rosário, não tendo sucessor o Reino, alcançou um filho, e tal filho como S. Luís. Agora fala em geral com todos, fazendo pelo mesmo modo diferentes perguntas.

Dizei-me: quem há de passar por terra de inimigos, não procura levar um salvo-conduto, com que lhe deem a passagem livre? E se o caminho é escuro e de noite, não estima muito uma luz que vá diante e o guie? E se é deserto e despovoado, não deve prevenir e levar consigo o viático? E se, cansado de caminhar, acha uma árvore sombria e uma fonte fresca, não tem este por um grande alívio e regalo?

Mais: se na terra em que viveis fossem todos tão pobres ou tão avarentos que, pedindo vós esmola de porta em porta, ninguém vo-la desse, e tivésseis notícia de um príncipe muito rico e muito misericordioso, não vos chegaríeis a ele? E se a mesma terra se abrasasse em peste, e vos inculcassem um antídoto contra o qual não tivesse forças o contágio, não o compraríeis logo e traríeis junto ao coração? E se as sentinelas dessem rebate e chegassem a bater a cidade exércitos inimigos, não vos acolheríeis ao castelo mais forte?

Finalmente: se estivésseis metido e aferrolhado em um cárcere sem esperança de liberdade, e vos oferecessem uma chave com que abrir as portas e sair dele, não beijaríeis a mão de quem vo-la desse e vos poríeis em salvo? Ou se tivésseis ofendido o rei com graves crimes de lesa-majestade, estando já para ouvir a sentença de morte, com confiscação de todos os bens e perpétua infâmia, não solicitaríeis por todas as vias e a todo o preço a graça e patrocínio da rainha, para que vos valesse naquele perigo e vos alcançasse perdão?

Isto é o que prega e estas são as perguntas que faz a Virgem do Rosário, supondo que o mesmo Rosário é o salvo-conduto para os inimigos, a luz para as trevas, o viático para o deserto, a árvore sombria para o calor, a fonte fresca para a sede, o rico misericordioso para a esmola, o antídoto para a peste, o castelo forte para a guerra, a chave para o cárcere e, sobretudo, a mesma Senhora, a rainha só poderosa para aplacar e alcançar perdão do rei ofendido e irado. O que agora resta é que cada um responda a estas perguntas, e sobre estas suposições tire as consequências. Haverá algum tão mal entendido, e tão inimigo de si mesmo e da sua salvação, que não infira daqui, e se persuada e resolva a procurar o patrocínio e amparo da Senhora do Rosário, e por meio do mesmo Rosário a se introduzir na sua graça? Ouçam todos, e considerem e meditem devagar as forças deste fortíssimo sermão e as evidências deste invencível discurso. E os que responderem como devem às perguntas bem podem ajuntar às suposições que sem dúvida são do número dos predestinados para a glória: "*Que para mim e para vós*"[13] *etc.*

FIM — LOUVADO SEJA DEUS

NOTAS

SERMÃO XVI [p. 11-31]

1. Eusébio Emisseno [De Emessa – Homs] (300-358), MG 86 a. Bispo e discípulo de Eusébio de Cesareia. Escreveu comentários bíblicos (em parte perdidos) e numerosas homilias. Vieira o cita com frequência.
2. Auctor *Sincoplediae* [referência do autor].
3. Santo Agostinho (354-330) em *De Orando Deo* [referência do autor].
4. Cardeal Caetano (1469-1534), dominicano. Encontrou-se três vezes com Lutero. Exegeta, teólogo e filósofo. Escreveu *Comentário à Suma de Sto. Tomás de Aquino*. Cf. *Comentaria in Evangelia Joannis* [referência do autor].
5. Frei Alonso Fernández (séc. XVI-séc. XVII), pregador dominicano do Convento de Plasencia. Autor de *Historia de los milagros y devoción del Rosário de Nuestra Señora, desde su origen hasta el año de 1620*. Essa obra apresenta 285 milagres em 271 capítulos de várias fontes catalogadas por anos.
6. Minúcio Felix (séc. III), apologista cristão romano. Autor de *Octavius*, um diálogo entre o cristão Octavius e o pagão Caecilius, que se converte, em defesa do cristianismo. ML 03 em *Octavius*, cap. XXVII, col. 325A.
7. São João Crisóstomo (347-407), *Commentaria et Homiliae in Sanctum Joannem*, et in *Sanctum Matthaeum*.
8. São Gregório Nicomediense (O Iluminador) (257-332), em *Oratio de Oblatione Virginis Deiparae* [referência do autor].
9. Santo Anselmo (1033-1109), ML 158 em *Orationes, Oratio LII (olim LI) Ad Sanctam Virginem*, col. 956C.
10. São Bernardo de Claraval (1091-1153), ML 183 em *Salmo: Qui Habitat*, citado por Afonso Salmerón (1515-1585), em *Comentarii in Evangelicam Historiam et in Acta Apostolorum*, Tomo 6, Tratado 28 [referência do autor].
11. Hugo de Saint-Cher (†1263), OP, cardeal. Em *Postilla Super Ecclesiasticum*, XXIV, 19. Opera, Venetiis, 1703, III, fol. 218, col. 1.
12. Piério de Alexandria († séc. IV), exegeta, pregador e origenista. Faleceu em Roma.
13. São Bernardino de Siena (1380-1444), franciscano, pregador e reformador.

SERMÃO XVII [p. 33-49]

1. Sêneca, Lúcio Aneu, o Jovem (4 a.C.-65 d.C.), em *De Vita Beata 2*.
2. Santo Atanásio (295-373), MG 25b em *Ad Imperatorem Constantium Apologia*, col. 595.
3. Santo Tomás de Aquino (1225-1274), em *Suma teológica*, parte II-II, questão 83, artigo 7, ad 3. São Paulo, Edições Loyola, 2002. vol. VI.

4. Santo Antíoco († 125), bispo de Sulcis, morreu sob a perseguição de Adriano. Cf. Antíoco de Ptolemaida († 408) e Antíoco Estratégio (séc. VII).
5. São João Crisóstomo (347-407), MG 48 em *De Incomprehensibili. Dei Natura Contra Anomaeos. Homilia 3*, col. 719.
6. Cf. nota 2.
7. Tertuliano (160-230), ML 1 em *De Oratione Dominica, et in Apologeticus Adversos Gentes Pro Christianis* [referência do autor].
8. Cf. nota 3.
9. Dicionário Houaiss, *justaposição 3* (biologia): modo de crescimento que ocorre nos corpos inorgânicos e que se caracteriza pelo acréscimo sucessivo de novas camadas à sua superfície. Rio de Janeiro, Editora Objetiva, 2001.
10. São Vincent Ferrer (1350-1419), dominicano e defensor da unidade da Igreja. Em *Sermo in V Dominica Post Trinitatem* [referência do autor].
11. Cf. nota 5.
12. Oleastro, Frei Jerônimo de Azambuja (séc. XVI), dominicano português, teólogo e exegeta. Participou do Concílio de Trento. Inquisidor em Lisboa.
13. São Bernardino de Siena (1380-1444), franciscano, pregador e reformador. Em *De Oratione Et Attentione* [referência do autor].
14. São Bernardo de Claraval (1091-1153), em *De Meditatione*, cap. VIII [referência do autor].
15. Santo Efrem-Siro (306-373), monge teólogo, poeta e doutor da Igreja, em *In Attende Tibi*, cap. 10 [referência do autor].
16. Eusébio de Emessa († 359), MG 86 a [referência do autor]. São Jerônimo elogia a sua cultura e refere muitos de seus escritos. Cf. nota 1 do Sermão XVI.
17. São João Crisóstomo (347-407), MG 58 em *Commentarius in Sanctum Mathaeum Evangelistam, Homilia LI*, col. 509.
18. São Jerônimo (347-420), ML 22 em *Epistolae Secundum Ordinem Temporum Distributae, Secunda Classis* (Romae anno 382-385); *Epistola XXII Ad Eustochium Paulae Filiam. De Custodia Virginitatis*, 7, col. 399.
19. São Gregório Nazianzeno (329-389), MG 37 em *Adversus Maximum*, Liber II, XLI, col. 1339.
20. A Vulgata traz: "*quia levavit super se*".
21. São Lourenço Justiniani († 1455), primeiro patriarca de Veneza. Conservam-se sermões, cartas e tratados ascéticos. Em *De Oratione* c. 5 et 6 [referência do autor].
22. Ruperto Abade de Deutz (1075-1129), monge beneditino e comentador dos livros sagrados. ML 167 em *De Trinitate et Operibus Ejus Libri XLII, Liber III in Genesim, cap. II, Utrum serpens...*, col. 289.
23. Tertuliano (160-220), ML 2 em *De Virginibus Velandis*, caput II, col. 0891B.
24. Cf. nota 18.
25. Marcial, Marcos Valério (40-104), em *Epigrammata* LIII, 6.
26. Cf. nota 12.
27. Santo Ambrósio (339-397), cf. São Beda, o Venerável (672-735), ML 94, em *Epistolae*, Epistola Responsoria ad S. Accam Episcopum, Liber I, cap. I.

SERMÃO XVIII [p. 51-71]

1. Ruperto Abade de Deutz (1075-1129), monge beneditino e comentador dos livros sagrados. ML 168 em *In Cantica Canticorum De Incarnatione Domini Commentarius*, Liber III, caput IV, col. 891A.
2. São Bernardino de Siena (1380-1444), franciscano, pregador e reformador. Em *Obras completas*, reunidas em 8 tomos, Florência, 1950, aqui no Tomo I, Sermo XI, cap. I. Cf. VIEIRA, Antonio. *História do futuro*, Livro II, cap. 5. Brasília, Editora Universidade de Brasília, 2005. p. 403.

3. Ruperto Abade de Deutz (1075-1129), monge beneditino e comentador dos livros sagrados. ML 168 em *In Cantica Canticorum De Incarnatione Domini Commentarius*, Liber VI, cap. VI, col. 936B.
4. São Bernardo de Claraval (1091-1153), ML 183 em *Sermones de Sanctis, In Assumptione B. V. Mariae*, 1, col. 415C.
5. São Bernardo de Claraval (1091-1153), ML 183 em *Sermones de Sanctis, In Nativitate B. V. Mariae*, 7, col. 441C.
6. São Pedro Crisólogo (406-450), arcebispo de Ravena, ML 52, em *Sermones, Sermo X in Psalmum XXVIII*, col. 216B.
7. Santo Ambrósio (339-397), arcebispo de Milão, elogiado por Santo Agostinho. ML 16, em *Epistolae Prima Classis Epistola ad Siricium Papam*, Epistola 81, circa medium.
8. Dionísio de Alexandria (200-255), bispo, sofreu as perseguições de Décio e de Valeriano. MG 10 em *Contra Paulum Samosatensem* [referência do autor].
9. São João Damasceno (675-749), monge de S. Sabas, teólogo e exegeta. MG 94-95 em *In Moeneis Graec. Die I Januarii* [referência do autor].
10. Santo Ernesto (séc. IV), arcebispo de Praga, em *In Mariali*, cap. 26 [referência do autor].
11. Marco Terêncio Varrão (116-27 a.C.), em *Antiquitates*, Liber IV [referência do autor]. Marco Túlio Cícero (106-43 a.C.), político romano e orador.
12. São Teodoro Studita (758-826), monge bizantino no mosteiro Studium de Constantinopla, MG 99 em *Canon. Ode 8* [referência do autor]. Venâncio Fortunato (530-610), poeta latino, ML 88 em *Miscellanea, Liber VIII, Caput VII, In Laudem B. V. Mariae*, col. 281B. São Proclo († 447), patriarca de Constantinopla, MG 65 em *Homiliae, IV De Nativitate Domini*, col. 845.
13. Richard de Saint-Laurent († 1250), teólogo francês e autor de *De Laudibus B. V. Mariae Libri XII*.
14. Cornélio A Lápide (1567-1637), jesuíta e exegeta. Sua obra compreende Comentários aos Livros da Bíblia. Em Comentário sobre o Livro do Êxodo, 19,6. Cita Ascanius Martinengus [referência do autor].
15. São Bernardino de Siena (1380-1444), franciscano, pregador e reformador. Comentando o Livro do Apocalipse, VI, 2: "Foi-lhe dada uma coroa".
16. São Cesário de Arles (470-543), ML 67, monge e bispo. Em *Vita Operaque* [*Ex Gallandii Bibl*], liber 7, cap. 47 [referência do autor].
17. Martin Antoine Del Rio (1551-1608), teólogo jesuíta holandês (ou espanhol) e professor em Leuven. Em *Disquisitionum Magicarum Libri VI* e outros [referência do autor].
18. Alexandra, em FERNÁNDEZ, Alonso. *Historia de los milagros y devoción del Rosário de Nuestra Señora*, Livro II, cap. 11. Cf. nota 5 do Sermão XVI.
19. Drogo Hostiensis (séc. XI/XII), bispo de Óstia e cardeal, beneditino. ML 166, em *De Sacramento Dominicae Passionis Sermo*. Escreveu um Tratado sobre o Ofício Divino [referência do autor].
20. São Bernardo de Claraval (1091-1153), ML 184, em *Sermo in Dominica Infra Octavum Nativitatis Beatae Mariae Virginis*, Lectio 4 [referência do autor].

SERMÃO XIX [p. 73-96]

1. Santo Tomás de Aquino (1225-1274), em *Suma teológica*, Parte III, questão 60, artigos 1-8. São Paulo, Edições Loyola, 2006. vol. IX.
2. Cardeal Hugo de São Vítor († 1141) [referência do autor].
3. Venerável Beda (673-735), In Lucae Expositione I, cap. 2, PL 92, 330.
4. Santo Epifânio (315-403), MG 41 em *De Laudibus Virginis* [referência do autor].
5. Santo Atanásio (295-373), MG 27, bispo de Alexandria. Combateu o arianismo. Exilado várias vezes. Escreveu a vida de Santo Antão (Santo Antonio, Abade).

6. São Metódio († 311), MG 18, bispo de Olimpo. Em *Excerpta ac Orationes Aliquot*, Oratio ad Hipant. Domini [referência do autor].
7. Concílio de Éfeso (431), no cap. 7, Terceiro Concílio ecumênico foi convocado pelo Imperador Teodósio II. Declarou Maria como Theotokos.
8. São Basílio de Selêucia (469), MG 85 em *De Annuntiatione* [referência do autor].
9. Teófilo Rainaldo, em *De Candelabro Eucharistico*, cap. 8, § 16. Cf. 18, Sermão I, vol. V [referência do autor].
10. Texto no Canon da celebração eucarística.
11. São Pedro Damião (1007-1072), doutor da Igreja. ML 144 em *Sermones Ordine Mense Servato*, *Sermo XI De Annuntiatione B. V. Mariae (XXV Martii)*.
12. Santo Agostinho (354-430) [referência do autor].
13. Olimpiodoro (séc. VI), diácono de Alexandria e exegeta. MG 93 *In Commentariis* [referência do autor].
14. São Gregório Nazianzeno (329-389), doutor da Igreja. PG 37 em *Carmen 2, in Arcanis* [referência do autor].
15. São Pedro Celestino (1215-1296), fundador da Ordem dos Celestinos, foi eleito papa em 1294 com o nome de Celestino V. Cinco meses depois, renunciou.
16. Teodoreto de Ciro (393-466), MG 83-84 em *Liber VIII de Martyribus* [referência do autor].
17. Santo Agostinho (354-430), ML 35 em *Joannis Evangelium Tractatus CXXIV, Tractatus LXXXI, 1842, 8*.
18. Cf. nota 10.
19. São Bernardo de Claraval (1091-1153), ML 183 em *Sermones In Cantica Canticorum, Sermo LVI*, 7, col. 1049D.
20. Padre Hermano Spruit, sacerdote jesuíta [referência do autor].

SERMÃO XX [p. 97-116]

* Em Augusto Magne, SJ, *Sermões do Padre Antônio Vieira*, São Paulo, Editora Anchieta, 1944, vol. VI. p. IX.
1. O nome da escrava de Lia, Zelfa na Vulgata, aparece neste sermão ora como Rasfa, ora como Resfa; Resfa, concubina de Saul, foi mãe de Armoni e Mifiboset (2Rs 21,8).
2. São Basílio Magno (319-379), MG 29b em *Homiliae in Hexaemeron* [referência do autor].
3. São Tomás de Villanova (1488-1555), agostiniano, mestre em Alcalá e Salamanca, Prior de Carlos V. Em *Sermones sobre la B. V. Maria* [referência do autor].
4. Santa Gertrudes (626-659), no livro das Revelações [referência do autor].
5. Francisco Vatablo († 1547), professor e intérprete de Aristóteles.
6. Santo Agostinho (354-430), ML 35 *In Joannis Evangelium Tractatus CXXIV, Tractatus IX*, 14, col. 1465.
7. Cornélio A Lápide (1567-1637), jesuíta e exegeta. Sua obra compreende Comentários aos Livros da Bíblia. *Em Comentário sobre o Livro dos Números 28,8* [referência do autor].
8. Damião de Góis (1502-1574), historiador e humanista português; Francisco Alvarez (1465-1541), missionário português que viveu na Etiópia por vários anos, percorrendo as regiões limítrofes; Abraham Hortelius (1527-1598), cartógrafo e geógrafo flamengo; Barrius — Gilbert Genebrardo (1537-1649), exegeta beneditino; e outros [referência do autor].
9. Henri Spondanus (de Sponde) (1568-1643) resumiu os doze volumes dos *Annales Ecclesiatici* do Cardeal Barônio (1538-1607), que compreendiam o período de 500 a 1100, e o continuou a partir do ano 1197 a 1622.
10. Hortelius (Abraham Ortelius) (1527-1598), cartógrafo e geógrafo flamengo. *In Theatrum Orbis Terrarum, Tabula 68* [referência do autor].

11. Hesíodo (séc. VIII a.C.), poeta grego, autor de *Os trabalhos e os dias*, citado por Ravísio Textor (1480-1524), reitor da Universidade de Paris. Em *Theatrum Poeticum et Historicum Sive Officina*, *Liber I, cap. IX*.
12. Cardeal Barônio (1538-1607) escreveu *Annales Ecclesiatici*, em doze volumes, que compreendiam o período de 500 a 1100. Eunuco etíope e funcionário de Candace, rainha da Etiópia. Foi batizado pelo apóstolo Filipe (Atos 8,26-40).
13. Osorius, *Liber 5, De Gestis*. Emmanuel Navarro, em *Liber 21, De Oratione et Horis Canonicis* [referências do autor]. Maffaeus (Maffei), Giovanni Pietro (1536-1603), jesuíta, *em Liber 2, De Historia Indica*.
14. Boutherius, Rogerus em *Chronicom Hispan*iae, cap. 23 [referência do autor].
15. Sousa e Faria, em *Ab Augusto, Usque ad Trajanum* [referência do autor].
16. Santo Ambrósio (339-397), ML 15 em *In Psalmum David CXVIII, Sermo XVIII, 15*, col. 1464B.
17. Cornélio A Lápide (1567-1637), jesuíta e exegeta. Sua obra compreende Comentários aos Livros da Bíblia. Em *Comentário sobre o Livro do Levítico 11,18* [referência do autor].
18. Arias Montano (1527-1598), orientalista e exegeta espanhol. Em *Comentário aos Livros dos Reis* [referência do autor].
19. As palavras aqui citadas pelo autor, na Vulgata, referem-se ao nascimento de Gad, filho de Zelfa, escrava de Lia, e não de Dã, filho de Bala, escrava de Raquel.
20. Cornélio A Lápide (1567-1637), jesuíta e exegeta. Sua obra compreende Comentários aos Livros da Bíblia. Em *Comentário ao Livro do Gênesis*.
21. São Gregório Magno (540-604), Papa, ML 76 em *XL Homiliarum in Evangelia Libri Duo, Homilia XL, Lectio Sancti Evangelii Secundum Lucam XVI, 19-31, 4*, col. 1307C.
22. Gerson, Jean le Charlier (1363-1429), chanceler da Universidade de Paris, em *Tractatus VI in Magnificat* [referência do autor].
23. Statius, Publius Papinius (45-96), poeta romano, citado por Dante na *Divina comédia*. Em *Thebaida*, poema épico em 12 livros.
24. São Gregório Magno (540-604), papa, ML 75 em *Moralium Libri Pars I, Liber II, cap. XLIX [Rec. XXVII]*, vers. 18.19, col. 502B.

SERMÃO XXI [p. 117-134]
1. Santo Agostinho (354-430). Em Paris, Biblioteca Nacional, lat. 13367, fol. 126, *De Bono Virginitatis*, CPL 300 (?).
2. São Bernardino de Siena (1380-1444), franciscano, pregador e reformador. *In Sermones Tomus 3, Sermo. 6, art. 3, cap. 3*[referência do autor].
3. São Pedro Crisólogo (406-450), arcebispo de Ravena. ML 52, em *Sermones, Sermo CXL*, col. 577B.
4. Santo Ildefonso de Toledo (607-667), ML 96 em *De Virginitate Perpetua B. Mariae*, cap. I, col. 58C.
5. Santo Atanásio (295-373), MG 25-27, em *Sermones de Deipara* [referência do autor].
6. Acrescente-se o Bispo Lacerda de Almeria, que seguiu os mesmos padres e Ambrósio [referência do autor].
7. Santa Leocádia († 304). Virgem e mártir espanhola. Morreu na prisão em Toledo.
8. Gregório IX (1148-1241), papa. Cf. *Bula de Canonização de São Domingos*, em 1234.
9. Santo Agostinho (354-430), ML 34 em *De Genesi ad Litteram Libri XII, Liber III*, cap. XXIV, 36, col. 295.
10. Cornélio A Lápide (1567-1637), jesuíta e exegeta. Sua obra compreende *Comentários aos Livros da Bíblia*. Aqui em *Comentário ao Livro dos Cânticos*.
11. Sêneca (4 a.C.-65 d.C.), cf. Epistola 33, lib. 4.
12. Orígenes (c.185-253), MG 13 *In Canticum Canticorum Libri IV* [referência do autor].

13. Constituem o Triunvirato dos Padres Gregos: São João Crisóstomo, São Gregório Nazianzeno e Santo Atanásio.
14. São Gregório de Nissa (335-394), MG 44 em *Commentarius in Canticum Canticorum, Homilia III* [referência do autor].
15. Símaco, o Ebionita (séc. II). Autor de uma das versões gregas do Velho Testamento. Pagnino (1470-1541), dominicano estudioso da Bíblia.
16. Ovídio (43 a.C.-18 d.C.), em *Metamorfoses*, Liber III, 424.

SERMÃO XXII [p. 135-152]

1. Cícero, Túlio (106-43 a.C.), em *Catilinárias* 1,1,2; *Pro Domo Sua ad Pontifices* 53,137; In *Verrem Actio Secunda* 4,25, 56; *Pro Rege Delotaro* 11,31. Cf. São Jerônimo (347-420), *Adversus Helvidium* 16. A expressão enfatiza a indignação diante de uma situação escandalosa. TOSI, Renzo. *Dicionário de sentenças latinas e gregas*. São Paulo, Martins Fontes, 2000, nº 768.
2. Dona Branca de Castela (1188-1252).
3. Santo Agostinho (354-430), ML 35, em *Quaestionum Evangeliorum Libri Duo*.
4. São Gregório I Magno (540-604), papa, ML 75/76,em *Moralium Libri* Pars I, Liber I, cap. IV, col. 515A.
5. Tertuliano (160-230), ML 1, em *De Oratione Liber[1]*, cap. IV, col. 1153A.
6. Cardeal Barônio (1538-1607), em *Comentário sobre o Salmo 118,164*.
7. São Basílio (319-379), MG 31 in *Regulis Brevius Tractatae, Respons.* 276, col. 1429 [referência do autor].
8. São Bernardo de Claraval (1091-1153), ML 183, em *Sermones in Cantica Canticorum*, I-XVII.
9. Aristóteles (384 a.C.-322 a.C.), em *De Anima II*.
10. São João Damasceno (675-749), MG 94 em *Expositio de Fide*, Liber III, cap. XXIV.
11. Santo Astério (séc. V), bispo de Amasea, autor de homilias morais. Falando das palavras do Salmo 5,2.
12. Cardeal Roberto Belarmino (1542-1621). Em *De Verbo Dei*, Liber II, cap. ultimum. Francisco Suarez (1548-1619), em *De Religione, Tomus II*, Liber II 2, cap. V [referências do autor].
13. Gregório Lopes, secular no México. João Adriano, religioso jesuíta na Bahia [referências do autor].

SERMÃO XXIII [p. 153-170]

* Em Carlos Seixas Maduro, *Um sermonário mariano de Vieira*, Maria Rosa Mística. Braga, Universidade Católica Portuguesa, 2003. p. 91.

1. Ovídio (43 a.C.-18 d.C.), em *Metamorphoses* II , 27s.
2. Claudianus, Claudius (370-404), poeta latino de origem egípcia. Em *De Paupere Amante* I [CM 15(89)].
3. São João Crisóstomo (347-407), MG 57/58 [referência do autor].
4. Virgílio (70-19 a.C.), *Eneida*, Livro VI, 276.
5. São Basílio Magno (319-379), MG 29b em *Homiliae in Evangelium Mathaei* [referência do autor].
6. São Pedro Crisólogo (406-450), arcebispo de Ravena. ML 52, em *Sermones, Sermo de Tentationibus. II* [referência do autor].
7. Cassiodoro (485-580), escritor, jurista e estadista romano. ML 69/70 [referência do autor].
8. Cardeal Barônio (1538-1607) escreveu *Annales Ecclesiatici*, em doze volumes, que compreendiam o período de 500 a 1100, aqui ano de 513 [referência do autor].
9. Cornélio A Lápide (1567-1637), professor de exegese bíblica em Louvain e em Roma. Aqui em *Comentário ao Livro de Isaías* [referência do autor].

10. Santo Agostinho (354-330), ML 37 *Enarrationes in Psalmos*, in *Psalmum CXLV Enarratio, Sermo ad Plebem*, 17, col. 1896.
11. São Pedro Crisólogo (406-450), arcebispo de Ravena.
12. Beato Alano Della Rupe, ou Frei Alano da Rocha (1428-1475), professor de Teologia e pregador, em *Psalterium Sive Rosarium Christi et Mariae*, ou *Psalterium Mariae Virginis*.

SERMÃO XXIV [p. 171-194]

1. Santo Agostinho (354-430), ML 34 em *De Doctrina Christiana Libri IV*, Liber II, cap. XVI, 25.
2. São Jerônimo (347-420), ML 25 em *Commentariorum in Amos Prophetam Libri III*, Liber II, cap. V, vers. 3, col. 1038A.
3. Juan Maldonado († 1583), jesuíta e exegeta. Sua obra principal *Comentário aos Evangelhos*. Cornélio A Lápide (1567-1637), jesuíta e exegeta. Sua obra compreende *Comentários aos Livros da Bíblia* [referência do autor].
4. Orígenes (c. 185-253), MG 13 em *Homilia XXVII Super Librum Numerorum*. São Jerônimo (347-420), em *Epistola ad Fabiolam de 42 Mansionibus* [referências do autor].
5. São Cipriano (200-258), MG 75 em *Sermo de Spiritu Sancto*. São Gregório Magno (540-604), ML 75, em *Moralium Libri*, Liber XXXII, cap. XII [referências do autor].
6. Santo Agostinho (354-430), ML 38 em *Sermones ad Populum*, Classis I, *De Scripturis, Sermo LI In Generationibus Domini*, cap. XXIV, 35.
7. Nicolau de Lira (1270-1349), franciscano e exegeta bíblico. Publicou *Analyses [glosas]* sobre o sentido literal da Bíblia [*Postillae Literales*] complementadas por *Postillae Morales*.
8. São Bernardo de Claraval (1091-1153), ML 183, em *Sermones de Tempore, In Vigilia Nativitatis Domini*, Sermo III, 8, col. 98D.
9. Santo Ansberto (629-695), monge beneditino, abade de Fontenelle na Normandia e bispo de Rouen, exilado por Pepino de Herstal (635-714).
10. São Gregório Magno (540-604), ML 76 em *Homiliarum in Ezechielem Prophetam Libri II*, Homilia IV, 974A.
11. São Jerônimo (347-420), ML 26 em *Commentariorum in Epistolam ad Galatas Libri III*, Liber I, vers. 17, col. 329C.
12. Santo Agostinho (354-430), ML 36 em *Enarrationes in Psalmos [001-079], In Psalmum XLIX Enarratio, Sermo as Plebem*, 9.
13. Afonso Salmerón (1515-1585), jesuíta, participou no Concílio de Trento. Em *Commentarii in Evangelicam Historiam, Tomo I, Prologomena 19* [referência do autor].
14. Cassiodoro (485-580), abade, escritor, jurista e estadista romano, ML 69/70 em *In Psalterium Expositio, Prologomena*.
15. Santo Agostinho (354-430), ML 34 em *De Consensu Evangelistarum Libri IV*, passim.
16. Santo Ambrósio (339-397), arcebispo de Milão. ML 15 em *Expositio Secundum Lucam Libris X Comprehensa*, Liber IV, cap. V, 70, col. 1634A.
17. São Gregório Magno (540-604), ML 76 em *XL Homiliarum in Evangelia Libri II*, Liber I, Homilia XXIV, 1, 1185B.
18. Cf. nota 15.
19. Hino [*Beata Nobis Gaudia*] próprio do Tempo Pascal para a oração do Breviário e a celebração eucarística.
20. São Jerônimo (347-420), ML 22 sobre Ezequiel, cap. 29.
21. Filo [Filon] de Alexandria (20 a.C.-50 d.C.), em *Livro do Decálogo*, parte I [referência do autor].
22. Afonso Salmerón (1515-1585), jesuíta, participou no Concílio de Trento. Em *Commentarii in Evangelicam Historiam, tomo I, Prologomena 20* [referência do autor].

23. Cassiodoro (485-580), abade, escritor, jurista e estadista romano. ML 69/70 em *In Psalterium Expositio, In Psalmum 31*.
24. Gabriel Vasquez (1549-1604), teólogo e professor em Alcalá e Roma. Luís Molina (1535-1600), teólogo e professor em Évora. Gregório Valência (1549-1603), professor em Ingolstadt; citados por Cornélio A Lápide (1567-1637), teólogo e exegeta, em seu *Comentários às Epístolas de São Pedro* [referência do autor].
25. Cassiodoro (485-580), escritor, jurista e estadista romano. ML 70 em *In Psalterium Expositio*, in Psalmo 31 [referência do autor].

SERMÃO XXV [p. 195-213]

* Nos sermões seguintes, Vieira se utiliza de uma quantidade grande de exemplos de "milagres" acontecidos graças à proteção do Rosário. Esses "milagres" são colhidos em muitos livros de devoção existentes na época. Indicamos dois em particular: o *Livro do Rosário de Nossa Senhora*, de frei Nicolau Dias, que teve ampla difusão a partir de 1573 e compreende uma série de 44 "milagres"; e o *Rosário de Nossa Senhora*, de Juan Lopez, datado de 1595 e destinado ao uso dos pregadores. Este livro termina com uma extensa narrativa de 18 "milagres" (Cf. MADURO, Carlos Seixas. *Um sermonário mariano de Vieira, Maria Rosa Mística*. Braga, Universidade Católica Portuguesa, 2003. p. 43ss).

1. Martin Antoine Del Rio (1551-1608), teólogo jesuíta holandês (ou espanhol) e professor em Leuven. Em *Disquisitionum Magicarum Libri VI*. E outros [referência do autor].
2. Santo Ambrósio (339-397), ML 14 em *Hexaemeron Libri VI, Liber IV De Opere Quarti Diei*, cap. VIII, col. 205A.
3. São Gregório Nazianzeno (329-389), MG 36/377 em *Oratio XVIII in Laudem S. Cypriani*. Advirta-se o leitor que não se trata aqui de Cipriano, bispo de Cartago, como falsamente se supõe, mas de um mago de igual nome [referência do autor].
4. Juan Antonio Velasquez (1585-1669), em *Maria Advocata Nostra, Liber IV, Adnot VIII* [referência do autor].
5. Virgílio (70-19 a.C.), em *Écloga [Bucólicas] VIII*, v. 73s).
6. Flávio Vegécio (séc. IV), em *Epitoma Rei Militaris [Compêndio Militar]*, Liber III, cap. VIII [referência do autor]. Dele é a frase: *"Si vis pacem, para bellum"* [Se queres a paz, prepara a guerra] (Liber III, Prolegomena).
7. Hino *Pange Língua Gloriosi Proelium Certaminis*, de São Venâncio Fortunato (530-610), ML 88 em Miscellanea, Liber II, caput II, col. 88A. Não confundir com o hino escrito por Santo Tomás de Aquino (séc. XIII) para a festa de *Corpus Christi*, *Pange Língua Gloriosi Corporis Mysterium*.
8. Homero (séc. IX a.C.), em *Odisseia*, Livro XII.
9. Anfíon, herói das lendas tebanas, e seu irmão gêmeo são filhos de Antílope e de Zeus. Ravísio Textor (1480-1524), reitor da Universidade de Paris. Em *In Officiis tomus 2, Verbum Venefici* [referência do autor].
10. Ruperto Tuitiense (1075-1129), monge beneditino, exegeta e comentarista litúrgico, em ML 167-170. Cf. *In Evangelium Matthaei*.
11. Homero (séc. IX a.C.), em *Odisseia*, Livro X.
12. Plínio, o Velho (23-79), em *Historia Mundi*, Liber XVIII, cap. VI [referência do autor].
13. *Historia Pontificum*, pars I, caput 3. Cf. nota 9: Ravísio Textor (1480-1524) [referência do autor].
14. São Bernardo de Claraval (1091- 1153), ML 183 em *Sermones In Cantica Canticorum* [referência do autor].
15. Virgílio (70-19 a.C.), em *Écloga [Bucólicas] VIII*, v. 74s.
16. Santo Agostinho (354-430), ML 32s em *Epistola ad Simplicium* [referência do autor].

17. Santo Tomás de Aquino (1225-1274), em *Suma teológica*, Parte II -II , questão 174, artigo 5, ad 4. São Paulo, Edições Loyola, 2005. vol. VII.
18. Virgílio (70-19 a.C.), em *Écloga [Bucólicas] VIII*, v. 80s.
19. Paolo Grillandi (1490- ?), jurista italiano, em *Tractatus de Hereticis et Sortilegiis*.
20. Plínio, o Velho (23-79), em *Historia Naturalis*, Liber XXVIII, cap. III.
21. Gilbert Genebrardo (1537-1649), exegeta beneditino [referência do autor].
22. Alfonso Mendoza, comentador do Livro dos Reis [referência do autor].
23. Francisco Foreiro (1522-1581), frade dominicano, teólogo do Concílio de Trento como delegado do rei dom Sebastião I, de Portugal. Tradutor dos textos hebraicos.
24. Santo Antonino (1389-1459), arcebispo de Florença, dominicano.
25. "*Ex opere operato*": literalmente, "pelo próprio fato de a ação ser realizada", isto é, em virtude da obra salvífica de Cristo. Diz respeito à eficácia decorrente da ação do Sacramento, em oposição ao mérito ou à santidade do sacerdote ou ministro. Vieira cita Valle de Incant. et Ensalmis.
26. Santo Atanásio (295-373), MG 25b em *Apologia ad Imperatorem Constantium*, col. 595.
27. Miguel [Constantino] Psellus (1018-1078), MG 122 em *Dialogus de Operatione Daemonum et Graecorum Opiniones de Daemonibus*.
28. Phillip Labbé (1607-1667), jesuíta francês, historiador e filólogo, em *Bibliotheca*, Tomus I.
29. Virgílio (70-19 a.C.), em *Écloga [Bucólicas] VIII*, v. 69.
30. São João Damasceno (675-749), MG 94s in *Moeneis, ode 3 e 4 de Beata Virgine* [referência do autor].

SERMÃO XXVI [p. 215-233]

1. Beato Alano Della Rupe, ou Frei Alano da Rocha (1428-1475), professor de Teologia e pregador, em *Psalterium Sive Rosarium Christi et Mariae* ou *Psalterium Mariae Virginis*.
2. Aristóteles (384-322 a.C.), em *De Anima*, Liber II, caput I.
3. São João Crisóstomo (347-407), MG63 em *Enarratio in Epistolam ad Hebraeos*, cap. I, v. 3.
4. Padre Juan Antonio Velazquez (1585-1669), castelhano, em *De Maria Advocata Nostra, Liber II, Adnotatio 20*. Padre Giovanni de Rho (1590-1662), milanês, em *Libri Varii Historiae de Virtute* [referência do autor].
5. Santo Agostinho (354-430), ML35 em *In Joannis Evangelium Tractatus CXXIV, Tractatus XLIX*, cap. VI, 1-54, 5, col. 1749.
6. Cf. nota 1.

SERMÃO XXVII [p. 235-255]

1. Virgílio (70-19 a.C.), em *Eneida*, Livro 1, v. 72.
2. João Pedro Mafeu (séc. XVI): *O infelix genus hominum ad servitutem natum* [referência do autor].
3. Homero (séc. IX a.C.), citado por Clemente de Alexandria († 215), MG 8 em *Stromatum Libri VIII*, Liber IV, col. 1213.
4. Sêneca (4 a.C.-65 d.C.), em *Liber de Beneficiis I*, cap. 20.
5. Sêneca (4 a.C.-65 d.C.), em *Epistolae Morales ad Lucilium*, Epist. 47.
6. Santo Agostinho (354-430), ML 35 em *Expositio Quarumdam Propositionum ex Epistola ad Romanos*, Propositio XLII [Ib. VII, 14].
7. São João Crisóstomo (347-407), MG 57 em *Commentarius in Sanctum Mathaeum Evangelistam, Homilia IV*, col. 39.
8. Ex 1,10; Jz 3,8; Jz 3,14; Jz 4,2; Jz 6,l; Jz 10,7; Sl 76,21; Jz 3,9; Jz 3,l5; Jz 4,6 et seqq.; Jz 7,20 et seqq.; Jz 11,32 et seqq.
9. Horácio Torselino (1545-1599), literato e historiador italiano da Companhia de Jesus.
10. O antigo Geômetra [referência do autor].

11. Diz a Vulgata: "Obrigavam-nos a ir pelas ruas coroados de hera" (2Mc 6,7).
12. Ambrósio Teodósio Macróbio (370-415), em *Saturnais*, Livro I.
13. São Pedro Crisólogo (406-450), ML 52 em *Sermones, Sermo XXIV De Servo Vigili*, col. 268B.
14. Santo Tomás de Aquino (1225-1274) em *Opus. 63*, § 3 [referência do autor].
15. Sêneca (4 a.C.-65d.C.), em *Epistolae Morales ad Lucilium*, Epistola 47, 1.
16. Ambrósio Teodósio Macróbio (370-415), em *Saturnais*, Livro I.

SERMÃO XXVIII [p. 257-272]

1. Santo Agostinho (354-430), ML 39 em *Sermones Classis II, Sermones de Tempore, Sermo CXXIII in Natali Domini*, 1, col. 1991.
2. Alfonso Mendoza, comentarista do livro dos Reis, em *Tom. 2, 2Rs, Lib I, cap. 4, Num. 4* [referência do autor].
3. O texto sírio e o arábico traduzem "em tecido, ou cobertura de púrpura". Assim Gilbert Genebrardo (1537-1649), exegeta beneditino; Tomás Sanchez (1550-1610), teólogo e canonista; e outros [referência do autor].
4. Santo Alberto Magno (1193-1280), dominicano, mestre de Santo Tomás de Aquino; Cardeal Hugo de Saint-Cher († 1263), dominicano e mestre em Paris; Cornélio A Lápide (1567-1637), Jesuíta e exegeta; e outros [referência do autor].
5. Santo Alberto Magno (1193-1280), em *De Laudibus Virginis*, Liber X [referência do autor].
6. São Bernardo de Claraval (1091-1153), ML 183 em *Sermones de Tempore: De Laudibus Virginis Matris, Homilia I Missus Est Angelus Gabriel*, 7, col. 60A.
7. São Bernardo de Claraval (1091-1153), ML 183 em *Sermones de Sanctis: Dominica Infra Octavam Assumptionis B. V. Mariae: Sermo de Duodecim Praerogativis B. V. Mariae*, 6, col. 432C.
8. São Pedro Damião (1007-1072), ML 144 em *Sermones Ordine Mense Servato, Junius XXX, Sermo XXXVI, De Sancto Rufino Martyre* [180], col. 696B.
9. São Bernardo de Claraval (1091-1153), ML 183 em *Sermones de Tempore: De Laudibus Virginis Matris, Homilia III In Lucam 1,28-32*, 745, col. 73A.
10. Santo Ildefonso de Toledo (607-667), ML 96 em *De Virginitate Perpetua B. Mariae*, cap. VIII, col. 85D.
11. Richard de Saint-Laurent († 1250), teólogo francês, e autor de *De Laudibus B. V. Mariae, Libri XII*.
12. São Bernardo de Claraval (1091-1153), ML 183 em *Sermones de Tempore: De Laudibus Virginis Matris, Homilia I Missus Est Angelus Gabriel*, 7, col. 60A.
13. São Bernardino de Siena (1380-1444), franciscano, pregador e reformador. Em *Sermões, tom. I, Sermo 52*, cap. 2 [referência do autor].
14. São Gregório Magno (540-604), ML 76 em *Homiliarum in Ezechielem Prophetam Libri Duo, Liber I, Homilia II*, vers. 3,7, col. 798C.
15. Na versão clássica do Pe. Antônio Pereira de Figueiredo: "O teu ventre é como um monte de trigo cercado de açucenas" (Ct 7,2).
16. Texto hebraico. Francisco Vatablo († 1547), professor e intérprete de Aristóteles. Santi Pagnino (1470-1536), biblista e orientalista, dominicano. Caetano (1469-1533), cardeal, dominicano [referência do autor].
17. Afonso Salmerón (1515-1585), teólogo, atuou no Concílio de Trento. Cf. *Commentarii in Evangelicam Historiam et in Acta Apostolorum*, obra póstuma.

SERMÃO XXIX [p. 273-288]

1. Richard de Saint-Laurent († 1250), teólogo francês e autor de *De Laudibus B. V. Mariae Libri XII*.
2. Ovídio (43 a.C.-18 d.C.), em *Metamorfoses*, Liber I, 170.

3. Cf. Aristóteles (384-322 a.C.). *Conimbricenses* são comentários a obras de Aristóteles destinados ao Colégio das Artes de Coimbra, editados em Coimbra e Lisboa entre 1592 e 1606. E outros sobre a Metafísica. [referência do autor].
4. Cláudio Ptolomeu (90-168), cientista grego fixado em Alexandria.
5. Teofrasto (372 a.C.-287 a.C.), sucessor de Aristóteles na escola peripatética.
6. Aristóteles (384-322 a.C.), citado por P. Manium (filósofo da escola de Pitágoras) [referência do autor].
7. Marcus Manilius (séc. I), poeta e astrólogo. Em *Astronomicon*, Liber I, 698 [referência do autor].
8. Ovídio (43 a.C.-18 d.C.) em *Metamorfoses*, Liber I, 170 (ou 513?)
9. A Vulgata traz *"haedum"* [cabrito], em vez de *"agnum"* [cordeiro], como está na versão dos Setenta: "Não cozerás o cabrito no leite de sua mãe" (Ex 23,19).
10. Santo Agostinho (354-430), ML 34 em *Quaestiones in Heptateuchum Libri VII*, Liber II XC. São João Crisóstomo (347-407), MG 47ss. Em *Homilia de Innocentibus* [referências do autor].
11. São Bernardo de Claraval (1091-1153), ML 183 em *Sermones de Tempore, In Die Sancto Paschae*, 5, col. 277B.
12. Marcus Manilius (séc. I), poeta e astrólogo. Em *Astronomicon*, Liber I, 750 [referência do autor].
13. Cf. nota 12.
14. Cf. nota 2.
15. Na versão do Pe. Antônio Pereira de Figueiredo. Outros, porém, traduzem assim: "Nós ofereceremos, em vez de novilhos, os louvores de nossos lábios" (Os 14,3).
16. Vandingus [ou Henri Spondanus] (de Sponde?) (1568-1643), em *Annales ad Annum 1232*. Plati, *De Statu Religioso*, Liber I, cap. 14 [referência do autor].
17. Cf. nota 2.
18. Ricardo de São Vítor († 1173), aluno e sucessor do cardeal Hugo na escola de São Vítor. ML 196 em *In Cantica Canticorum Explicatio*, cap. XXIII, col. 474D.
19. Juan Hailgrino (?), cardeal. Em *Comentário no Livro dos Cânticos*.
20. Virgílio (70-19 a.C.), em *Eneida*, Livro 6, 844.
21. São João Damasceno (675-749), doutor da Igreja, MG 94ss em De *Physica* 15, cap. 4 [referência do autor].
22. Caio Suetônio (69-141), escritor, em *A vida de Júlio César*, cap. 85 [referência do autor].
23. Giovanni Battista Riccioli (1598-1671), astrólogo. Dentre suas obras destaca-se *Almagestum Novum*.

SERMÃO XXX [p. 289-305]
1. São Basílio (319-379), MG 29 em *Homiliae, in Hexaemeron*.
2. São Basílio de Selêucia († 468), MG 85 em *Sermões sobre as Escrituras*, Oratio XVI 16 [referência do autor].
3. Clemente de Alexandria († 215), MG 8, *Paedagogus*, cap. 8 [referência do autor].
4. Santo Atanásio (295-373), MG 25b em *Tractatus de Passione et Cruce*. Santo Isidoro Pelusiota (355-440), MG 78 em *Epistolarum Libri Quinque*, Liber I, Epistola 95 [referência do autor].
5. Ravísio Textor (1480-1524), reitor da Universidade de Paris. Em *In Officiis*, tomus I, verba Coronae Diversae [referência do autor].
6. Justino (100-165 d.C.) foi um teólogo do século II. MG 6, em *Apologiae*, Liber 15, cap. 3, in fine [referência do autor]. Cf. Plutarco (45-125), no livro *In Alexandrem* [No Brasil: *Vidas paralelas de Alexandre e César*].
7. Santo Agostinho (354-430), ML 41 em *De Civitate Dei Contra Paganos Libri XXII*, Liber XVI.
8. São Bernardo de Claraval (1091-1153), ML 183. Ruperto Abade de Deutz (1075-1129), monge beneditino e comentador dos livros sagrados, ML 167. Santo Agostinho (354-430), ML 39 em *Serm. I de Tempore* [referência do autor].

9. São Pedro Crisólogo (406-450), arcebispo de Ravena. ML 52, em *Sermones, Sermo X in Psalmum XXVIII*, col. 216B.
10. Ausonius (310-395), autor de *Epigrammata*, em *De Rosis Nascentibus* [ou autor desconhecido?]
11. Santo Anselmo (1033-1109), ML 158 em *Orationes, Oratio LII (olim LI) Ad Sanctam Virginem*, col. 956C. São Boaventura (1221-1274), in *Pharetr.*, cap. 5
12. Tomás de Kempis (1380-1471), monge e escritor místico alemão. Sua obra mais conhecida é *A imitação de Cristo*.
13. "Que a mim e a vós o Senhor Deus Onipotente digne-se conceder, Ele que vive e reina pelos séculos dos séculos" — oração do devocionário católico inspirado no rito da missa tridentina. Fórmula com a qual se terminavam os sermões.

CENSURAS

Censura do M. R. P. M. Frei Tomé da Conceição, da Sagrada Ordem do Carmo, Qualificador do Santo Ofício.

Eminentíssimo Senhor,

Li este livro que se intitula *Maria Rosa Mística, Excelências, Poderes e Maravilhas do seu Rosário,* compendiadas em trinta sermões pelo Padre Antônio Vieira, da Sagrada Religião da Companhia de Jesus e pregador de Sua Majestade. Já o autor desta obra saiu à luz com a Primeira Parte, que contém quinze sermões, e nesta Segunda, que se intenta dar também à estampa, vêm outros quinze. Li-os, não uma só vez, mas duas: a primeira por obediência, a segunda por gosto, ambas com admiração. Se não temera fazer injúria à igualdade da sutileza com que este insigne pregador discursou estes sermões, pudera dizer que nesta Segunda Parte se excede a si mesmo na Primeira; mas a mina que gera este ouro é tão igualmente fecunda nas veias por onde o comunica que mal se pode descobrir maioria nos seus quilates; sendo as ideias destes sermões tão novamente fabricadas, todas acho fundadas no sentido literal ou místico dos Evangelhos, de onde este grande pregador as desentranhou com sua agudeza, sem em coisa alguma das que diz se desviar da obrigação de orador evangélico. Com estes sermões tem satisfeito o seu voto, e terá sem dúvida mais devotos o Rosário da Senhora. Isto é o que me parece. Lisboa, no Convento do Carmo, em 10 de dezembro de 1686.

Fr. Tomé da Conceição

Censura do M. R. P. M. Frei Antônio de Santo Tomás, da Sagrada Ordem de S. Francisco, Qualificador do Santo Ofício.

Eminentíssimo Senhor,

Vi o livro que tem por título *Maria Rosa Mística, Excelências, Poderes e Maravilhas do seu Rosário,* composto pelo Padre Mestre Antônio Vieira, religioso da Sagrada Companhia de Jesus e pregador de Sua Majestade. Consta este livro — que é a Segunda Parte — de quinze sermões, que bem parecem frutos do singular engenho de tão insigne pregador, no agudo, facundo e elegante, de locução tão extremada e seleta, agora frutos mais bem sazonados com o tempo, no espiritual, dócil e útil de tão exemplar e milagrosa doutrina, doutrina para todos proveitosa, porque a dá o autor em método tão claro, ainda no que trata mais profundo, como teólogo especulativo, místico e expositivo, que o douto se achará convencido e o indouto ficará ensinado, e todos suave e eficazmente arrebatados no seguimento mais fervoroso da devoção dos mistérios da Rosa Mística, ficando por este respeito o voto, de que faz menção o autor, satisfeito com vantagem, pois a Maria Santíssima, Senhora nossa, não só oferece gratamente flores em as maravilhas de sermões, para mais florido adorno do seu Rosário, mas também em flores lhe tributa vantajosamente frutos nas perpétuas devoções que docemente rende; para mais grato obséquio de tão divina flora. Com o que, se os Sermões são para quem com tão rara eloquência os asseiou flores de muita honra, são juntamente frutos no admirável da doutrina, e tudo para maior glória do misterioso Rosário da Mãe de Deus. Ao que se pode aludir o que se diz no Eclesiástico, capítulo vinte e quatro: *"Minhas flores, frutos de honra"* (Ecl. 24,23) etc. E sendo, enfim, sermões tão floridos e frutuosos, tudo neles ajustado rescende à pureza de nossa Santa Fé, tudo neles frutifica conforme a limpeza de bons costumes; e assim, me parece, será benefício comum conceder a licença que se pede para dar os tais sermões à imprensa. Lisboa, Convento de São Francisco da Cidade, em 24 de fevereiro de 1687.

Fr. Antônio de Santo Tomás

Censura do M. R. P. Doutor Bartolomeu do Quental, prepósito da Congregação do Oratório.

Senhor,

Vossa Majestade me mandou que visse a Segunda Parte dos Sermões do Rosário, que compôs o Padre Antônio Vieira, da Sagrada Companhia de Jesus, pregador de Sua Majestade, como já me mandou ver a Primeira. E se eu estivera em idade de aprender, persuadira-me a que a Providência Divina, que particularmente assiste aos príncipes, me repetia as lições, para eu nelas aprender a pregar. Continha a Primeira Parte quinze sermões, e esta Segunda contém outros quinze. Estes são como aqueles, e todos como de seu autor. Trinta sermões e tais sermões sobre o mesmo assunto, é o melhor assunto para os louvores deste grande pregador. Trinta sermões para quinze mistérios do Rosário, são dois sermões por cada Mistério, porque estes mistérios, para serem bem rezados, hão de ser repetidos: repetidos cada dia, e sempre que se rezarem, há de repetir exteriormente a voz o que interiormente meditar o juízo e abraçar o afeto. — Em tudo são misteriosos estes sermões! — Bem parece que esta luz se acendeu na tocha e na estrela do primeiro pregador do Rosário, o glorioso patriarca São Domingos, de cujos exemplos e doutrina se vale tanto nestes sermões. São Domingos, para pregar do Rosário, acendeu a sua tocha naquela luz grande, ainda a respeito daquela a que só reconheceu maioria: *"Duas luzes grandes: a luz maior, a luz menor"*

(Gn 1,16). E a sua estrela bebeu a luz daquela lua sempre tão cheia, que em nenhum instante padeceu minguante, e tão luzida, que em nenhum padeceu sombra. E este insigne pregador para pregar do Rosário também participou a luz desta formosa lua por aquela estrela e por aquela tocha. A cada um dos Santos Patriarcas pôs Deus, Senhor nosso, por *"tocha para alumiar particularmente os da sua casa e família"* (Mt 5,15); mas a tocha de São Domingos, para os louvores do Rosário, alumiou os da sua casa e família, e também os das outras, como no nosso caso a um filho de Santo Inácio. A tocha de São Domingos alumiou um filho de Santo Inácio para fazer trinta sermões em louvor do Rosário; e um filho de Santo Inácio, com trinta sermões acrescentou os louvores do Rosário que São Domingos pregou e deixou encomendado a seus filhos. Os Santos Patriarcas assim como no céu se comunicam nas glórias, de sorte que a glória de uns o é acidental dos outros, assim querem que as suas famílias na terra se comuniquem nas glórias como comunicam nos privilégios. A comunicação dos privilégios lhes concedem os Sumos Pontífices na terra; a comunicação das glórias lhes encomendam os seus Santos Patriarcas do céu. Parecerá, Senhor, que não tenho satisfeito ao que Vossa Majestade me mandou, que visse estes sermões e informasse com o meu parecer. E eu cuido que tudo tenho dito: que os vi. E me parece que esta Segunda Parte é tão digna de imprimir como a Primeira, pois não contém coisa alguma contra o Reino, antes muito para a sua reforma por meio da devoção do Santo Rosário, que persuade com tanta eficácia. Vossa Majestade mandará o que for servido. Lisboa, Congregação do Oratório, 5 de maio de 1687.

Bartolomeu do Quental

LICENÇAS

DA RELIGIÃO

Eu, Alexandre de Gusmão, da Companhia de Jesus, provincial da Província do Brasil, por comissão especial que tenho de N. M. R. P. Carolo de Noyele, Prepósito Geral, dou licença que se possa imprimir este livro da Segunda Parte de Sermões de Nossa Senhora do Rosário, do Padre Antônio Vieira, da mesma Companhia, pregador de Sua Majestade. O qual foi revisto, examinado e aprovado por religiosos doutos dela, por nós deputados para isso. E em testemunho da verdade, dei esta subscrita com o meu sinal e selada com o selo de meu ofício. Dada na Bahia, aos 13 de julho de 1686.

Alexandre de Gusmão

DO SANTO OFÍCIO

Vistas as informações, pode-se imprimir a Segunda Parte dos Sermões do Rosário compostos pelo Padre Antônio Vieira, da Companhia de Jesus; e depois de impresso tornará para se conferir e dar licença que corra; e sem ela não correrá. Lisboa, 25 de fevereiro de 1687.

Jerônimo Soares
O Bispo Fr. Manoel Pereira
Pedro de Ataíde de Castro
Fr. Vicente de Santo Tomás

DO ORDINÁRIO

Pode-se imprimir a Segunda Parte dos Sermões do Rosário, composta pelo Reverendo Padre Antônio Vieira, da Companhia de Jesus; e depois tornarão para se conferirem e dar licença para correrem, e sem ela não correrão. Lisboa, 3 de março de 1687.

Serrão

DO PAÇO

Que se possa imprimir, vistas as licenças do Santo Ofício e Ordinário; e depois de impresso tornará a esta mesa para se taxar, e sem isso não correrá. Lisboa, 6 de maio de 1687.

Roxas. Lamprea. Marchão. Azevedo. Ribeiro

Este livro foi composto nas famílias tipográficas
Liberty e *Minion*
e impresso em papel *Bíblia* 40g/m²

Edições Loyola

editoração impressão acabamento
rua 1822 nº 341
04216-000 são paulo sp
T 55 11 3385 8500
F 55 11 2063 4275
www.loyola.com.br